3ª edición

WordPress

Desarrolle temas avanzados con PHP

(teoría, ejercicios prácticos y recursos)

Laurent Dumoulin

ISBN: 978-2-409-04746-6
Edición original: 978-2-409-03968-3

Ediciones ENI

Pº Ferrocarriles Catalanes, 97-117, 2a pl. of. 18
08940 - Cornellà de Llobregat (Barcelona)

Tel: 934 246 401
Fax: 934 231 576

e-mail: info@ediciones-eni.com
http://www.ediciones-eni.com

Autor: Laurent DUMOULIN
Edición española: Beatriz GOYANES ARNEDO
y Angel Mª SÁNCHEZ CONEJO
Colección **Expert IT** dirigida por Émilie VILLETORTE

Podrá descargar algunos elementos de este libro en la página web de Ediciones ENI: **http://www.ediciones-eni.com**.
Escriba la referencia ENI del libro **EIT56WOR** en la zona de búsqueda y valide. Haga clic en el título y después en el botón de descarga.

Capítulo 3
WordPress y PHP

Capítulo 4
Los temas basados en bloques

Capítulo 5
Los temas hijo

Capítulo 6
Personalizar el sitio con el archivo functions.php

Capítulo 7
Los campos personalizados

Capítulo 8
Las plantillas de página

Capítulo 9
Crear un tema clásico y funcionalidades

Capítulo 10
Crear un tema clásico a partir de una maqueta

Capítulo 11
Crear un sitio con un tema basado en bloques

Capítulo 12
Las extensiones y los widgets

Capítulo 13
La ley RGPD

Capítulo 14
Crear una extensión sencilla en PHP

Capítulo 15
Traducir el tema y las extensiones

Capítulo 16
Optimizar y proteger un sitio web

Capítulo 17
Copia de seguridad de un sitio web

Anexos

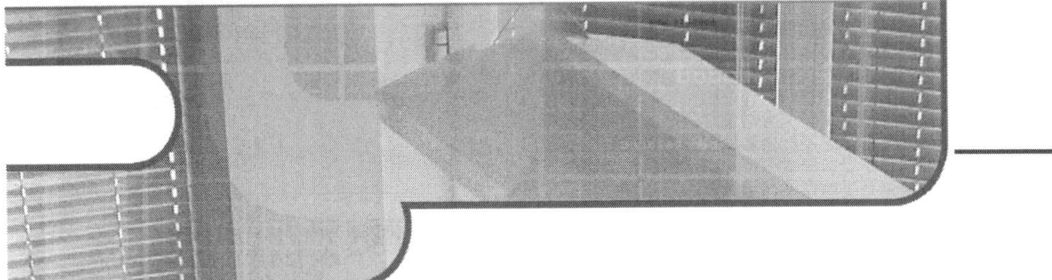

Capítulo 1
Prólogo

1. Introducción

Internet es una red informática mundial que cambia rápidamente. El conocimiento es cada vez más técnico y muy pocas herramientas son fáciles de aprender.

La creación de sitios web se está volviendo cada vez más complicada. En la actualidad, es habitual que varias personas colaboren en un mismo proyecto: diseñador UX, diseñador web, desarrollador, integrador HTML, especialista de posicionamiento SEO, editor, project manager, community manager, SEM manager... En unos años han surgido y siguen apareciendo nuevas profesiones.

También es necesario satisfacer al cliente y respetar los plazos, permitirle actualizar su contenido y gestionar a los usuarios del sitio web, así como satisfacer a los participantes del sitio web y ofrecerles un espacio de trabajo sencillo y agradable, todo esto sin descuidar al usuario de Internet.

Por lo tanto, crear un proyecto web de calidad se vuelve difícil. Hay que hacer concesiones, pero no a cualquier precio.

A través de este libro, verá cómo WordPress puede satisfacer eficazmente sus necesidades o las de sus clientes.

2. ¿A quién se dirige este libro?

Este libro se dirige principalmente a especialistas en TI y especialmente a desarrolladores de PHP y MySQL, así como a personas autodidactas o entusiastas que conocen PHP, MySQL, jQuery o las funciones de WordPress, y desean profundizar sus conocimientos.

Gracias a este libro, cualquier desarrollador de PHP aprenderá WordPress fácil y rápidamente.

Gran parte del libro está destinada al desarrollo de funciones avanzadas, como la creación de temas personalizables mediante la administración y creación de extensiones y widgets.

Es necesario un nivel avanzado en PHP para crear extensiones, pero un nivel básico en PHP le permitirá mejorar su sitio web, comprender las principales funciones de WordPress y progresar fácilmente en el aprendizaje de este CMS tan intuitivo.

Para ir más allá, se dedica un capítulo a la creación de extensiones con Ajax, con el fin de comprender mejor cómo lo usa WordPress y no verse limitado por sus creaciones si es desarrollador.

Un capítulo sobre WooCommerce le permitirá comenzar fácilmente con esta extensión e ir más allá con sus funciones y web hooks.

3. Requisitos previos

Este libro presenta muchos aspectos técnicos. Es necesario dominar los siguientes lenguajes de programación: HTML5 / CSS3, Bootstrap, jQuery, JavaScript, y especialmente PHP / MySQL. Si desea llegar más lejos tendrá que dominar Ajax/JSON.

También debe conocer algún software: software FTP (por ejemplo: FileZilla, Cyberduck), un editor de texto (por ejemplo: Sublime Text, Notepad ++, PSPad, Coda, etc.), Firefox o Google Chrome y sus herramientas de desarrollo, además de un servidor virtual (por ejemplo: WAMP, MAMP, EasyPHP, etc.). Si no es así, encontrará mucha documentación en Internet sobre este software esencial para el desarrollo de un sitio web.

Tenga cuidado y asegúrese de descargar el software de sitios oficiales. Así evitará instalar malware o virus en su ordenador. También asegúrese de actualizar su software antes de seguir los ejercicios de este libro y de activar las configuraciones necesarias de Apache y PHP. Necesita tener una configuración para PHP 7 o superior. De lo contrario, descargue la versión correcta de PHP o reinstale el software.

Si tiene la mayoría de las habilidades necesarias, debería estar acostumbrado a investigar en la web, explorar foros y saber cómo funcionan, y conocer las normas de cortesía para publicar un mensaje en ellos, saber instalar y desinstalar software, entender y saber leer en inglés. Puede que ya haya usado un CMS (Joomla!, Drupal, PrestaShop, Magento, etc.).

En este libro, encontrará las claves para dominar WordPress pero también una metodología de trabajo.

4. Objetivos del libro

Los objetivos de este libro son:

- ayudar a cualquier desarrollador a dominar PHP/MySQL y permitirle tener un manejo rápido y eficiente del CMS WordPress, sus temas y sus extensiones;
- hacerse cargo de los complementos insignia de WordPress: ACF para desarrolladores, Yoast para SEO, WooCommerce para comercio electrónico, Duplicator para copia de seguridad y migraciones;
- permitir a las personas con un nivel medio en PHP profundizar sus conocimientos y poder crear funciones avanzadas y extensiones sencillas;
- permitir a las personas con PHP básico seguir ejercicios sencillos y comprender mejor cómo funciona WordPress, modificar web hooks, agregar funciones simples, comprender y modificar bucles, etc. y de esta manera, personalizar completamente su sitio web.

El objetivo final de este libro es permitirle ser autónomo en el aprendizaje de WordPress y completar sus conocimientos en la Web, porque el trabajo de un desarrollador es ante todo saber analizar y encontrar la información que le permita desarrollar una funcionalidad específica.

Capítulo 2
Introducción a WordPress

1. Introducción

Este capítulo describe los inicios de WordPress, su historia, instalación y administración. Los enlaces complementarios le permitirán profundizar en estos temas. También encontrará mucha documentación en Internet y muchos libros de calidad sobre este tema.

2. ¿Qué es WordPress?

WordPress es un sistema de gestión de contenido (CMS, *Content Management System*) gratuito, libre y de código abierto, con licencia GNU GPL versión 2, escrito en PHP/MySQL y distribuido por Automattic. WordPress se ha hecho un nombre como motor de blogs, pero sus características le permiten construir grandes sitios de Internet.

Cada mes, más de 409 millones de personas consultan más de 20 000 millones de páginas, y cada día, se construyen más de 500 sitios con WordPress. Según los datos de W3Techs, en 2021, WordPress representaba el 39,5 % de los sitios web en Internet. La carpeta de extensiones de WordPress contiene más de 60 000. WooCommerce (la extensión de comercio electrónico de WordPress) alimenta un 20 % del millón de sitios principales de comercio electrónico. WordPress ha sido traducido a cuarenta idiomas. Muchos sitios famosos también usan WordPress, incluidos Reuters, The Wall Street Journal, Forbes, el sitio de la Casa Blanca y The New York Times.

WordPress también permite diseñar sitios de comercio electrónico gracias a WooCommerce, sitios comunitarios como redes sociales gracias a BudyPress, foros gracias a bbPress o incluso administrar varios sitios (multisitio): es capaz de administrar cientos o incluso miles de blogs en una sola instalación con WordPress MU.

2.1 La licencia GNU GPL

WordPress depende de una licencia GNU GPL llamada GNU (*GNU's Not UNIX*, traducido como "GNU no es UNIX") o GPL (*General Public License*, en español "licencia pública general"), que sirve para establecer un marco legal para el software libre.

La licencia consiste en garantizar al usuario los derechos sobre un programa informático:

- La libertad de ejecutar el software, para cualquier propósito.
- La libertad de estudiar el funcionamiento y adaptarlo a las necesidades propias, lo que requiere el acceso a códigos fuente.
- La libertad de redistribuir copias.
- La obligación de poner a disposición de la comunidad las versiones modificadas, salvo que la versión modificada esté destinada al uso personal.

Sin embargo, la licencia no garantiza el acceso gratuito, puede ser que tenga que pagar por el acceso al archivo. Sin embargo, la licencia le otorga ciertos derechos de usuario una vez que los archivos están en su poder.

2.2 Las ventajas de WordPress

WordPress es un CMS, por lo que se beneficia de una estructura modular. Es decir, consideramos WordPress como un shell vacío, al que se inyectan temas que cambian la apariencia del sitio, así como extensiones que agregan funcionalidades (por ejemplo: breadcrumbs, red social, foro, presentación de diapositivas, etc.).

WordPress proporciona acceso a más de 60 000 plugins y más de 410 000 temas gratuitos. Es normal que los números varíen, algunos temas y algunos plugins desaparezcan mientras llegan otros nuevos.

WordPress es una herramienta intuitiva y fácil de usar, gracias a una administración simple con muchas características desarrolladas íntegramente en Ajax (por ejemplo: arrastrar y soltar para cambiar el orden de los widgets, menús o extensiones, etc.). Con algunas habilidades básicas de informática y tecnología web, es fácil crear su propio sitio web y publicar su propio contenido.

Estos son los principales elementos que hacen de WordPress la mejor opción para comenzar a publicar en Internet: cumplimiento de los estándares web, cambio rápido en la apariencia del sitio, administración de páginas, comentarios, protección contra spam, administración de usuarios, protección de contenido por contraseña, facilidad de instalación y actualización, posibilidad de importar contenido de otras plataformas, gestión de flujo de trabajo (diferentes niveles de usuario), biblioteca multimedia, etc. y también muchas herramientas de ayuda para desarrolladores.

Su mejor activo es tener una comunidad sólida. Esta comunidad garantiza la ayuda de sus participantes y la seguridad, gracias a los muchos desarrolladores que informan de errores, crean extensiones y temas gratuitos. También permite que sea sencillo que un desarrollador sea capaz de tomar el control de un sitio web muy fácilmente.

2.3 Los inconvenientes de WordPress

WordPress puede ralentizar la visualización de un sitio si se instalan demasiadas extensiones o si un tema o una extensión están mal codificados. El principal problema común a todos los CMS es que las extensiones y los temas los crean diferentes desarrolladores y sus códigos pueden causar errores, problemas de seguridad o conflictos con otras extensiones. Para evitarlo, hay que prestar atención y mantener el sitio actualizado.

Sin embargo, agregar extensiones o temas creados por otros desarrolladores, puede ahorrar mucho tiempo.

Muchas empresas se han especializado en el desarrollo de sus extensiones durante muchos años, lo que garantiza una alta fiabilidad de su uso y, por lo tanto, les otorga crédito con una gran audiencia.

WordPress es uno de los CMS más utilizados en el mundo y está sujeto a ataques regulares. Por tanto, es necesario pensar en la seguridad de su sitio y proteger sus accesos, archivos u otros. No se preocupe, todo esto se trata con todo lujo de detalles.

3. El códex WordPress: guía de referencia

El códex de WordPress es la guía de referencia oficial de WordPress. Se puede encontrar en la siguiente dirección: https://codex.wordpress.org, o para la versión española: https://codex.wordpress.org/es:Main_Page. También puede ser útil visitar la siguiente dirección: https://developer.wordpress.org/reference, ya que WordPress está renovando su códex.

Sin embargo, no todas las páginas del códex están traducidas a español. Debe dominar el inglés. Un truco es introducir la URL de una página en el sitio Google Traductor (https://translate.google.es): la traduce por completo.

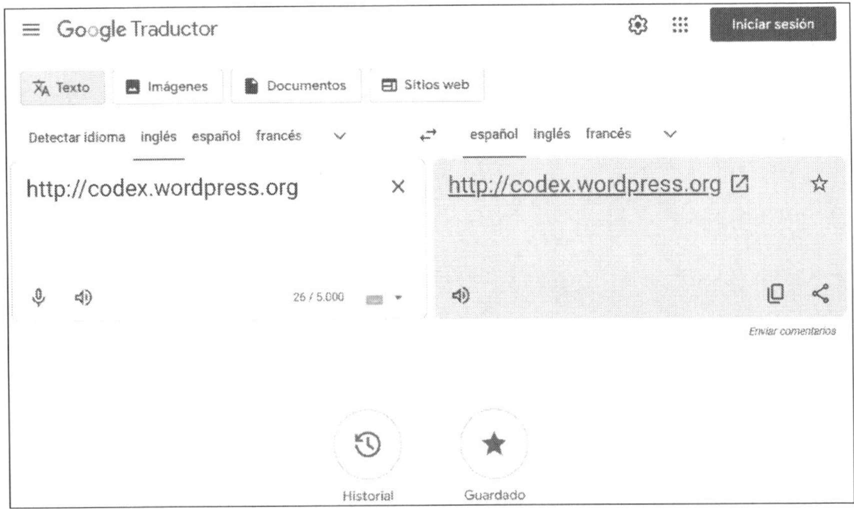

Página de Google Traductor. Para traducir una página de inglés al español, introduzca su URL en el campo de la izquierda y, en el recuadro sombreado en azul, haga clic en el icono que aparece a la derecha del nombre de la página.

El códex recoge todas las buenas prácticas. Se utiliza para la modificación de WordPress, la instalación, configuración, etc. Es la documentación oficial para los desarrolladores.

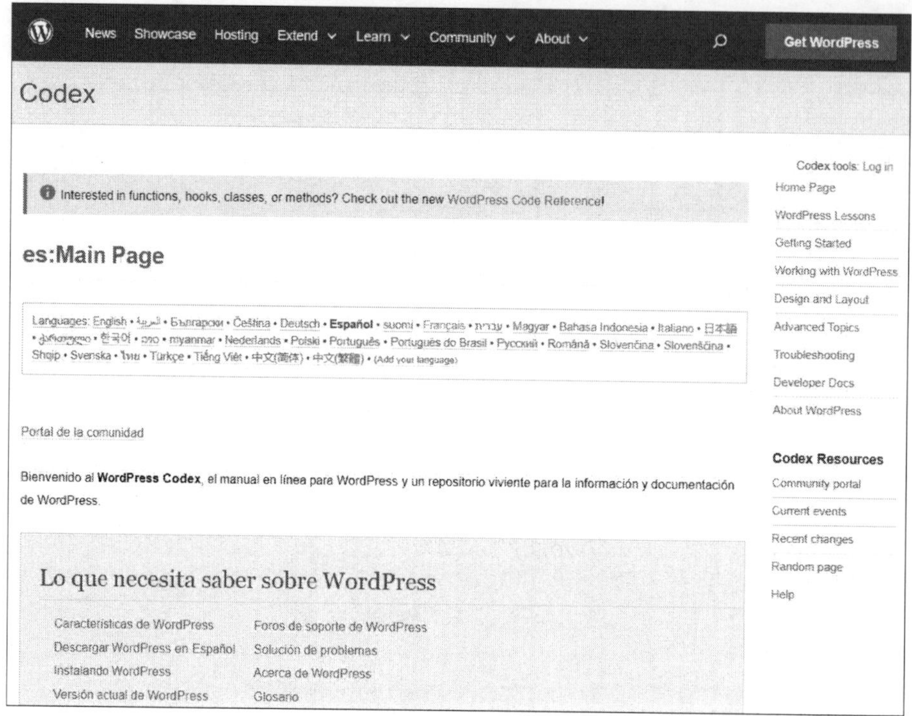

Página del códex de WordPress en español, https://codex.wordpress.org/es:Main_Page

A lo largo de los capítulos, encontrará enlaces que hacen referencia al códex, y en la administración, encontrará el botón de ayuda, en la parte superior derecha, que enumera enlaces útiles según dónde se encuentre (referencias al códex, documentación, enlace al foro de ayuda recíproca, información sobre la versión de WordPress, etc.).

La referencia al códex es fundamental a la hora de crear temas, extensiones, funciones o para cualquier modificación de PHP. Es como un diccionario y como tal, no se aprende de memoria.

El códex enumera todas las funciones de WordPress y su uso. Allí se detallan todas las funciones, APIs, objetos, etc., y también encontrará enlaces útiles, ejemplos, etc.

WordPress es un CMS completamente codificado en PHP, por lo que también deberá consultar la guía de PHP (https://www.php.net/manual/es/langref.php), que enumera todas las funciones de PHP.

4. Instalar WordPress

Para instalar WordPress, necesitará un hosting (alojamiento) y un nombre de dominio o instalar un servidor virtual (MAMP, WAMP, EasyPHP, etc.), instalar un software FTP (FileZilla, Cyberduck, etc.) en el caso de un sitio en línea, y descargar los archivos de WordPress de forma gratuita.

Tenga cuidado y mantenga el software actualizado correctamente. Para los ser-vidores virtuales, también será necesario usar las versiones correctas de PHP, Apache y phpMyAdmin.

Descargue los archivos de WordPress del sitio web oficial en inglés para la versión en inglés: https://wordpress.org o del sitio web oficial en español, si desea instalar WordPress en español: https://es.wordpress.org/

Página del sitio oficial español de WordPress, https://es.wordpress.org/

4.1 Crear la base de datos

Vaya a su panel de alojamiento (administración de alojamiento) en el sitio de su proveedor de alojamiento o en su servidor virtual. Entre en la interfaz phpMyAdmin o en la página de administración de su base de datos MySQL. Luego, cree una base de datos.

Dele a tu base de datos el nombre que quiera. El nombre no debe contener espacios, letras mayúsculas, caracteres especiales ni caracteres acentuados. Esta regla también se aplica a los nombres de carpetas y archivos (html, php, css, js, jpg, png, gif, etc.), esto evita posibles problemas. Los principiantes suelen ignorar esta norma, pero es muy importante respetarla.

Si administra varios sitios en el mismo host, asigne un nombre a la base de datos para recordar a qué sitio corresponde cada base de datos. Así que asigne a su base de datos el nombre de su sitio, por ejemplo.

En el ejemplo, llame a su base de datos **misitiowordpress**.

Elija el cotejamiento de la base de datos utilizada para la codificación de caracteres. Seleccione **utf8_general_ci** (codificación que permite que todos los caracteres especiales se lean e interpreten de la misma manera).

En el caso de un servidor virtual, en phpMyAdmin, haga clic en **Nueva base de datos** en el menú de la izquierda. Para conectarse a la interfaz, el usuario es root y la contraseña está vacía.

Si tiene un proveedor de alojamiento web clásico, tendrá que crear la base de datos mediante la administración de su proveedor de alojamiento o en el Cpanel. El proceso puede variar según los proveedores de alojamiento, pero todos tienen un acceso a phpAdmin y permiten crear y gestionar bases de datos. Según el caso, hay tutoriales y documentación oficial disponible. Si tiene alguna duda, póngase en contacto con su proveedor de alojamiento lo antes posible.

Luego valide (aquí a través del botón **Crear**). Se crea su base de datos.

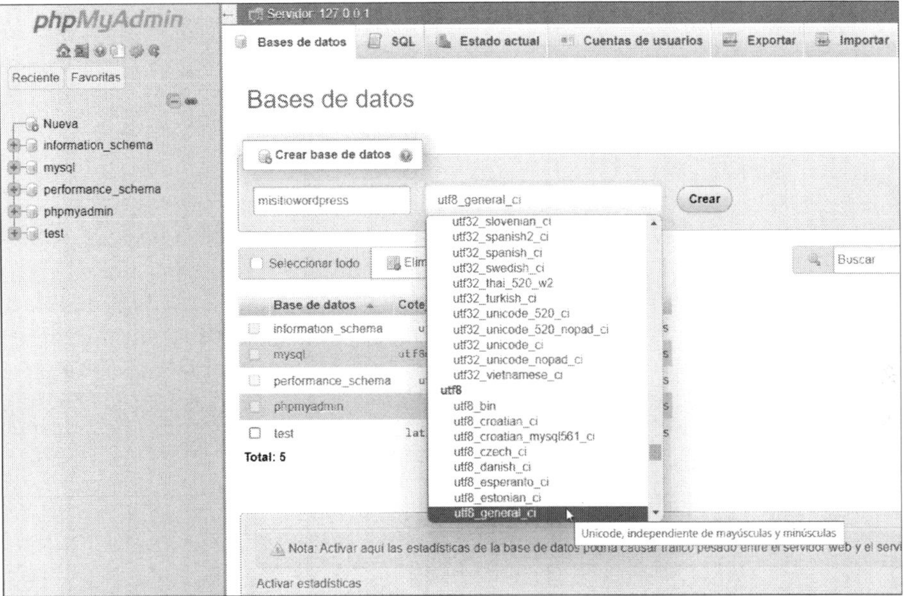

Interfaz phpMyAdmin del servidor virtual XAMPP en PC

4.2 Transferir los archivos WordPress

Descargó WordPress como un archivo .zip. Ahora descomprima el archivo (el archivo .zip). En su escritorio, obtiene una carpeta wordpress que contiene carpetas y archivos. Tenga cuidado, antes de descomprimir el archivo, verifique que no haya una carpeta llamada **wordpress** en su escritorio, de lo contrario, el archivo puede descomprimirse en esta carpeta.

Ahora se conectará a su servidor mediante el software FTP. El servidor es un ordenador remoto donde se alojan los archivos de un sitio web. Por lo tanto, un host le asigna espacio en uno de sus servidores en el caso de una oferta compartida o todo el espacio del servidor en el caso de una oferta dedicada.

En el caso de un host clásico

Por favor tenga preparados los datos de su acceso FTP: nombre de servidor, nombre de usuario y contraseña. Esta información se la proporciona su anfitrión o está en su interfaz de administración del alojamiento web.

Inicie el software FTP.

Aquí está el procedimiento con el software FTP FileZilla. En el menú **Archivo**, haga clic en **Gestor de sitios**. Se abre un cuadro de diálogo, haga clic en el botón **Nuevo sitio** e introduzca un nombre para que su sitio web pueda ser encontrado fácilmente (en nuestro caso, **misitiowordpress**). En la ventana de la derecha, introduzca el nombre del servidor, seleccione un modo de acceso normal y después indique el nombre de usuario y la contraseña. A continuación, haga clic en el botón **Conectar**.

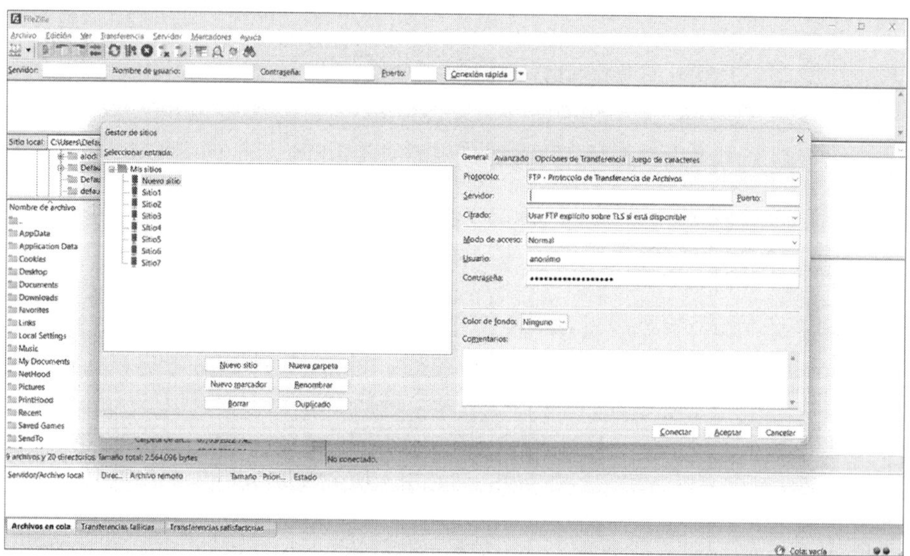

Interfaz del software FTP Filezilla. El cuadro de diálogo ***Gestor de sitios*** *permite indicar los identificadores FTP y conectarse al servidor.*

Transfiera los archivos contenidos en la carpeta wordpress a su servidor, ya sea en la raíz o en la carpeta www, htdocs, etc. dependiendo del host. Consulte la documentación para obtener más detalles, cada host funciona de manera diferente.

Si tiene una oferta de alojamiento que le permite instalar varios sitios, cambie el nombre de la carpeta de wordpress asignándole el nombre de su elección (en nuestro caso, misitiowordpress) y suba la carpeta directamente al servidor. Recuerde apuntar la URL de su sitio a la carpeta correcta. Esta se puede configurar en la administración de su host en la sección de nombres de dominio. Para obtener más información, consulte la documentación proporcionada por su host, ya que no todos funcionan de la misma manera.

En el caso de un servidor virtual

Renombre la carpeta de wordpress asignándole el nombre de su elección y muévala directamente a la carpeta correspondiente en la raíz del servidor, en la carpeta www o htdocs, etc. dependiendo del software (WAMP, EasyPHP, MAMP, etc.). En el caso de un servidor virtual, esta carpeta actúa como FTP y no es necesario usar un software FTP.

4.3 Configurar el sitio web

En su navegador, escriba la URL de su sitio web: http://www.mi_url.extension, o la dirección http://localhost/nombre_de_la_carpeta para PC con WAMP y http://localhost:8888/nombre_de_la_carpeta para Mac con MAMP relativo a los servidores virtuales (algunas veces esto cambia, consulte la documentación). En nuestro caso, introducimos la dirección:
http://localhost/misitiowordpress

En la pantalla de su navegador aparece la página siguiente:

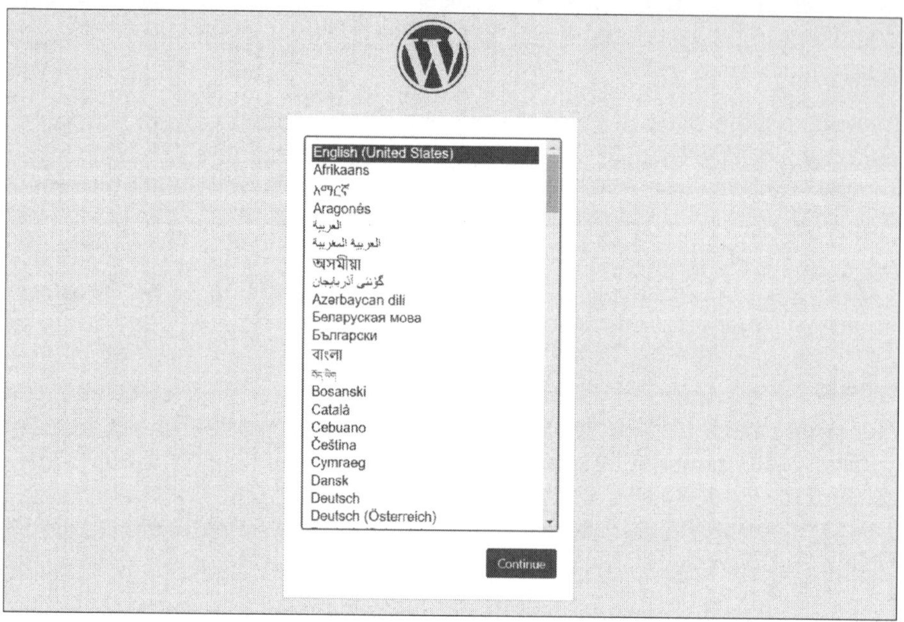

Página que aparece al instalar WordPress a través de los archivos de wordpress.org, para configurar el idioma del sitio

Si ha descargado los archivos del WordPress del sitio https://wordpress.org, la página que aparece permite configurar el idioma. Seleccione su idioma y haga clic en **Continue**. Si ha instalado la versión española del sitio https://es.wordpress.org/, el idioma se establece automáticamente en español y accede directamente al paso siguiente. Sin embargo, usted tendrá la posibilidad de cambiar el idioma en otro momento, a través de la administración. Llega a la siguiente página:

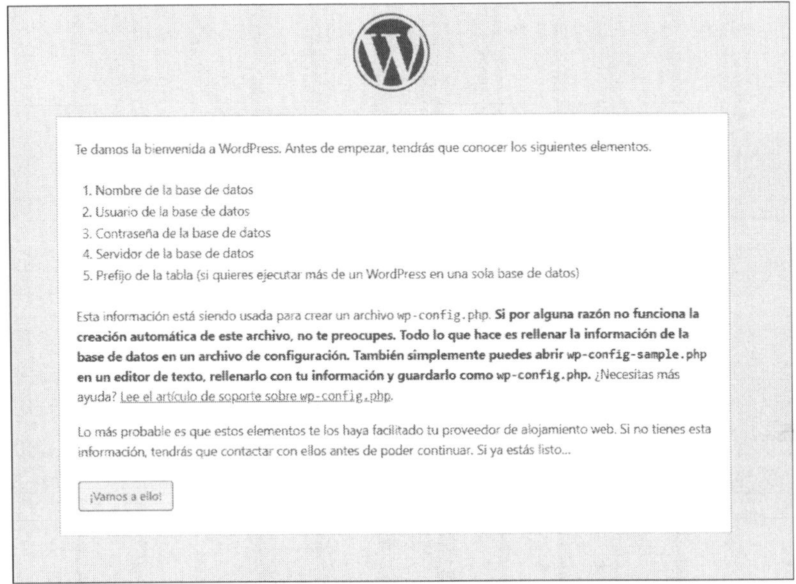

Página que se muestra durante la instalación de WordPress

Si no se muestra nada, ha habido un problema durante las etapas anteriores.

Asegúrese de:

- haber descargado los archivos correctos,
- que los archivos se hayan transferido en su totalidad,
- que estén en el directorio correcto,
- que apuntó la URL correcta a la carpeta correcta,
- que ha vaciado la caché de su navegador,
- que no hay un archivo index.html en el directorio.

Si aun así no ve esta página, contacte con su anfitrión o haga una búsqueda en Internet para "instalar WordPress en xxx" (siendo xxx el nombre del host a modo de ejemplo, cambia según su caso: Ionos, Amen, O2switch, Kinsta, WAMP, MAMP, etc.).

Haga clic en el botón **¡Vamos a ello!** y listo. Debería ver la siguiente página en la pantalla:

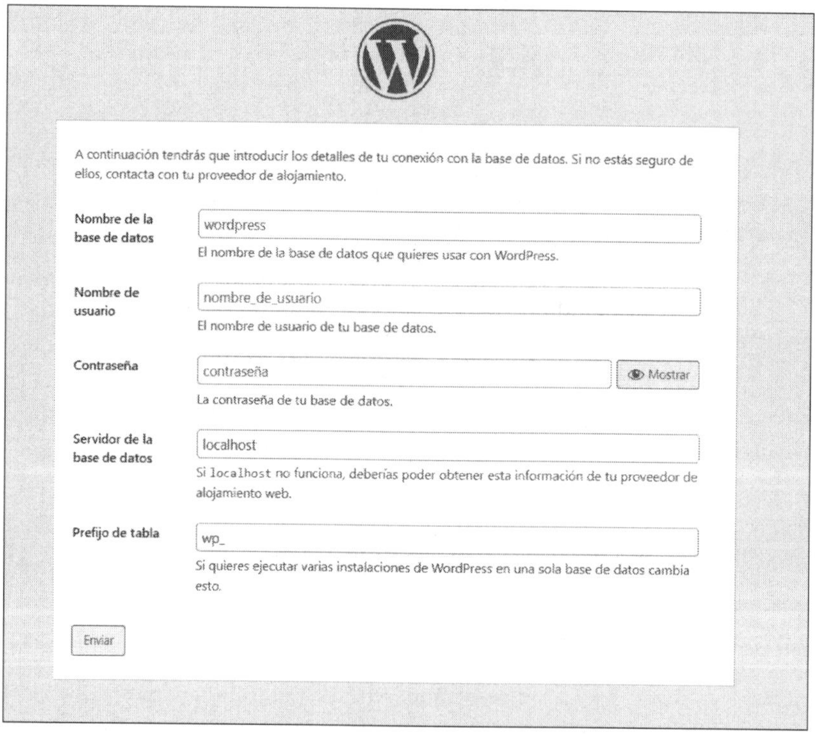

Página de configuración que permite establecer el vínculo entre la base de datos y los archivos del sitio. Esta información se usa para crear el archivo wp-config.php.

Para una instalación en línea

Tenga preparado el nombre de su base de datos (creada previamente), la dirección de la base de datos (una URL o localhost para un servidor dedicado), su nombre de usuario y su contraseña.

Esta información se la comunica su host o se encuentra en el panel de hosting, en la pestaña **MySQL** o **Administración de base de datos**.

Para una instalación en un servidor virtual

El identificador es root, el campo **Contraseña** está vacío para un PC y la contraseña es root en un Mac. La dirección de la base de datos es localhost y, opcionalmente, localhost: 8888 en un Mac. El resto del procedimiento es el mismo que el de una instalación en línea.

Complete los campos del formulario y el prefijo de las tablas. El valor predeterminado es `wp_`, pero puede cambiarlo como desee. Es mejor cambiarlo por razones de seguridad. En nuestro caso, escribimos `msw_` (para "misitiowordpress").

Por ejemplo, puede poner las dos primeras o últimas letras de su sitio. Es mejor dejar el guion bajo para orientarse mejor en su base de datos. También evite los prefijos excesivamente largos.

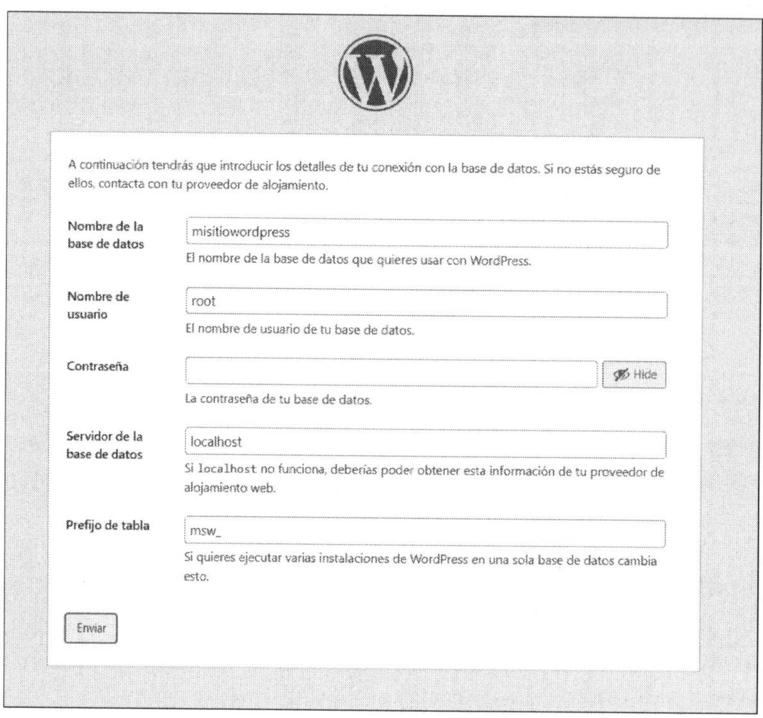

Página de configuración que permite realizar el enlace entre la base de datos y los archivos del sitio con la información necesaria para WAMP

Una vez que los campos se han rellenado, pulse el botón **Enviar**. Si hay un error, verifique su información o contacte con su host.

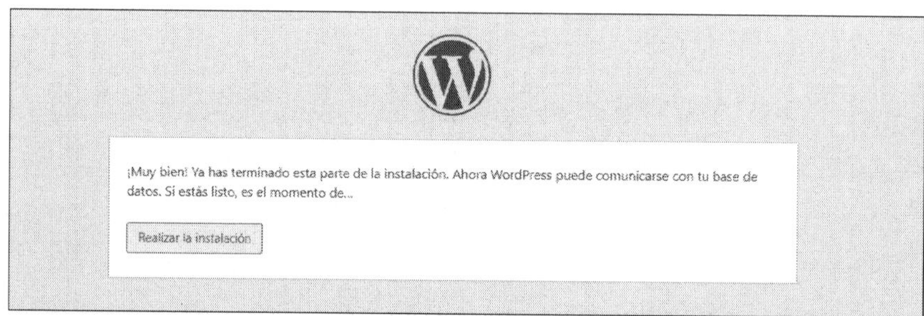

Página de inicio para la configuración del sitio web

Pulse **Ejecutar la instalación**.

Debe ver la siguiente página en la pantalla:

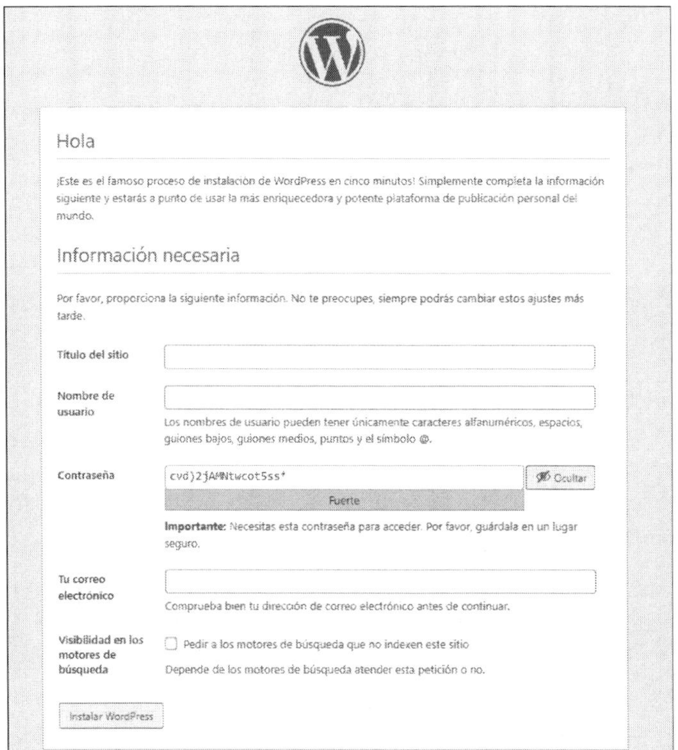

Página de configuración del sitio que le permite crear su nombre de usuario, dar un título y hacer referencia al sitio. Encontrará esta información en la administración. Esta información se guarda en la base de datos.

Introduzca el nombre de su sitio y escriba un nombre de usuario, una contraseña y una dirección de correo electrónico. Elija si desea que su sitio aparezca en los motores de búsqueda o no, marcando o desmarcando la casilla **Disuadir a los motores de búsqueda de indexar este sitio**. Si decide no indexar el sitio en los buscadores, algunos motores de búsqueda pueden decidir indexarlo de todos modos. Los motores de búsqueda también pueden tardar mucho en volver a indexar su sitio después.

Por otro lado, puede utilizar un módulo "Página en construcción", que advierte al usuario de Internet que pronto habrá un sitio en esta dirección web, mediante la instalación de un módulo WP Maintenance Mode, por ejemplo. Consulte el capítulo Las extensiones y los widgets, sección Las extensiones para la administración.

Introduzca una contraseña con letras mayúsculas y minúsculas, números y caracteres especiales para mayor seguridad. WordPress genera automáticamente una contraseña segura para usted, pero puede introducir una de su elección. Un indicador le permite comprobar el grado de seguridad de su contraseña: muy débil, débil, medio y fuerte. Sin embargo, si decide utilizar una contraseña débil, WordPress le pedirá que confirme su uso. Esta información le permitirá acceder a la administración de su sitio, es importante que esté protegida. Sobre todo, no olvide su contraseña.

Una vez que haya completado todos los campos, haga clic en el botón **Instalar WordPress**.

Enhorabuena, su sitio ahora está instalado. Se le enviará un correo electrónico indicándole que el sitio se ha instalado correctamente (en un servidor virtual, el envío de correo electrónico no está configurado por defecto, así que no se preocupe si no recibe ninguno).

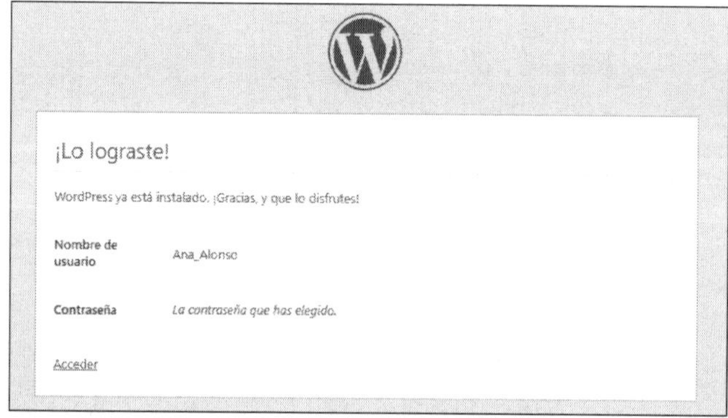

Página de éxito de la instalación del sitio web

Haga clic en el botón **Acceder** para acceder al panel de administración.

Su sitio está instalado. Puede ir a verlo escribiendo su dirección en un navegador.

Su tema por defecto es Twenty Twenty-Three.

Página del sitio WordPress con el tema Twenty Twenty-Three

4.4 Los diferentes nombres de usuario

A la hora de crear un sitio web, es necesario tener en nuestro poder varios nombres de usuario y contraseñas que debemos conservar cuidadosamente. Lo resumimos a continuación:

- **Panel de alojamiento** o **Página de administración del host**: nombre de usuario y contraseña para conectarse a la interfaz de su alojamiento en el sitio del host. Le permite configurar su servidor, crear su acceso FTP, bases de datos, administrar nombres de dominio (URL), crear direcciones de correo electrónico, etc.
- **FTP**: nombre de usuario, contraseña y nombre de host. Le permite acceder al servidor y soltar los archivos de WordPress del sitio web.

– **Base de datos**: nombre de usuario, contraseña, nombre de la base de datos y URL de la base de datos. La base de datos se utiliza para almacenar la configuración del sitio y todo el contenido, es esencial para el funcionamiento de WordPress.
– **Administración de WordPress**: nombre de usuario y contraseña que le permiten conectarse al panel de administración de WordPress y administrar su sitio.

Esta información se solicitará si utiliza un webmaster o un desarrollador. Guárdela con cuidado.

5. La administración y los menús

Conéctese al panel de administración, añada al final de su URL «/wp-admin» o «/wp-login.php».

Ejemplo: http://www.mi-nombre-de-dominio.extension/**wp-admin**

o: http://localhost/nombre de la carpeta/wp-admin

en nuestro ejemplo: http://localhost/misitiowordpress/wp-admin

Indique su nombre de usuario y su contraseña para acceder al panel de administración:

Página de conexión de la administración del sitio web

Debe ver aparecer la página de bienvenida de la administración, llamada también **Escritorio** (dashboard):

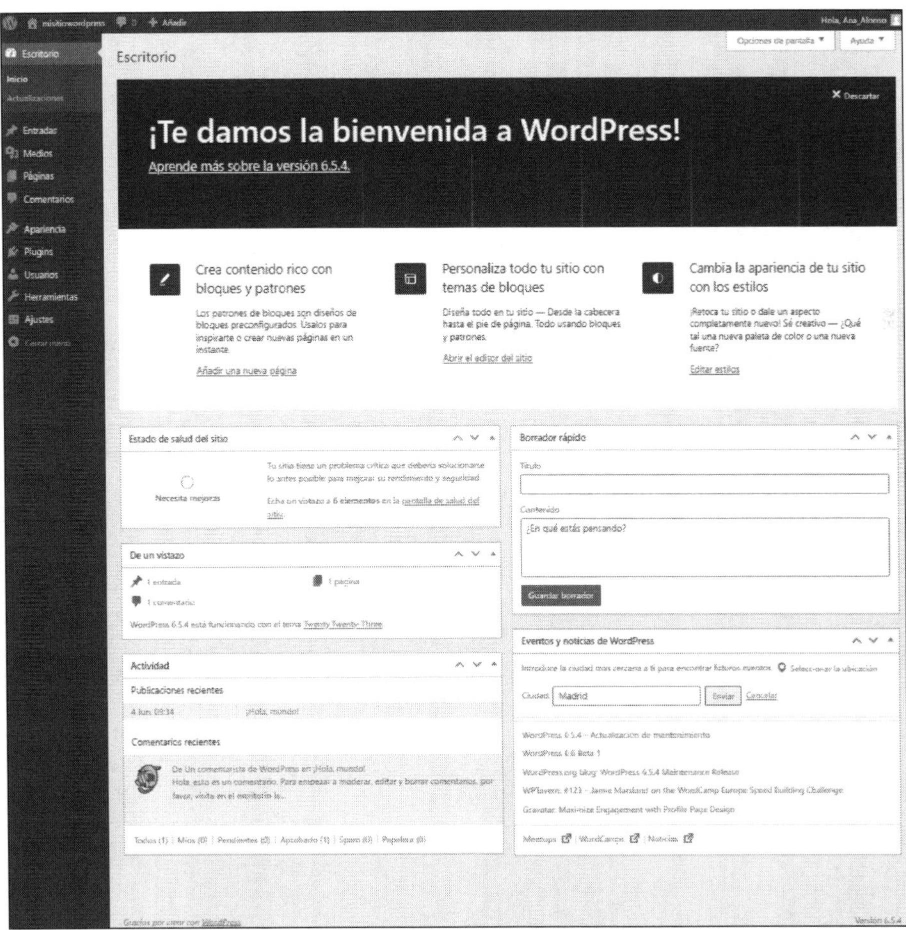

Página de inicio de la administración o escritorio

En las siguientes secciones, verá el uso de las pestañas que componen el menú de la izquierda, es el menú principal de administración de WordPress.

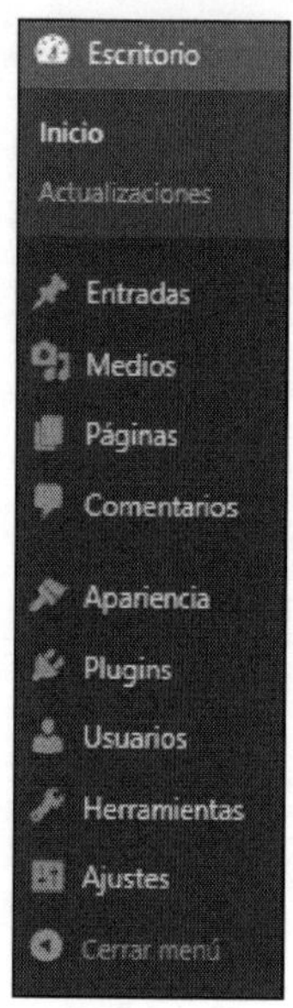

Menú principal

En la parte superior del sitio, encontrará un menú horizontal que proporciona un acceso más rápido a ciertas secciones del menú principal.

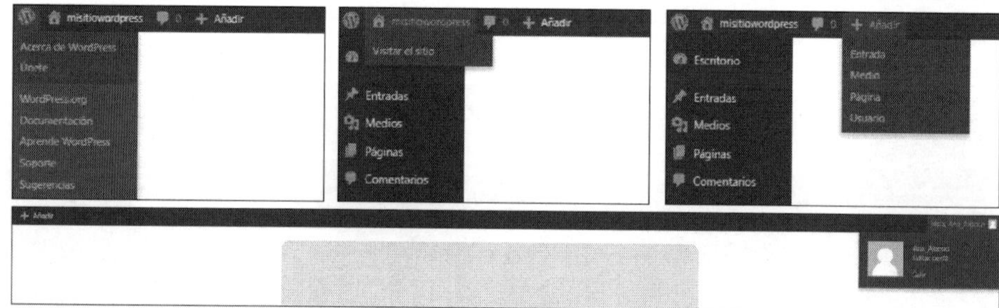

Menú superior horizontal

En la parte superior derecha, un menú de opciones, **Opciones de pantalla**, le permite mostrar u ocultar ciertas funciones, según la página en la que se encuentre.

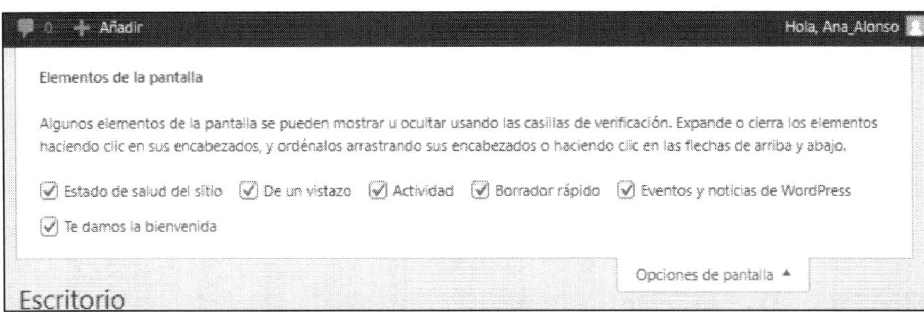

*El menú **Opciones de pantalla***

El menú **Ayuda** que se encuentra a su lado, le va a guiar por el uso de la página en la que se encuentra (enlaces al códex, foro de soporte, etc.). Entonces cada página tiene un menú de ayuda específico.

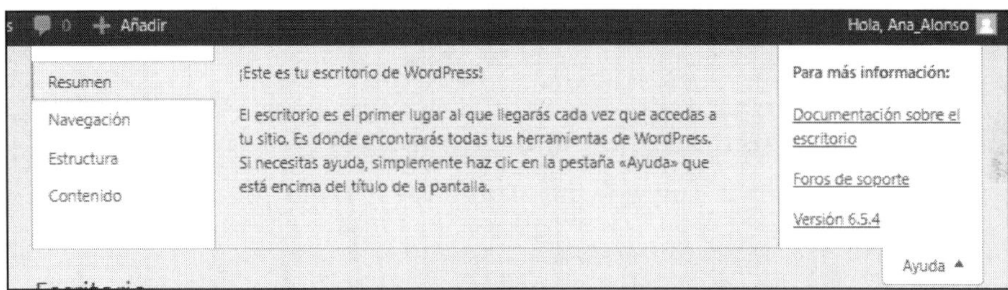

*El menú **Ayuda** del Escritorio*

5.1 Escritorio

5.1.1 Inicio

La pestaña **Inicio** del escritorio es la página de administración principal. Cada vez que inicia sesión en el panel de administración, llega a esta página.

El **Escritorio** es una página que permite tener una vista rápida del sitio. Encontrará diferentes bloques o secciones (cuadrados con información): las últimas entradas, las últimas actividades de los autores, los últimos comentarios, novedades en WordPress, etc., y también la actualización de PHP recomendada (si la hay) y el estado de salud del sitio.

En **Opciones de pantalla**, menú ubicado en la parte superior derecha de la página, puede optar por mostrar u ocultar ciertos bloques.

También puede mover los bloques para organizarlos mejor. Para mover un bloque, coloque el ratón sobre el título, arrastre y suelte.

Dependiendo de las extensiones instaladas, pueden aparecer nuevos bloques, por ejemplo un bloque con estadísticas.

5.1.2 Actualizaciones

La subpestaña **Actualizaciones** del escritorio le permite actualizar, volver a instalar WordPress o verificar si hay una nueva versión de WordPress, además de actualizar complementos, temas y traducciones, todo con un solo clic.

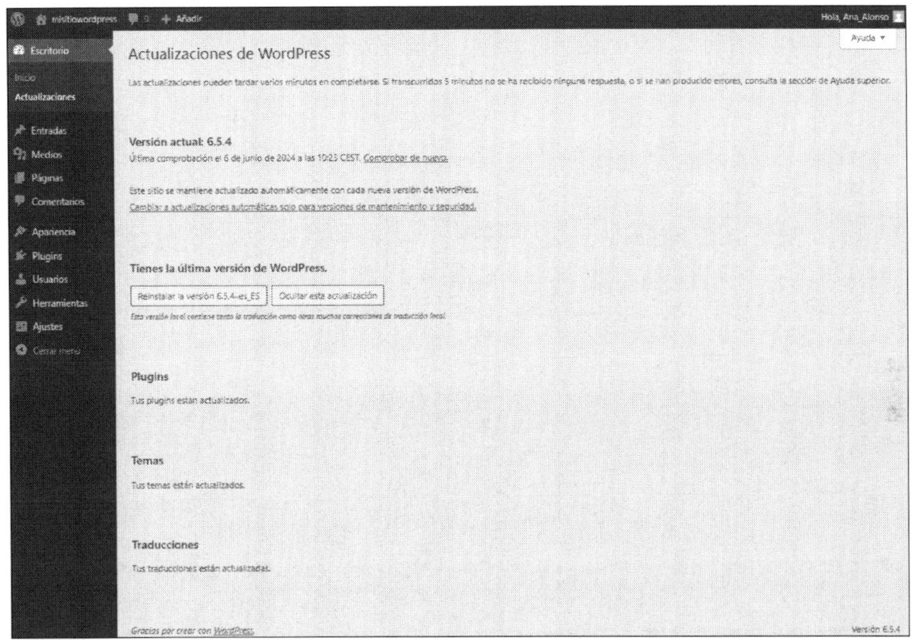

Página de Actualizaciones

Aquí no tenemos actualizaciones disponibles porque acabamos de instalar la última versión de WordPress.

Sin embargo, tenga cuidado antes de realizar actualizaciones. Estas manipulaciones a veces son delicadas y es posible que impidan que su sitio funcione. Es absolutamente necesario realizar una copia de seguridad antes de realizar las actualizaciones (consulte el capítulo Copia de seguridad de un sitio web).

De hecho, durante las actualizaciones, algunos archivos se sobrescriben y reemplazan o algunas veces tienen problemas para transferirse si su conexión a Internet es demasiado lenta.

Las actualizaciones a veces requieren actualizar la base de datos, de ahí la importancia de hacer una copia de seguridad de su base de datos en caso de un problema.

Hacer una copia de seguridad le permite volver a instalar rápidamente el sitio a su estado funcional, es decir, antes de haber realizado las actualizaciones.

Observación

Referencia del artículo para hacer una copia de seguridad:
https://codex.wordpress.org/es:Copias_de_seguridad_de_WordPress

Es preferible una actualización manual a una automática. La actualización manual implica la transferencia de archivos directamente a través de FTP, en lugar de pasar por la administración de WordPress. Para guardar la base de datos, debe conectarse a la interfaz de la base de datos como Phpmyadmin y descargar el archivo SQL.

Observación

Referencia del artículo para realizar la actualización:
https://wordpress.org/documentation/article/updating-wordpress/

Otro problema es el riesgo de que algunos complementos ya no sean compatibles con la nueva versión de WordPress. Espere aproximadamente quince días para que los desarrolladores actualicen sus complementos antes de actualizar WordPress. Durante este tiempo, el sitio web es vulnerable ¡haga una copia de seguridad!.

Para limitar los riesgos durante las actualizaciones, consulte la información sobre la extensión, para ver si es compatible con la nueva versión de WordPress.

Columna de la derecha de la página de la extensión Jetpack: https://es.wordpress.org/plugins/jetpack

WordPress proporciona un sistema de clasificación de compatibilidad en la página de cada extensión (en la columna de la derecha). Lo ideal es probar la extensión usted mismo antes de actualizar, por ejemplo, en un espacio dedicado.

En este enlace encontrará la lista completa de las extensiones: https://es.wordpress.org/plugins

Página del sitio WordPress.org que lista todas las extensiones

5.2 Entradas

Una entrada le permite escribir contenido de actualidad, por lo que el contenido se puede fechar.

La entrada es el principio mismo del blog, donde el contenido de actualidad se destaca directamente en la página de inicio. Aunque WordPress es famoso por este sistema, no es necesario que publique entradas en su página de inicio.

Puede usar las entradas para otros fines, como crear un sitio similar a un periódico, usarlo para hablar sobre sus noticias comerciales o incluso escribir recetas de cocina.

El contenido de noticias sigue siendo un buen medio para el SEO en los motores de búsqueda, aficionados al contenido nuevo y único.

5.2.1 Todas las entradas

La pestaña **Todas las entradas** enumera todas las entradas del sitio en orden cronológico. De forma predeterminada, existe una entrada de muestra titulada: ¡Hola mundo!, edítela o elimínela. Si la cambia, recuerde editar y cambiar el nombre del enlace permanente (URL de la página).

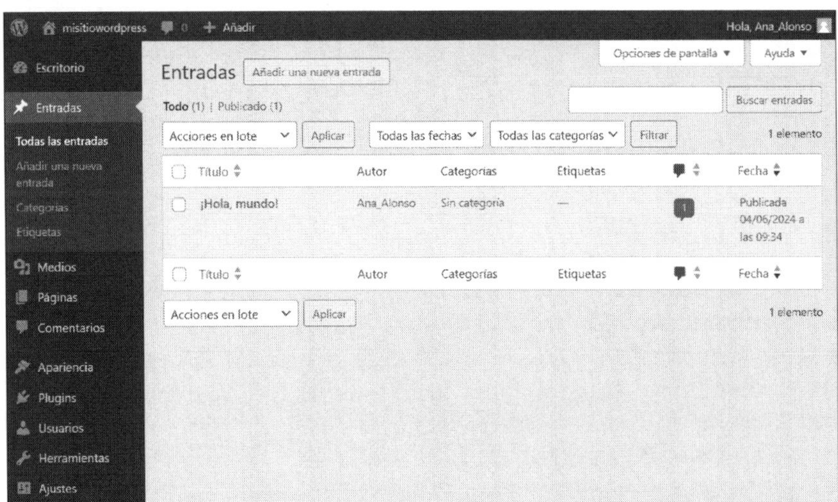

Página ***Entradas***

Cuando tenga varias entradas, puede ordenarlas de diferentes formas (por categoría, fecha, etc.), realizar acciones agrupadas para modificar o eliminar entradas. Un campo de búsqueda le permite encontrar una entrada directamente.

Consulte los menús **Opciones de pantalla** y **Ayuda** para personalizar la visualización de la página según sus necesidades o para consultar los consejos de WordPress.

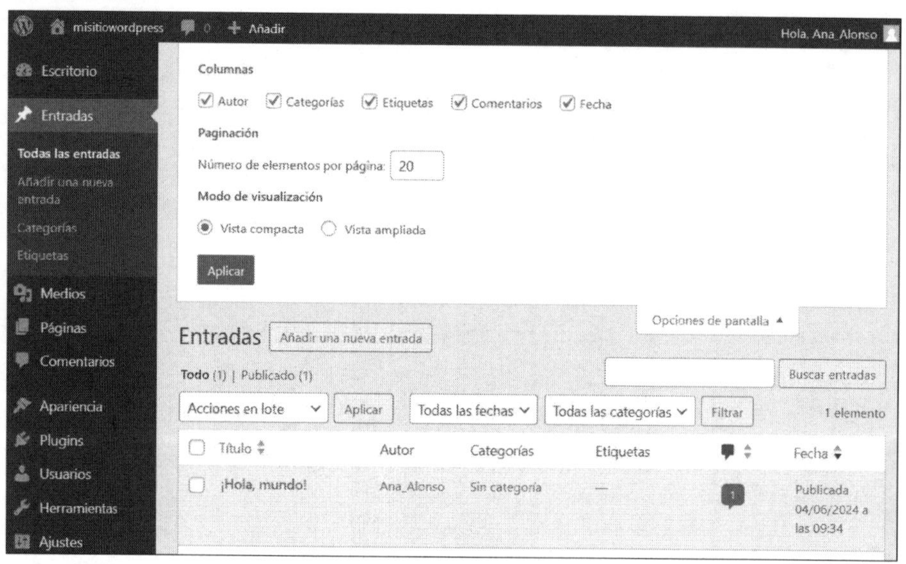

Opciones de la pantalla de la página ***Entradas***

5.2.2 Añadir nueva entada

La pestaña **Añadir una nueva entrada** le permite crear un artículo nuevo. Aparece un cuadro de diálogo que le explica cómo usar el sistema de bloques. Puede crear la cantidad de artículos que quiera, solo debe indicar el título, escribir el contenido usando Gutenberg, que es un sistema de bloques, integrado automáticamente desde la versión 5 de WordPress.

Por lo tanto, puede crear diferentes bloques según el contenido de su artículo, insertar texto, encabezados, imágenes, listas, vídeos, tablas, etc. Por supuesto, encontrará un bloque clásico con un WYSIWYG (campo de texto tipo Word). Posteriormente puede hacer clic en el botón **Publicar** o en el botón **Ver**.

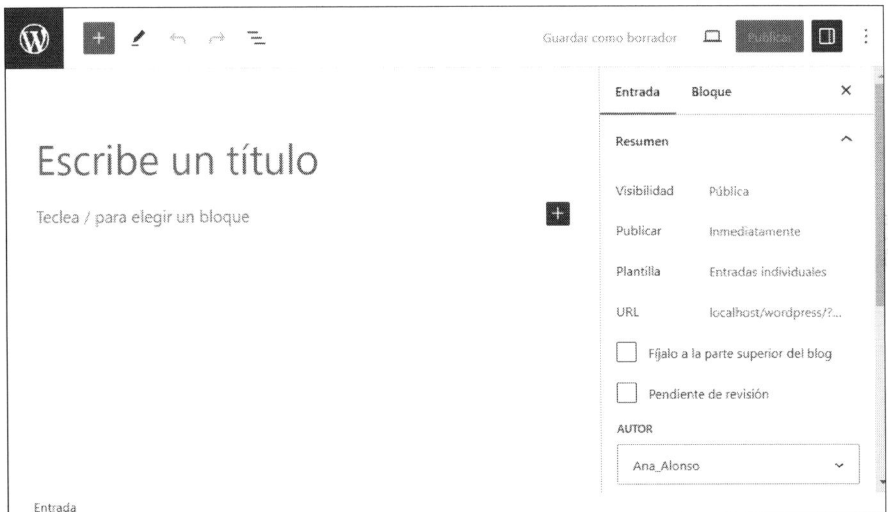

Página de creación de una entrada

El botón **Publicar** cambia a **Actualizar** si el artículo ya está publicado. Cuando publica un artículo, aparece un menú de confirmación, por lo que debe confirmar su acción. Tiene la posibilidad de desactivar la verificación desmarcando una casilla en la parte inferior del menú y hacer ajustes de última hora: seleccionar la visibilidad del artículo, la hora de su publicación o agregar etiquetas. Verá cómo se usa en esta sección.

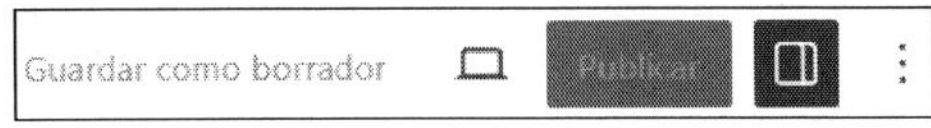

El menú de confirmación

Al escribir el título, el enlace permanente inserta las palabras del título en la URL del artículo. Previamente, será necesario configurar los enlaces permanentes. Podrá cambiarlo en cualquier momento, pero es importante mantener enlaces permanentes con palabras clave para SEO. Consulte la sección Enlaces permanentes de este capítulo.

Cuando confirma la publicación del artículo, el menú de confirmación indica que su artículo ha sido publicado. Puede ver su artículo o copiar el enlace.

5.2.3 Gutenberg y el sistema de bloques

Gutenberg está completamente integrado en WordPress, que ha reemplazado al editor clásico desde la versión 5.0. Antes era necesario descargar una extensión para poder usarla.

A partir de ahora será necesario hacer lo contrario; si no le gusta Gutenberg y quiere volver al editor clásico, tendrá que descargar la extensión: classic editor.

Echemos un vistazo al menú principal, que es la barra de herramientas principal de la página.

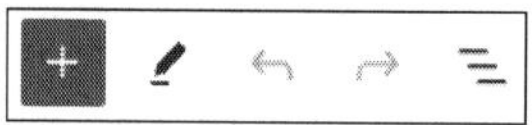

El botón **Alternar insertador de bloques**: primer botón del menú representado por el ícono Más, permite abrir el menú de bloques. Cada vez que vea este icono, puede añadir un bloque.

El botón **Herramientas**: segundo botón del menú representado por un lápiz, permite distintas interacciones para seleccionar, desplazarse y modificar los bloques.

El botón **Deshacer**: tercer botón del menú representado por un icono de flecha hacia atrás, le permite retroceder y cancelar sus acciones.

El botón **Rehacer**: cuarto botón del menú representado por un icono de flecha hacia adelante, le permite cancelar una acción de retroceso.

El botón **Resumen del documento**: el quinto y último botón del menú de la izquierda, representado por un icono de lista, le permite navegar fácilmente entre los diferentes bloques.

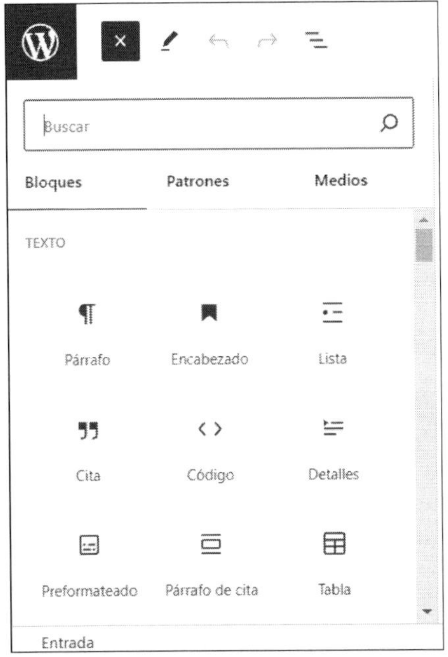

Menú de la barra de herramientas principal de un artículo

Para agregar bloques, haga clic en el botón **Añadir un bloque**.

En la pestaña **Bloques**, hay diferentes bloques clasificados por temática en un menú: **Texto**, **Medios**, **Diseño**, **Widgets**, **Tema** e **Incrustados**.

Se pueden encontrar configuraciones adicionales en la columna de la derecha, en particular, **Avanzado** que permite crear un ancla en ciertos casos o una o más clases de CSS, con el fin de dar estilo a partes específicas.

En la pestaña **Patrones**, encontrará diseños predefinidos para dar formato con facilidad al contenido. Estos formatos están clasificados por temáticas: **Banners**, **Cabeceras**, **Destacados**, **Entradas**, **Galería**, **Llamada a la acción**, **Pies de página**, **Recomendaciones** y **Texto**.

Para obtener más información puede consultar la documentación sobre el editor de WordPress en esta dirección:
https://wordpress.org/documentation/article/wordpress-block-editor/

Vamos a ver detalladamente los principales bloques de contenido.

El bloque **Encabezado** le permite insertar un título tipo H. Puede personalizarlo usando el menú situado directamente encima del bloque y hacer ajustes en la columna de la derecha (haga clic en el icono del cuadrado con una línea vertical a la derecha, y luego en la pestaña **Bloque** si la columna no aparece). Puede elegir un color, un fondo, insertar un enlace, elegir el tamaño, el aspecto, el tipo de letra o añadir un ancla HTML y por supuesto una o varias clases.

*Bloque **Encabezado***

El bloque **Párrafo** permite insertar un párrafo. Es el bloque predeterminado, solo tiene que empezar a escribir para que aparezcan las opciones. Encontrará varias opciones en la columna de la derecha, como en el caso del bloque **Encabezado**.

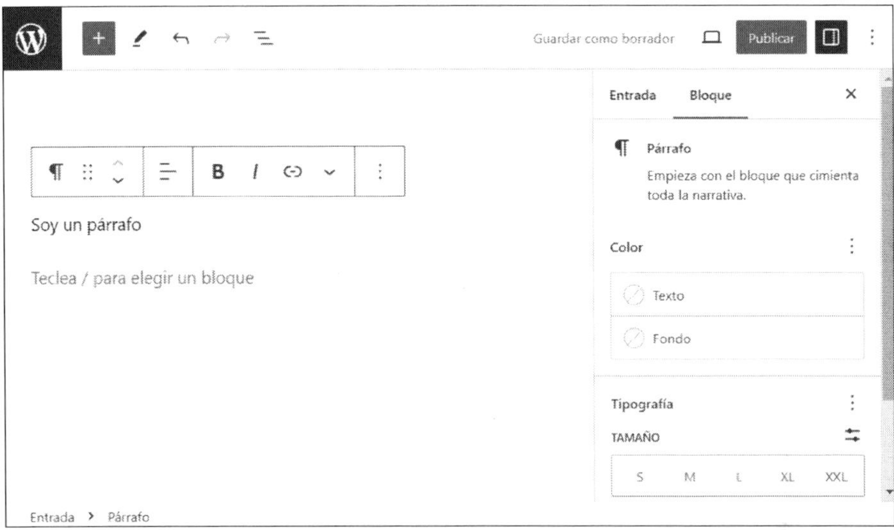

*Bloque **Párrafo***

El bloque **Imagen** le permite insertar una imagen. Puede administrar la alineación usando el menú que se encuentra encima del bloque y realizar los ajustes en la columna de la derecha: **Estilos**, **Borde** o **Radio** (permite tener una imagen circular). En el menú encima del bloque, puede aplicar un filtro duotono que podrá hacer sus fotos más elegantes.

Para saber más sobre duotono y cómo usarlo, visite la página web:
https://wordpress.com/es/support/ajustes-de-color-de-bloques/

Bloque ***Imagen***

El bloque **Galería** le permite insertar varias imágenes en una galería. Puede gestionar la alineación gracias a un menú situado encima del bloque y en la columna de la derecha.

Bloque ***Galería***

El bloque **Lista** se utiliza para insertar una lista con viñetas o una lista numerada. Tiene la capacidad de administrar el formato y la sangría usando un menú situado encima del bloque.

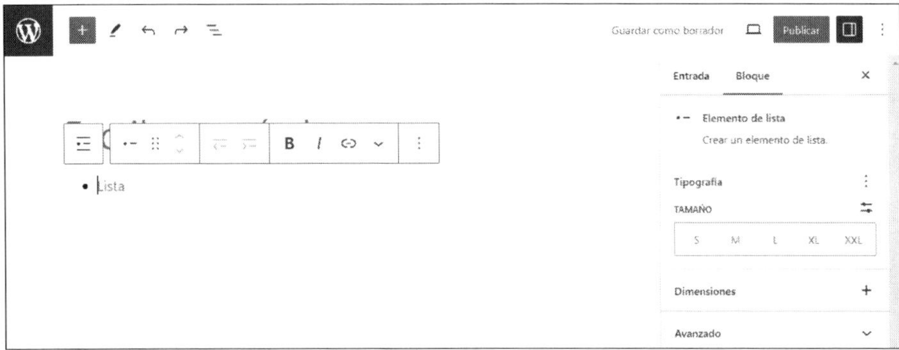

Bloque ***Lista***

El bloque **Cita** le permite insertar una cita. Puede gestionar el formato y la alineación usando un menú situado encima del bloque y hacer ajustes en la columna de la derecha: **Estilos** para elegir el tamaño de la cita.

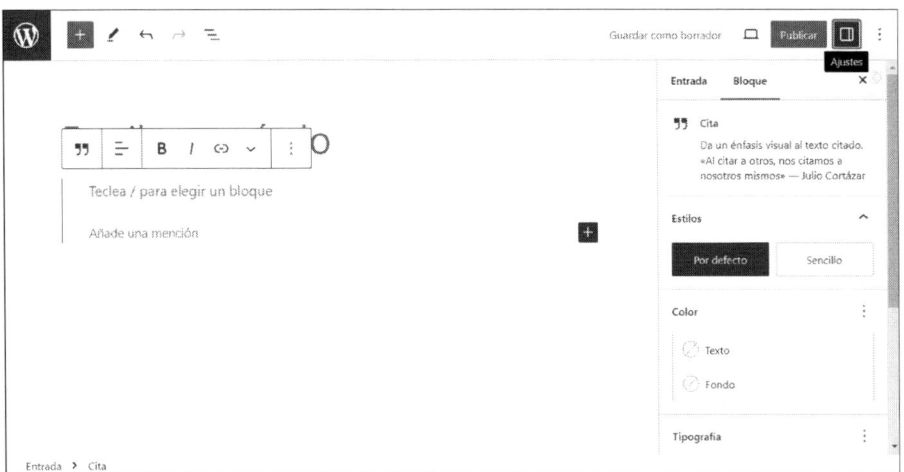

Bloque ***Cita***

El bloque **Audio** le permite cargar un archivo de sonido y reproducirlo con un reproductor básico. Puede gestionar la alineación usando un menú situado encima del bloque.

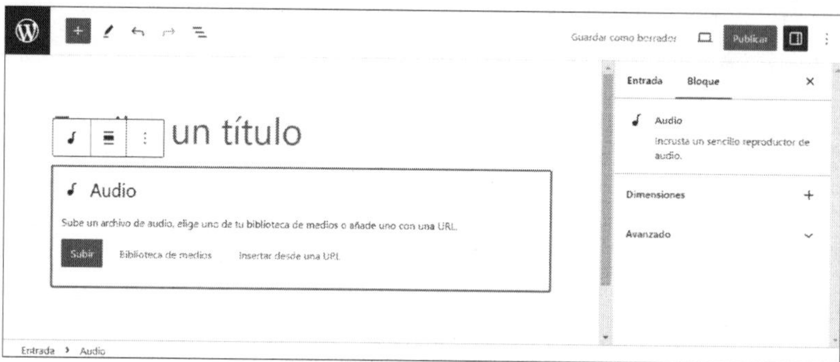

*Bloque **Audio***

El bloque **Fondo** le permite insertar una imagen o un video con un texto encima. Puede gestionar la alineación usando un menú situado encima del bloque.

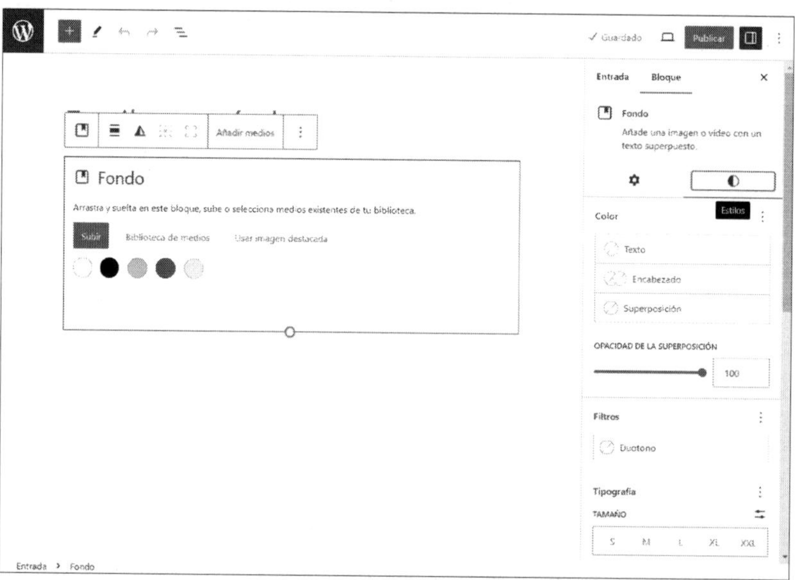

*Bloque **Fondo***

El bloque **Archivo** le permite insertar un enlace a un archivo descargable. Puede gestionar la alineación usando un menú situado encima del bloque.

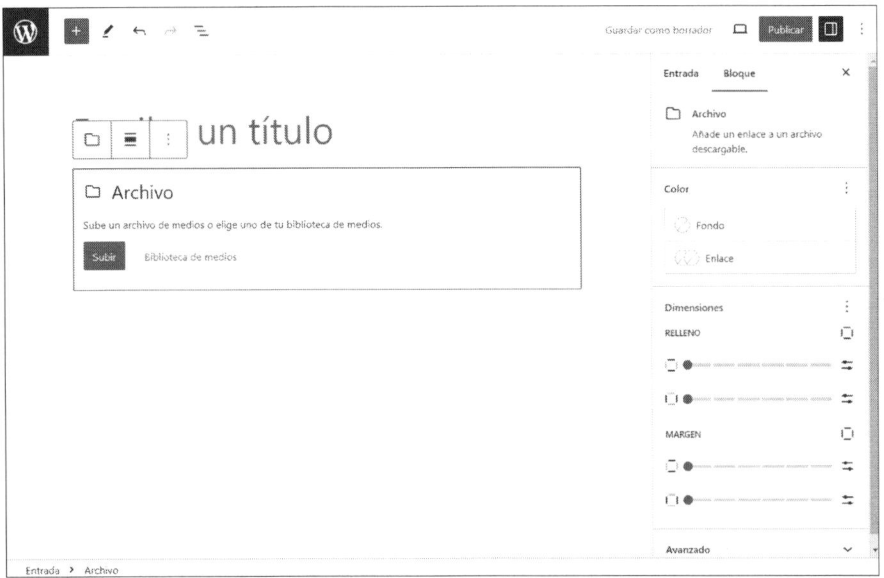

*Bloque **Archivo***

El bloque **Vídeo** le permite insertar un vídeo desde su biblioteca de medios o cargar uno nuevo. Puede gestionar la alineación usando un menú situado encima del bloque.

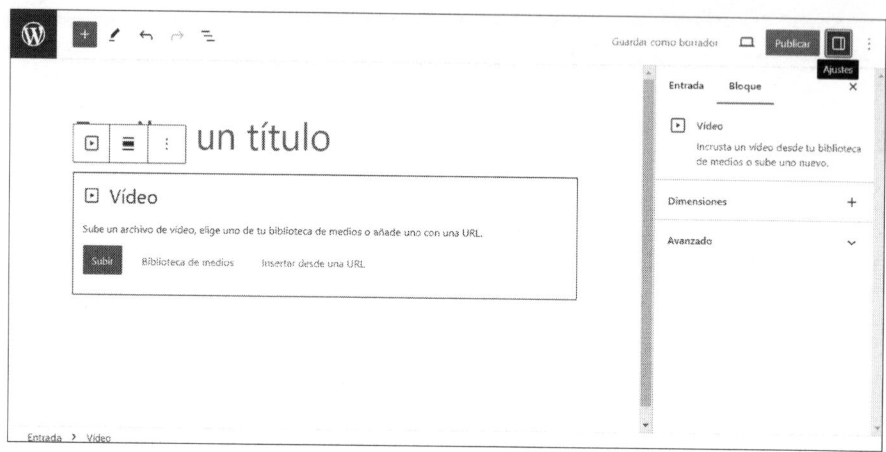

*Bloque **Vídeo***

El bloque **Clásico**: se corresponde con el editor WYSIWYG que siempre ha utilizado WordPress para editar contenido.

El editor WYSIWYG le permite escribir texto y tener diferentes botones disponibles para dar formato al contenido. Muestre más opciones en el menú del editor WYSIWYG haciendo clic en la última pestaña del menú: **Abrir/Cerrar barra de herramientas**. Pase el ratón sobre cada botón para ver la acción que realiza.

Botón del editor WYSIWYG para tener la barra de herramientas

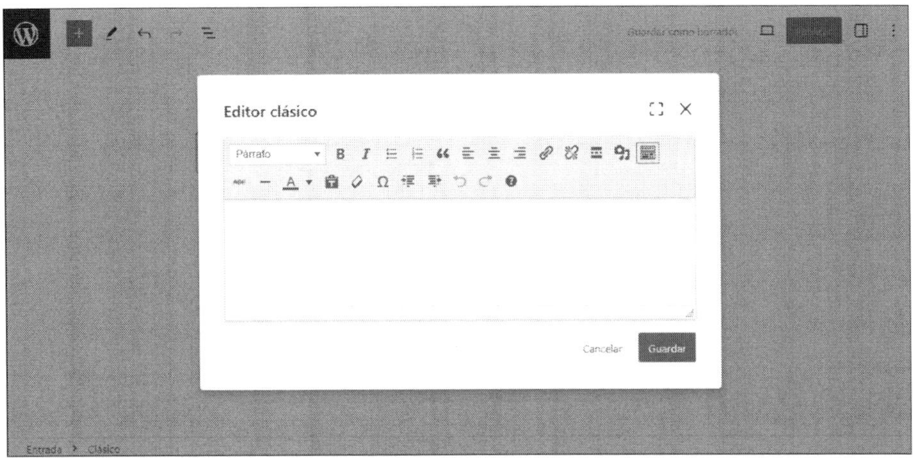

Bloque ***Clásico***

El bloque **HTML personalizado** permite insertar código HTML. Puede obtener una vista previa del código usando un menú situado encima del bloque.

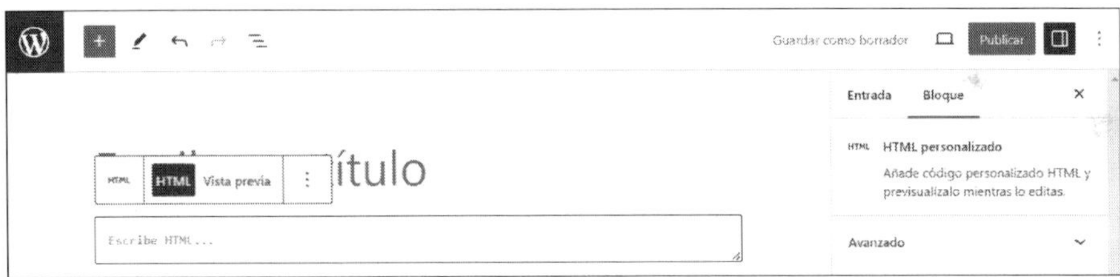

Bloque ***HTML personalizado***

El bloque **Código** le permite mostrar fragmentos de código, respetando sus espaciados y tabulaciones.

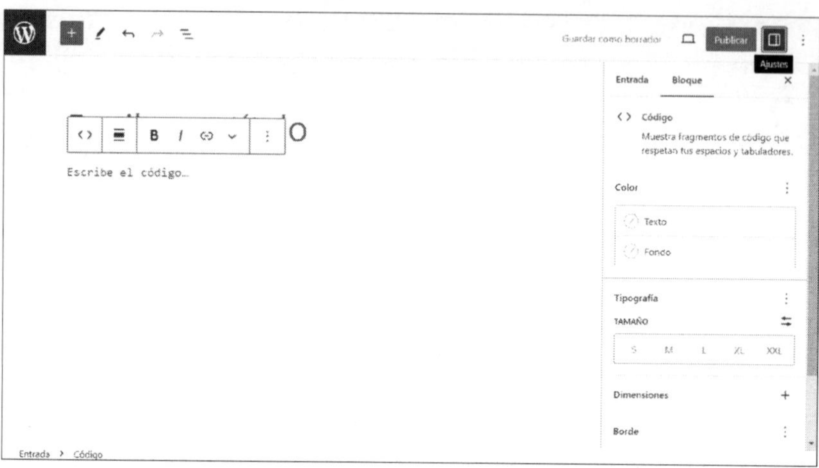

Bloque ***Código***

El bloque **Tabla** le permite insertar una tabla. Puede gestionar la alineación y la posibilidad de añadir o quitar columnas y filas, usando un menú situado encima del bloque. Encontrará una opción en la columna de la derecha: Estilos **Por defecto** o **Franja**.

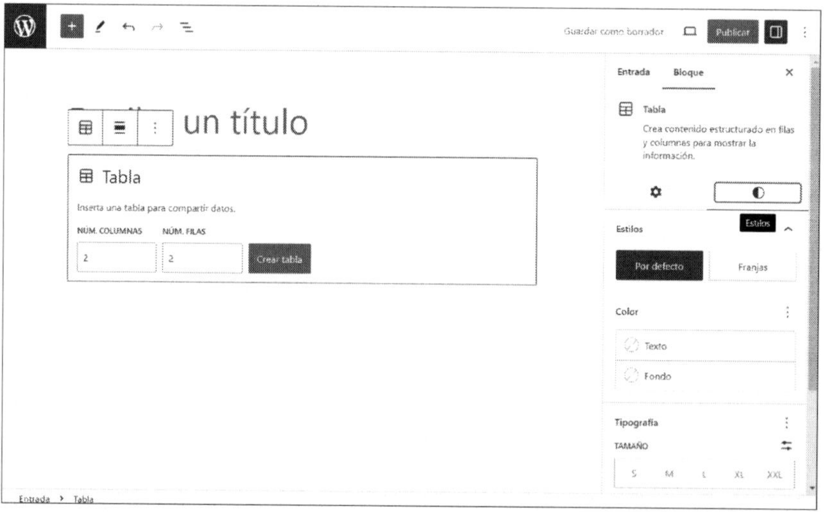

Bloque ***Tabla***

El bloque **Preformateado** le permite insertar texto que respeta el espaciado y la tabulación. Puede gestionar la alineación y el formateo usando un menú situado encima del bloque.

Bloque ***Preformateado***

El bloque **Párrafo de cita** le permite dar un énfasis visual a una cita. Puede gestionar la alineación y el formateo usando un menú situado encima del bloque. Encontrará varias opciones en la columna de la derecha.

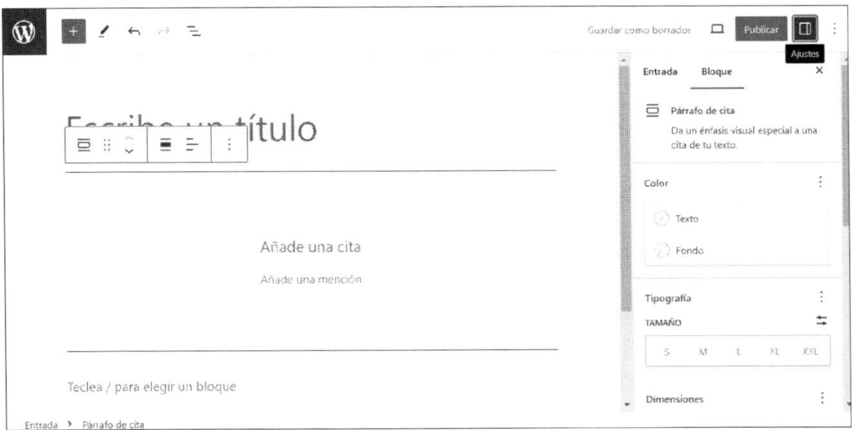

Bloque ***Párrafo de cita***

El bloque **Verso** le permite insertar poesía o letras de canciones usando un espaciado específico. Puede gestionar la alineación y el formato usando un menú situado encima del bloque.

*Bloque **Verso***

El bloque **Grupo** permite agrupar varios bloques. Puede gestionar la alineación usando un menú situado encima del bloque. Encontrará una opción en la columna de la derecha: **Unifica bloques en un contenedor**, junto con parámetros de estructura, color del texto y del fondo, tamaño de letra, márgenes, etc.

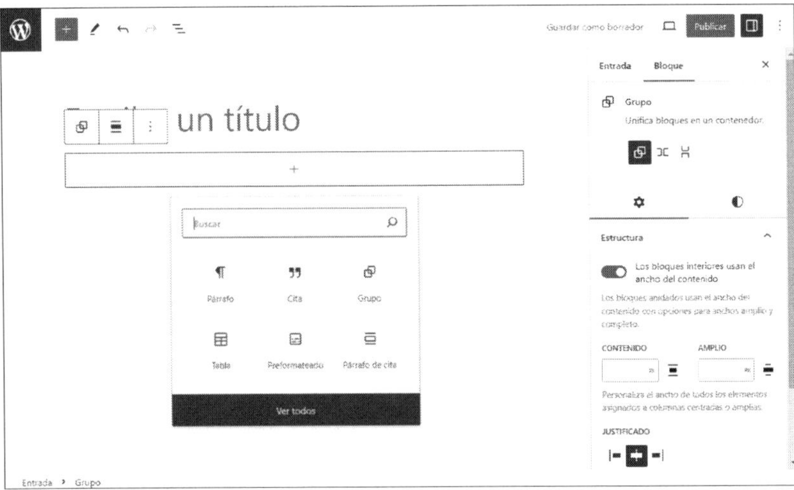

Bloque ***Grupo***

El bloque **Botónes** se utiliza para invitar a los visitantes a realizar una acción, con un enlace en forma de botón. Puede gestionar la alineación y el formato usando el menú situado encima del bloque. Encontrará varias opciones en la columna de la derecha: **Estilos** para rellenar el botón o dejar únicamente el contorno, **Ajustes de anchura**, **Color** para el color de fondo y el color del texto, **Borde y sombra** para el radio del borde, etc.

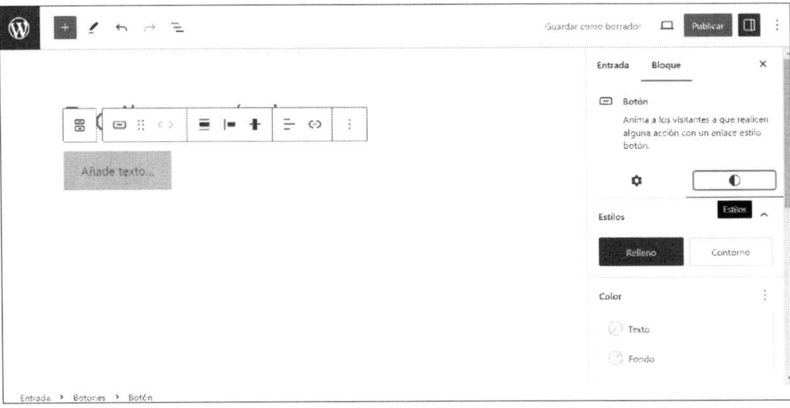

Bloque ***Botones***

El bloque **Columnas** le permite crear columnas y poder de esta manera dividir una fila en varias partes. Puede gestionar la alineación usando un menú situado encima del bloque. Encontrará una opción en la columna de la derecha: **Ajustes de columna** para definir el ancho usando un porcentaje.

*Bloque **Columnas** durante la elección de la configuración de página*

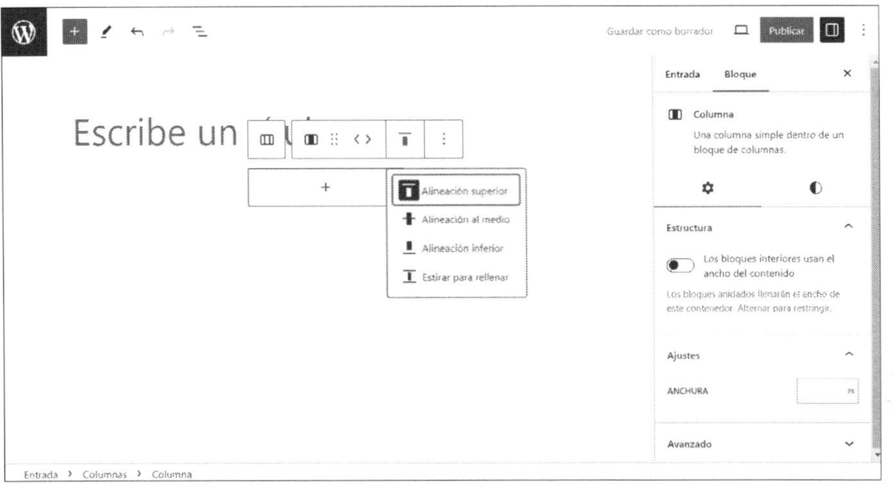

*Bloque **Columnas** durante la creación de columnas, a la derecha puede definir la anchura*

El bloque **Medios y texto** permite definir un medio y texto, uno al lado del otro, para que el formato de página sea más atractivo. Es posible administrar la visualización y la alineación gracias al menú situado encima del bloque. Encontrará varias opciones en la columna de la derecha: **Ajustes** para apilar las columnas en móviles, **Color** para definir el color del texto, del fondo y de los enlaces, etc.

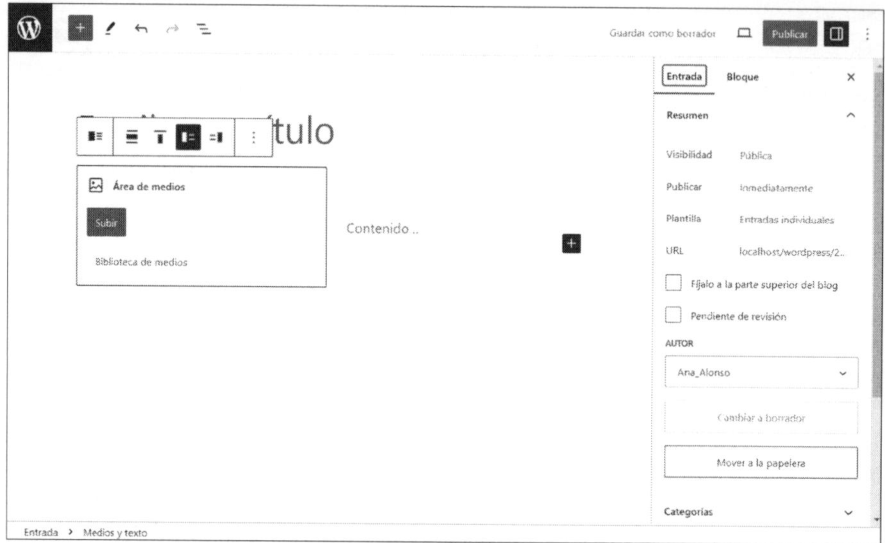

El bloque **Más** se utiliza para definir el resumen que se utilizará para la página de archivos (páginas donde se pueden encontrar todos los artículos con una imagen y/o un resumen, seguido de un enlace para ir al artículo completo). Por tanto, el extracto será todo lo que habrá antes de este bloque **Más**.

El bloque **Más** le permite crear un enlace o un botón para leer el resto del contenido o cambiar el texto del mismo. Encontrará una opción en la columna de la derecha que le permite **Ocultar el extracto en la página con el contenido completo** (la página del artículo).

Bloque ***Más***

El bloque **Salto de página** le permite separar su contenido en varias páginas.

Bloque ***Salto de página***

El bloque **Separador** le permite crear espacio entre ideas o entre secciones, con un separador horizontal. Encontrará opciones en la columna de la derecha: **Estilos**, que permite definir una línea ancha o punteados y **Color**, que permite definir el color de fondo del separador.

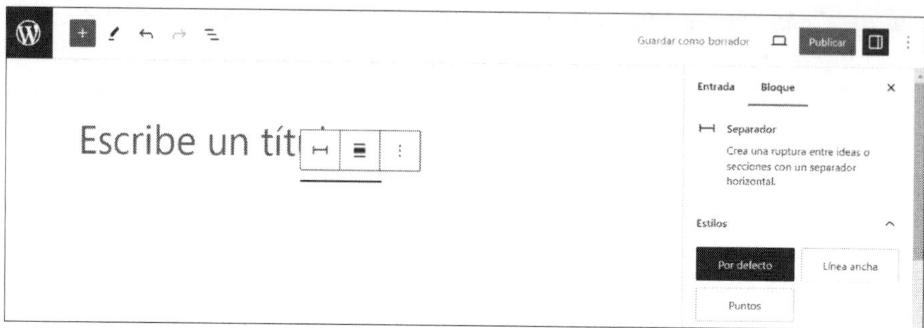

*Bloque **Separador***

El bloque **Espaciador** le permite agregar espacio entre los bloques y definir su altura. Encontrará una opción en la columna de la derecha **Ajuste del espaciador**, que acepta un valor en píxeles para la altura.

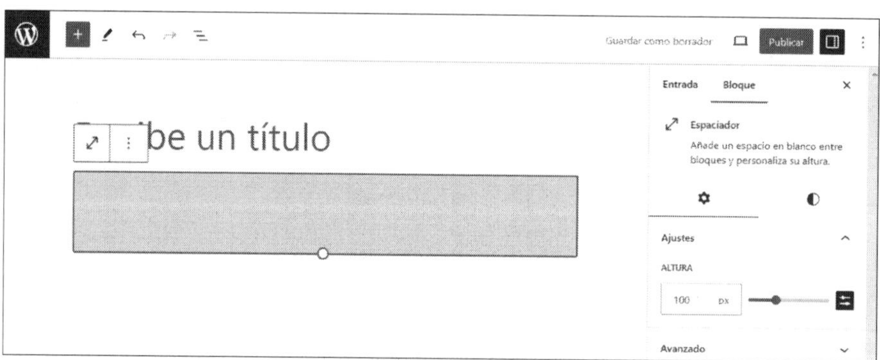

*Bloque **Espaciador***

5.2.4 Widgets

Estos bloques se utilizan para mostrar widgets (consulte la sección Apariencia - Widgets en este capítulo). La configuración es la misma.

5.2.5 Tema

Los bloques de tipo tema permiten recuperar información sobre el tema para crear sus propios modelos de página con ayuda de bloques. Por lo tanto, así se puede insertar un menú de navegación, el logotipo, el título o la descripción corta del sitio, y también un bucle de consulta, una lista de entradas, una imagen destacada, el contenido de la entrada, el autor, la fecha, las categorías, las etiquetas, la páginación, un vínculo Leer más, los comentarios, el formulario de comentarios, un vínculo acceder/salir, etc.

Bloque ***Bucle de consulta***

5.2.6 Contenido Incrustado

Todos los bloques de contenido integrados funcionan igual. Simplemente pegue un enlace al contenido que desea mostrar en su sitio.

Tiene a su disposición un bloque general bajo el nombre **Incrustado** u otros bloques específicos como: Twitter, YouTube, WordPress, SoundCloud, Spotify, Flickr, Vimeo, Dailymotion, Reddit, TikTok, Tumblr, Pinterest, etc.

Obtenga más información sobre el contenido integrado en:
https://wordpress.org/support/article/embeds/

*Bloque **Incrustado** general*

5.2.7 El resto de ajustes

En la barra de menú sobre el bloque tiene otras configuraciones a su disposición.

El primer botón del menú le permite cambiar el bloque en cualquier momento y transformar el contenido actual en otro bloque, según el tipo de bloque.

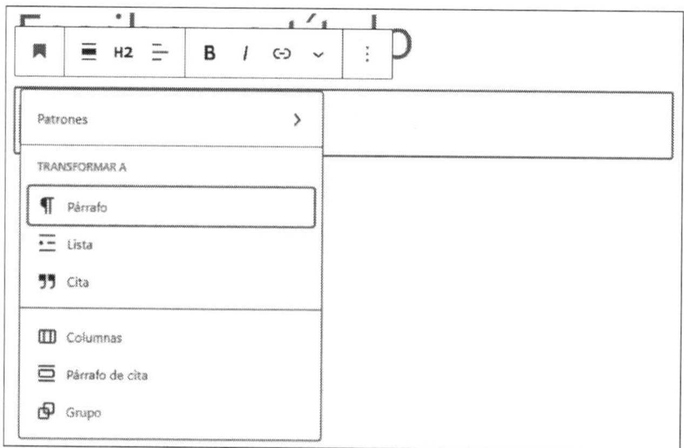

*Aquí, puedo transformar el bloque **Encabezado** en un bloque **Párrafo**, **Lista** o **Cita***

El último botón de menú con los tres puntos verticales le permite ocultar la configuración del bloque, copiar o duplicar el bloque, añadir un bloque antes o después, agrupar los bloques, bloquearlos, crear un patrón, transformar el bloque en código HTML o eliminarlos.

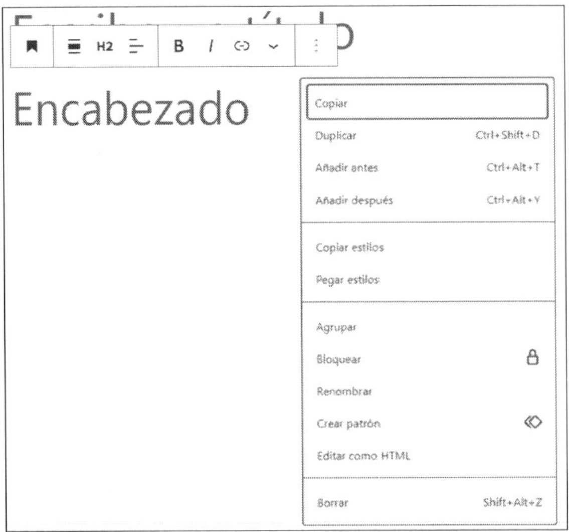

Último botón de la barra de menú encima del bloque

Cuando se agrega el bloque a los patrones, aparece una nueva sección en la lista de bloques y puede reutilizarlo en cualquier momento con su propia configuración. De este modo, puede crear sus propios modelos de bloques.

Nueva sección ***Mis patrones*** *con un bloque patrón* ***mi bloque encabezado***

Es posible administrar bloques de tipo patrón haciendo clic en el último botón de la barra de menú que aparece encima del bloque, seleccionando la opción **Gestionar patrones** y haciendo clic en la sección **Gestionar todos mis patrones** situado en la parte inferior del menú situado a la izquierda de la pantalla. También puede acceder a esta página usando el menú **Opciones** que encontrará en la esquina superior derecha de la pantalla.

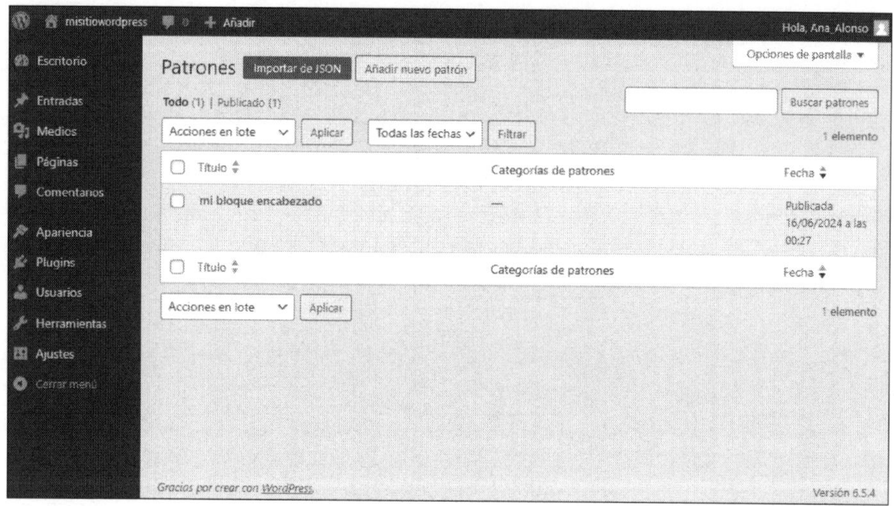

Página para administrar los patrones personalizados

Por lo tanto, puede redefinir los patrones personalizados modificándolos directamente en esta página, pero también importar bloques, con el botón **Importar de JSON**. También tiene la opción de exportarlos.

El menú **Opciones**, que aparece en la esquina superior derecha de la pantalla ofrece otros ajustes, disponibles en el menú general de la página de edición del artículo; se trata del último botón a la derecha con los tres puntos verticales.

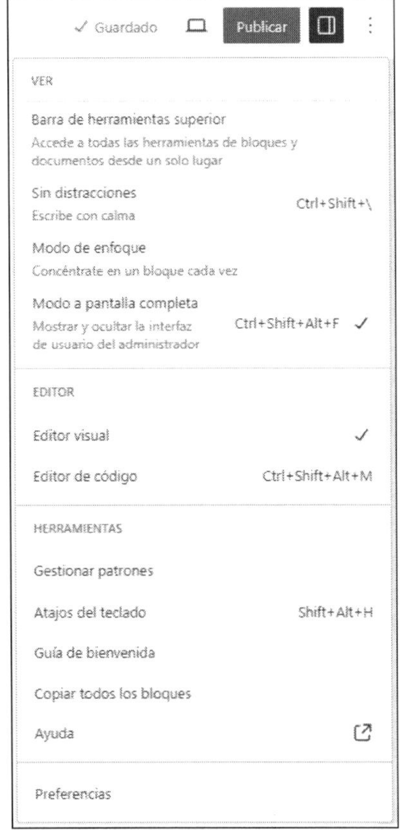

Menú general para la configuración de los bloques

5.2.8 Ver

La **Barra de herramientas superior** le permite mostrar la barra de menú sobre los bloques en una única ubicación, es decir, en la barra de herramientas principal.

El **Modo de enfoque** le permite resaltar el bloque en el que está trabajando.

El **Modo a pantalla completa** le permite ocultar el menú del lado izquierdo de WordPress.

5.2.9 Editor

El **Editor visual** es el modo predeterminado con el sistema de bloques.

El **Editor de código** es el modo que permite la visualización de bloques como código HTML.

5.2.10 Herramientas

Gestionar patrones proporciona acceso a la página de gestión de patrones.

En **Atajos del teclado** hay un listado de todos los atajos de teclado.

Guía de bienvenida permite hacer que vuelva a aparecer la ventana emergente que explica cómo usar el sistema de bloques.

Copiar todos los bloques copia todo el contenido de los bloques como código HTML.

Ayuda lleva a la documentación sobre el editor WordPress:
https://wordpress.org/documentation/article/wordpress-block-editor/

Preferencias habilita o deshabilita funciones, muestra y oculta secciones del menú de la derecha en la parte **Documento** o muestra la sección **Campos personalizados** (consulte el capítulo Los campos personalizados),entre otras posibilidades .

5.2.11 Agregar medios en los artículos

En WordPress tiene la posibilidad de agregar medios usando diferentes estrategias: con el menú **Imagen destacada**, el bloque **Imagen**, el bloque **Galería**, el bloque **Audio**, el bloque **Vídeo**, el bloque **Archivo**, el bloque **Clásico** en el editor Wysiwyg con el botón **Añadir medios**, que le permite agregar fotos, una galería de fotos, documentos, etc.

Dependiendo de la estrategia seguida para añadir un medio, tendrá la posibilidad de tener todas las opciones disponibles o no.

Al hacer clic en el botón, se abre una ventana emergente. Para agregar un medio, haga clic en el botón **Seleccionar archivos**; también puede importarlo directamente en la ventana arrastrando y soltando, o puede hacer clic en la pestaña del menú horizontal **Biblioteca de medios** y seleccionar los medios que están en la biblioteca.

Puede crear una galería usando el botón **Crear una galería**, una lista de reproducción de audio, una lista de reproducción de vídeo, destacar una imagen o insertar desde una dirección web.

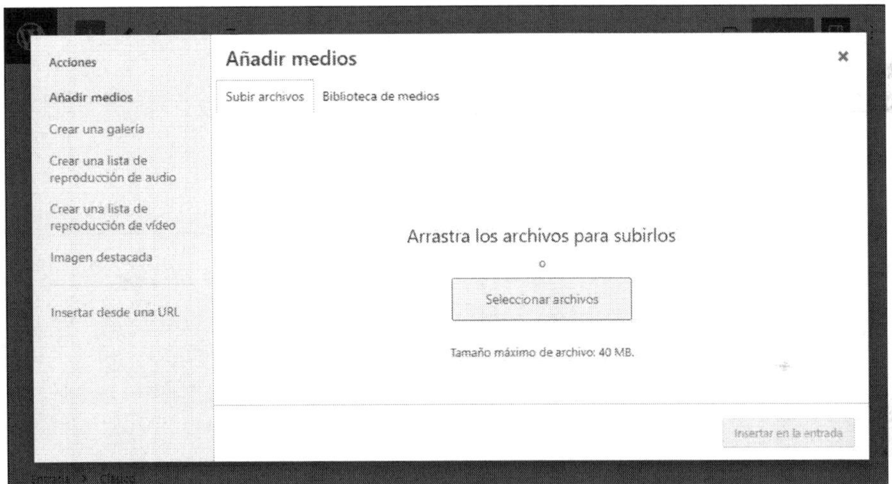

*Ventana emergente que se abre cuando pulsa en el botón **Añadir medios***

Al agregar un medio, la columna de la derecha le ofrece varias opciones.

Para las imágenes:

- **Texto alternativo**: le permite agregar un texto para lectores de pantalla que no muestran imágenes (conexión demasiado lenta, personas con discapacidad visual, etc.). Los motores de búsqueda también utilizarán este texto para hacer referencia a la imagen. Se corresponde con la etiqueta `alt` en HTML. Completar este campo es beneficioso para poder referenciar sus imágenes.
- **Título**: le permite dar el título de la foto, por defecto será el nombre del archivo.
- **Leyenda**: le permite agregar un texto que se muestra debajo de la imagen, según los temas.
- **Descripción**: le permite agregar una descripción a la imagen.
- **Copiar la URL al portapapeles**: le permite tener la URL de la imagen.

Al importar medios, en la columna gris de la derecha, hay varias configuraciones y opciones de visualización para las imágenes

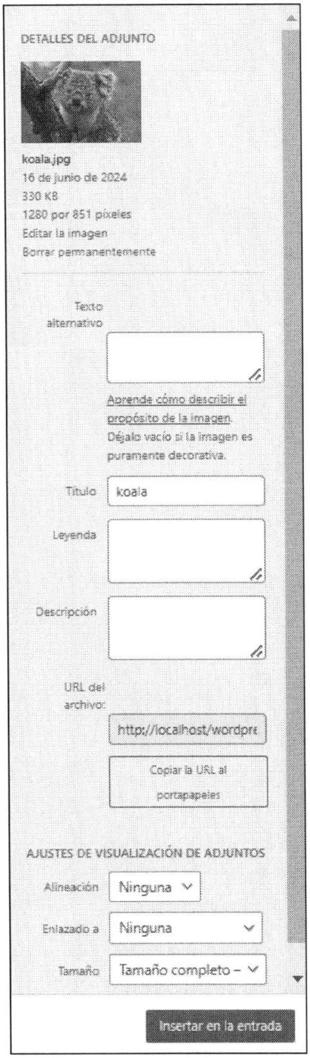

La columna con las distintas configuraciones de medios, así como la configuración de visualización del archivo adjunto para las imágenes

Esta columna también le permite configurar la visualización de la imagen.

- **Alineación**: le permite alinear sus recursos multimedia a la izquierda, a la derecha o al centro.
- **Enlace a**: permite ejecutar una acción al hacer clic en la imagen: mostrar la imagen en el navegador, mostrar la imagen en una página de WordPress, redirigir con un enlace a otra URL o ninguna acción.
- **Tamaño**: le permite elegir el tamaño del recurso multimedia (miniatura, mediano, grande u original). Estos tamaños se pueden configurar en **Ajustes - Medios**.

Para obtener más información, consulte la sección Medios.

Para los audios:

- **Título**: le permite dar el título del audio, por defecto será el nombre del archivo.
- **Artista**: le permite agregar el nombre del artista.
- **Álbum**: le permite agregar el nombre del álbum.
- **Leyenda**: le permite agregar un texto que se muestra debajo del audio, de acuerdo con los temas.
- **Descripción**: le permite agregar una descripción al audio.
- **URL del archivo**: le permite tener la URL del audio.
- **Ajustes de visualización de adjuntos**: permite mostrar el archivo en forma de reproductor que se lea directamente, hacer un enlace al archivo o a la página del archivo.

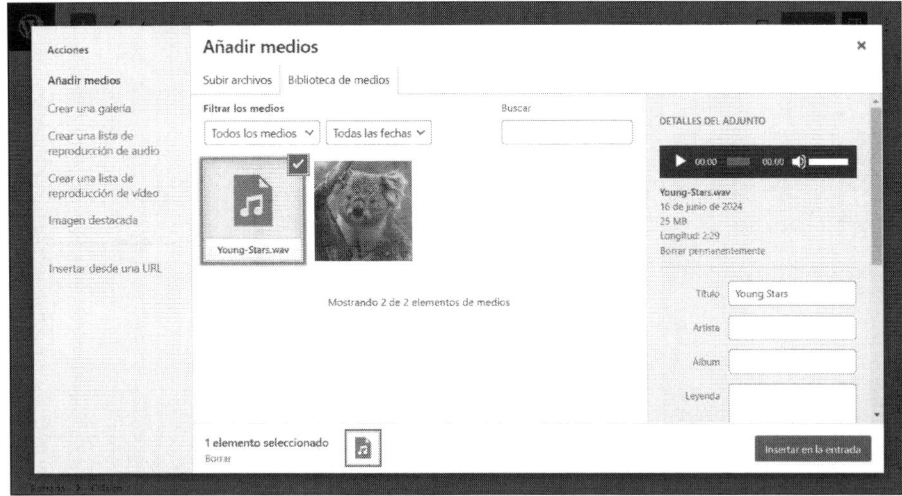

Al importar medios, en la columna gris en el extremo derecho, hay varias configuraciones y opciones de visualización para los audios

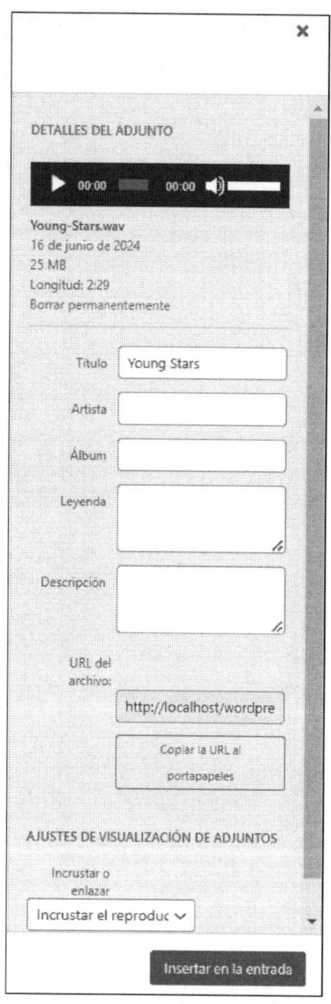

La columna con las distintas configuraciones de medios, así como la configuración de visualización del archivo adjunto para los audios

Para los vídeos:

- **Título**: le permite dar el título del vídeo, por defecto será el nombre del archivo.
- **Subtítulo**: le permite agregar un texto que se muestra debajo del vídeo, de acuerdo con los temas.
- **Descripción**: le permite agregar una descripción al vídeo.
- **URL del archivo**: le permite tener la URL del vídeo.
- **Ajustes de visualización del archivo adjunto**: permite mostrar el archivo en forma de reproductor multimedia y que se lea directamente, hacer un enlace al archivo o a la página del archivo

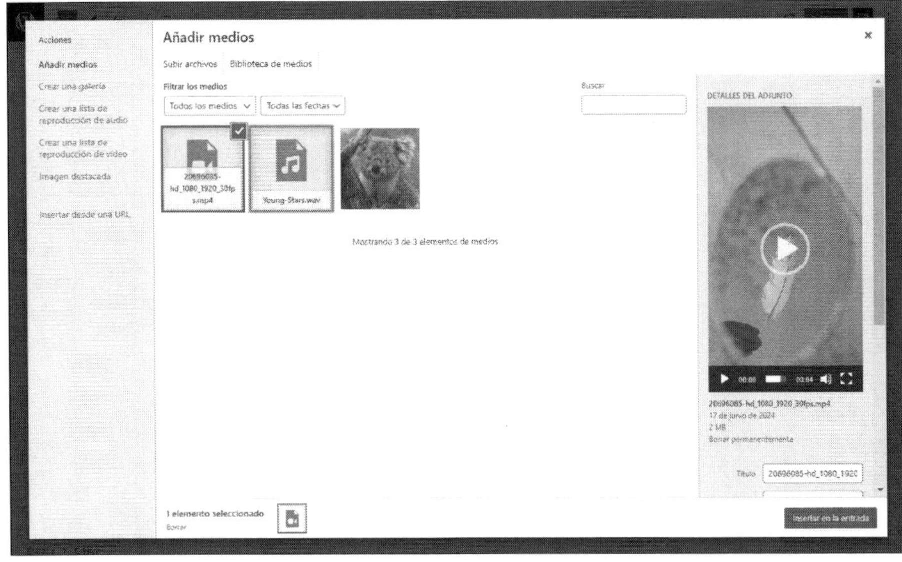

Al importar medios, en la columna gris en el extremo derecho, hay varias configuraciones y opciones de visualización para los vídeos

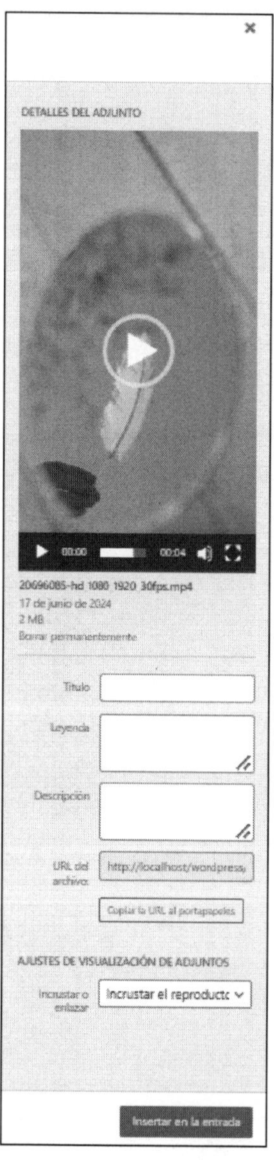

La columna con las diferentes configuraciones de medios, así como la configuración de visualización de archivos adjuntos para los vídeos

5.2.12 Las secciones del menú de la derecha, parte Documento

En el menú de la derecha de la página **Entradas**, parte **Entrada**, tenemos las siguientes secciones:

Las secciones del menú de la derecha

Puede ocultar este menú en cualquier momento haciendo clic en la parte derecha de la barra de herramientas principal, en el icono de ajustes, junto al botón **Publicar/Actualizar**.

- La sección **Resumen** ofrece varias opciones sobre la publicación.

  Puede controlar su visibilidad haciendo clic en el enlace **Pública** y hacerla pública, protegerla con contraseña o hacerla privada.

  Puede controlar su fecha de publicación haciendo clic en el enlace **Inmediatamente**, que es muy útil si se va de vacaciones y tiene artículos preparados con anticipación. Esto evita que su sitio esté inactivo durante un cierto período de tiempo y, por lo tanto, mantiene a sus lectores alerta.

  El enlace delante del campo **URL** permite obtener la URL del artículo y cambiar el enlace permanente de la página para tener las URL optimizadas para el buscador. Consulte la sección Enlaces permanentes de este capítulo.

Al hacer clic en **Plantilla**, puede activar plantillas de páginas que varían en función del tema. El tema Twenty Twenty ofrece tres plantillas de páginas: Plantilla por defecto, Plantilla de portada, Plantilla de ancho completo, mientras que el tema Twenty Twenty-Three solo ofrece una plantilla predeterminada y vacía: Entradas individuales (ver el capítulo Las plantillas de página).

Al hacer clic en el enlace **Cambiar plantilla**, puede modificar la plantilla y su distribución. De esta manera, puede crear plantillas personalizadas. Esta función todavía está en versión beta y forma parte del tema Twenty Twenty-Three. Puede encontrar todas las plantillas de página para modificar en la pestaña **Apariencia** - **Editor**.

Tiene la opción de fijar el artículo en la parte superior del blog para resaltarlo.

Si su artículo no está listo, puede marcar la casilla **Pendiente de revisión**, entonces aparece un enlace **Para revisión** aparece en la barra principal, debe hacer clic en él para validar este estado.

Autor permite cambiar el autor de la página.

También es posible eliminar el artículo.

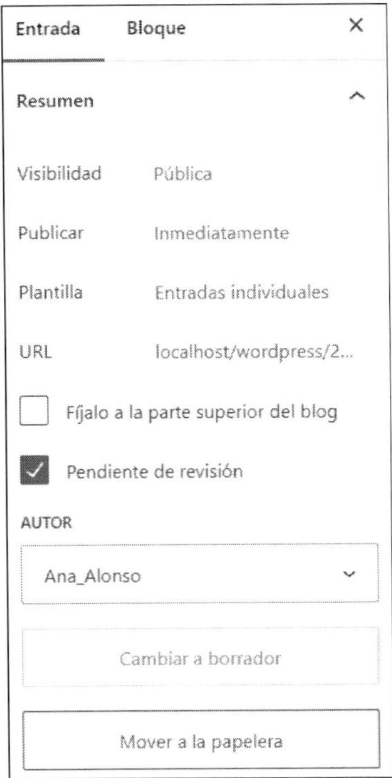

*Sección **Resumen***

- La sección **Categorías** permite asociar el artículo a una o más categorías. Cree una o más categorías directamente en esta sección, o en el menú **Entradas** y luego en el submenú **Categorías**.

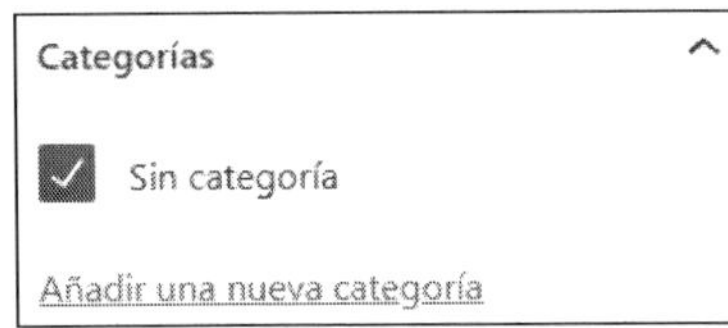

*Sección **Categorías***

- La sección **Etiquetas** permite asociar el artículo a una o más etiquetas (palabras clave). Cree una o más etiquetas directamente en esta sección, o en el menú **Entradas** y luego en el submenú **Etiquetas**.

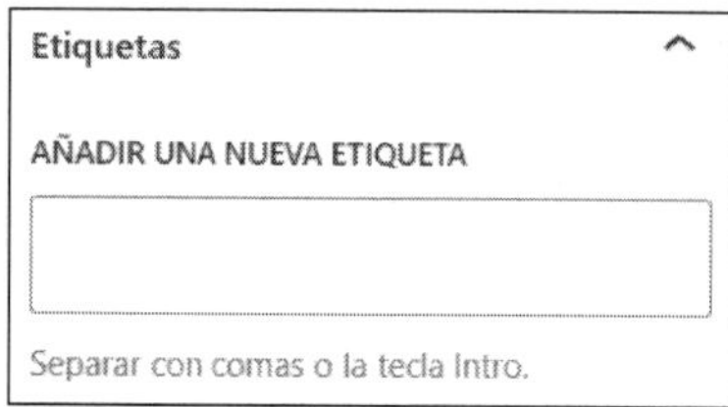

*Sección **Etiquetas***

- La sección **Imagen destacada** le permite vincular una imagen al artículo, a menudo asociada con el extracto del artículo, en el caso de una página que enumera varios artículos. Esta imagen es la imagen de referencia vinculada al artículo.

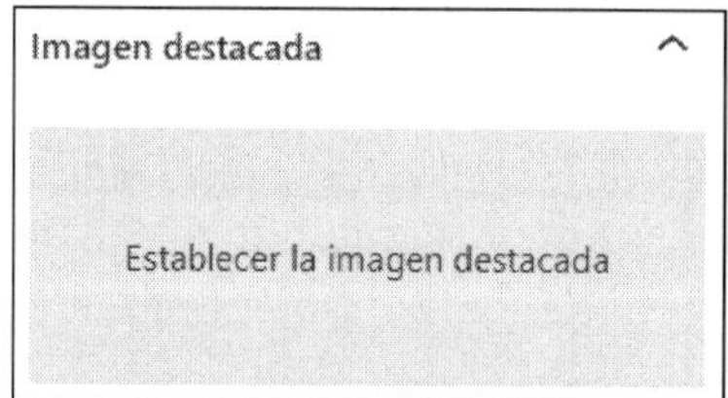

*Sección **Imagen destacada***

- La sección **Extracto** le permite escribir un resumen del artículo. A menudo va acompañado de un enlace **Leer más**. No se muestra necesariamente en todos los temas y es opcional.

  Puede encontrar más información en esta página:
  https://wordpress.org/documentation/article/page-post-settings-sidebar/#extrait

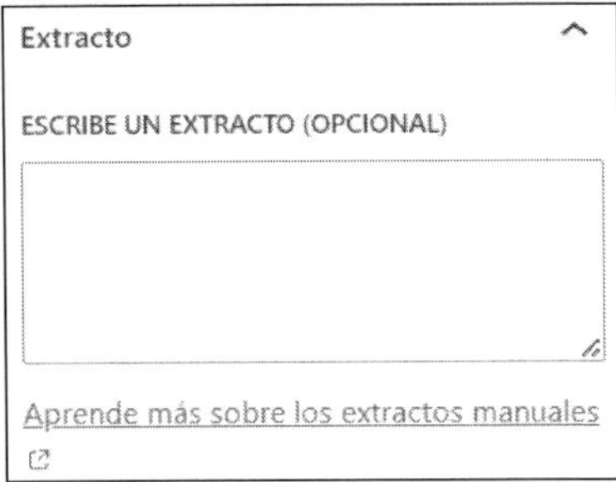

*Sección **Extracto***

- La sección **Comentarios** le permite autorizar o no comentarios, así como pings y trackbacks en los comentarios.

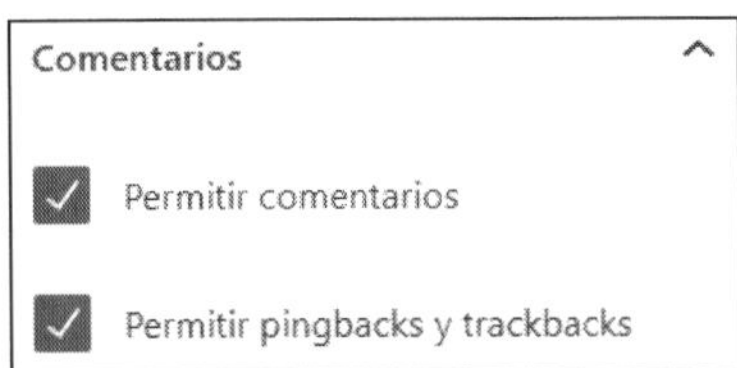

*Sección **Comentarios***

5.2.13 Categorías

Las categorías se utilizan para clasificar artículos por sección y subsección. Por ejemplo, una página web de cocina podría tener la sección Entrantes, con las subsecciones Entrantes calientes, Entrantes fríos, etc.

Las categorías se utilizan para clasificar artículos pertenecientes a los temas principales del sitio. Por lo general, los webmasters utilizan categorías en el menú principal de su sitio web al crear un menú personalizado. Si no hay ningún artículo adjunto a una categoría, no aparece en la página web.

Para agregar una categoría, asígnele un nombre, un identificador, un padre si es necesario y una descripción. El único campo obligatorio es el nombre. Si no proporciona un identificador, se utilizará el nombre de la categoría. El identificador también se usa como nombre en las URL, dependiendo de la configuración de los enlaces permanentes. Piense detenidamente en el nombre que servirá como palabra clave para SEO. Preferiblemente elija una o más palabras clave, para mejorar el SEO. Tenga cuidado con los duplicados: si existe un duplicado, se coloca un número al final de su URL.

De forma predeterminada, existe una categoría **Sin categoría**. Esta categoría se puede eliminar, pero hay que saber cómo, porque a primera vista parece que no es posible. Para eliminarla, debe crear otra categoría, luego ir a **Ajustes** - **Escritura** y cambiar la categoría predeterminada de los artículos. Reemplace **Sin categoría** por la categoría creada anteriormente. Finalmente, vaya a **Entradas** - **Categorías** y seleccione **Sin categoría**.

Las categorías también se denominan taxonomías, al igual que las etiquetas. "Taxonomía" es el término genérico para un sistema de clasificación.

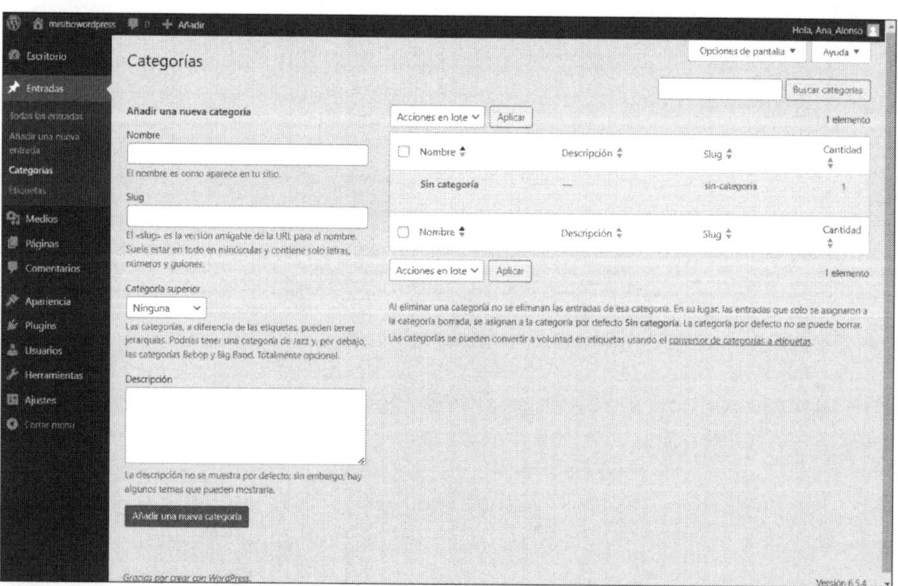

Página de las categorías

5.2.14 Etiquetas

Las etiquetas se utilizan para clasificar artículos según los términos que utilizan de manera recurrente, pertenezcan o no a la misma categoría. Para un sitio de cocina, las etiquetas pueden ser los ingredientes (zanahorias, tomates, etc.).

Las etiquetas no pueden tener un padre.

Para agregar una etiqueta, asígnele un nombre, identificador y descripción. El único campo obligatorio es el nombre. Si no menciona un identificador, se utiliza el nombre de la etiqueta. El identificador se usa como un nombre en las URL, dependiendo de la configuración de los enlaces permanentes.

Elija su nombre de usuario con cuidado y tenga cuidado con los duplicados, al igual que con las categorías.

Las etiquetas también se denominan taxonomías, al igual que las categorías. "Taxonomía" es el término genérico para un sistema de clasificación.

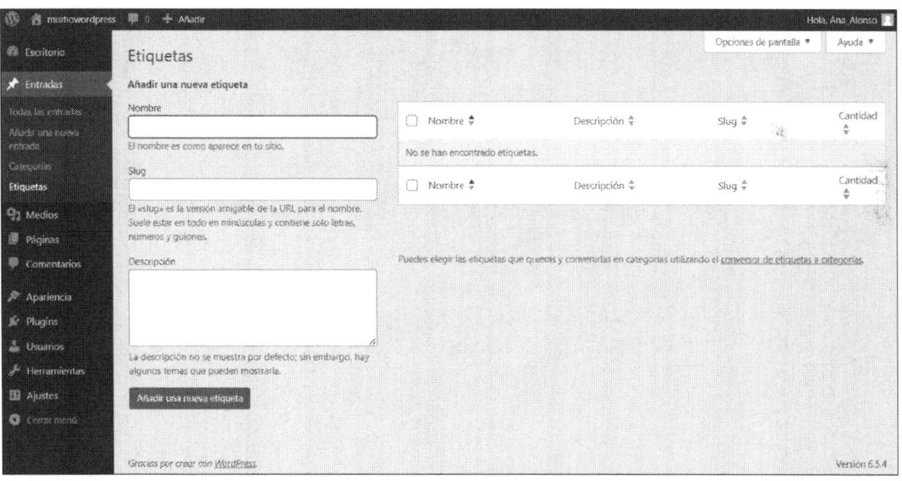

Página de las ***Etiquetas***

5.3 Medios

Los medios o recursos multimedia son los documentos de tipo imagen, audio, vídeo, PDF, etc. importados en WordPress.

5.3.1 Medios

Los medios se clasifican en la biblioteca de medios. Así, puede ordenarlos, modificarlos, eliminarlos, unirlos, buscarlos, etc. y realizar acciones agrupadas, como para los artículos.

Un menú ubicado en la parte superior de la lista de los medios le permite cambiar la visualización en forma de lista o miniaturas y filtrar las imágenes.

En la lista desplegable **Todos los medios**, la opción **Sin adjuntar** enumera todos los medios no adjuntados (asociados) a un artículo o página. Esto puede ser útil para la limpieza, si ha acumulado muchos recursos multimedia en su sitio web.

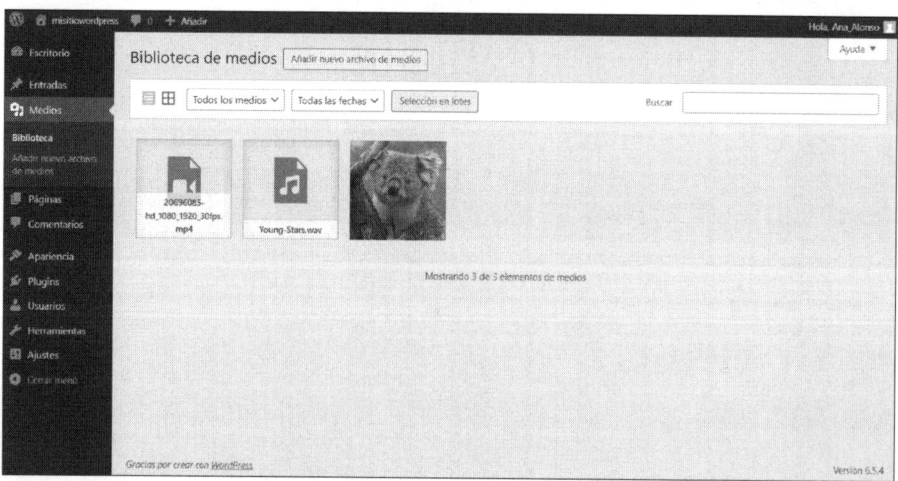

*Página **Biblioteca de medios**, que enumera todos los medios en forma de miniaturas*

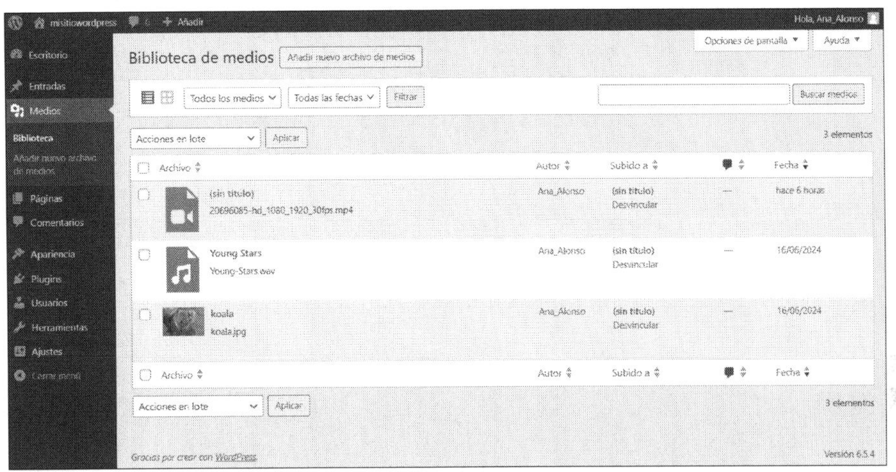

*Página **Biblioteca de medios**, que enumera todos los medios en forma de lista*

5.3.2 Modificar una imagen

Una vez que se han descargado las imágenes, puede modificarlas a través del enlace **Editar** ubicado debajo de cada imagen, si ha seleccionado la vista en formato lista.

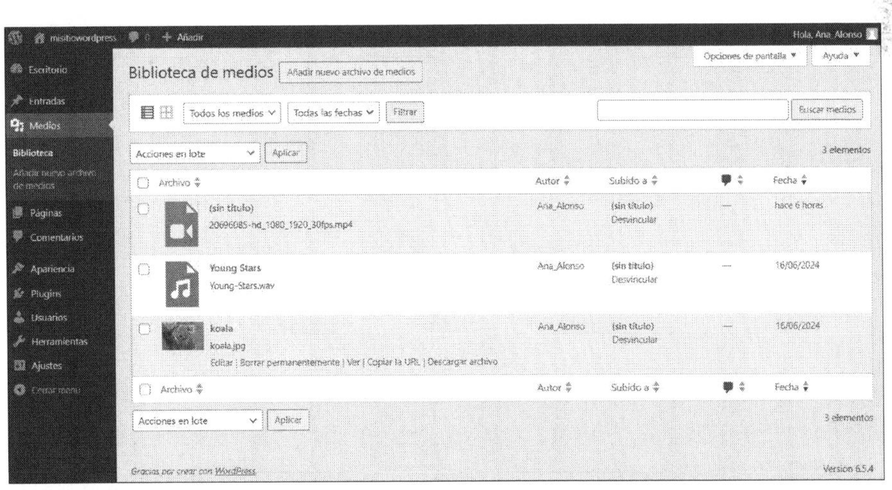

*Enlace **Editar** bajo la imagen*

Este enlace le permite hacer modificaciones. Encontrará estas mismas opciones con un diseño diferente con el modo de miniatura. Tiene la posibilidad de mostrar otras secciones en las **Opciones de pantalla**, en la parte superior derecha (**Comentarios**, **Comentarios**, **Slug**, **Autor**, **1 columna** o **2 columnas**).

Estos son los cambios predeterminados que puede realizar:

- El **Título** le permite cambiar el título de la imagen.
- El **Enlace permanente** es la dirección de la página de la imagen.
- El **Texto alternativo** le permite agregar texto para lectores de pantalla que no muestran imágenes (conexión demasiado lenta, personas con discapacidad visual, etc.). Los motores de búsqueda también utilizarán este texto para hacer referencia a la imagen. Esto se corresponde con la etiqueta `alt` en HTML. Completar este campo es beneficioso para la referencia de sus imágenes en Google Imágenes, por ejemplo.
- **Leyenda** le permite agregar un texto que se muestra debajo de la imagen, de acuerdo con los temas.
- **Descripción** permite agregar una descripción completa, dándole formato con un editor WYSIWYG básico en el que también se puede insertar código HTML.

Página de modificación de la foto

5.3.3 Añadir nuevo

La pestaña **Añadir nuevos archivos de medios** permite agregar nuevos medios. Puede arrastrar y soltar varias imágenes a la vez o usar el botón **Seleccionar archivos**, para recorrer el explorador de archivos de su ordenador.

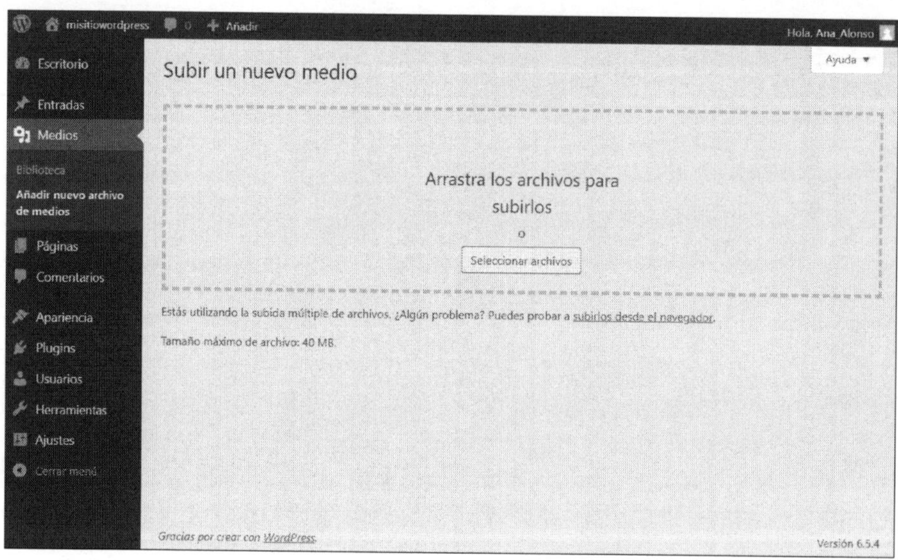

Página para añadir medios

Para archivos de tipo imagen de WordPress, cree tres formatos diferentes además de la imagen original: una miniatura, un tamaño mediano y un tamaño grande. Al agregar una imagen, preste atención al tamaño. Si su tema usa la imagen original y esta es muy grande, podría ralentizar el sitio web. Configure los tamaños en el menú **Ajustes** - **Medios**.

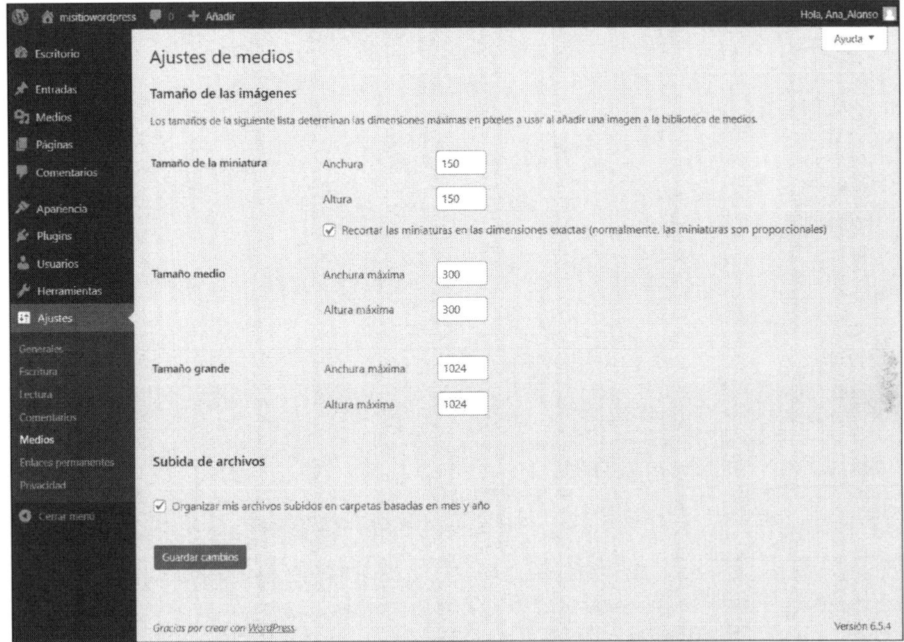

*Configuración de tamaño de imagen en el menú **Ajustes** - **Medios***

5.4 Páginas

Una página se utiliza para escribir contenido estático, por lo tanto, contenido que, a diferencia de los artículos, cambia poco y no tiene fecha, por ejemplo las páginas de Inicio, Contacto, ¿Quiénes somos?, Avisos legales, etc.

Puede crear perfectamente un sitio sin contenido de actualidad, con solo páginas.

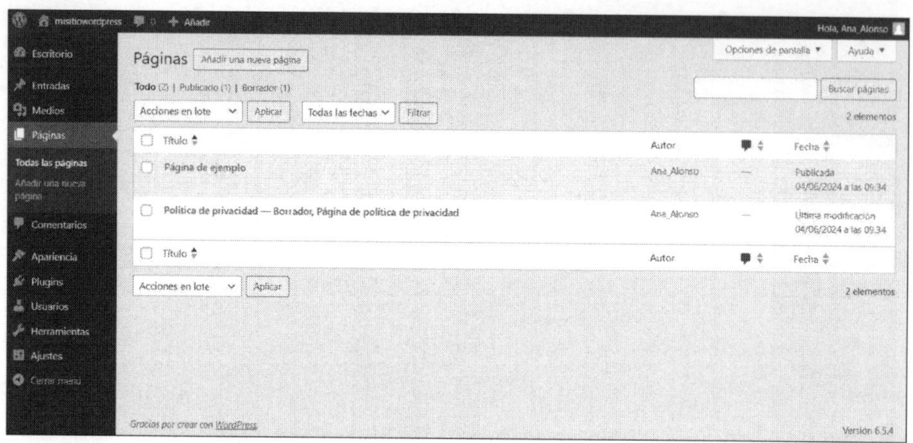

*Página **Páginas**, con la lista de las páginas*

De forma predeterminada, hay una **Página de ejemplo** y una página de **Política de privacidad**.

La página Política de privacidad ha aparecido desde la ley RGPD. Desde entonces, es obligatorio mostrar esta página en su sitio. Aquí está en forma de borrador. Verifique el contenido y luego publíquelo en su sitio (consulte el capítulo La ley RGPD).

Las páginas se crean como artículos (consulte la sección Entradas), pero no tienen la misma utilidad.

Por lo tanto, encontrará en el menú **Todas las páginas** el conjunto de páginas, y en el menú **Añadir una nueva página**, el mismo principio para añadir páginas que para los artículos, con excepción de las siguientes secciones: **Categorías**, **Etiquetas** y **Enviar trackbacks**.

Página ***Añadir una nueva página***

La sección **Atributos de página** tiene nuevas opciones.

- **SUPERIOR**: las páginas permiten una jerarquía. Por ejemplo, una página Acerca de, con subpáginas Mi vida y Mi trabajo. No hay límite para la profundidad de las subpáginas.
- **ORDEN**: las páginas generalmente se enumeran en orden alfabético, pero puede indicar un número para cambiar el orden de aparición.

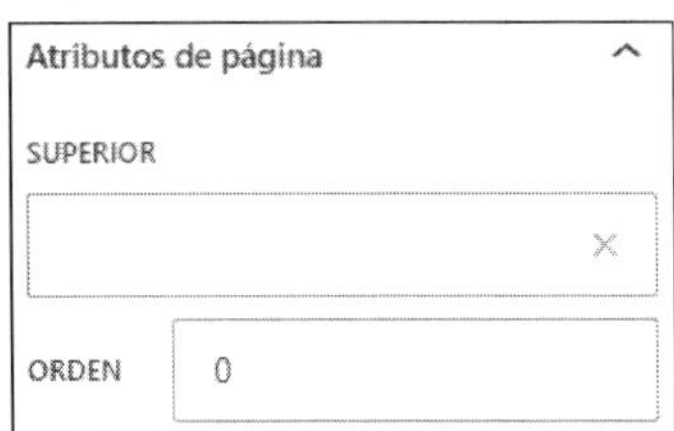

Sección ***Atributos de página***

5.5 Comentarios

La pestaña **Comentarios** proporciona una lista de todos los comentarios. Luego, hay varios filtros disponibles para ordenar los comentarios.

WordPress es muy famoso en el mundo web, desafortunadamente recibe mucho spam. Para limitar esto, existe la extensión Akismet, que permite filtrar los comentarios. También puede agregar un captcha o bloquear direcciones IP.

Puede configurar los comentarios en la pestaña **Ajustes** - **Comentarios**, para limitar la visibilidad de los comentarios no deseados.

El spam es fácil de detectar: por lo general, los comentarios están escritos con errores ortográficos, venden un producto publicitario, no tienen nada que ver con el tema del artículo o la página web y, algunas veces, están escritos en inglés. Lo que puede motivar a los spammers a escribir comentarios es poder hacer backlinks a su sitio para ganar SEO. Visitar el sitio web que ha registrado, ayuda a asegurarse sobre la intención del autor del comentario.

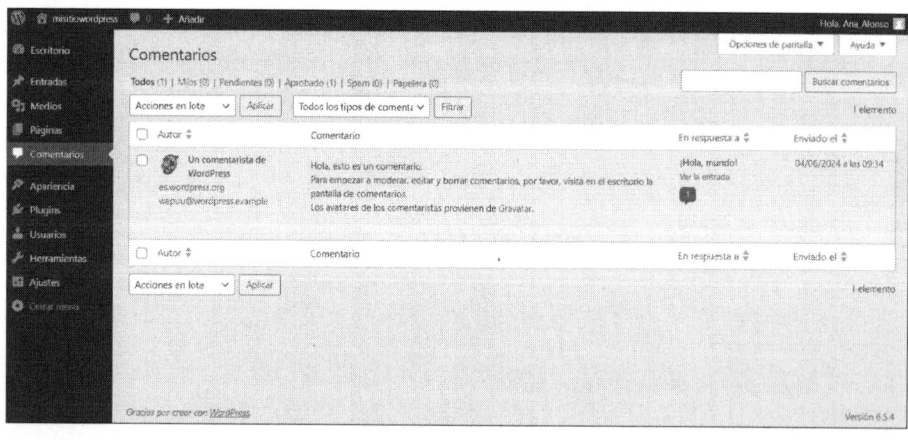

Página ***Comentarios***

5.6 Apariencia

La pestaña **Apariencia** le permite cambiar el diseño del sitio y configurar el tema, los menús y la barra lateral agregando widgets, modificar archivos del tema, etc.

Algunos submenús de la pestaña **Apariencia** varían según el tema, no es raro encontrar otras opciones. Por eso es esencial probar varios temas antes de tomar una decisión.

Cada tema es único. Como WordPress es un CMS libre de derechos. Muchos desarrolladores crean temas de todo tipo. A veces es difícil dominar un tema.

Por ejemplo, los temas Twenty Twenty-Three y Twenty Twenty-Two solo tienen dos pestañas: **Temas** y **Editor**. De hecho, estos temas son los temas nuevos, denominados temas basados en bloques: WordPress desarrolla temas nuevos y permite personalizar todas las partes con Gutenberg, un constructor de páginas como Elementor o Visual Composer. De esta manera, tiene la posibilidad de personalizar las plantillas de página del sitio: Inicio, 404, Archivo, Blog, Resultados de búsqueda, etc. Y también los elementos de las plantillas: Comentarios, Pie de página, Encabezado y Metaetiquetas de la publicación. Beta significa que todavía es experimental, por lo que si este tema no le conviene, puede cambiarlo. Consulte el capítulo Los temas basados en bloques.

Siempre puede descargar los temas clásicos de WordPress (Twenty Twenty, Twenty Nineteen, etc.), basados en el sistema antiguo que no están actualizados.

En WordPress existen diferentes tipos de temas:

- **Temas basados en bloques**: temas diseñados para la personalización completa del sitio.
- **Temas universales**: temas que funcionan simultáneamente con la personalización y el editor del sitio.
- **Temas híbridos**: Temas clásicos que asumen las funciones de FSE como theme.json.
- **Temas clásicos**: temas con plantillas PHP, functions.php, etc.

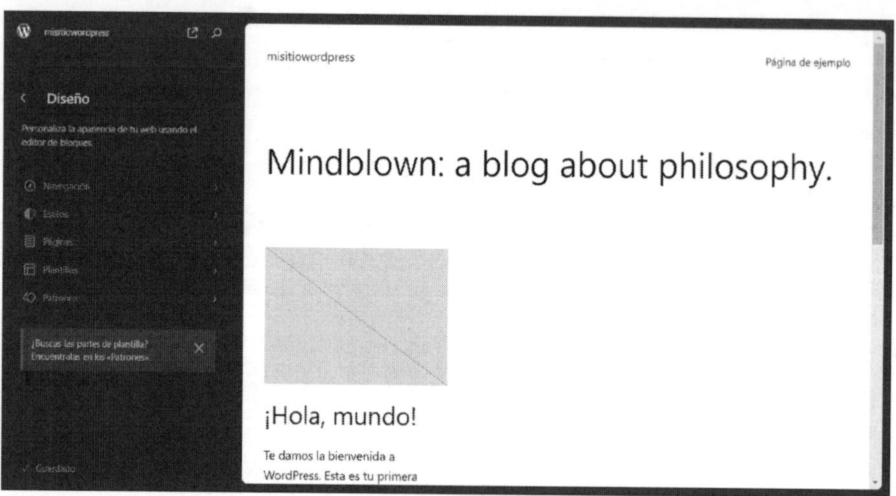

Página ***Apariencia - Editor***

El tema Twenty Twenty-One, que es un tema clásico, tiene pestañas clásicas: **Personalizar**, **Widgets**, **Menús**, **Fondo** y **Editor de archivos de temas**. Estas pestañas no están presentes en los temas que tienen un editor en versión beta. Las veremos de todas maneras porque siguen siendo muy populares en la mayoría de los temas.

Podrá observar que estos temas son bastante sencillos y básicos. Esto se debe a que su finalidad es ofrecer más flexibilidad para la personalización del sitio.

Encontrará muchos temas de pago que son mucho más completos que los temas gratuitos. Muchos temas gratuitos no ofrecen documentación descargable, foros o demostraciones descargables, mientras que muchos temas de pago son llave en mano, es decir, ofrecen una demostración, están muy bien documentados y tienen un soporte que responde rápidamente. Un sistema de calificación garantiza una cierta calidad.

La plataforma Theme Forest es famosa por esto: https://themeforest.net/. Los temas se actualizan periódicamente. Suelen ser compatibles con las extensiones más famosas como: Visual Composer, Elementor, WooCommerce, WPML, Event Calendar, Buddypress, Contact Form 7, etc. Los precios son bastante asequibles, entre 39 y 79 dólares, siendo su objetivo vender lo máximo a un precio razonable. La relación calidad-precio es más que satisfactoria dadas las características desarrolladas en su tema. Tenga cuidado con algunos temas que son muy complicados de usar para los no iniciados. Esta plataforma ofrece actualmente más de 15 000 temas para WordPress.

La compañía athemes (https://athemes.com), ofrece temas completos de forma gratuita y algunos con una versión de pago, están bien documentados y proporcionan contenido de demostración.

Existen muchas plataformas similares a las presentadas anteriormente como: Eleganthemes, Woothemes, Astra, etc.

5.6.1 Temas

La pestaña **Temas** enumera todos los temas disponibles para usted. Puede activar un tema u obtener una vista previa de cómo se verá con su página web, antes de cualquier activación.

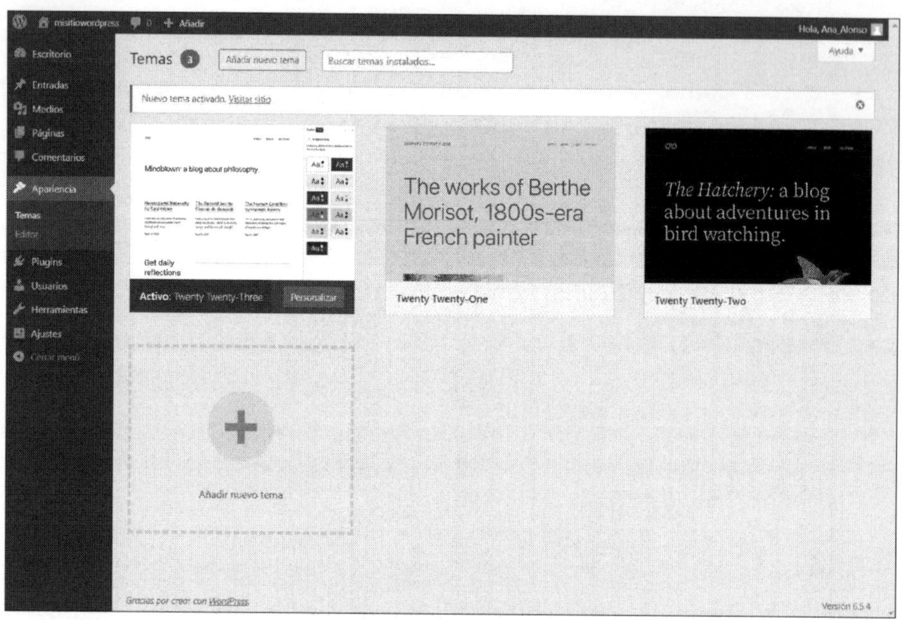

*Página **Apariencia** con la lista de temas instalados en su sitio web*

También puede hacer clic en los detalles del tema y tener un resumen del tema, etiquetas, menús específicos del tema, activarlo, desactivarlo, previsualizarlo o eliminarlo.

Por defecto, hay tres temas presentes: Twenty Twenty-One, Twenty Twenty-Two y Twenty Twenty-Three.

Aquí puede encontrar documentación detallada sobre dichos temas:

- https://kinsta.com/es/blog/twenty-twenty-one-tema/
- https://kinsta.com/es/blog/temas-de-twenty-twenty-two/
- https://kinsta.com/es/blog/tema-twenty-twenty-three/

Para agregar un tema, haga clic en el botón **Añadir nuevo tema** que aparece en la parte superior, o **Añadir nuevo tema**, haciendo clic en el icono con un símbolo de un más (+) que se encuentra después de los temas.

Aparece una nueva ventana con una lista de temas.

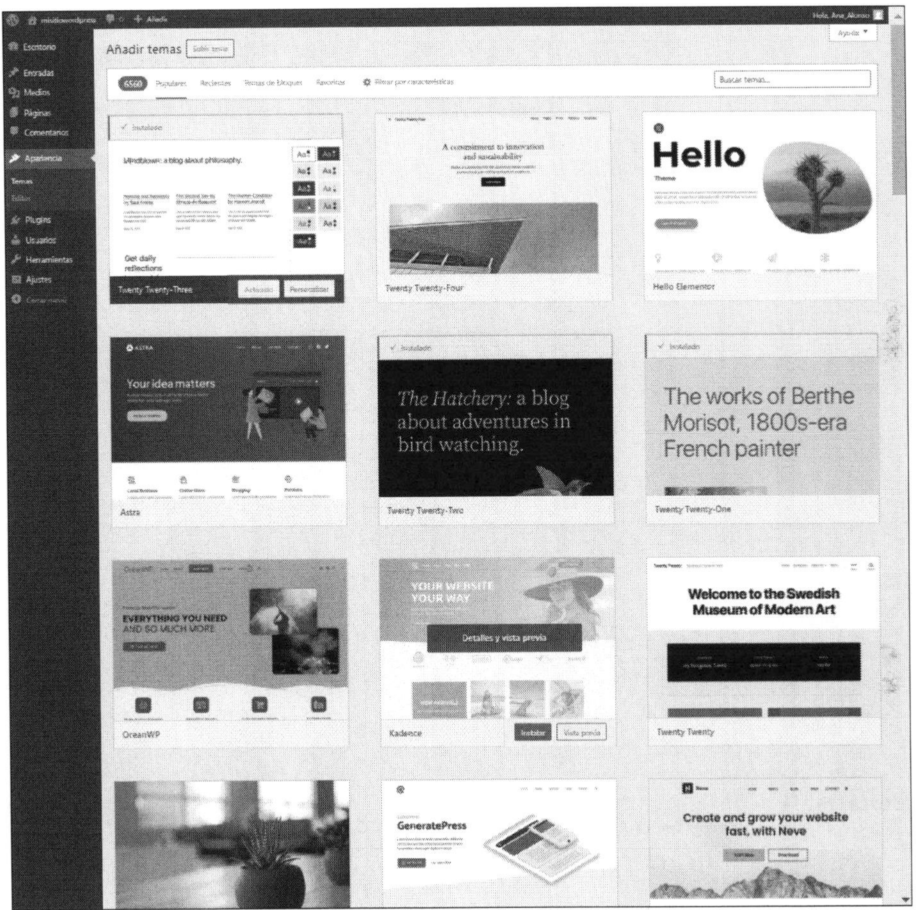

Selección automática de temas destacados

Instale muchos temas gratuitos, ordenándolos por criterios: **Populares**, **Recientes**, **Temas de bloques**, **Favoritos** , y **Filtrar por características**.

El filtro de características permite una búsqueda muy precisa gracias a numerosos parámetros para seleccionar: **Temática**, **Características** y **Estructura**.

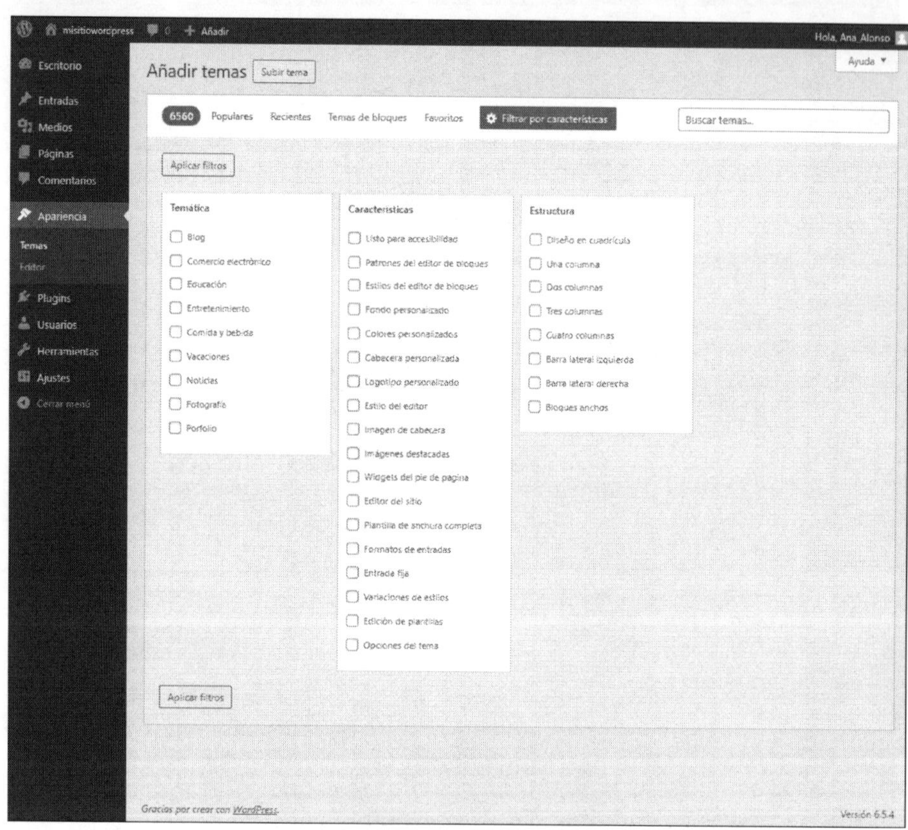

Seleccionar un tema con ***Filtrar por características***

También puede descargar temas directamente en el sitio web oficial de WordPress (https://es.wordpress.org/themes) e instalar sus temas manualmente, pulsando en el botón **Subir tema**.

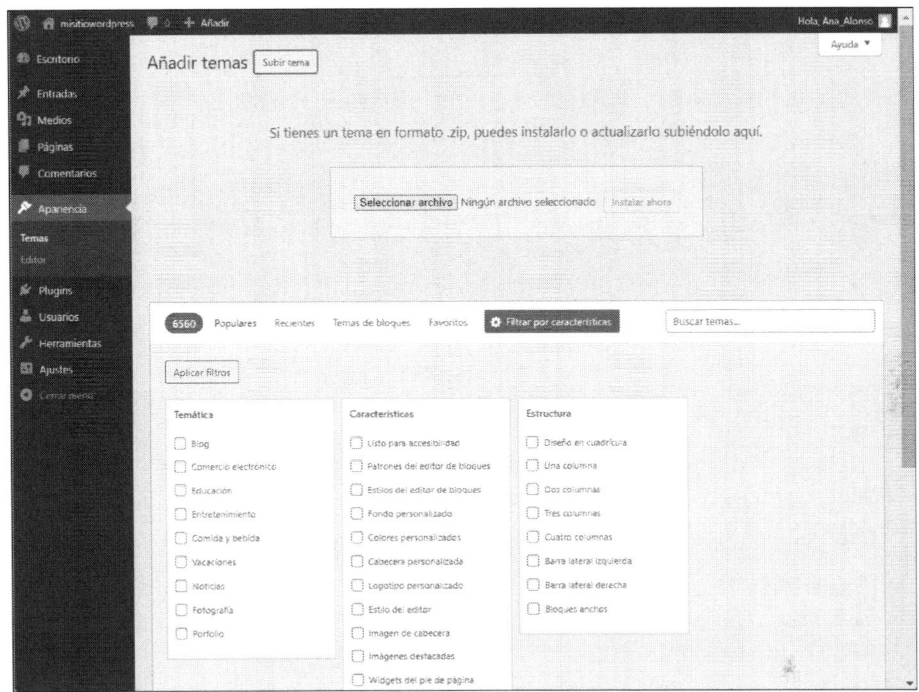

Añadir un tema descargando el archivo en su ordenador

Haga clic en el botón **Seleccionar archivo** y busque el archivo .zip en su ordenador.

Puede instalar sus temas manualmente, transfiriendo su carpeta del tema descomprimido a la carpeta **wp-content/themes**. A continuación, aparece de la misma forma que si lo hubiera descargado a través de la interfaz de administración, y es visible en la lista de temas. Asegúrese de que los archivos del tema estén en la raíz de la carpeta. Algunas veces el tema es una subcarpeta de una carpeta principal. Cuando su sitio esté en producción, elimine los temas que no use, consumen recursos innecesariamente.

5.6.2 Editor

La pestaña **Editor** del menú **Apariencia** permite modificar las distintas partes del sitio y personalizar cada elemento: encabezado, pie de página, las plantillas de páginas y todos los contenidos en un único lugar.

Al hacer clic en la pestaña **Editor**, se accede a la página de inicio, en la que aparece un menú lateral a la izquierda que lleva el título **Diseño**. Este menú y el sistema de bloques de Gutenberg permiten diseñar la página del sitio añadiendo todos los bloques disponibles como hemos visto en la sección Entradas.

El menú lateral está compuesto por los siguientes elementos:

- **Navegación**: los menús que se encuentran aquí son una selección de bloques que permiten a los visitantes desplazarse por el sitio.
- **Estilos**: permite elegir una combinación de estilo diferente para los estilos del tema.
- **Páginas**: permite navegar y gestionar las páginas.
- **Plantillas**: permite acceder a los tipos de plantillas para modificarlas: **Entradas individuales**, **Índice**, **Inicio del blog**, **Página: 404**, **Páginas**, **Resultados de búsqueda** y **Todos los archivos**.

Haga clic en la página de ejemplo que aparece a la derecha y luego en el icono **Estilos** (círculo negro y blanco situado en la esquina superior derecha) para empezar a personalizar los bloques y definir la tipografía, los colores y la estructura. Para obtener más información, visite esta página web:
https://wordpress.org/documentation/article/styles-overview/

El icono con tres puntos verticales muestra opciones al hacer clic en él.

Este sistema nuevo permite personalizar todas las páginas del sitio sin las limitaciones de la estructura básica de un tema de manera similar a los constructores de temas como Elementor o Visual Composer. WordPress nunca dejará de mejorar este sistema que evoluciona con cada versión.

*Página **Editor** con el menú lateral izquierdo **Diseño***

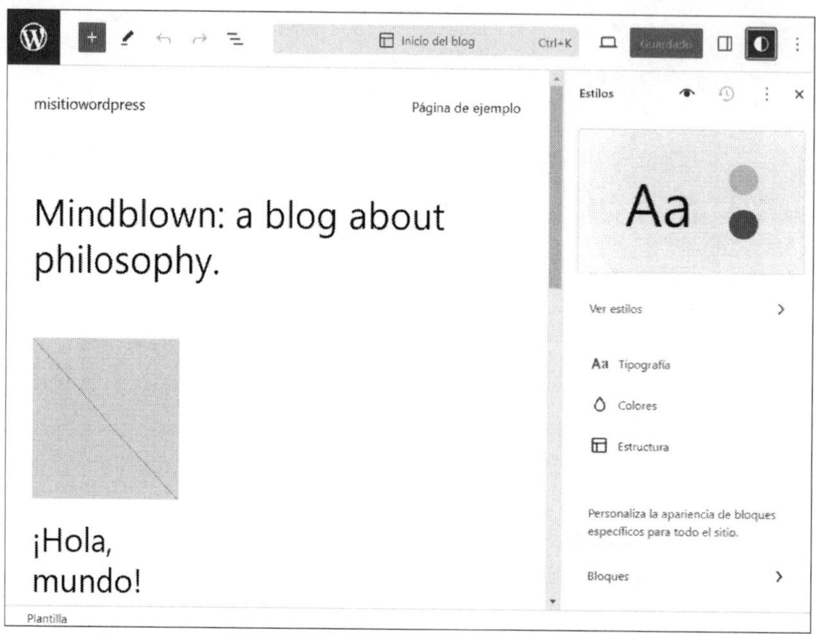

*Página **Editor** con el menú lateral derecho **Estilos***

Para añadir un menú, hay que seleccionar el encabezado y después hacer clic en los nombres de las páginas que aparecen a la derecha de la pantalla. Luego podemos mostrar los ajustes haciendo clic en el icono del cuadrado con una línea vertical a la derecha y volviendo a hacer clic en el icono del engranaje. Podemos elegir, añadir o administrar los menús a partir de la sección **Menú** de **Vista de lista**, que se encuentra en la barra lateral **Bloque**.

También se puede crear un menú haciendo clic en el icono **+** que aparece en pantalla al hacer clic en los nombres de las páginas existentes que se pueden ver a la derecha de la pantalla. Al hacer clic en **+**, aparece un menú que permite configurar los enlaces.

Página ***Editor*** *con la creación del enlace para añadir al menú personalizado después de crearlo*

Para añadir su logotipo en lugar del título del sitio, tiene que añadir un bloque **Logo** y eliminar el bloque **Título del sitio** si no quiere que aparezca este último.

Para personalizar el pie de página como en los antiguos temas con los widgets, tendrá que añadir una fila con columnas y luego seleccionar bloques **Widgets**.

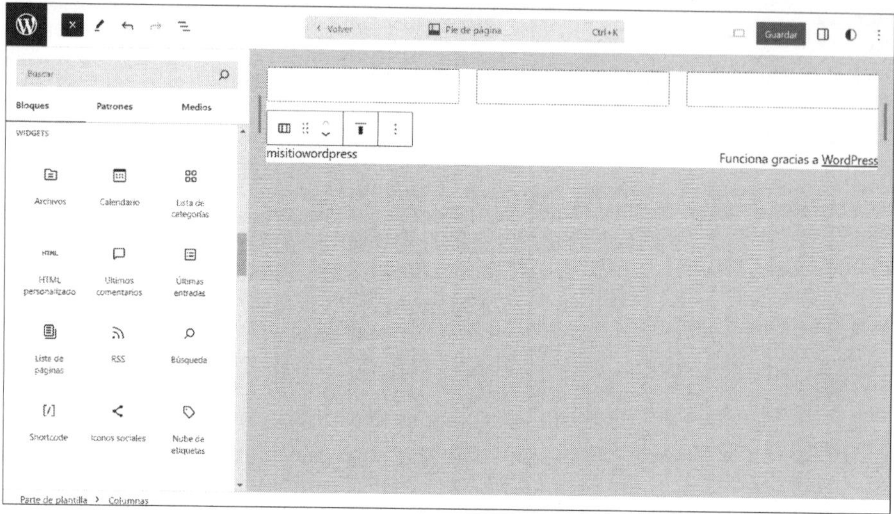

*Página **Editor** con la estructura del pie de página en la que se han añadido tres columnas para añadir bloques **Widgets***

5.6.3 Personalizar

La pestaña **Personalizar** del menú **Apariencia**, le permite cambiar el tema, título, eslogan, colores, imagen del encabezado, imagen de fondo, widgets, etc. y agregar un logo y un favicón. Los cambios se realizan en el panel izquierdo y se muestra una vista previa instantánea del sitio a la derecha. Todo lo que tiene que hacer es hacer clic en el botón **Publicar** para que se tengan en cuenta los cambios.

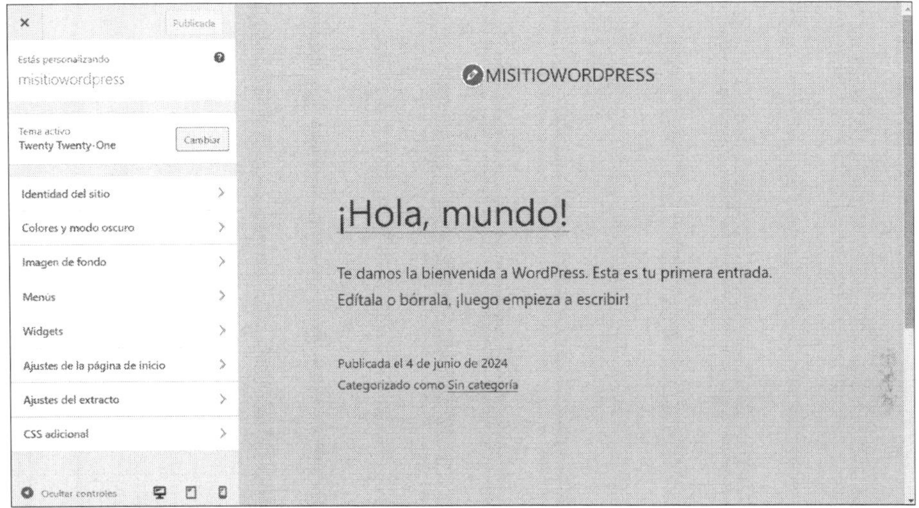

*Página **Personalizar** del tema Twenty Twenty-One*

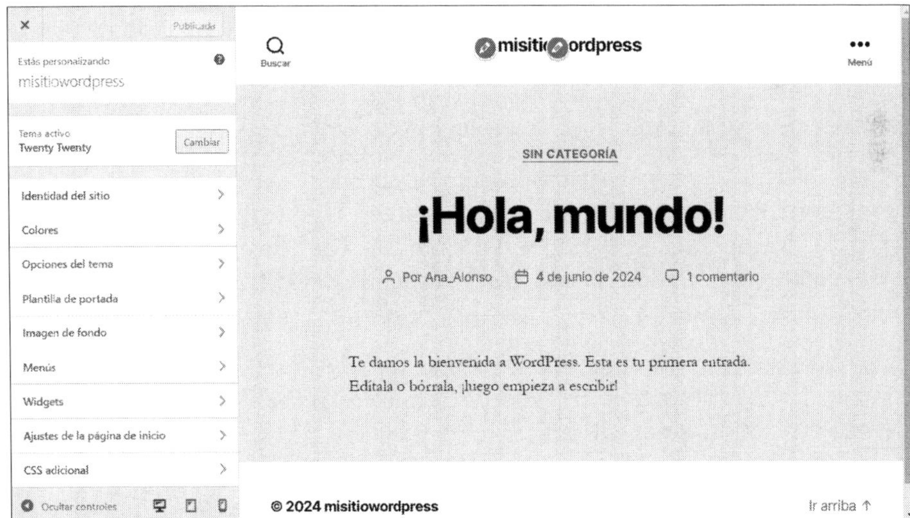

*Página **Personalizar** del tema Twenty Twenty*

Página ***Personalizar*** *del tema Twenty Nineteen*

WordPress quería simplificar la personalización del sitio, tratando de agrupar tantas opciones como fuera posible en esta página y la ha mejorado a lo largo de sus versiones. A partir del tema Twenty Twenty-Two, se ha creado un sistema nuevo en el marco de la evolución de WordPress con el editor.

Puede realizar estas diversas modificaciones desde otras pestañas del sitio web, por ejemplo: el título y el eslogan en **Ajustes** - **General**, los widgets en **Apariencia** - **Widgets**, los menús en **Apariencia** - **Menús**, las imágenes de fondo en **Apariencia** - **Fondo**, la configuración de la página de inicio en **Ajustes** - **Lectura**, etc. Estas pestañas y opciones pueden ser diferentes para cada tema.

Las opciones de la pestaña **Personalizar** dependen del tema, y no todos los temas ofrecen cambiar la imagen de fondo. El tema Twenty Twenty-One tiene esta opción, mientras que el tema Twenty Nineteen, no. Por otro lado, otros temas pueden ofrecer más opciones, como la elección de una fuente, un tamaño de letra, el color de los títulos, etc.

Las pestañas en la parte inferior del panel izquierdo le permiten observar la visualización responsiva que recibe el tema, en diferentes tipos de pantalla: ordenador, tableta y teléfono móvil.

Pestañas para la visualización responsiva del tema en las diferentes pantallas

Los temas Twenty Twenty-Three y Twenty Twenty-Two no ofrecen estas opciones mediante la pestaña **Personalizar**, sino que se ofrecen directamente en el editor.

El tema Twenty Twenty-One propone las siguientes opciones: **Identidad del sitio**, **Colores y modo oscuro**, **Imagen de fondo**, **Menús**, **Widgets**, **Ajustes de la página de inicio**, **Ajustes del extracto** y **CSS adicional**.

El tema Twenty Twenty ofrece las siguientes opciones: **Identidad del sitio**, **Colores**, **Opciones del tema**, **Plantilla de portada**, **Imagen de fondo**, **Menús**, **Widgets**, **Ajustes de la página de inicio** y **CSS adicional**.

El tema Twenty Nineteen ofrece las siguientes opciones: **Identidad del sitio**, **Colores**, **Menús**, **Widgets**, **Ajustes de la página de inicio** y **CSS adicional**.

El tema Twenty Seventeen ofrece las siguientes opciones: **Identidad del sitio**, **Colores**, **Medios del encabezado**, **Menús**, **Widgets**, **Ajustes de la página de inicio**, **Opciones de tema** y **CSS adicional**.

El tema Twenty Sixteen ofrece las siguientes opciones: **Identidad del sitio**, **Colores**, **Imagen de la cabecera**, **Imagen de fondo**, **Menús**, **Widgets**, **Ajustes de la página de inicio** y **CSS adicional**.

Observará que los pequeños iconos de lápiz en un círculo azul, le permiten ir directamente a la opción correspondiente para realizar un cambio rápidamente.

Cambiar de tema

Puede cambiar fácilmente el tema haciendo clic en el botón **Cambiar**, frente al título del tema activo. Luego, seleccione el tema que desea instalar.

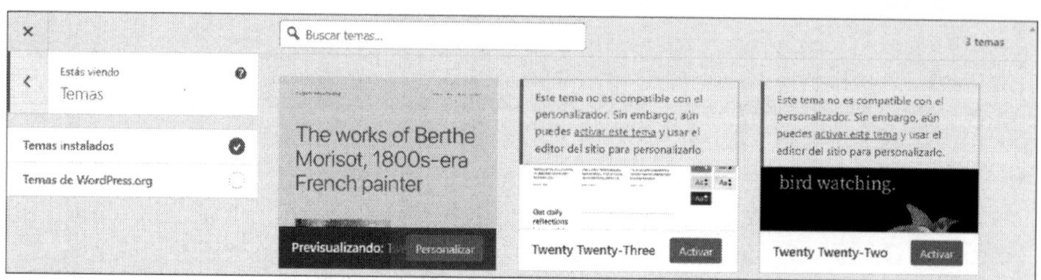

*Menú **Apariencia - Personalizar**, hacer clic en el botón **Cambiar** y luego seleccionar el tema en la siguiente pantalla del tema Twenty Twenty-One*

Identidad del sitio

El menú **Identidad del sitio** le permite agregar un logotipo y un favicón para mostrar o modificar el título y el eslogan.

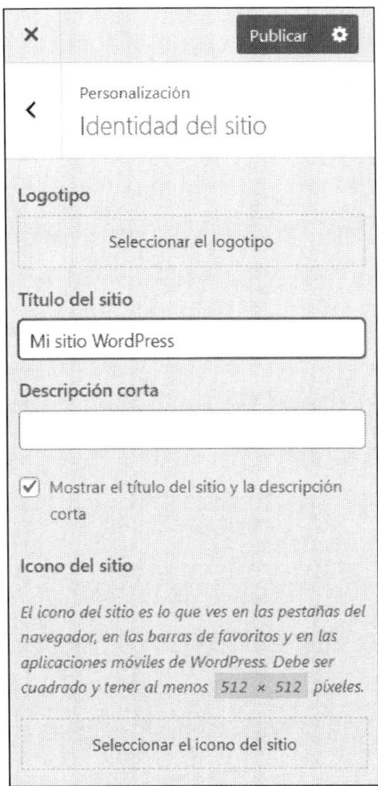

Sección ***Identidad del sitio*** *del tema Twenty Twenty-One*

Colores y modo oscuro

La sección **Colores y modo oscuro** le permite personalizar los colores del sitio. El **Color de fondo** también se refleja en la administración.

*Sección **Colores y modo oscuro** del tema Twenty Twenty-One*

Imagen de fondo

La sección **Imagen de fondo** le permite cargar una imagen para el fondo del sitio web. Una vez cargado, hay disponibles varios ajustes para usted, como el posicionamiento.

Puede cargar una imagen desde su ordenador con el botón **Selecciona una imagen**.

La imagen de fondo sigue siendo una opción y no todos los temas ofrecen personalizar la imagen de fondo. El tema Twenty Seventeen no ofrece esta opción. Si esta opción no está disponible, verá cómo activarla en el capítulo Personalizar el sitio con el archivo functions.php - sección Personalizar un tema con add_theme_support().

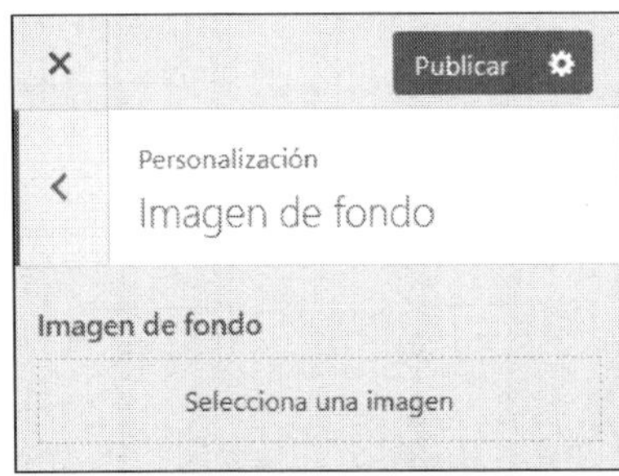

*Sección **Imagen de fondo del tema Twenty Twenty-One***

Menús

La sección **Menús** le permite crear menús. En el tema Twenty Twenty-One hay dos lugares previstos para insertar menús: **Menú principal** y **Menú secundario**. Consulte la sección Menús de este capítulo

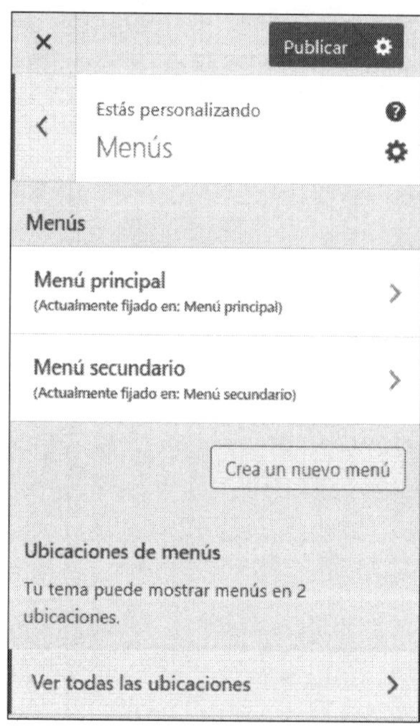

*Sección **Menús** del tema Twenty Twenty-One*

Widgets

La sección **Widgets** le permite añadir barras de widgets o una barra lateral, en diferentes ubicaciones según el tema. Aquí hay un sola ubicación para el pie de página. También puede agregar menús a las barras de widgets. Consulte la sección Widgets de este capítulo.

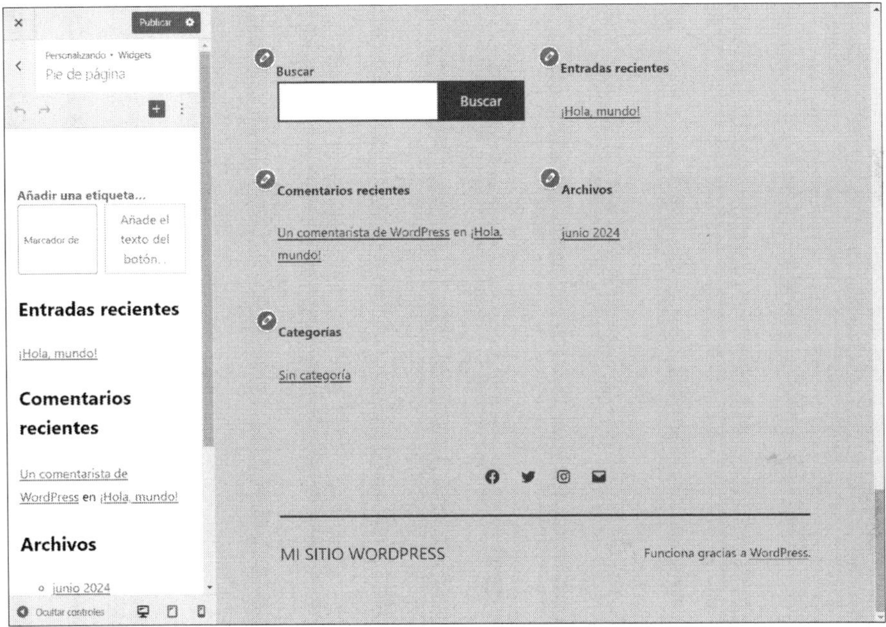

*Sección **Widgets** del tema Twenty Twenty-One*

Ajustes de la página de inicio

La sección de **Ajustes de la página de inicio** le permite definir la visualización de la página de inicio, bien sea la lista de los últimos artículos o una página estática. Si define una página estática, debe elegir la página para la página de inicio, pero también puede definir una página específica para los artículos. Consulte la sección Ajustes de este capítulo.

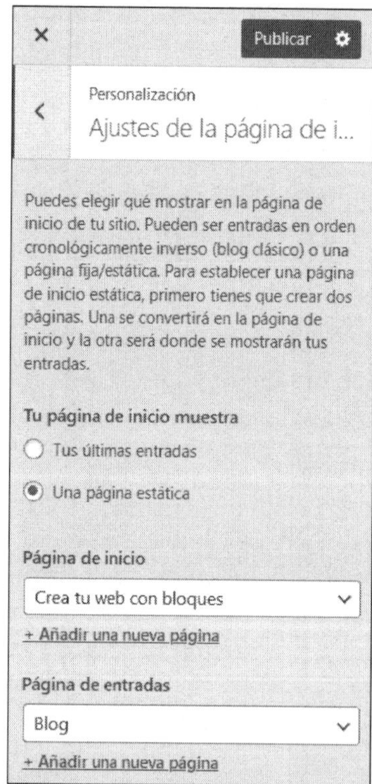

*Sección **Ajustes de la página de inicio** del tema Twenty Twenty-One*

Ajustes del extracto

La sección **Ajustes del extracto** permite definir la visualización del extracto: ya sea mostrar un menú o el texto completo.

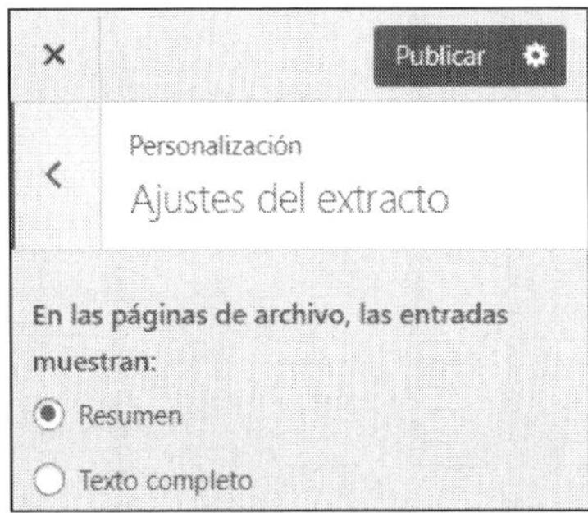

*Sección **Ajustes del extracto** del tema Twenty Twenty-One*

CSS adicional

Esta función le permite agregar código CSS y personalizar el sitio. Observe que la herramienta nos ofrece una coloración de la sintaxis, así como la numeración de líneas. Un indicador de error también está presente para ayudarnos a codificar.

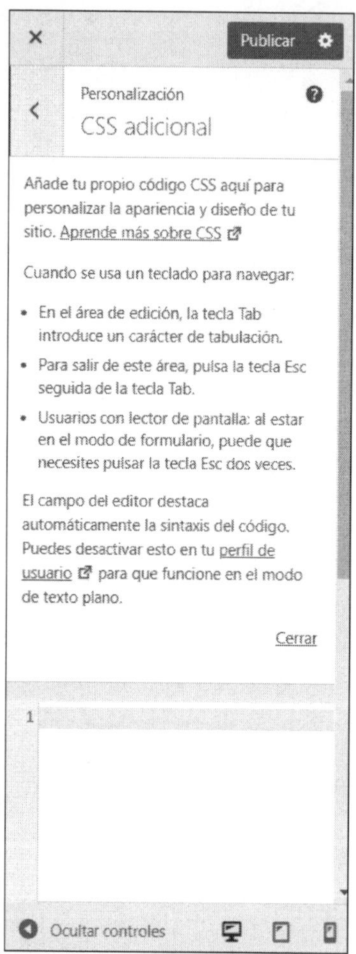

*Menú **CSS adicional** del tema Twenty Twenty-One*

5.6.4 Widgets

Los widgets son bloques que se colocan en un área especial llamada "barra lateral". Por lo general, la barra lateral es la columna lateral de un sitio web, pero dependiendo del tema se puede encontrar en el pie de página, en el encabezado o en una página específica (como la página de inicio).

Algunos temas tienen varias barras laterales para los widgets, mientras que otros muestran ciertos widgets según el contenido que se muestra. Verá en el capítulo Personalización del sitio con el archivo functions.php - sección Crear barras laterales y zonas para ellas, cómo crear widgets y áreas que pueden contener widgets.

Para agregar widgets, instale extensiones de widgets.

A partir de ahora, los widgets funcionan con Gutenberg y para varias versiones de temas WordPress. El principio es el mismo. Puede moverlos, eliminarlos y añadirlos haciendo clic sobre el icono **+**. Se abre una ventana y tiene la posibilidad de buscar, usar bloques clásicos de Gutenberg o examinar todo. Al hacer clic en el botón **Alternar insertador de bloques**, se abre una columna y se muestran todos los bloques de Gutenberg. En la sección **Widgets** encontrará los widgets que siempre ha tenido WordPress.

La novedad reside en la posibilidad de añadir widgets en cualquier lugar en sus páginas y entradas por igual.

Por defecto, WordPress tiene varios widgets:

- **Archivos**: muestra la lista de los artículos ordenados por mes.
- **Calendario**: muestra un calendario.
- **Lista de categorías**: muestra las categorías del sitio.
- **HTML personalizado**: permite agregar código HTML utilizando un pequeño editor de texto, que tiene herramientas de ayuda como sugerencia de etiquetas, coloración de la sintaxis y numeración de las líneas.
- **Últimos comentarios**: muestra los últimos comentarios.
- **Últimas entradas**: muestra las últimas entradas.
- **Nube de etiquetas**: muestra una nube de etiquetas.
- **Lista de páginas**: muestra una lista de páginas del sitio.

- **RSS**: muestra el contenido RSS.
- **Búsqueda**: muestra un formulario de búsqueda.
- **Shortcode**: muestra un shortcode.
- **Iconos sociales**: muestra sus redes sociales.
- **Nube de etiquetas**: muestra una nube de etiquetas.
- **Widget heredado**: muestra widgets ya utilizados.
- **Meta**: muestra los enlaces para acceder a la administración, al comando de cierre de sesión, al contenido de los artículos, a los comentarios y a la página web oficial de WordPress.
- **Menú de navegación** muestra un menú creado en **Apariencia** - **Menús**.
- **Grupo de widgets** permite agrupar sus widgets.

Algunos widgets, como **Imágenes**, **Galería** y otros, ya no están en la sección **Widgets**. Los encontrará en la sección **Medios**.

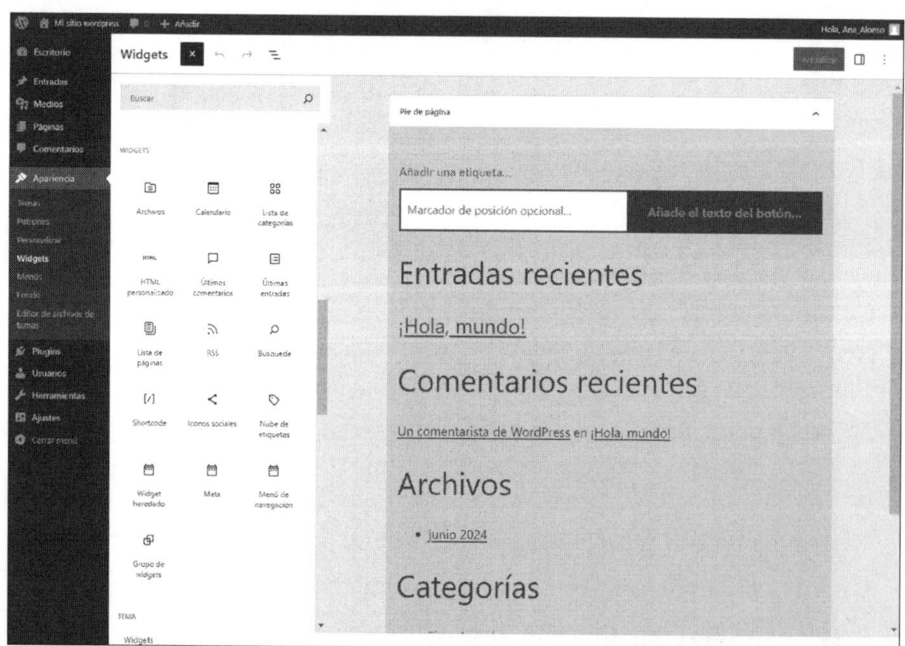

*Página **Widgets** del tema Twenty Twenty-One*

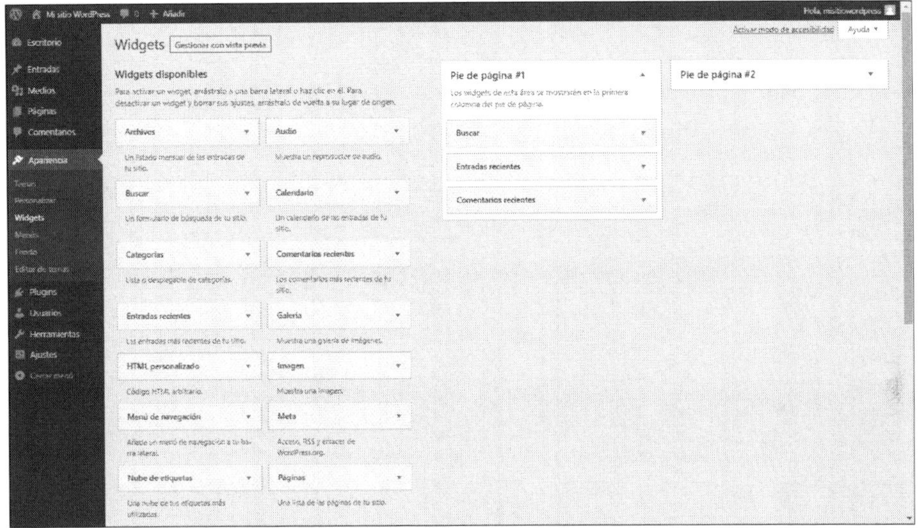

Página antigua ***Widgets*** *del tema Twenty Seventeen*

5.6.5 Menús

La pestaña **Menús** le permite crear menús que los usuarios de Internet pueden usar en la parte visible como menú principal, integrarse en una barra lateral o las funciones de WordPress pueden llamarlos usando código PHP.

Para crear un menú, simplemente asígnele un nombre y haga clic en **Guardar menú**.

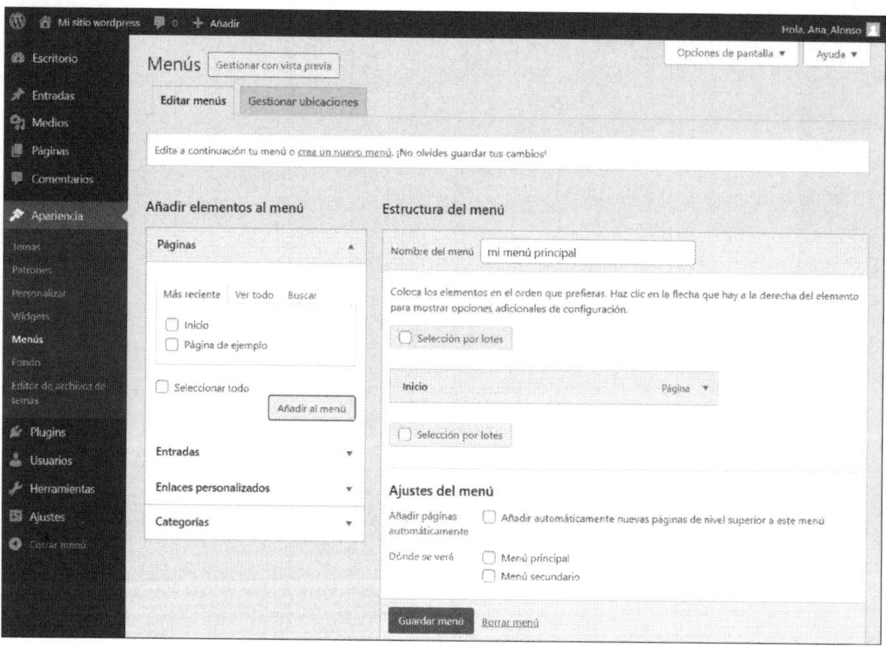

Página de creación o modificación de los menús

Puede crear tantos menús como desee. Si desea que el menú aparezca en la zona **Encabezado** de su sitio web, debe seleccionar la opción **Menú principal**. Estas opciones también están disponibles en la pestaña **Gestionar ubicaciones**. Este botón aparecerá junto a la pestaña **Editar menús** cuando haya creado su primer menú, si el tema tiene esta opción (consulte el capítulo Personalizar el sitio con el archivo functions.php - sección Crear ubicaciones para los menús). En el caso del tema Twenty Twenty-One, puede seleccionar un menú para dos ubicaciones: el **Menú principal** y el **Menú secundario**.

Si no se crea ningún menú, WordPress agrega automáticamente las páginas que crea al menú principal y aparecen en orden alfabético.

Cuando haya creado dos menús mediante el enlace **crea un nuevo menú**, deberá seleccionarlos para modificarlos. Para ello, debe seleccionar el menú en la lista desplegable **Elige el menú que quieras editar**.

Para el menú principal, puede seleccionar **Menú principal** y para el menú secundario, definir otro. Entonces notará que estos menús aparecen correctamente en la página del sitio web, en las ubicaciones definidas.

Para agregar pestañas al menú, marque las pestañas que desea agregar en las secciones de **Páginas**, **Entradas** y **Categorías** de la columna de la izquierda o cree directamente enlaces personalizados, indicando un nombre y una URL. Después haga clic en el botón **Añadir al menú**.

Una vez que se agregan las pestañas a su menú, organice el orden de las pestañas arrastrando y soltando. También puede arrastrar y soltar una pestaña moviéndola hacia la derecha, esto crea submenús en su pestaña principal. A continuación, cree también submenús en los submenús si es necesario, y así sucesivamente.

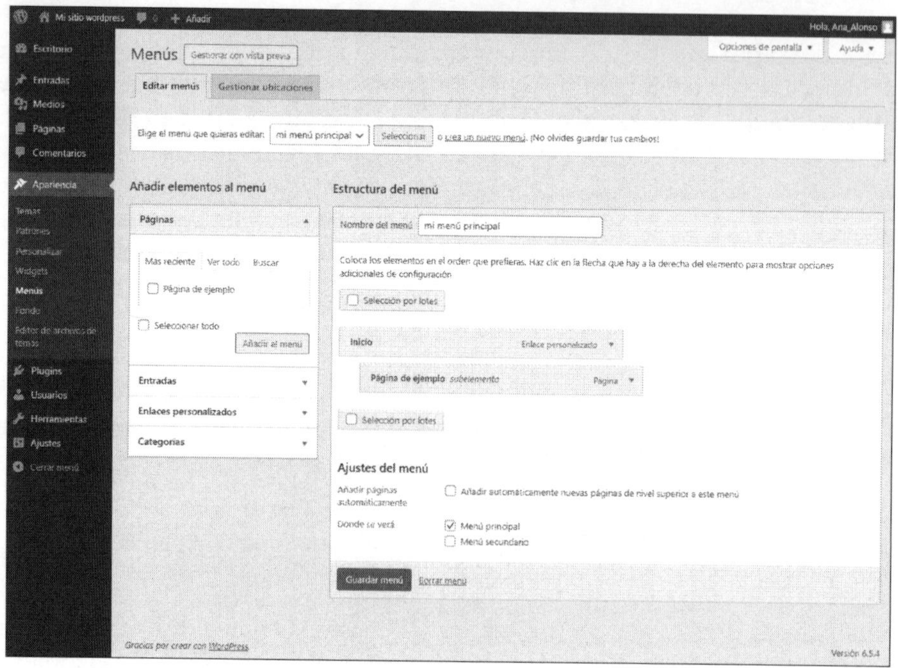

La pestaña ***Página de ejemplo*** *se ha desplazado arrastrando y soltando para colocarla como hijo de la página de inicio*

Las pestañas tienen opciones: **URL**, **Etiqueta de navegación**, **Mover**, **Eliminar**, **Cancelar**. Si lo desea, cambie el nombre de su pestaña cambiando el título de navegación. Para mostrar las opciones, haga clic en la pequeña flecha a la derecha del título, que forma la estructura del menú.

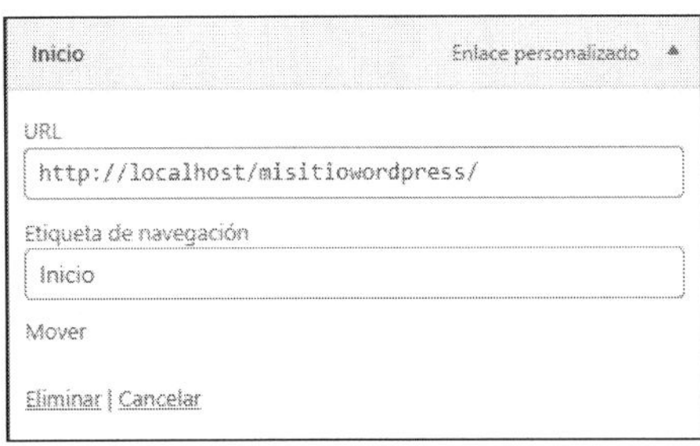

Opciones de la pestaña ***Inicio***

En el menú **Opciones de pantalla**, en la parte superior derecha, hay dos tipos de opciones:

Elementos de la pantalla permite añadir o eliminar otras secciones de la columna de la izquierda.

Mostrar propiedades avanzadas de menú le permite agregar opciones adicionales a las pestañas que componen su menú. Luego puede agregar el destino del enlace, un atributo de título, una clase CSS, una relación con el propietario del sitio web vinculado o una descripción.

Menú ***Opciones de pantalla***

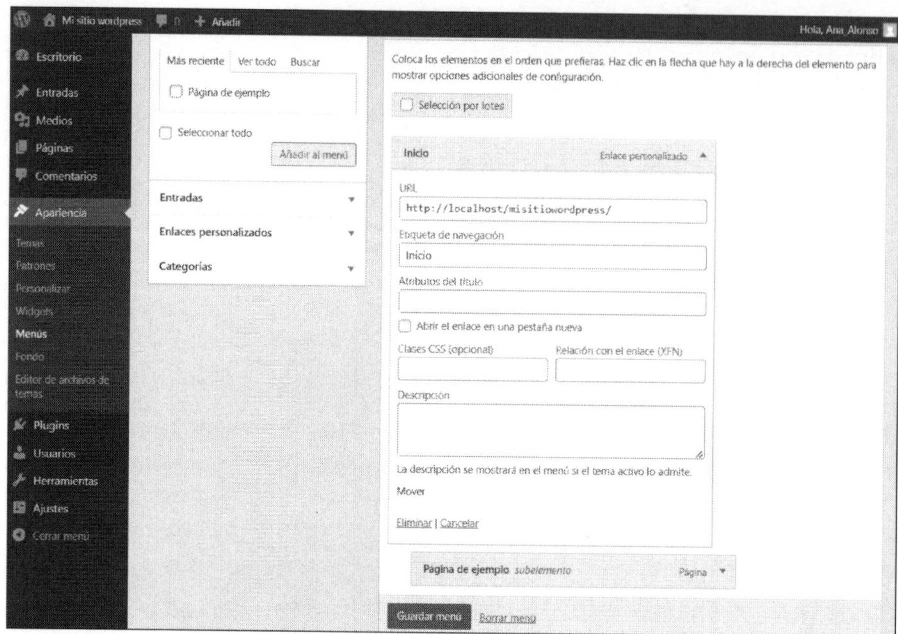

*Opciones de la pestaña **Inicio** con todas las propiedades avanzadas del menú seleccionadas*

El botón **Gestionar con vista previa** junto al título de la página **Menús** enlaza directamente con la sección **Apariencia** - **Personalizar** - sección **Menús**.

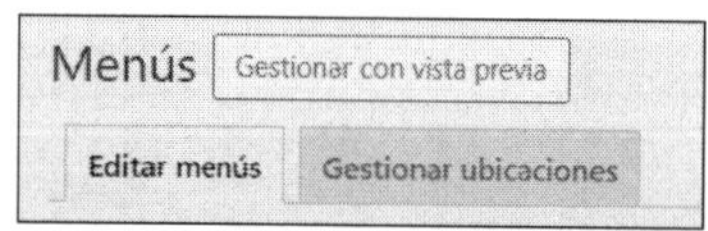

*El botón **Gestionar con vista previa***

5.6.6 Fondo

La pestaña **Fondo** se vincula directamente a la sección **Apariencia** - **Personalizar** - **Imagen de fondo** (consulte Apariencia - sección Personalizar).

5.6.7 Editor de archivos de temas

La pestaña **Editor de archivos de temas** le permite acceder a los archivos que componen los diferentes temas y realizar cambios en el código de los archivos. Por tanto, debemos tener mucho cuidado. Un mensaje de alerta también le advierte:

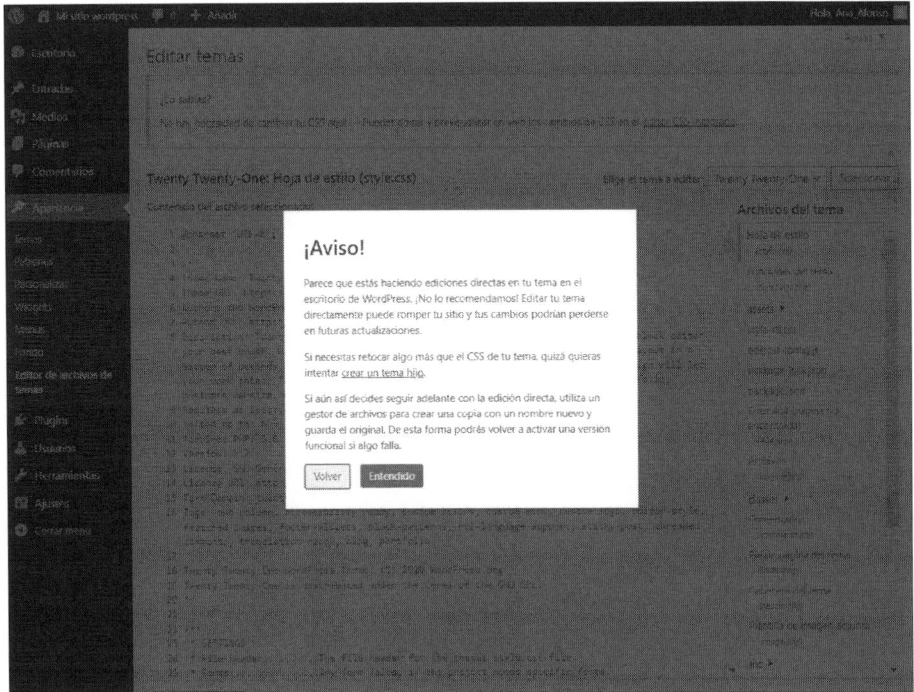

*Mensaje de alerta de la página **Editor de archivos de temas***

Sin embargo, modificar archivos de esta manera es peligroso, porque volver atrás es imposible. En su lugar, utilice un editor de texto conectado por FTP, como Notepad++, PSPad o Coda, lo que le permitirá volver atrás fácilmente. Para ayudar a los desarrolladores, WordPress ahora ha integrado la coloración de sintaxis y la numeración de líneas.

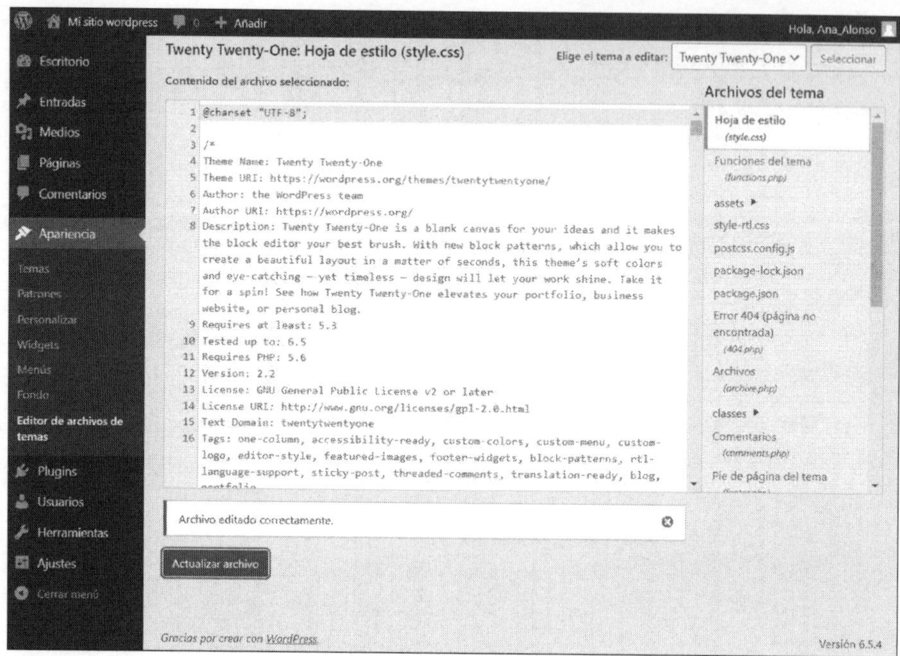

Página ***Editor de archovos de temas***

El gran punto a favor del editor de WordPress es que hay una lista desplegable en la parte inferior de la página, que enumera todas las funciones PHP de WordPress cuando hay un archivo .php. Puede consultar la documentación sobre las funciones de Word-Press directamente en el sitio oficial de WordPress, haciendo clic en el botón **Consultar**; de lo contrario, debe hacer una búsqueda en el códex.

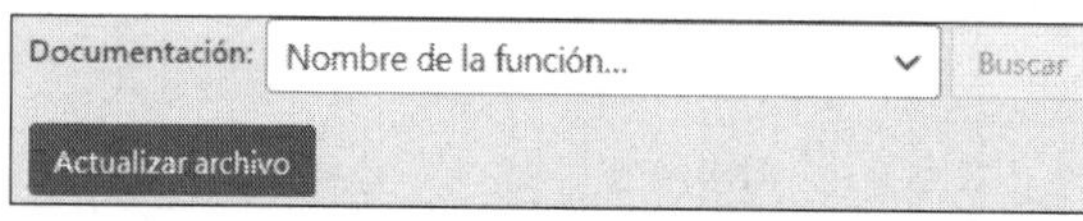

Lista desplegable que contiene todas las funciones PHP de una página .php

5.7 Plugins

Las extensiones son módulos, también llamados plugins o complementos, que le permiten agregar funcionalidad a WordPress. Hay más de 60 000 gratuitos en el sitio de WordPress en este momento. Inyectar extensiones le permite transformar el sitio web en un sitio multidioma, una red social, un foro, etc. o agregar una galería de fotos, una presentación de diapositivas, una ruta de navegación, un mapa de Google, etc. (ver el capítulo Las extensiones y los widgets).

Las extensiones le permiten agregar funcionalidades, tanto para la parte visible del sitio web (por ejemplo: una presentación de diapositivas en la página de inicio o un widget de Facebook), como para la parte administrativa (por ejemplo: un sistema de optimización, un sistema de respaldo de la base de datos, un sistema de seguridad, etc.).

Es habitual que cuando se agregan extensiones, aparezcan nuevas pestañas en el menú de administración para que pueda configurarlas. Algunas extensiones requieren un tiempo de adaptación debido a su complejidad. Por ejemplo, una extensión de comercio electrónico añade muchas pestañas al menú y aporta una gran capacidad de configuración como añadir productos, gestionar pedidos, los medios de pago, los códigos promocionales, los envíos de correo electrónico, etc. No dude en probar una extensión y consultar la documentación antes de usarla.

Cuando su sitio esté en producción, elimine las extensiones que no use, ya que consumen recursos innecesariamente y representan un potencial agujero de seguridad.

Para añadir extensiones se debe proceder igual que con los temas.

5.7.1 Plugins

La pestaña **Plugins instalados** enumera todas las extensiones instaladas. Puede activar, desactivar o eliminar sus extensiones. También hay enlaces a los sitios web oficiales de los creadores de cada extensión. Allí encontrará documentación adicional que le permitirá configurar la extensión. No dude en consultarla.

Por defecto, WordPress instala dos extensiones: **Akismet Anti-spam: Spam Protection**, un complemento anti-spam de uso obligatorio y **Hello Dolly**, un complemento opcional. Este último muestra en la administración la letra de la canción Hello Dolly de Louis Armstrong de manera aleatoria (esta extensión fue creada por los creadores de WordPress, aficionados al jazz, por diversión).

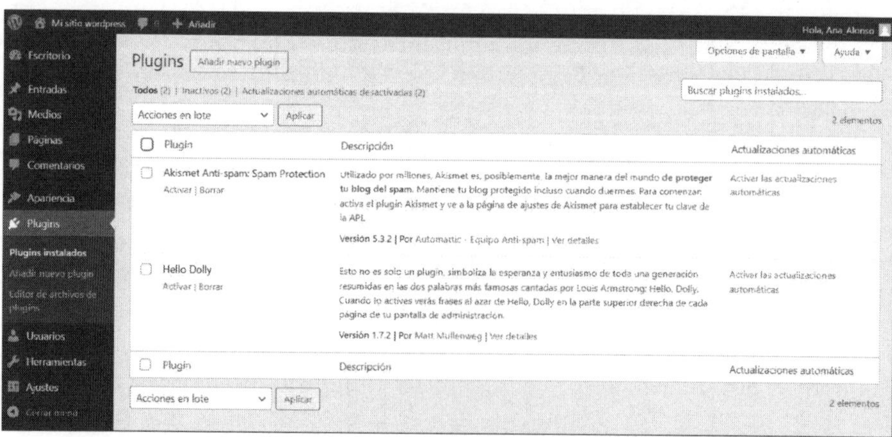

*Página **Plugins** y lista de las extensiones del sitio web*

También puede actualizar las extensiones a través de esta página. Tenga cuidado de guardar su sitio antes de realizar cualquier actualización, la manipulación es irreversible. Debe verificar la compatibilidad con su versión de WordPress para limitar los errores.

Agregue una extensión haciendo clic en el botón **Añadir nuevo**, en la parte superior junto al título o mediante la subpestaña **Añadir nuevo**, de la pestaña principal **Plugins**. Aparece una nueva ventana con una lista de extensiones.

5.7.2 Añadir nuevo plugin

Agregar extensiones funciona igual que agregar temas. Dispone de un menú horizontal que le permite buscar y enviar una extensión, pero también filtros para ordenar las extensiones: **Destacados**, **Populares**, **Recomendados** o **Favoritos**.

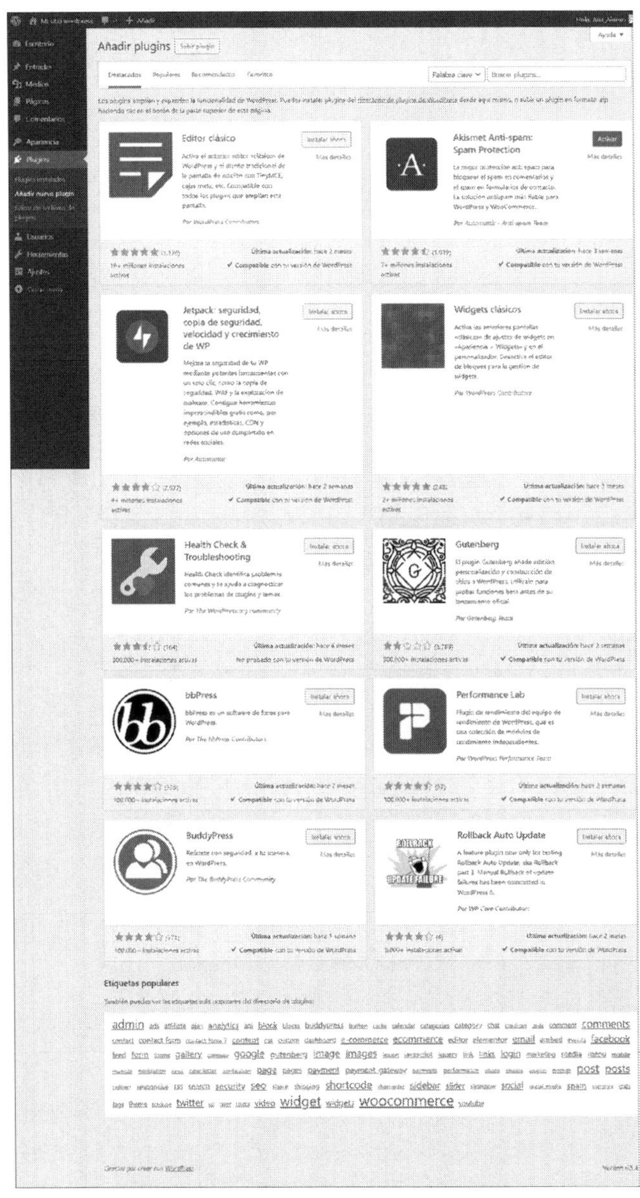

Página ***Añadir plugins***

Cuando realiza una búsqueda, se muestra una lista de extensiones. Las extensiones se indican con estrellas. La fecha de la última actualización le permite ver la compatibilidad con su versión de WordPress. Puede instalar una extensión inmediatamente haciendo clic en el botón **Instalar ahora**.

Antes de instalar, observe los detalles haciendo clic en el enlace **Más detalles**, se abrirá una ventana emergente. Verá la descripción, consejos de instalación, a veces capturas de pantalla, la lista de cambios realizados en versiones anteriores, una FAQ, etc. En la descripción, encontrará información sobre la compatibilidad, exactamente como en el sitio oficial de WordPress.

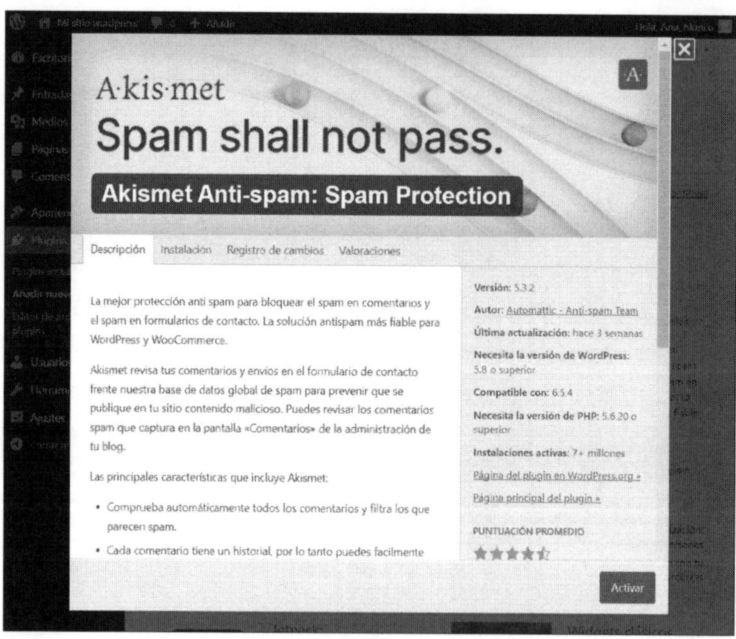

Página de detalles de la extensión de WordPress Akismet

5.7.3 Editor de archivos de plugins

La pestaña **Editor de archivos de plugins** permite acceder a los archivos que componen las diferentes extensiones y realizar modificaciones en el código de los archivos.

Se aplican las mismas recomendaciones que para la sección sobre el editor de archivos de temas, visto anteriormente en la sección Apariencia.

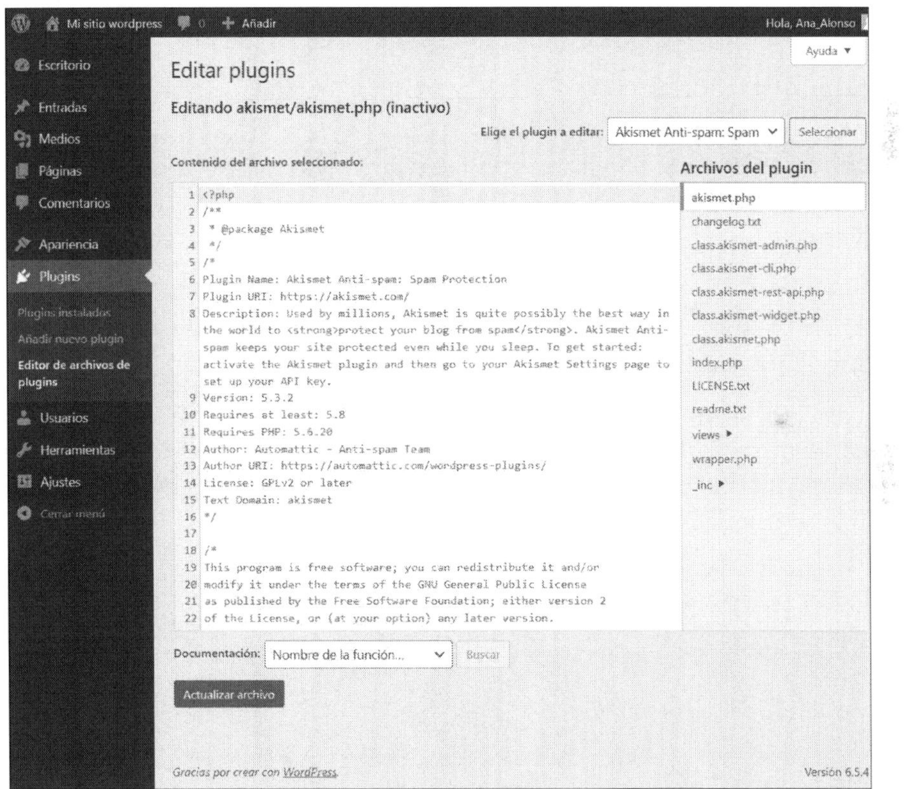

Página del editor de archivos de las extensiones, en este caso la extensión Akismet

5.8 Usuarios

5.8.1 Todos los usuarios

La pestaña **Todos los usuarios** enumera todos los usuarios registrados en el sitio. Puede eliminar o cambiar los roles de ciertos usuarios rápidamente, utilizando las listas desplegables, y realizar una acción masiva.

WordPress ofrece varios roles; es el principio de una plataforma editorial. Entonces puede asignar a los miembros los siguientes estados:

- **Administrador**: permite el acceso a todas las funcionalidades de la administración de WordPress.
- **Editor**: le permite publicar y administrar sus artículos y páginas, así como los de otros usuarios.
- **Autor**: le permite publicar y administrar sus propios artículos únicamente.
- **Colaborador**: le permite escribir y administrar sus propios artículos, pero no publicarlos.
- **Suscriptor**: solo le permite administrar su perfil.

Por defecto, aquellos que se registran en el sitio tienen un estado Suscriptor. Puede cambiar la función predeterminada de cualquier usuario nuevo, en la sección **Ajustes** - **General** - **Perfil por defecto para los nuevos usuarios**.

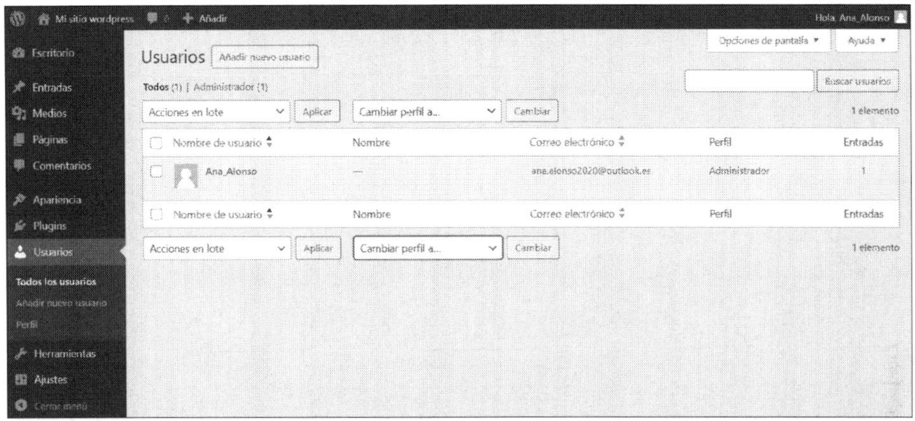

*La página **Usuarios** lista todos los usuarios del sitio web*

5.8.2 Añadir nuevo

La pestaña **Añadir nuevo usuario** permite agregar nuevos usuarios manualmente. Luego se deben crear completando el formulario y definiendo el rol, que por defecto es **Suscriptor**. Luego haga clic en el botón **Añadir nuevo usuario**.

Si marca la casilla **Enviar al nuevo usuario un correo electrónico con información sobre su cuenta**, se le enviará un correo electrónico con su nombre de usuario y podrá configurar su contraseña.

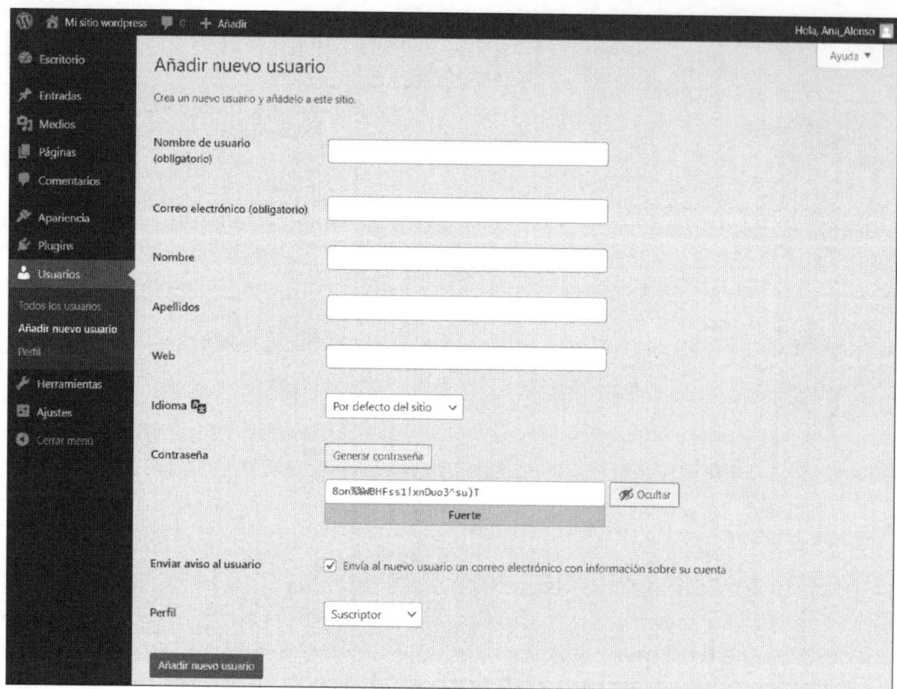

*Página **Añadir nuevo usuario**, que sirve para crear usuarios*

5.8.3 Perfil

La pestaña **Perfil** le permite modificar la información de su cuenta.

Cierta información puede aparecer en el sitio web. Si hay un enlace del autor de un artículo, los usuarios de Internet pueden ver la lista de todos los artículos escritos por este autor.

Si se ha completado la información del perfil, pueden ver el sitio web del autor o la información biográfica, según el tema. Esta característica suele estar presente en un sitio web con varios editores, como una revista. También se puede definir un idioma específico, que es muy práctico cuando los colaboradores hablan varios idiomas.

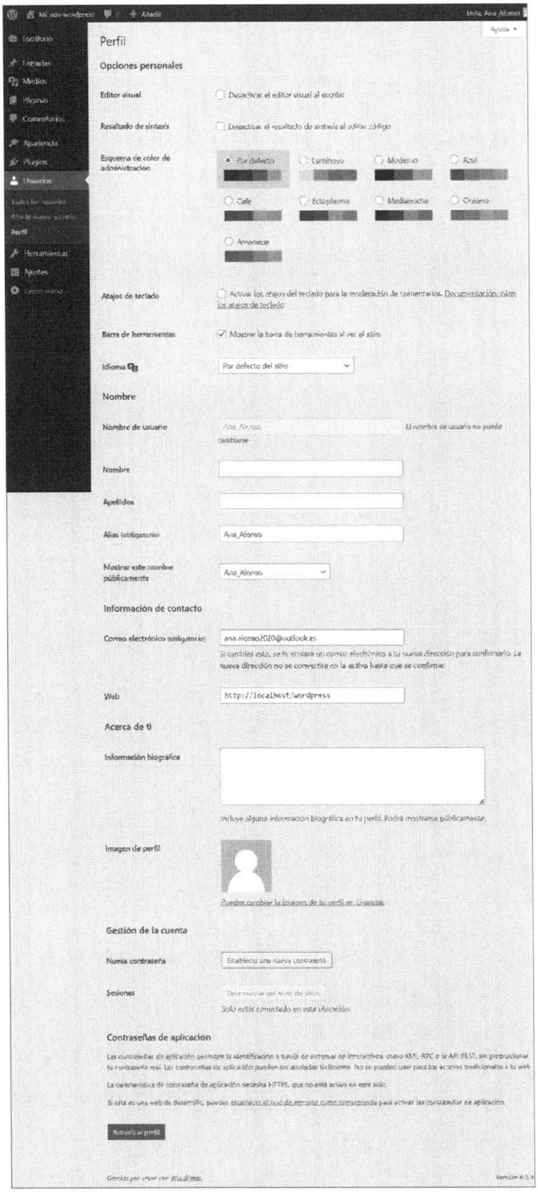

*Página **Perfil***

5.9 Herramientas

5.9.1 Herramientas disponibles

El **Conversor de etiquetas y categorías**, es un enlace a la pestaña **Importar**. El conversor no es más que una extensión para convertir categorías en etiquetas y viceversa.

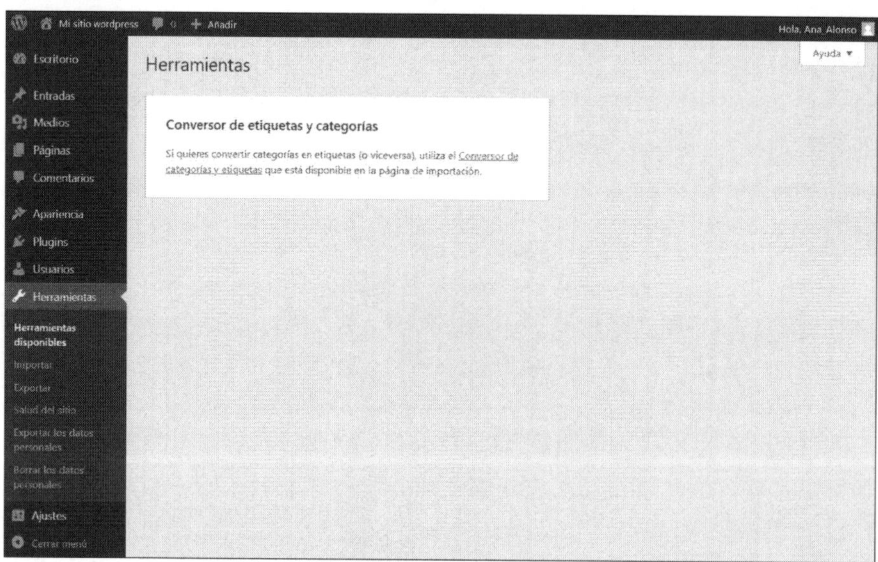

*Página **Herramientas***

5.9.2 Importar

La pestaña **Importar** le permite importar artículos y comentarios publicados en otros sitios web. Para realizar esta importación, WordPress ofrece en esta página varios complementos entre los que puede elegir, según el tipo y el sitio web del artículo o comentario original. Puede instalar complementos a través de esta página, pero también puede encontrarlos buscando complementos de WordPress en la página **Añadir plugin**.

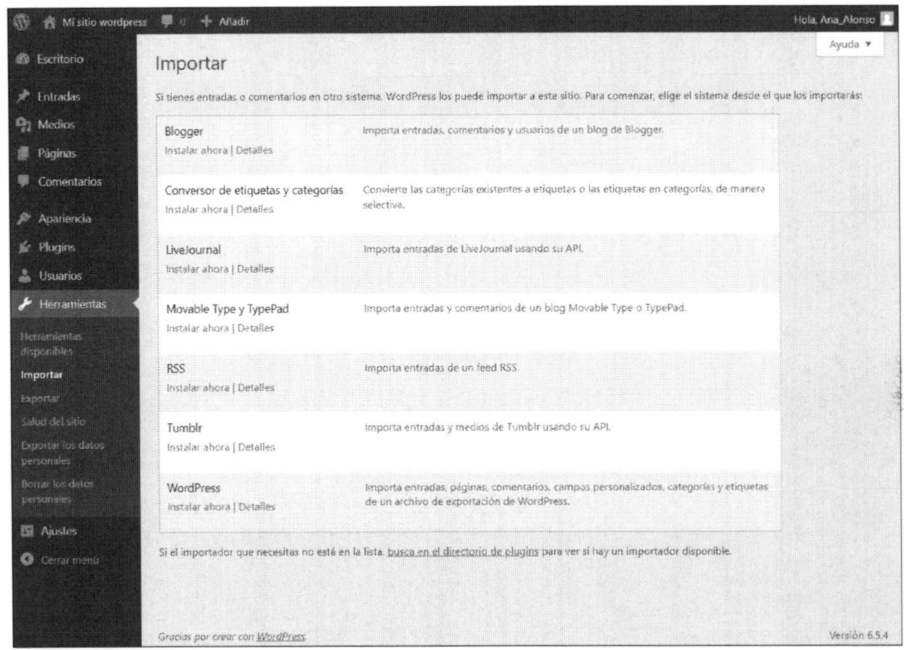

Página ***Importar***

5.9.3 Exportar

La pestaña **Exportar** le permite exportar en formato XML sus artículos, páginas, comentarios, campos personalizados, categorías y etiquetas.

Para volver a importarlos en otro sitio de WordPress, primero instale el complemento de **WordPress - Instalar Importador de WordPress**.

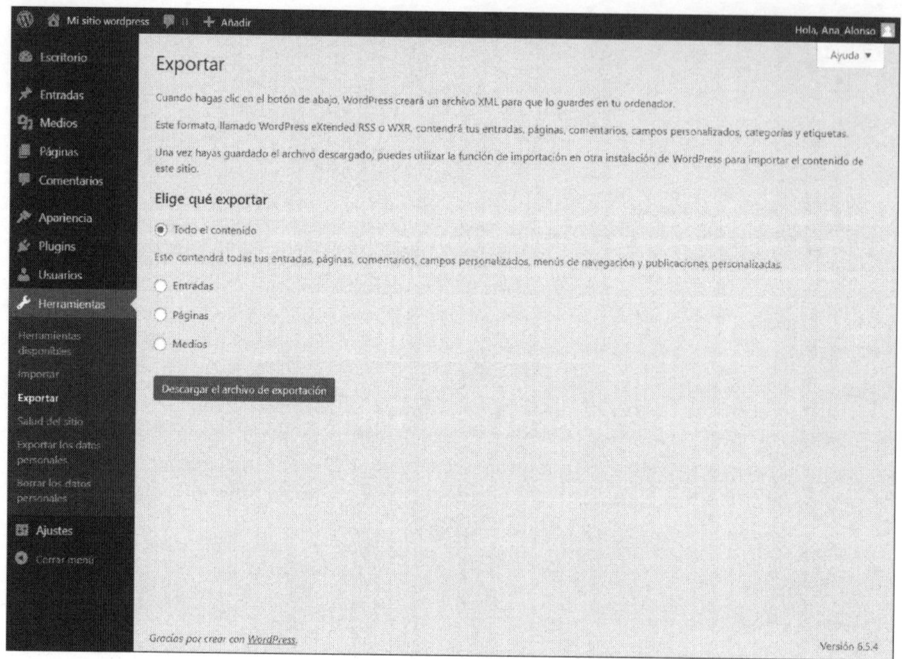

Página ***Exportar***

Tenga en cuenta que esta exportación no es una copia de seguridad de su sitio. No exporta configuraciones de sitios, temas ni complementos, sino solo contenido (artículos, páginas, comentarios, campos personalizados, categorías, etiquetas, menús de navegación y tipos de publicaciones personalizadas).

5.9.4 Salud del sitio web

El **Estado de salud del sitio**, es una verificación de estado del sitio web, que muestra información crítica sobre la configuración de WordPress y los elementos que necesitan su atención. Los más importantes son la versión PHP y los módulos PHP, para mejorar el rendimiento del sitio. Por seguridad, se recomienda utilizar un certificado SSL, es decir, una URL de tipo https. Con respecto a temas y complementos, asegúrese de que sean fiables. Si se trata de temas o complementos de WordPress, no importa.

El botón **Pruebas completadas**, que aparece en la parte inferior de la página, enumera las pruebas aprobadas.

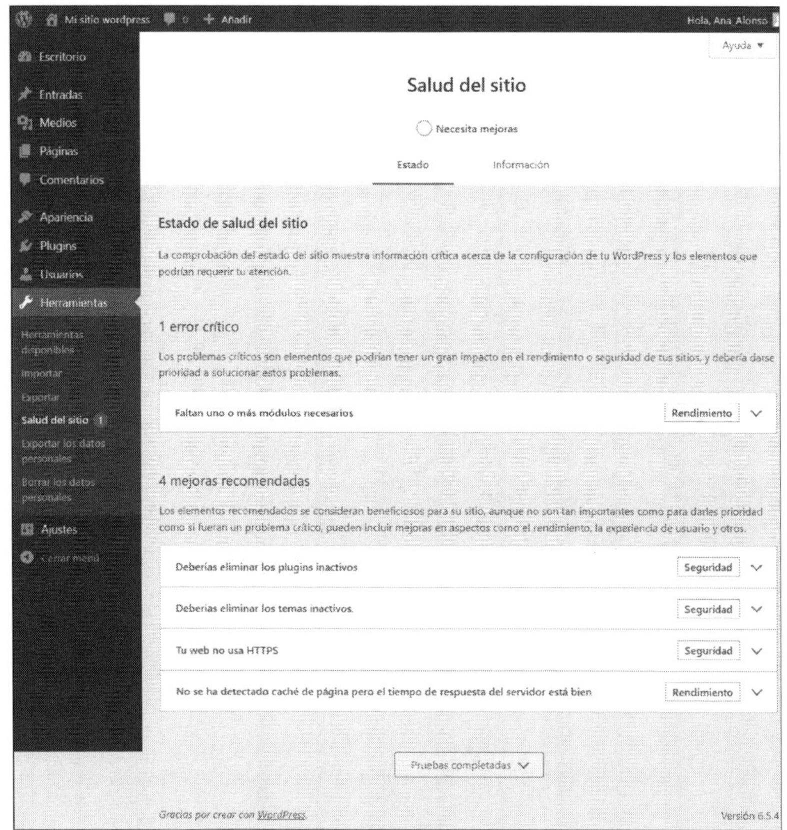

*Página **Salud del sitio**, pestaña **Estado***

La pestaña **Información** permite ver todos los detalles sobre la configuración de su sitio de WordPress. Si desea exportar una lista de toda la información contenida en esta página, puede usar el botón **Copiar la información del sitio al portapapeles**. Después, puede pegarla en un archivo de texto para guardarla en su ordenador, en un correo electrónico de intercambio con soporte técnico o en una discusión con un desarrollador o un desarrollador de tema/extensión.

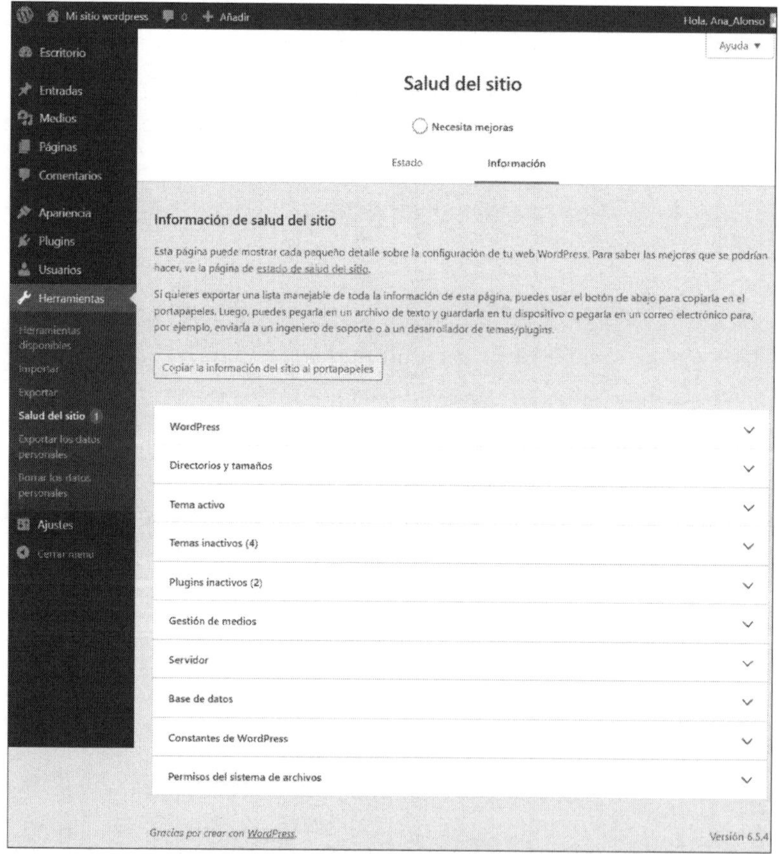

Página ***Salud del sitio****, pestaña* ***Información***

5.9.5 Exportar datos personales

Como parte de la ley RGPD (Reglamento General de Protección de Datos), WordPress ha integrado dos nuevas herramientas, incluida la pestaña **Exportar los datos personales**. La ley RGPD es un reglamento de la Unión Europea que constituye el texto de referencia para la protección de datos personales.

La pestaña **Exportar los datos personales** le permite exportar los datos de un usuario y enviarle sus datos personales. Cuando uno de sus usuarios le pide que le envíe los datos personales que tiene sobre ellos a través de su sitio de Internet, deberá introducir su dirección de correo electrónico en el campo **Nombre de usuario o correo electrónico**. Posteriormente haga clic en el botón **Enviar petición**. Luego tendrá que esperar la confirmación, aparecerá la solicitud, así como información sobre el estado de la solicitud.

Luego deberá validar esta exportación de datos desde su interfaz de WordPress, haciendo clic en **Enviar petición**. Una vez que se complete la confirmación, su usuario recibirá un correo electrónico con un enlace que le permitirá acceder a todos los datos personales que tiene sobre él.

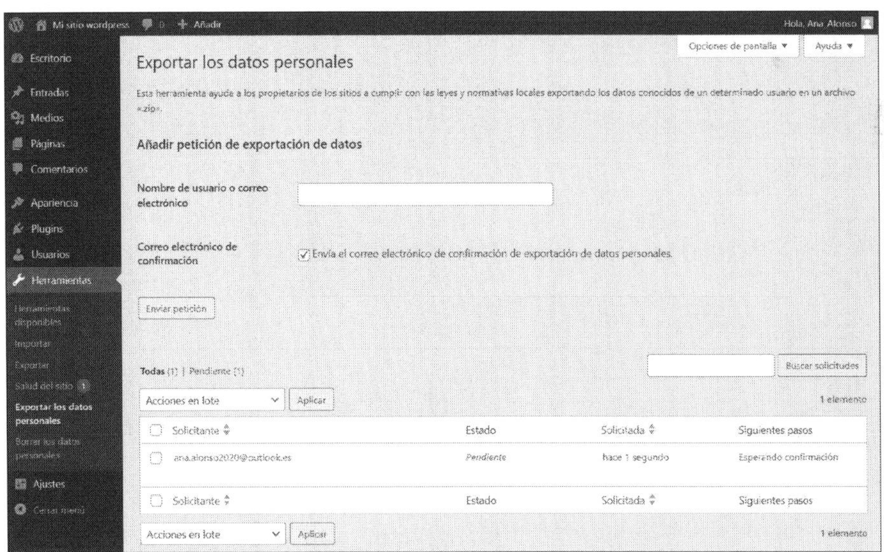

*Página **Exportar los datos personales**, se ha realizado una solicitud del usuario*

5.9.6 Borrar los datos personales

Al igual que para **Exportar datos personales** y aún dentro del marco de la ley RGPD (Reglamento General de Protección de Datos), WordPress ha integrado la segunda herramienta que es la pestaña **Borrar los datos personales**.

La pestaña **Borrar los datos personales** le permite borrar todos los datos de un usuario. Si un usuario le pide que elimine sus datos, deberá ir a **Borrar los datos personales** y luego introducir su dirección de correo electrónico en el campo **Nombre de usuario o correo electrónico** y hacer clic en **Enviar petición**. Entonces será necesario esperar la confirmación, aparecerá la solicitud, así como información sobre el estado de la solicitud.

Una vez que su usuario haya realizado la confirmación, deberá hacer clic en el botón **Borrar los datos personales** en su interfaz de WordPress y los datos personales de su usuario se eliminarán permanentemente de su sitio.

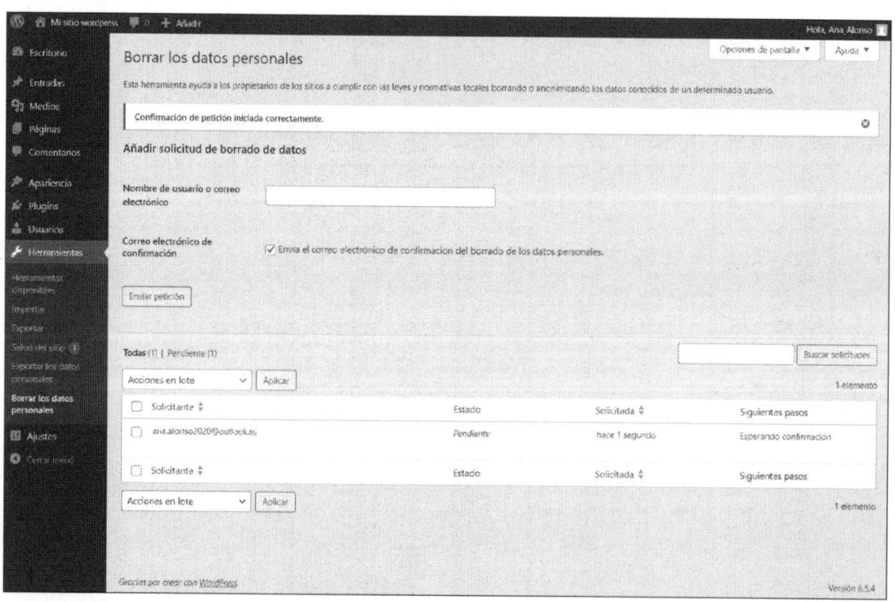

*Página **Borrar los datos personales**, se ha realizado una solicitud de un usuario*

5.10 Ajustes

5.10.1 Generales

La pestaña **Generales** se utiliza para configurar el sitio web respecto a sus funciones generales. Encontrará los campos **Título del sitio** y **Dirección de correo electrónico**. Estos campos se corresponden con la información que completó al instalar WordPress.

El campo **Descripción corta** permite agregar una oración debajo del título del sitio (en general), pero esto dependerá del tema.

El título y la descripción corta también se pueden editar a través de la pestaña **Apariencia - Personalizar**.

Los campos **Dirección de WordPress (URL)** y **Dirección del sitio (URL)** le permiten modificar la URL de WordPress si, por ejemplo, está integrando un sitio de WordPress en un sitio existente o si tiene una página de inicio diferente a la del sitio de WordPress.

El campo **Miembros** permite que cualquier usuario de Internet se registre en el sitio. Asígnele un rol durante el registro. De forma predeterminada, es el Suscriptor.

El campo **Perfil por defecto para los nuevos usuarios** es la función básica que tiene menos permisos. Lo único que puede modificar un suscriptor es su página de perfil.

El campo **Idioma del sitio** le permite definir el idioma del sitio. Si ha instalado Wordpress en español, el idioma será español. Puede cambiar el idioma del sitio web en cualquier momento. Hay 121 idiomas disponibles.

Los otros campos son **Zona horaria**, **Formato de fecha**, **Formato de hora** y **La semana comienza el** que se configurarán según sus preferencias.

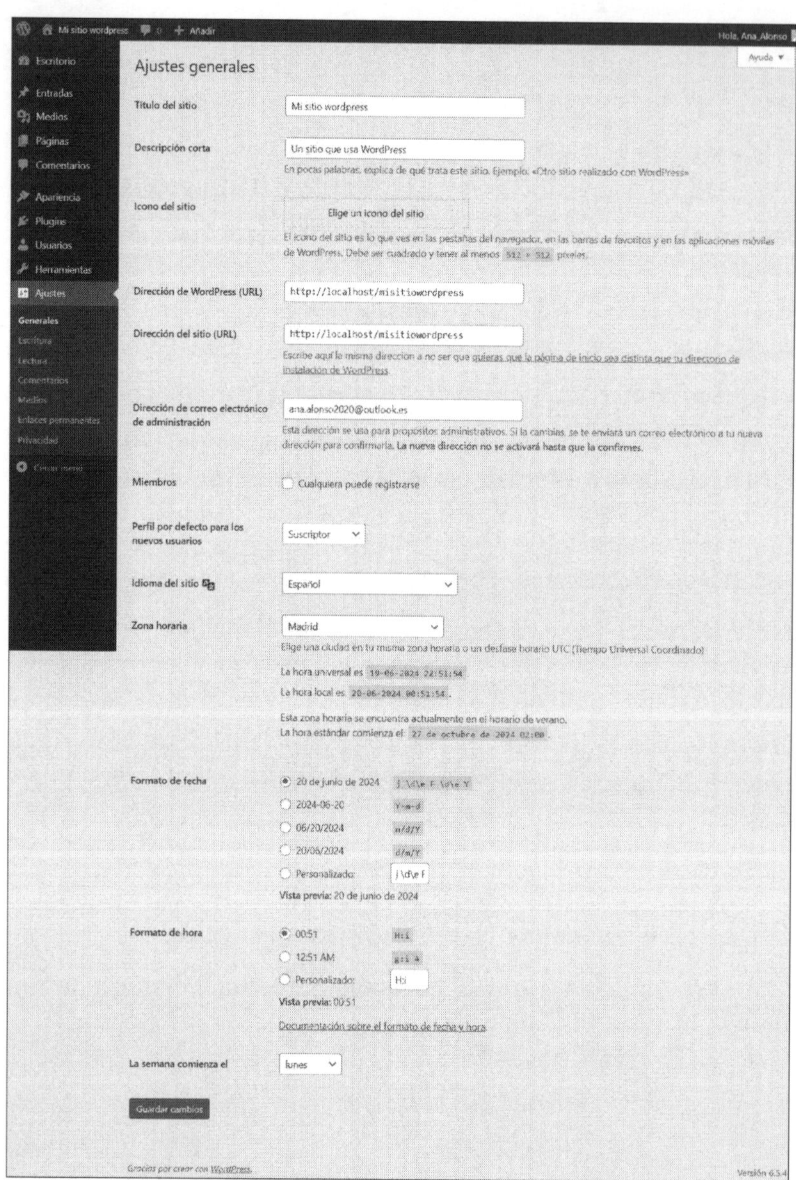

Página ***Ajustes generales***

5.10.2 Escritura

La pestaña **Escritura** le permite seleccionar la categoría predeterminada de los artículos. **Sin categoría** es la categoría predeterminada, pero es mejor cambiarla. A continuación, puede eliminar la categoría **Sin categoría**, una vez que ha sido deseleccionada. Para ello debe ir a la pestaña **Entradas - Categorías**.

También puede seleccionar un formato predeterminado para sus artículos, si el tema tiene en cuenta esta opción.

Puede enviar un artículo por correo electrónico. Para hacer esto, debe configurar la dirección de correo electrónico. Una vez recibido el correo electrónico en su bandeja de entrada, se publica automáticamente en su sitio web. Debe manejar esta función con cuidado y utilizar una dirección dedicada.

El servicio de actualización permite, gracias al ping, notificar a otros sitios la publicación de un nuevo artículo.

Observación

Para más información vaya a este artículo:
https://codex.wordpress.org/es:Actualizar_WordPress

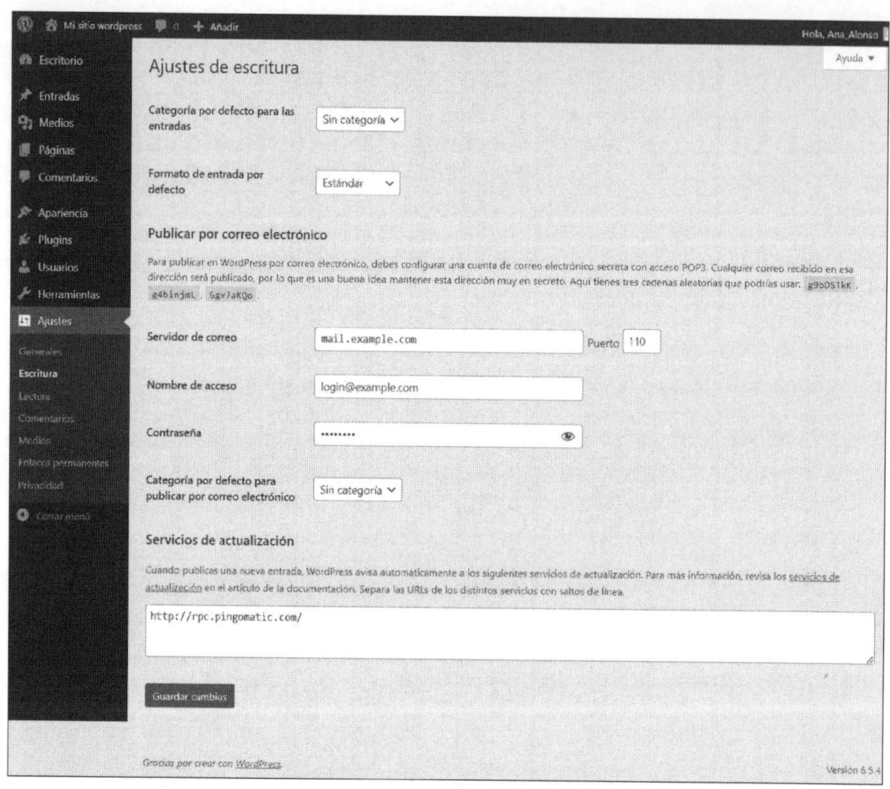

Página ***Ajustes de escritura***

5.10.3 Lectura

La pestaña **Lectura** se refiere a la visualización de la página de inicio y de las entradas, la gestión del flujo de sindicación que corresponde al feed RSS y la indexación de su sitio web haciéndolo visible para los motores de búsqueda. Elija el modo de visualización en la página de inicio, ya sea con los últimos artículos en el caso de un blog o con una página estática, en el caso de un sitio web de escaparate. También puede agregar una página que mostrará sus artículos. Para hacer esto, primero necesitará haber creado una página en la pestaña **Páginas**, que llamará por ejemplo: "Inicio". Luego seleccione esta página como página de inicio. Deberá hacer lo mismo para el blog, por ejemplo, cree en la pestaña **Páginas** una página titulada "Blog" y luego selecciónela aquí.

El campo **Número máximo de entradas a mostrar en el sitio**, le permite especificar cuántos artículos aparecerán cuando haya una lista de artículos, por ejemplo, si selecciona los últimos artículos en la página de inicio o hace clic en una categoría, etiqueta, archivo o al utilizar el campo de búsqueda en el sitio.

El flujo de mutualización o feed RSS está integrado de forma predeterminada en WordPress. Lo puede encontrar en www.url-del-sitio.com/feed (reemplace url-del-sitio.com por la URL de su sitio web). Con el campo **Número máximo de entradas a mostrar en el feed**, tiene la posibilidad de elegir el número de artículos que aparecerán y elegir entre el texto completo o el extracto del artículo.

El campo **Visibilidad en los motores de búsqueda** indexa automáticamente el sitio web en los motores de búsqueda. Es recomendable indexar su sitio desde el principio, desmarcando la opción **Pedir a los motores de búsqueda que no indexen este sitio**. Ponga una página «Sitio web en construcción» o «Próxima apertura» (consulte el capítulo Las extensiones y los widgets), porque los motores de búsqueda pueden tardar mucho en indexar un sitio. Al indexarlo de inmediato, harán referencia a sus páginas a medida que avanzan. Además, si su sitio tiene poco contenido, es imposible que aparezca en la primera página de los buscadores.

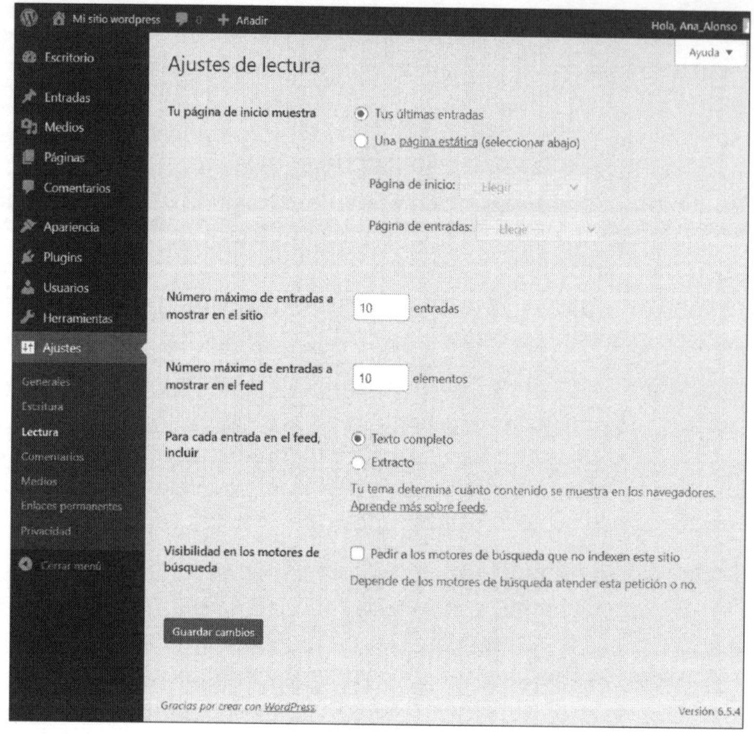

Página ***Ajustes de lectura***

5.10.4 Comentarios

La pestaña **Comentarios** permite hacer ajustes en los comentarios y tiene muchas opciones para los comentarios.

En la sección **Para que un comentario aparezca**, marque la casilla **El comentario debe aprobarse manualmente**. Esto evita tener comentarios no deseados que se muestren automáticamente en el sitio web. Puede decidir si desea mostrarlos o no en su sitio.

Para el resto de opciones, la descripción que acompaña a la casilla de verificación es bastante explicativa; márquelas según sus preferencias.

Para deshabilitar los comentarios, todo lo que tiene que hacer es desmarcar la casilla **Permitir a la gente enviar comentarios en las nuevas entradas**, en la zona **Ajustes por defecto de las entradas**.

En cada artículo y en cada página, puede elegir la activación o desactivación de comentarios.

Tienes la posibilidad de prohibir ciertos mensajes que comprendan palabras o partes de palabras no deseadas (groserías, por ejemplo). Automáticamente se colocarán en los comentarios pendientes.

Puede crear una lista negra de sitios web, buzones de correo o direcciones IP. Los mensajes se colocarán automáticamente en los comentarios no deseados.

Puedes configurar los avatares. Un avatar es una imagen suya que aparece junto a su nombre cuando deja un comentario.

WordPress aún no ha integrado la posibilidad de subir un avatar personal al perfil. Sin embargo, puede vincular su dirección de correo electrónico con el sitio http://es.gravatar.com, lo que le permite mostrar el avatar de su elección en todos los sitios de WordPress. De lo contrario, tendrá que utilizar una extensión.

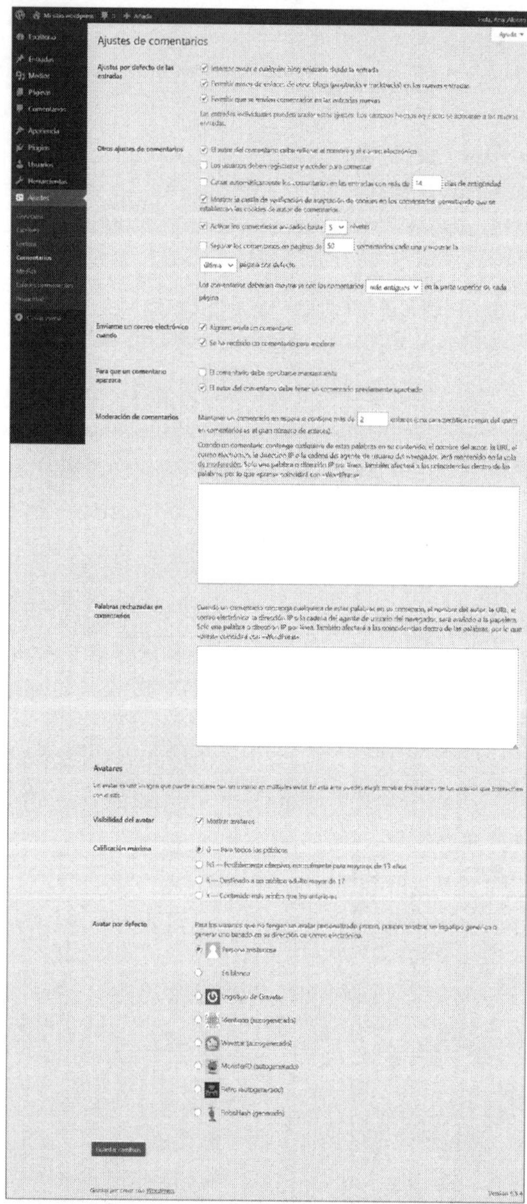

Página ***Ajustes de comentarios*** *que permite configurar los comentarios y los avatares*

5.10.5 Medios

La pestaña **Medios** se refiere a las imágenes, cuando importa una imagen en el sitio web, por medio de la biblioteca o cuando edita artículos con el botón **Añadir nuevo** (en la creación de páginas o artículos).

WordPress genera cuatro imágenes a partir de la imagen original:

- Tamaño de la miniatura (150 x 150 píxeles con recorte habilitado de forma predeterminada);
- Tamaño medio (300 x 300 píxeles sin recortar de forma predeterminada);
- Tamaño grande (1024 x 1024 píxeles sin recortar de forma predeterminada);

Puede elegir el tamaño de estas diferentes imágenes configurando el tamaño de estas imágenes en píxeles.

Sus medios se importan a la carpeta **wp-content/uploads**, accesible a través de FTP (consulte el capítulo WordPress y PHP, sección La carpeta wp-content).

Tiene la posibilidad de insertarlos en subcarpetas anuales y mensuales.

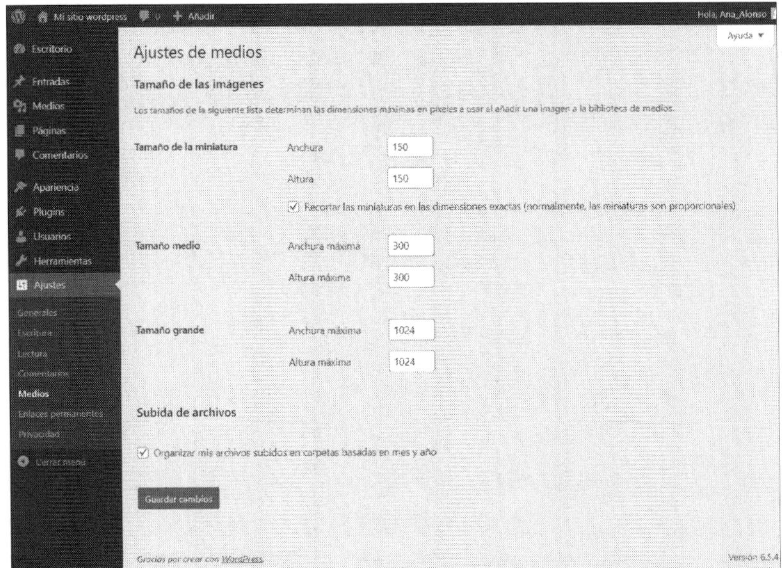

Página ***Ajustes de medios***

5.10.6 Enlaces permanentes

La pestaña **Enlaces permanentes** de WordPress permite reescribir URLs (*URL rewriting*) para optimizarlas, es decir que ya no estarán formadas por variables (por ejemplo: /?p=6), sino por palabras clave relacionadas con la página (ejemplo: /título-de-la-página). Esto hace posible una mejor referencia a las páginas web, pero también recordar la URL más fácilmente.

Marque la opción **Nombre de la entrada** para ver cómo aparece el nombre del artículo en la URL. Por lo tanto, la elección del nombre del artículo es muy importante. Utilice palabras clave en todos sus títulos.

Si está en un servidor local, no olvide activar el módulo **rewrite_module** en Apache, para que se tenga en cuenta esta funcionalidad.

De forma predeterminada, WordPress inserta el término "category" en la URL de su sitio, por ejemplo: www.misitio.com/category/nombre-de-la-categoria. Puede cambiar "category" por la palabra de su elección.

De la misma manera, para las etiquetas WordPress inserta el término "tag" en la URL. También puede reemplazar "tag" con la palabra de su elección; por ejemplo, en el caso de un sitio de cocina, puede utilizar "receta" en lugar de "category", rellenando el campo **Base de las categorías** e "ingrediente" en lugar de "tag", rellenando el campo **Base de las etiquetas**.

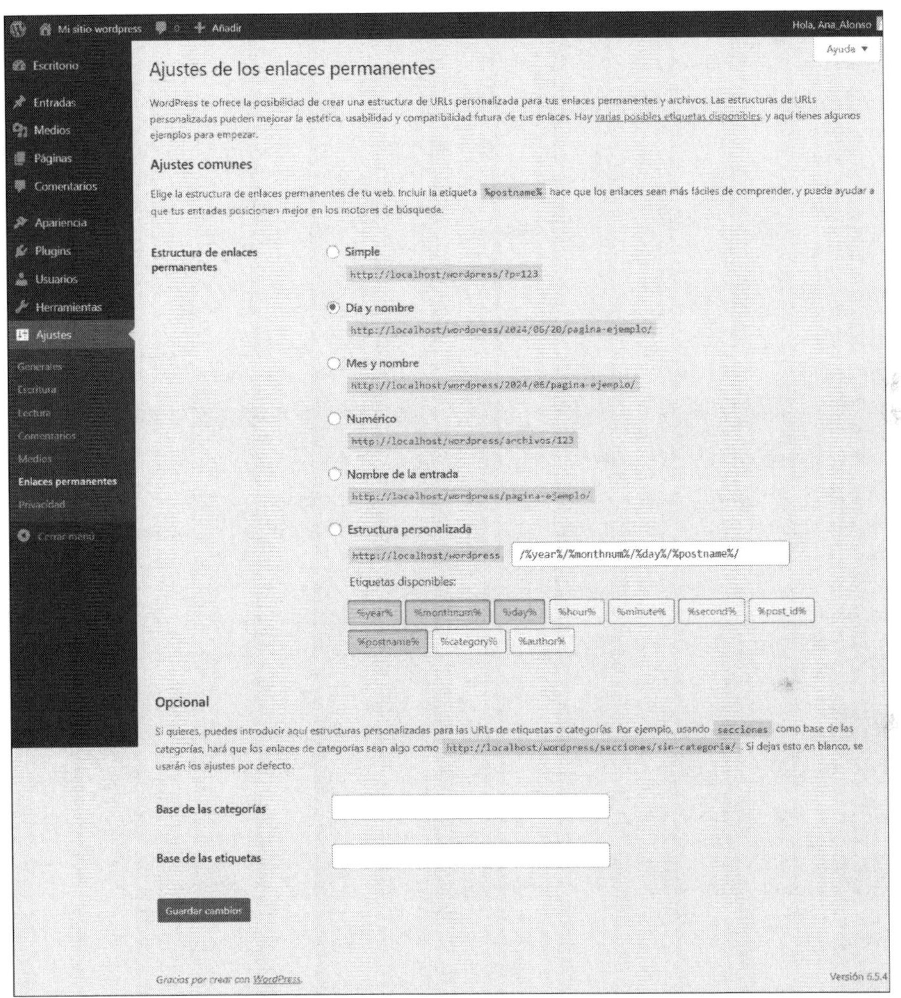

*Página **Ajustes de los enlaces permanentes**, que permite configurar la rescritura de las URL*

5.10.7 Privacidad

Esta nueva característica permite estar al día en el marco de la ley RGPD. A continuación, debe crear una página que mencione claramente la política de privacidad de su sitio, así como sus condiciones generales de uso y venta (si tiene una tienda), si no desea ser sancionado.

La página de su política de privacidad, generalmente ubicada al pie de página, ahora debería explicar de manera concreta lo que hace con esos datos.

Como propietario del sitio web, es posible que deba seguir las regulaciones de privacidad nacionales o internacionales, por ejemplo, creando y publicando una página de política de privacidad. Si ya tiene una página de política de privacidad, deberá seleccionarla. De lo contrario, tendrá que crear una.

Es su responsabilidad utilizar correctamente los datos proporcionados por los usuarios, asegurarse de que puedan acceder a sus datos en cualquier momento, mantener actualizada la información en su página de política de privacidad y asegurar la relevancia del contenido.

También le sugerimos que revise su política de privacidad con regularidad, especialmente después de instalar, actualizar temas o extensiones o para cumplir con RGPD.

La pestaña **Guía de la política** se utiliza para crear el contenido de las distintas páginas con ayuda de ejemplos y consejos para cumplir con el reglamento.

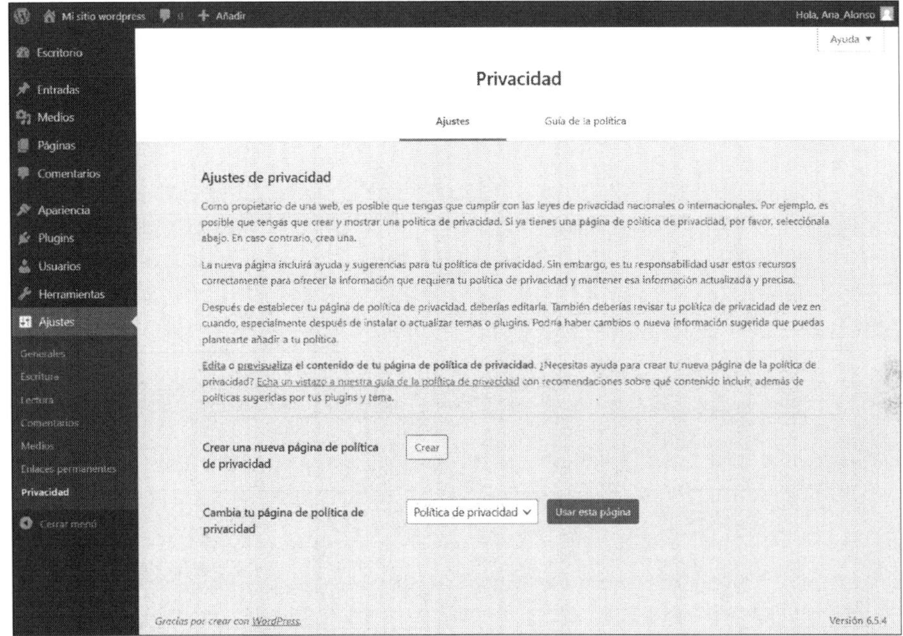

Página ***Ajustes de Privacidad***

5.10.8 Las otras pestañas

Si ha instalado complementos, aparecerán otras pestañas en el menú principal de WordPress, ya sea como pestaña principal o subpestaña, por lo que su sitio puede crecer rápidamente.

6. Conclusión

WordPress es un verdadero sitio web modular, que puede evolucionar como desee, tanto en términos de apariencia como de extensiones. Es muy intuitivo y completo en cuanto a sus características predeterminadas.

Poder realizar muchas acciones similares en diferentes partes de la administración, puede parecer confuso al principio. Verá que con la costumbre esto le ahorrará tiempo. No dude en realizar pruebas en la administración para familiarizarse con las herramientas disponibles. Cree un sitio de prueba local o en línea.

Antes de comenzar a crear el sitio, establezca las especificaciones necesarias para estructurarlo adecuadamente y también piense en la estructura del árbol.

Debe comprender la diferencia entre una página y un artículo: páginas para contenido estático y artículos para contenido fechado.

También es necesario asimilar la noción de taxonomía y diferenciar entre categorías y etiquetas: las categorías para los encabezados que hablan de temas generales a menudo se agregan al menú de un sitio web, y las etiquetas para los términos que pertenecen al campo léxico de su sitio web.

WordPress desarrolla un sistema principal nuevo con los temas basados en bloques y Gutenberg. Tendrá que entender bien la diferencia con un tema clásico, porque el enfoque es completamente distinto. Para conseguirlo, necesitará elegir correctamente el tema con antelación debido a la influencia que ejerce sobre el método de trabajo.

Esta rápida pero completa descripción general de la administración, es suficiente para que comience con WordPress. Hay muchos tutoriales en Internet o libros que pueden completar esta información.

No olvide consultar la documentación oficial (el códex) de WordPress y hacer clic en el botón de ayuda, en la parte superior derecha de la administración.

Si no puede encontrar una solución a su problema, existen muchos sitios web, vídeos, foros o blogs que pueden ayudarle. Antes de publicar en blogs o foros, asegúrese de que la pregunta no se haya hecho ya: haga una búsqueda en Google para estar seguro y en los motores de búsqueda de los foros.

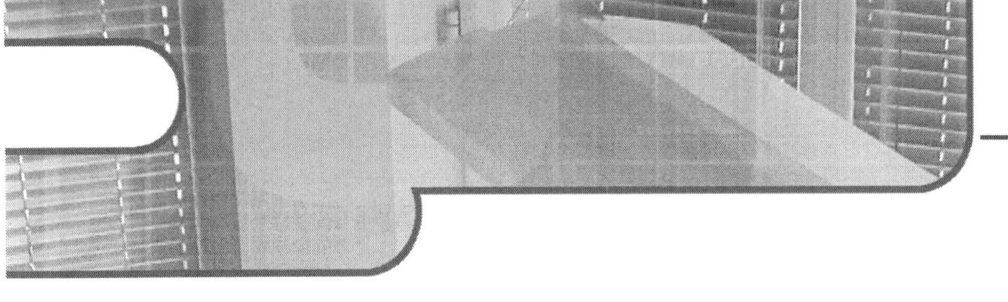

Capítulo 3
WordPress y PHP

1. Introducción

WordPress es un CMS diseñado íntegramente en PHP que es un lenguaje orientado a objetos. Por lo tanto, es normal que WordPress haya desarrollado sus propias APIs, clases, métodos, funciones, etc. para simplificar la vida de los desarrolladores. Eso implica que como desarrollador, deberá familiarizarse con el funcionamiento de WordPress para poder aprovechar todo su potencial.

Este capítulo describe la preponderancia de PHP en WordPress, la estructura y funciones recurrentes de WordPress. Sirve como referencia para todo el libro. Si lo desea, puede omitirlo y consultarlo más adelante cuando personalice el archivo functions.php, cree temas avanzados o cuando cree extensiones, etc.

Este capítulo es un resumen de las posibilidades que ofrece WordPress. Se centra en lo esencial, así que no dude en consultar la documentación oficial, el códex o los numerosos tutoriales gratuitos disponibles en la Web, para profundizar en sus conocimientos sobre un tema específico.

Todas las palabras clave y términos técnicos de cada capítulo le permiten realizar su propia investigación en la Red. Con una comunidad muy activa, sería una pena no aprovechar la experiencia de todas estas personas, dispuestas a ayudarle de forma gratuita. Encontrará muchos recursos, con muchos ejemplos de código.

2. La estructura de los archivos y carpetas WordPress

Es importante saber cómo se organizan los archivos en WordPress. La estructura es siempre la misma, tanto para un sitio web pequeño o para uno de mayor tamaño: el núcleo o corazón de WordPress no cambia.

2.1 Los archivos y carpetas en la raíz del sitio web

Todos los sitios de WordPress tienen la misma estructura. En la raíz, encontrará las carpetas wp-admin, wp-content, wp-includes y los archivos de WordPress.

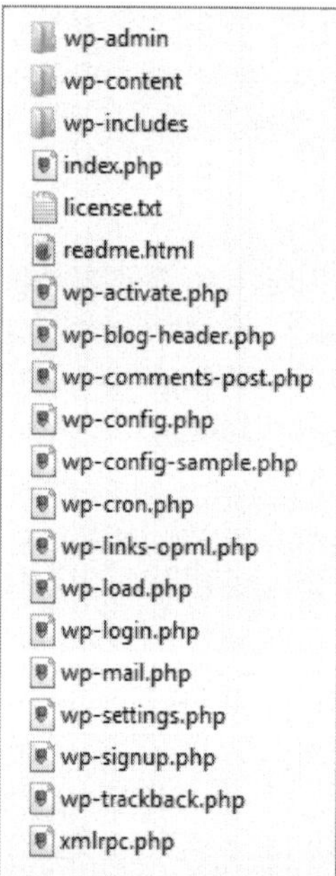

Archivos y carpetas en la raíz del sitio web WordPress

No debe modificar o eliminar ningún archivo o carpeta nativo de WordPress. En el caso de aquellos que forman parte del core, es posible que el sitio web deje de funcionar. Además, la actualización de WordPress sobrescribe todos los cambios.

La carpeta **wp-admin** contiene todos los archivos relacionados con la administración del sitio web. No debe modificar archivos de esta carpeta.

La carpeta **wp-content** contiene todos los archivos por temas, extensiones y medios, idiomas, etc. En esta carpeta es donde se realizan las principales modificaciones y personalizaciones del sitio web.

La carpeta **wp-includes** contiene todos los archivos principales de WordPress (clases, funciones, scripts, etc.). No debe editar archivos de esta carpeta.

El archivo **wp-config.php** es un archivo generado durante la instalación de WordPress, a partir del archivo wp-config-sample.php. La información utilizada para configurar el sitio web se encuentra en este archivo: el nombre de la base de datos, la contraseña, la URL de la base de datos, el prefijo de las tablas, las claves de seguridad, la configuración del idioma principal del sitio, etc. Este archivo se modifica durante el cambio de host, la optimización del sitio web, la depuración, un cambio de idioma, etc. La eliminación del archivo wp -config.php vuelve a mostrar la página de configuración.

El resto de archivos .php se utilizan para el núcleo de WordPress y no se deben modificar ni eliminar en absoluto. Sin embargo, puede encontrar archivos en la raíz del sitio que hayan sido generados por un complemento, por WordPress o agregados por usted mismo. Por tanto, se pueden modificar algunos archivos: .htaccess, robots.txt o sitemap.xml.

2.2 La carpeta wp-content

La carpeta **wp-content** es la carpeta que se utiliza para crear temas, extensiones y funciones. Contiene las carpetas **languages**, **plugins**, **themes** y el archivo **index.php**.

Aparecen otras carpetas al agregar imágenes, como la carpeta **uploads** y durante las actualizaciones, como la carpeta **upgrade**.

Es posible que sigan apareciendo otras carpetas según la instalación de determinadas extensiones, como, por ejemplo, la carpeta **cache** y otras.

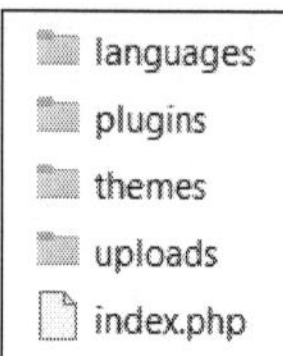

Carpetas y archivos en el directorio wp-content, al instalar WordPress

La carpeta **languages** contiene los archivos de idioma, temas y complementos de WordPress. La instalación manual se realiza descargando por FTP los archivos de idioma a esta carpeta y las subcarpetas relevantes. Los archivos de idioma tienen las extensiones .mo y .po/.pot.

La carpeta **plugins** contiene todas las extensiones instaladas. De base, la carpeta contiene dos extensiones: Akismet y Hello Dolly. La instalación manual se lleva a cabo descargando por FTP la carpeta que contiene los archivos de la extensión en la carpeta plugins. Todos los plugins se muestran en la administración, dentro de la pestaña **Plugins**.

La carpeta **themes** contiene todos los temas instalados. Hay tres temas básicos: Twenty Seventeen, Twenty Sixteen y Twenty Fifteen. La instalación manual se realiza descargando por FTP la carpeta que contiene los archivos y carpetas del tema en la carpeta themes. Todos los temas se muestran en la administración, dentro de la pestaña **Apariencia - temas**.

La carpeta **uploads** contiene todos los medios cargados. Para las imágenes, WordPress crea tres formatos de imagen y los clasifica según la configuración indicada en la administración, en la pestaña **Ajustes - Medios**. De forma predeterminada, WordPress clasifica los medios en carpetas con el nombre del año, conteniendo a su vez carpetas con el número de los meses (01, 02,..., 12). Algunas veces, ciertas extensiones crean carpetas para almacenar varios archivos. Todos los medios se muestran en la administración, pestaña **Medios**.

La carpeta **upgrade** aloja archivos comprimidos para actualizaciones de temas o extensiones. Antes de descomprimirlos, WordPress los descarga en esta carpeta. Si la actualización sale mal, encontrará el archivo comprimido en esta carpeta. Esta carpeta aparecerá cuando realice una actualización.

El archivo **index.php** solo se usa para la seguridad de la carpeta **wp-content**. Este archivo vacío se utiliza para mostrar una página en blanco en lugar del árbol del sitio web, en caso de un mal funcionamiento. Lo encontrará en diferentes carpetas.

3. La base de datos WordPress

WordPress instala doce tablas en la base de datos. Para ver esto, conéctese a su base de datos mediante phpMyAdmin. Aquí es donde se almacena toda la información sobre su sitio (contenido de artículos, páginas, categorías, etiquetas, configuración de WordPress, complementos, temas, información sobre los usuarios, etc.).

En este libro, los ejemplos se ilustran con el prefijo `msw_` (por defecto, WordPress usa el prefijo `wp_`). Normalmente, el prefijo se elige durante la instalación, por lo que podría ser diferente si lo cambia por razones de seguridad. Recuerde cambiar el prefijo cuando utilice los ejemplos.

Tabla	Acción	Filas	Tipo	Cotejamiento	Tamaño	Residuo a depurar
wp_commentmeta	Examinar Estructura Buscar Insertar Vaciar Eliminar	0	InnoDB	utf8mb4_unicode_520_ci	48.0 KB	-
wp_comments	Examinar Estructura Buscar Insertar Vaciar Eliminar	1	InnoDB	utf8mb4_unicode_520_ci	96.0 KB	-
wp_links	Examinar Estructura Buscar Insertar Vaciar Eliminar	0	InnoDB	utf8mb4_unicode_520_ci	32.0 KB	-
wp_options	Examinar Estructura Buscar Insertar Vaciar Eliminar	162	InnoDB	utf8mb4_unicode_520_ci	2.3 MB	-
wp_postmeta	Examinar Estructura Buscar Insertar Vaciar Eliminar	74	InnoDB	utf8mb4_unicode_520_ci	48.0 KB	-
wp_posts	Examinar Estructura Buscar Insertar Vaciar Eliminar	29	InnoDB	utf8mb4_unicode_520_ci	144.0 KB	-
wp_termmeta	Examinar Estructura Buscar Insertar Vaciar Eliminar	0	InnoDB	utf8mb4_unicode_520_ci	48.0 KB	-
wp_terms	Examinar Estructura Buscar Insertar Vaciar Eliminar	3	InnoDB	utf8mb4_unicode_520_ci	48.0 KB	-
wp_term_relationships	Examinar Estructura Buscar Insertar Vaciar Eliminar	1	InnoDB	utf8mb4_unicode_520_ci	32.0 KB	-
wp_term_taxonomy	Examinar Estructura Buscar Insertar Vaciar Eliminar	3	InnoDB	utf8mb4_unicode_520_ci	48.0 KB	-
wp_usermeta	Examinar Estructura Buscar Insertar Vaciar Eliminar	23	InnoDB	utf8mb4_unicode_520_ci	48.0 KB	-
wp_users	Examinar Estructura Buscar Insertar Vaciar Eliminar	1	InnoDB	utf8mb4_unicode_520_ci	64.0 KB	-
12 tablas	Número de filas	297	InnoDB	utf8_general_ci	2.7 MB	0 B

Seleccionar todo   Para los elementos que están marcados:

Tablas en la base de datos durante la instalación de WordPress, en phpMyAdmin

Hay otras tablas que aparecen según los temas, extensiones y el uso del modo multisitio.

Observación

Referencia al códex: https://codex.wordpress.org/Database_Description

Aquí están las tablas nativas de WordPress, con el prefijo base wp:

- La tabla **wp_commentmeta** contiene información adicional sobre los comentarios. La utiliza la extensión **Akismet**. Se ha convertido en una extensión nativa de WordPress, imprescindible para evitar el spam. La encontrará en la administración en la pestaña **Plugins** y para la configuración, en la pestaña **Ajustes** - **Akismet Anti-Spam**.
- La tabla **wp_comments** contiene todos los comentarios de los artículos y las páginas.
- La tabla **wp_links**(opcional) agrupa todos los enlaces registrados a través de la pestaña **Enlaces** de la administración. La pestaña **Enlaces** ya no existe desde la versión 3.5 y requiere el uso de la extensión Link Manager, pero la tabla aún está presente para que las personas que la usaban antes no pierdan sus datos en las versiones recientes de WordPress. También puede habilitar el administrador de enlaces agregando el siguiente código al archivo functions.php:

  ```
  add_filter('pre_option_link_manager_enabled',
  '__return_true');
  ```
- La tabla **wp_options** contiene las configuraciones generales del sitio (introducidas durante la instalación del sitio) y extensiones, entre las más importantes. Durante la creación de temas avanzados, esta tabla también se usa para almacenar información, gracias a las funciones de WordPress.
- La tabla **wp_postmeta** contiene información adicional relacionada con los artículos o las páginas. Esta tabla está directamente relacionada con la tabla wp_posts.
- La tabla **wp_posts** es la más importante, ya que tiene todo el contenido del sitio. Encontrará toda la información sobre los artículos, páginas, fotos, archivos PDF y otros medios, o sobre los productos en el caso de las extensiones de comercio electrónico, así como el contenido de sus publicaciones personalizadas (custom post type), que aprenderemos a crear.
- La tabla **wp_termmeta** contiene los metadatos agregados a las categorías. Esta nueva tabla está disponible desde la versión 4.4.

- La tabla **wp_terms** contiene categorías y etiquetas. Esta tabla está directamente relacionada con las tablas wp_term_relationships y wp_term_taxonomy.
- La tabla **wp_term_relationships** vincula categorías y etiquetas a los diferentes artículos y páginas. Esta tabla está directamente relacionada con las tablas wp_terms y wp_term_taxonomy.
- La tabla **wp_term_taxonomy** se utiliza para diferenciar las categorías y las etiquetas. Allí encontrará la información adicional sobre las categorías y las etiquetas. Esta tabla está directamente relacionada con las tablas: wp_terms y wp_term_relationships.
- La tabla **wp_usermeta** contiene información adicional de todos los usuarios, así como su rol.
- La tabla **wp_users** contiene todos los usuarios, su contraseña, dirección de correo electrónico, etc.

Si olvida la contraseña, puede cambiarla directamente en su base de datos modificando la entrada después debe asignar al campo `user_pass` el valor de su nueva contraseña. No olvide poner el campo en `md5` antes de ejecutar la petición, lo que permite encriptar la contraseña por razones de seguridad. De esta forma, nadie podrá conocer la contraseña, ni siquiera una persona con acceso a la base de datos.

Observación

MD5(Message Digest 5) es una función de hash criptográfico que calcula un código digital único (huella digital), a partir de un archivo digital.

También puede ejecutar directamente la siguiente consulta SQL, cambiando primero los términos entre comillas (no olvide reemplazar el prefijo de la tabla si es diferente):

```
UPDATE wp_users SET user_pass=MD5('nuevacontraseña') WHERE
user_login='nombre';
```

En esta solicitud, se cambia "nuevacontraseña" por la contraseña que ha elegido y cambia "nombre" por el nombre de usuario.

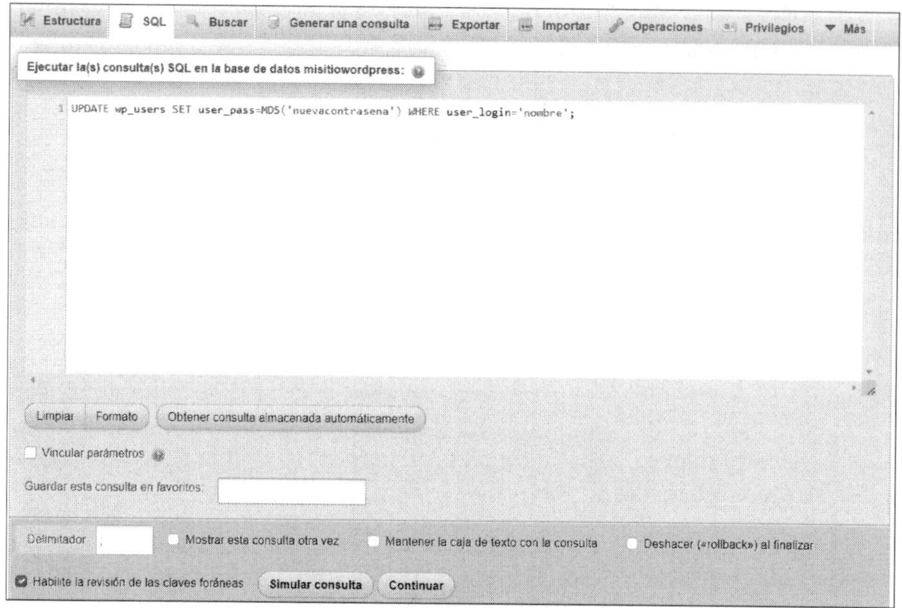

*Consulta en la pestaña **SQL** de phpMyAdmin*

4. La estructura y los archivos principales de un tema

Al instalar WordPress, hay tres temas presentes en el directorio **wp-content/themes**: Twenty Twenty-One, Twenty Twenty-Two, Twenty Twenty-Three, que son temas predeterminados desarrollados por WordPress.

Todos los temas tienen una estructura común que consta de archivos y carpetas principales, que están presentes en la mayoría de los temas. Se denominan archivos de plantilla o plantillas de página.

Twenty Twenty-One		Twenty Twenty-Two	Twenty Twenty-Three
assets	package.json	assets	assets
classes	package-lock.json	inc	parts
inc	page.php	parts	patterns
template-parts	postcss.config.js	styles	styles
404.php	readme.txt	templates	templates
archive.php	screenshot.png	functions.php	readme.txt
comments.php	search.php	index.php	screenshot.png
footer.php	searchform.php	readme.txt	style.css
functions.php	single.php	screenshot.png	theme.json
header.php	style.css	style.css	
image.php	style.css.map	theme.json	
index.php	style-rtl.css		

Archivos que componen los tres temas predeterminados de WordPress: Twenty Twenty-One, Twenty Twenty-Two, Twenty Twenty-Three

Observación

Referencia al códex: https://codex.wordpress.org/es:Template_Hierarchy

4.1 Los archivos principales

Entre los archivos en la raíz de los temas de WordPress, vamos a analizar el tema Twenty Twenty-One:

- Un archivo imagen **screenshot.png**: este archivo, específico a todos los temas, sirve como miniatura para el tema. WordPress detecta automáticamente la imagen y la muestra en la sección **Apariencia** - **Temas** de la administración.
- El archivo **style.css**: este archivo, específico a todos los temas, es el archivo CSS genérico de los temas, especialmente gracias al encabezado. En algunos temas, el código CSS se encuentra en una carpeta específica, a menudo una carpeta css. El archivo style.css está casi vacío, excepto por el encabezado.

El encabezado es importante, sus parámetros dan información sobre el tema. Esta información se muestra en la parte **Apariencia - Temas - Detalles del tema**, en la administración. Por ejemplo, el nombre del tema, la versión, la URL de descarga, el autor, la descripción, la licencia, etc.

A continuación, se muestra un ejemplo del encabezado del archivo **style.css** del tema Twenty Twenty-One:

```
/*
Theme Name: Twenty Twenty-One
Theme URI: https://wordpress.org/themes/twentytwentyone/
Author: the WordPress team
Author URI: https://wordpress.org/
Description: Twenty Twenty-One is a blank canvas for your ideas
and it makes the block editor your best brush. With new block
patterns, which allow you to create a beautiful layout in a matter
of seconds, this themeâ€™s soft colors and eye-catching â€” yet
timeless â€” design will let your work shine. Take it for a spin!
See how Twenty Twenty-One elevates your portfolio, business
website, or personal blog.
Requires at least: 5.3
Tested up to: 6.0
Requires PHP: 5.6
Version: 1.7
License: GNU General Public License v2 or later
License URI: http://www.gnu.org/licenses/gpl-2.0.html
Text Domain: twentytwentyone
Tags: one-column, accessibility-ready, custom-colors, custom-menu,
custom-logo, editor-style, featured-images, footer-widgets,
block-patterns, rtl-language-support, sticky-post,
threaded-comments, translation-ready

Twenty Twenty-One WordPress Theme, (C) 2020 WordPress.org
Twenty Twenty-One is distributed under the terms of the GNU GPL.
*/
```

Los comentarios se enumeran bajo diferentes palabras clave, que se utilizarán para mostrar información en la administración. De esta manera:

- **Theme Name**: corresponde al título del tema.
- **Theme URI**: corresponde a la URL de descarga del tema.
- **Author**: corresponde al nombre del autor o autores.
- **Author URI**: corresponde a la URL del autor.
- **Description**: corresponde a la descripción del tema.

- **Requires at least**: corresponde a la versión mínima de WordPress requerida.
- **Tested up to**: corresponde a la versión de WordPress probada.
- **Requires PHP**: corresponde a la versión mínima de WordPress requerida.
- **Versión**: corresponde a la versión del tema.
- **Licence**: corresponde a la licencia, en general GNU.
- **License URI**: corresponde a la URL de la licencia.
- **Text Domain**: corresponde al nombre que va a servir para la traducción del tema.
- **Tags**: corresponde a las etiquetas (palabras clave) que califican el tema.

Y esto es lo que aparece en la administración, en la pestaña **Temas - Detalles del tema**:

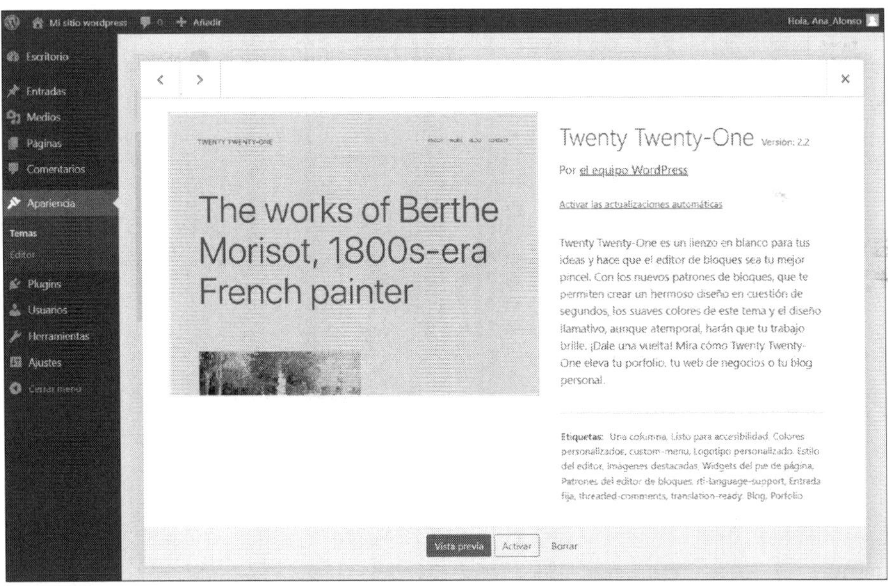

*Pestaña **Apariencia - Temas - Detalles del tema** del tema Twenty Twenty-One*

- El archivo **index.php**: este archivo, específico a todos los temas, es el primer archivo que se lee. Normalmente, corresponde a la página de inicio. También puede llamar a otros archivos según los temas o no utilizarse.

4.2 Los archivos principales de los temas clásicos

Esto archivos siguen presentes en muchos temas, pero la introducción de los temas basados en los bloques aporta nuevas posibilidades.

- El archivo **index.php**: este archivo, específico de todos los temas, es el primer archivo que se lee. Normalmente se corresponde con la página de inicio. También puede llamar a otros archivos según los temas o no utilizarse.
- El archivo **header.php** es el archivo que engloba la parte superior del sitio y que se repite en todas las páginas del sitio, con el código HTML para el `doctype`, el contenido de la etiqueta `<head>` (etiquetas `meta`, llamada a los archivos CSS y a algunos archivos JavaScript, etc.), las etiquetas de apertura `<body>` y `<html>`, los elementos que se muestran en la parte superior del sitio web (logotipo, título, eslogan, etc.), así como el menú de navegación.

  Este archivo se llama dentro de otros archivos, gracias a la función de inclusión:

```
<?php get_header(); ?>
```

- El archivo **footer.php** es el archivo que incluye la parte inferior del sitio y que se repite en todas las páginas del sitio. También se llama pie de página o footer. En general, encontrará toda la información que no necesita ser resaltada, así como los derechos de autor, las llamadas a ciertos archivos JavaScript y las etiquetas HTML de cierre `</html>` y `</body>`.

  Este archivo se llama dentro de otros archivos, gracias a la función de inclusión:

```
<? php get_footer(); ?>
```

- El archivo **sidebar.php** es el archivo que se utiliza para mostrar los widgets. Se configura en el menú **Apariencia** - **Widgets**, en la administración.

  Algunos temas usan las barras laterales de diferentes formas, ya sea en la barra lateral o en el pie de página.

  Este archivo se llama dentro de otros archivos, gracias a la función de inclusión:

```
<? php get_sidebar(); ?>
```

El tamaño de este archivo es diferente de un tema a otro. Puede cargar hojas de estilo, scripts JavaScript, archivos de idioma, barras laterales, menús, modificar funciones existentes o agregar algunas, etc.

Para tener algo de libertad con este archivo, debe familiarizarse con los hooks, globales, clases y funciones de WordPress.

Este archivo se carga al mismo tiempo que el tema. Por tanto, las funcionalidades desarrolladas son parte integrante del tema, a diferencia de las extensiones, que requieren activación manual en la administración.

4.3 El resto de archivos de los temas clásicos

Aquí está la descripción del resto de archivos de un tema, pero esto puede variar según la construcción del tema, porque cada tema es único. Por lo tanto, algunas veces tendrá que analizar el tema para comprender cómo funciona y definir qué archivo llama a qué archivo, analizando las funciones de inclusión.

- **index.php** y **front-page.php**: muestra la página de inicio del sitio; dependiendo de determinadas configuraciones, se llama a una u otra.
- **page.php**: muestra la página única de una página.
- **single.php**: muestra la página única de un artículo.
- **content.php**: muestra la lista de artículos o el contenido de páginas o artículos, según el archivo que lo requiera por medio de una función de inclusión. Hay varios tipos de archivos "content" según el tipo de contenido que se mostrará, como por ejemplo: content-none.php, content-page.php, content-search.php, content-single.php. En los otros temas, estos archivos se pueden encontrar directamente en la raíz del tema o en subcarpetas.

  Este archivo se encuentra en la carpeta template-parts/post para el tema Twenty Seventeen, en la carpeta template-parts para el tema Twenty Sixteen y en la raíz para el tema Twenty Fifteen.
- **search.php**: muestra la lista de artículos devueltos por una búsqueda.
- **archive.php**: muestra la lista de artículos y se puede utilizar como página de inicio para blogs, en determinados casos.
- **404.php**: muestra la página de error 404.

– **searchform.php**: muestra el formulario de búsqueda. Este archivo se llama mediante otros archivos, usando funciones de inclusión.
– **comments.php**: muestra los comentarios y el formulario de comentarios. Por lo tanto, este archivo se llama mediante otros archivos, usando funciones de inclusión. Por ejemplo, el archivo single.php usa este archivo para mostrar comentarios y el formulario.

4.4 Las carpetas eventualmente presentes en la raíz de un tema clásico

Puede haber otras carpetas en la raíz de un tema, aquí hay algunos ejemplos:

– **template-parts**: contiene todos los archivos utilizados para mostrar el contenido de una página.
– **languages**: contiene los idiomas del tema.
– **CSS** o **style**: contiene archivos CSS del tema y aquellos necesarios para una mejor visualización en versiones anteriores de Internet Explorer. Esta carpeta a veces se encuentra en la carpeta Assets, como para el tema Twenty Seventeen.
– **js** o **javascript**: contiene archivos JavaScript del tema. Algunas veces esta carpeta se encuentra en la carpeta Assets, como para el tema Twenty Seventeen.
– **fonts**: contiene fuentes (fonts). Desde CSS3, no es raro encontrar esta carpeta.
– **images** o **img**: contiene imágenes específicas del tema. Algunas veces esta carpeta se encuentra en la carpeta Assets, como para el tema Twenty Seventeen.
– **template**: contiene plantillas de página.
– **template-parts**: contiene archivos llamados por plantillas de página.
– **assets**, **inc** o **includes**: contiene archivos PHP específicos del tema.

Como cada tema es único, puede encontrar muchos otros archivos, porque cada tema ha sido desarrollado por diferentes personas, pero cumplen ciertas reglas que descubrirá a lo largo del libro.

4.5 Los archivos y carpetas de los temas basados en bloques

Este sistema de archivos es nuevo a partir de la creación de los temas basados en bloques. La diferencia principal con los temas clásicos reside en el hecho de que las plantillas y elementos de plantillas relativos a la jerarquía clásica de WordPress están en formato HTML en lugar del formato PHP, y en que están compuestos totalmente por bloques.

- El archivo **theme.json** sirve para definir las propiedades del tema y las herramientas disponibles en Gutenberg. Así puede personalizar los estilos y las plantillas de las páginas.
- Una carpeta **templates** contiene archivos en HTML de las plantillas de páginas correspondientes a las declaraciones hechas en el archivo **theme.json** dentro de la parte `customTemplates`. La carpeta **templates** debe existir e incluir un archivo `index.html` para que el editor reconozca un tema basado en el uso de bloques.
- Una carpeta **parts** contiene archivos en HTML de las partes de plantillas (encabezado, pie de página, comentarios, etc.) de páginas correspondientes a las declaraciones hechas en el archivo **them.json** dentro de la parte `template-Parts`.
- Una carpeta **assets** contiene fuentes, imágenes, vídeos y otros elementos que se usan en el tema.
- Una carpeta **styles** contiene archivos .json que permiten al usuario del tema tener una biblioteca de estilo para el diseño del sitio.
- Una carpeta **patterns** o **inc/patterns** contiene archivos .php que permiten poner a disposición del usuario una biblioteca de bloques predefinidos para usar durante la construcción de las páginas.

4.6 El archivo functions.php

El archivo **functions.php** sirve para modificar, eliminar o activar funciones para WordPress, para los temas o para las extensiones, o bien para inventar sus propias funciones. Permite personalizar un tema. Podemos encontrarlo en los temas clásicos o en los temas basados en bloques.

Como recordatorio, aquí tenemos la estructura de una función PHP:

```
<?php
if ( ! function_exists( 'mi_funcion' ) ) :
  function mi_funcion(){
          //mi código
  }
endif;
?>
```

5. Las funciones de inclusión

En los temas clásicos, WordPress utiliza sus propias funciones PHP de inclusión:

- `get_header()`: para llamar al archivo header.php.
- `get_footer()`: para llamar al archivo footer.php.
- `get_sidebar()`: para llamar al archivo sidebar.php.
- `get_searchform()`: para llamar al archivo searchform.php.
- `comments_template()`: para llamar al archivo comments.php.
- `get_template_part('slug')`: para llamar al archivo slug.php.
- `get_template_part('slug','nombre')`: para llamar al archivo slug-nombre.php.

Ejemplos

```
<?php get_searchform(); ?>
```

La función `get_searchform()` llama al archivo searchform.php y muestra el formulario de búsqueda.

```
<?php get_template_part( 'template-parts/page/content', 'page' ); ?>
```

La función `get_template_part()` del archivo page.php llama al archivo template-parts/page/content-page.php.

Según los temas y uso de los formatos, en algunos temas, como por ejemplo Twenty Seventeen, en el archivo single.php puede ver la siguiente función:

```
<?php get_template_part( 'template-parts/post/content',
get_post_format() );?>
```

La función `get-template_part()` llama al archivo *content-nombredelformato*.php si los formatos se utilizan durante la edición de los artículos en el bloque **Formato**.

La función `get_post_format()` permite recuperar el nombre del formato.

Si **Audio** está seleccionado en el bloque **Formato**, la función `get_template_part()` llama al archivo content-audio.php. Los formatos se deben activar con código PHP en el archivo functions.php, por lo que depende de los temas. El uso de formatos puede variar de un tema a otro.

Puede llamar al archivo content-audio.php de la siguiente manera:

```
<?php get_template_part( 'content', 'audio' ); ?>
```

Observación

Referencia al códex: https://codex.wordpress.org/Include_Tags

En los **temas basados en bloques**, la interacción entre los archivos es ligeramente distinta, dado que todo se configura en el archivo **theme.json** y utiliza archivos HTML o PHP según el tema. Así, en lugar de llamar a archivos mediante funciones de inclusión, se van a crear bloques prediseñados, para que el usuario pueda construir sin ayuda el encabezado o el pie de página gracias al sistema de bloques.

6. Los marcadores condicionales

Los marcadores condicionales, como en cualquier lenguaje de programación, le permiten realizar acciones en casos especiales.

Las condiciones en WordPress son las mismas que en PHP: `if`, `elseif`, `else`, `endif`.

Están redactadas de dos formas, siendo la segunda la más frecuente en WordPress:

```
if(mi_condicion){
}elseif(mi_condicion){
}else{
}
```

o:

```
if(mi_condicion):
elseif(mi_condicion):
else:
endif;
```

Hay funciones condicionales específicas de WordPress que devuelven `true` o `false`. Están directamente relacionadas con el tipo de archivo PHP (plantilla de página), que se mostrará en el navegador.

Por ejemplo, `is_home()` comprueba que está en la página de inicio del blog (lista de todas las publicaciones), que coincide con el archivo de visualización index.php o archive.php.

A continuación se muestran algunas funciones:

- `is_home()`: indica si está en la página de la lista de publicaciones del blog. Esta podría ser la página de inicio predeterminada de WordPress que muestra la lista cronológica inversa de publicaciones del blog u otra página, si ha movido la lista de publicaciones a otra página usando la pestaña **Ajustes - Lectura en la administración**. Esto se corresponde con el archivo index.php o frontpage.php.
- `is_frontpage()`: indica si está en la página de inicio del sitio(independientemente del contenido que se muestre), si es una página de inicio estática o una lista de artículos del blog. Esto se corresponde con el archivo index.php o frontpage.php.

  Atención: en este momento, no hay ningún marcador condicional para apuntar solo a la página del blog. Por lo tanto, usaremos las funciones `is_home()` e `is_front_page()` para detectarla. Pueden ser mal utilizadas. De hecho, puede definir una página estática para la página de inicio y otra página para su blog. Esta última devolverá `true` con la función `is_home()` incluso si no es la página de inicio del sitio. Cuando utilice las funciones `is_home()` e `is_front_page()`, debe probarlas en el orden correcto para asegurarse de los datos mostrados, sea cual sea la configuración elegida por el usuario.

De hecho, puede elegir:

– una página de inicio predeterminada con artículos,

– una página de inicio que utiliza una página estática y no una página de blog,

– una página de inicio que utiliza una página estática y una página de blog.

Por lo tanto, para hacer esto, debemos usar las dos funciones juntas en el orden dado en este ejemplo:

```
if( is_front_page() && is_home() ) {
  // La página de inicio por defecto
} elseif( is_front_page() ) {
  // La página de inicio estática
} elseif( is_home() ) {
  // La página del blog
} else {
  //everyting else
}
```

– `is_page()`: para las páginas, se corresponde con el archivo page.php. Acepta como argumento el identificador, el título o el enlace permanente.

– `is_single()`: para los artículos, se corresponde con el archivo single.php. Acepta como argumento el identificador, el título o el enlace permanente.

– `is_tax()`: para las taxonomías si es una categoría o una etiqueta. Tenga cuidado, esta función devuelve `false` en una página de categoría y de etiqueta.

– `is_category()`: para las categorías, se corresponde con el archivo category.php en algunos temas. Acepta como argumento el identificador, el nombre de categoría o el enlace permanente.

– `is_tag()`: para las etiquetas, se corresponde con el archivo tag.php en algunos temas. Acepta como argumento el identificador, el nombre de etiqueta o el enlace permanente.

– `is_author()`: para los autores, se corresponde con el archivo author.php o ar-chive.php en algunos temas. Acepta como argumento el identificador, el nombre del autor o el enlace permanente.

– `is_archive()`: para una página de tipo de archivo, se corresponde con el archivo archive.php.

– `is_404()`: para una página 404, se corresponde con el archivo 404.php.

- is_search(): para una búsqueda, se corresponde con el archivo search.php.
- is_paged(): para una página paginada, se corresponde con el archivo archive.php o con la página de inicio si está paginada. Esto no se refiere a un artículo o a una página cuyo contenido está dividido por el uso de la etiqueta HTML (quicktags) <!- nextpage ->.
- comments_open(): cuando se abren y aceptan los comentarios, se corresponde con el archivo comments.php.
- have_posts(): cuando hay artículos. En general, esta función se utiliza antes del bucle de WordPress(the loop), que recupera el contenido de los artículos y las páginas.
- has_post_thumbnail(): cuando el artículo tiene una imagen. En general, esta función se utiliza en el bucle que recupera el contenido de los artículos y las páginas.
- function_exists('nombre_de_la_función'): cuando la función existe (función específica de PHP).

Ejemplos

Este código muestra "Bienvenido", si es la página de inicio del blog, es decir, si se trata del archivo index.php o archive.php:

```
if(is_home()) {
     echo 'Bienvenido';
}
```

Este código muestra "Bienvenido a mi página", si es la página "Acerca de". El archivo que se muestra es page.php y el título de la página debe ser "about" para ver el mensaje de bienvenida.

```
if(is_page('about')) {
     echo 'Bienvenido a mi página';
}
```

Este código se usa para mostrar "Bienvenido a mi página", si se trata de la página con id. 20. El archivo que se muestra es page.php y para ver el mensaje de bienvenida, el título de la página debe tener como id. 20.

```
if(is_page('20')){
     echo 'Bienvenido a mi página';
}
```

Para averiguar el id. de un artículo, página, etiqueta o categoría, vaya a las pestañas **Todas las entradas**, **Todas las páginas**, **Etiquetas** o **Categorías**, y coloque el cursor sobre el título del artículo, página, etiqueta o categoría.

La URL del enlace se muestra en la parte inferior de su navegador. Para artículos y páginas, el id. es el valor del parámetro `post`. Para las etiquetas y categorías, el id. es el valor del parámetro `tag_ID`.

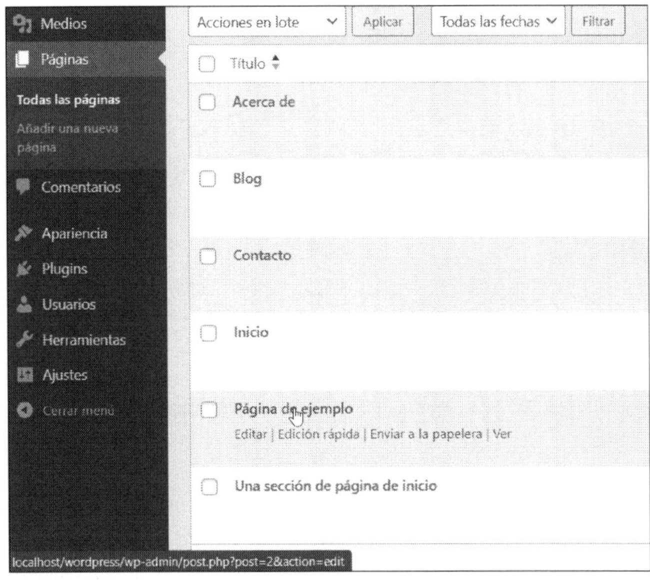

*El id. de la página **Página de ejemplo** es 2 porque el valor del argumento `post` en la URL del enlace es 2 (`post=2`)*

La lista anterior de marcadores condicionales no es exhaustiva. Para conocer todas las posibilidades, consulte el códex. Allí encontrará muchos marcadores condicionales, ilustrados por muchos ejemplos.

Observación

Encuentre la lista completa de los marcadores condicionales en el códex: https://codex.wordpress.org/Conditional_Tags

7. El bucle y sus funciones

El bucle de WordPress es un bucle `while()` propio de PHP.

Permite recuperar el contenido de las páginas y artículos, gracias a las funciones WordPress `have_posts()` y `the_post()`.

Está presente en casi todos los archivos del tema y su particularidad es mostrar el contenido según el archivo PHP (plantilla de página) donde se encuentra, teniendo en cuenta las diferentes condiciones y funciones que integra.

```
<?php
while(have_posts()): the_post();
    // mis funciones para mostrar contenido
end while;
?>
```

Dentro del bucle, inserte las funciones de visualización primarias específicas de WordPress para mostrar contenido o use las funciones principales de recuperación de variables, para crear sus propias funciones. Dentro de un bucle, no es raro ver también una función de inclusión que llama a otro archivo.

En los **temas basados en bloques**, el bloque **Bucle de consulta** es un bloque avanzado que permite mostrar una lista de publicaciones a partir de parámetros específicos. Esto funciona como un bucle PHP, pero no es necesario escribir código.

7.1 Las principales funciones de visualización en un bucle

Las funciones de visualización son específicas de WordPress y muestran directamente el resultado. Estas funciones suelen comenzar con el prefijo `the_`.

- `the_ID()`: muestra el id. de un artículo o una página.

```
<?php the_ID(); ?>
```

- `the_title()`: muestra el título de un artículo o una página.

```
<?php the_title($before,$after,$echo); ?>
```

La función puede recibir argumentos opcionales:

- `$before`: texto antes del título, generalmente HTML como las etiquetas H.
- `$after`: texto después del título, normalmente las etiquetas HTML de cierre. Tenga cuidado de respetar la estructura HTML: si usa una etiqueta de apertura `<h1>` para `$before`, es esencial que `$after` use la etiqueta de cierre `</h1>`.
- `$echo`: acepta un valor booleano `true` o `false` para su visualización. Por defecto: `true`.

- `the_content()`: muestra el contenido de un artículo o una página. Puede dividir el contenido agregando en el bloque texto WYSIWYG de un artículo o página, a través de la administración, el comentario HTML (quicktags) `<!-more->`. Se muestra un enlace **Más** para que el lector pueda leer el final del artículo o la página.

```
<?php the_content($more, $aftermore); ?>
```

Esta función puede recibir argumentos:

- `$more`: texto a mostrar en el enlace que permite ver el resto del contenido.
- `$aftermore`: acepta un valor booleano `true` o `false`, para la visualización del texto `$more`. Por defecto: `false`.

- `the_excerpt()`: muestra el extracto de un artículo o de una página, si el bloque **Descripción resumida** tiene contenido.

```
<?php the_excerpt(); ?>
```

- `the_permalink()`: muestra la URL del enlace de un artículo o una página.

```
<?php the_permalink(); ?>
```

- `the_post_thumbnail()`: muestra la imagen destacada de un artículo o página, si el bloque **Imagen destacada** contiene una imagen. Se utiliza con la función `has_post_thumbnail()`, lo que permite comprobar la presencia de una imagen.

Ejemplo:

```
<?php
if(has_post_thumbnail()){
    the_post_thumbnail();
}
?>
```

```
<?php the_post_thumbnail($size, $arguments); ?>
```

Esta función puede recibir argumentos:

- `$size`: el formato de la imagen. Acepta `thumbnail`, `medium`, `medium-large`, `large` o `full`. Con WooCommerce, la función acepta `shop_thumbnail`, `shop_catalog` o `shop_single`.
- `$arguments`: acepta una table (array) con diferentes parámetros: `ancho`, `alto`, `src`, `class`, `alt`, `title`.

  Para usar esta función en el tema, debe declararla en el archivo functions.php (ver la sección Hooks (filtros y acciones) de este capítulo):

```
add_theme_support('post-thumbnails');
```

En general, la mayoría de los temas administran e integran esta función.

- `the_author()`: muestra el nombre del autor en forma de enlace, en el que se puede hacer clic para navegar a la página del autor.

```
<?php the_author(); ?>
```

- `the_time()`: muestra la fecha de publicación de un artículo o una página.

```
<?php the_time($d); ?>
```

Esta función puede recibir un argumento:

- $d: acepta formatos de fecha PHP. De forma predeterminada, la configuración de la fecha se define en el menú **Ajustes** - **General** - **Formato de fecha**.

- `the_category()`: muestra las categorías de un artículo o una página en forma de enlaces a la página que enumera los artículos que pertenecen a esta categoría.

```
<?php the_category($separator,$parents); ?>
```

Esta función puede recibir argumentos:

- `$separator`: texto o carácter mostrado entre enlaces. Normalmente se utiliza la coma ",".
- `$parents`: muestra la relación padre/hijo, acepta multiple o single.

- `the_tags()`: muestra las etiquetas del artículo o de la página en forma de enlace(s), que hacen referencia a la página que lista los artículos correspondientes a esta etiqueta.

```
<?php the_tags($before,$separator,$after); ?>
```

  Esta función puede recibir argumentos:

  - `$before`: texto, con o sin HTML, antes del primer enlace; por defecto "tags:".
  - `$separator`: texto o carácter mostrado entre enlaces; de forma predeterminada, la coma ",".
  - `$after`: texto después del último enlace y/o etiqueta HTML de cierre. Tenga cuidado de respetar la estructura HTML: si usa una etiqueta de apertura <p> para `$before`, es absolutamente necesario que `$after` use la etiqueta de cierre </p>.

- `edit_post_link()`: muestra el enlace a la administración de la página o artículo en cuestión.

```
<?php edit_post_link($name,$before,$after); ?>
```

  Esta función puede recibir argumentos:

  - `$name`: título del enlace; por defecto "editar".
  - `$before`: texto antes del enlace, normalmente HTML como la etiqueta <p>.
  - `$after`: texto después del enlace y/o la etiqueta HTML de cierre. Tenga cuidado de respetar la estructura HTML: si usa una etiqueta de apertura <p> para `$before`, es absolutamente necesario que `$after` use la etiqueta de cierre </p>.

- `wp_link_pages()`: muestra los enlaces de un artículo o de una página anterior o siguiente.

```
<?php wp_link_pages($arguments); ?>
```

  Esta función puede recibir un argumento:

  - `$arguments`: acepta una tabla con diferentes argumentos. Por defecto:

```
$arguments = array(
    'before' => '<p>' . __( 'Páginas:' ),
    'after' => '</p>',
    'link_before' => '',
    'link_after' => '',
```

```
    'next_or_number' => 'number',
    'separator' => ' ',
    'nextpagelink' => __( 'Página siguiente' ), 'previouspagelink' =>
( 'Página anterior' ), 'pagelink' => '%',
    'echo' => 1
);
```

- before: texto HTML antes del primer enlace.
- after: texto HTML después del último enlace.
- link_before: texto HTML antes del enlace.
- link_after: texto HTML después del enlace.
- next_or_number: indica el número de páginas o de un texto; acepta next o number.
- separator: texto o caracteres que se muestran entre los enlaces.
- nextpagelink: texto que dirige a la página siguiente.
- previouspagelink: texto que dirige a la página anterior.
- pagelink: número de enlaces de páginas: acepta un número. "%" se corresponde con un número de enlaces ilimitado.
- echo: acepta un valor booleano true o false para mostrarlo. Por defecto: true.

7.2 Las principales funciones para recuperar variables en un bucle

Las funciones para recuperar variables son específicas de WordPress y le permiten recuperar contenido en forma de variables. Las funciones generalmente comienzan con el prefijo get_ y requieren que use la función echo específica de PHP, para mostrar el resultado.

Recuperar las variables de artículo o páginas es útil al crear sus propias funciones o si desea manipular la variable, antes de que se muestre.

- get_the_ID(): obtiene la identificación de un artículo o una página.

```
<?php $id=get_the_ID(); ?>
```

- get_the_title(): obtiene el título de un artículo o una página.

```
<?php $title=get_the_title($id); ?>
```

Esta función puede recibir un argumento:

- `$id`: la identificación de un artículo o una página. Si no hay id, la función devuelve el título de la página actual.

- `get_the_content()`: obtiene el contenido de un artículo o una página. Puede dividir el contenido agregando el comentario HTML `<!--more-->` en el texto de un artículo o página. A continuación, aparecerá un enlace **Más**, para que el lector pueda leer el final de un artículo o página.

```
<?php $content=get_the_content($more,$aftermore); ?>
```

Esta función puede recibir argumentos:

- `$more`: texto a mostrar para el enlace que permite ver el resto del contenido.
- `$aftermore`: acepta un valor booleano `true` o `false` para la visualización del texto `$more`. Por defecto: `false`.

- `get_the_excerpt()`: obtiene el extracto de un artículo o una página.

```
<?php $excerpt=get_the_excerpt(); ?>
```

- `get_permalink()`: obtiene la URL del enlace de un artículo o una página.

```
<?php $permalink=get_permalink($id); ?>
```

Esta función puede recibir un argumento:

- `$id`: la identificación de un artículo o una página. En ausencia de una identificación, la función devuelve el enlace de la página actual.

- `get_the_post_thumbnail()`: obtiene la imagen destacada de un artículo o una página, si el bloque **Imagen destacada** contiene una imagen. Se utiliza con la función `has_post_thumbnail()`, que le permite comprobar si hay una imagen presente.

Ejemplo:

```
<?php
if(has_post_thumbnail()){
    echo get_the_post_thumbnail();
}
?>
```

```
<?php $thumbnail=get_the_post_thumbnail($id,$size,$arguments); ?>
```

Esta función puede recibir argumentos:

- `$id`: el id. de un artículo o de una página.
- `$size`: el formato de la imagen. Acepta `thumbnail`, `medium-large`, `large` o `full`. Con WooCommerce, la función acepta `shop_thumbnail`, `shop_catalog` y `shop_single`.
- `$arguments`: acepta una tabla con diferentes parámetros: `ancho`, `alto`, `src`, `class`, `alt` y `title`.

Para utilizar esta función en el tema, debe declararla en el archivo functions.php:

```
add_theme_support('post-thumbnails');
```

Consulte la sección Hooks (filtros y acciones) de este capítulo. En general, la mayoría de los temas gestionan e integran esta función.

- `get_the_author()`: obtiene el nombre del autor en forma de un enlace HTML `<a href>` a la página del autor.

```
<?php $author=get_the_author(); ?>
```

- `get_the_time()`: obtiene la fecha de creación de un artículo o una página.

```
<?php $date=get_the_time($d,$id); ?>
```

Esta función puede recibir argumentos:

- `$d`: acepta formatos de fecha PHP. De forma predeterminada, la configuración de la fecha se define en el menú **Ajustes** - **General** - **Formato de fecha**.
- `$id`: la identificación de un artículo o una página.

- `get_the_category()`: recupera los enlaces de categoría de un artículo o una página como un enlace HTML `<a href>`, que permite volver a la página que enumera los artículos que pertenecen a esta categoría.

```
<?php $category=get_the_category($id); ?>
```

Esta función puede recibir un argumento:

- `$id`: la identificación de un artículo o una página.

- `get_the_tags()`: el(los) enlace(s) de las etiquetas de un artículo o de una página en forma de enlace HTML `<a href>`, que permiten volver a la página que enumera los artículos correspondientes a esta etiqueta.

```
<?php $tags=get_the_tags($id); ?>
```

Esta función puede recibir un argumento:

- `$id`: el id, de un artículo o una página.

- `get_edit_post_link()`: recupera el enlace a la administración de un artículo o página en cuestión, en forma de enlace HTML `<a href>`.

```
<?php $edit=get_edit_post_link($name,$before,$after,$id); ?>
```

Esta función puede recibir argumentos:

- `$name`: título del enlace; por defecto "editar".
- `$before`: texto antes del enlace, normalmente HTML como la etiqueta `<p>`.
- `$after`: texto después del enlace. Tenga cuidado de respetar la estructura HTML: si usa una etiqueta de apertura `<p>` para `$before`, es absolutamente necesario que `$after` use la etiqueta de cierre `</p>`.
- `$id`: la identificación de un artículo o una página.

Los siguientes dos ejemplos muestran lo mismo:

```
<?php the_title(); ?>
<?php echo get_the_title(); ?>
```

8. Las funciones para los textos en los archivos PHP

Es posible insertar texto sin formato en archivos PHP (pero no es muy recomendable). Desafortunadamente no se tienen en cuenta los caracteres especiales y acentuados. Tiene que usar códigos ASCII o convertirlos a UTF-8, gracias a una función clásica de PHP o usar funciones de WordPress.

La ventaja de utilizar las funciones de WordPress es que han sido especialmente diseñadas para gestionar el multidioma, gracias a un archivo de traducción.

Hay dos funciones de WordPress recurrentes en la mayoría de los temas: `__()` y `_e()`.

- `__()`: devuelve una variable.
- `_e()`: cuando se hace un `echo` de la variable, equivale a hacer `echo __()`.

```
<?php _e( $text, $domain ); ?>
<?php __( $text, $domain ); ?>
```

Las funciones reciben dos argumentos:

- `$text`: el texto a traducir.
- `$domain`: el nombre clave del archivo en el que se encuentran las cadenas de traducción.

Ejemplo:

```
<?php _e('Nothing Found', 'twentytwenty'); ?>
```

Este código muestra el texto "Nothing Found" en la pantalla, pero el texto aparece en español: "Nada encontrado".

WordPress busca el archivo twentytwenty.po ubicado en la carpeta **wp-content/language/themes/twenty-es_ES.po**, para temas nativos de WordPress; en este ejemplo, el tema en cuestión es Twenty Twenty.

Para temas personalizados, el archivo de idioma se puede ubicar en la carpeta citada anteriormente, pero a veces se ubica directamente en la carpeta **wp-content/themes/my-theme/language/es_ES.mo**. De hecho, los desarrolladores del tema tienen la opción de elegir la ubicación y el nombre de la carpeta. Sin embargo, observamos les dan un nombre explícito.

es_ES indica que el archivo se corresponde con el español. Entonces, al instalar WordPress francés, puede encontrar un archivo llamado twentyt-fr-FR.po, por ejemplo.

Si no existe un archivo de idioma, la función recibe como texto el primer argumento `$text`. Básicamente, WordPress usa inglés, por lo que el archivo en_US no existe. Por tanto, WordPress utiliza el primer argumento de la función para textos.

En versiones anteriores de WordPress, se usó la versión española gracias al archivo wp-config. La línea `define('WPLANG','es_ES');` indica que el sitio estaba en español. Si eliminó la función `"es_ES"`, o `define('WPLANG', '');`, su sitio de WordPress se volvió completamente de habla inglesa nuevamente. Si actualizó su sitio desde versiones anteriores de WordPress, esta línea aún puede aparecer. Solo tiene que borrarla.

Hoy, WordPress integra idiomas en la base de datos. Por lo tanto, durante la creación del sitio desde la administración en la pestaña **Ajustes** - **General** - **Idioma del sitio**, puede cambiar el idioma de su sitio directamente a través de esta página. Los cambios de los archivos se realizan automáticamente al guardar.

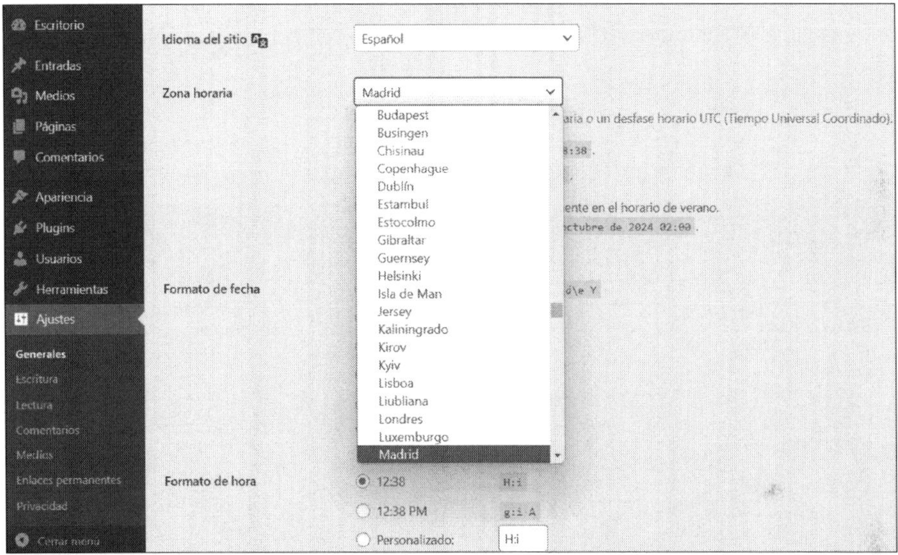

*Página **Ajustes** - **General** - **Idioma del sitio***

Para obtener más información, consulte el capítulo Traducir el tema y las extensiones.

Existen otras funciones para textos en WordPress, que funcionan igual que las dos funciones anteriores: `_n()`, `_x()`, `_ex()`, `_nx()`, etc.

- `_n()`: permite devolver la forma en singular o en plural, según una cantidad: si la cantidad es 1, la palabra estará en singular; si la cantidad es mayor que 1, la palabra será plural. Devuelve una variable.
- `_x()`: le permite especificar un contexto para la internacionalización, si necesita traducir una palabra de dos formas diferentes. Devuelve una variable.
- `_ex()`: repite la función `_x()`; lo mismo que `echo _x()`.

– `_nx()`: es una mezcla de las dos funciones anteriores.

Las funciones `_en()` y `enx()` no existen.

9. Las rutas en las URL

Varias funciones específicas de WordPress le permiten mostrar las rutas de las diferentes carpetas.

Aquí están las diferentes funciones:

– `site_url()`: devuelve la dirección del sitio web como variable.

  Ejemplos: http://www.misitio.com o http://www.misitio.com/carpeta-Wordpress

– `home_url()`: devuelve la dirección de la raíz del sitio de WordPress como variable.

  Ejemplo: http://www.misitio.com

– `admin_url()`: devuelve la dirección de la administración en forma de variable.

  Ejemplo: http://www.misitio.com/wp-admin

– `includes_url()`: devuelve la ruta del directorio wp-includes como una variable.

  Ejemplo: http://www.misitio.com/wp-includes

– `content_url()`: devuelve la ruta de la carpeta wp-content como una variable.

  Ejemplo: http://www.misitio.com/wp-content

– `plugins_url()`: devuelve la ruta de la carpeta de complementos como una variable.

  Ejemplo: http://www.misitio.com/wp-content/plugins

– `theme_url()`: devuelve la ruta de la carpeta de temas como una variable.

  Ejemplo: http://www.misitio.com/wp-content/themes

– `wp_upload_dir()`: devuelve la ruta de la carpeta de cargas como una variable.

  Ejemplo: http://www.misitio.com/wp-content/uploads

También encuentra las funciones:

- `get_template_directory_uri()`: en el caso de un tema hijo, devuelve la URL de la carpeta del tema padre; de lo contrario, devuelve la carpeta del tema activo.

  Ejemplo: si es un tema hijo:

  http://www.misitio.com/wp-content/themes/mi-tema

  de lo contrario: http://www.misitio.com/wp-content/themes/mi-tema
- `get_stylesheet_directory_uri()`: en el caso de un tema hijo, devuelve la URL de la carpeta del archivo style.css hijo; de lo contrario, devuelve la carpeta del archivo style.css del tema activo.

  Ejemplo: si es un tema hijo:

  http://www.misitio.com/wp-content/themes/mi-tema-hijo

  de lo contrario: http://www.misitio.com/wp-content/themes/mi-tema

  Consulte el capítulo Los temas hijo.

Las funciones `bloginfo($param)` y `get_blog info($param)` también pueden devolver una ruta URL. Consulte la siguiente sección para obtener detalles de estas funciones.

10. La función bloginfo()

La función `bloginfo()` permite recuperar diversa información sobre el blog. La función `get_bloginfo()` devuelve una variable, mientras que `bloginfo()` muestra el resultado.

La función solicita un argumento obligatorio: `$param`, para devolver un resultado:

```
<?php bloginfo($param); ?>
```

o:

```
<?php
$bloginfo=get_bloginfo($param);
echo $bloginfo
?>
```

Aquí está el detalle de los diferentes argumentos de la función:

- `bloginfo('name')` : le permite mostrar el título del sitio web. Ha completado el campo **Título del sitio** en **Ajustes** - **General** y puede cambiarlo en cualquier momento en la administración. Encontrará esta información en la tabla wp_options.
- `bloginfo('description')` : se utiliza para mostrar el eslogan del sitio web. Ha completado el campo **Descripción corta** en **Ajustes** - **General**, y puede cambiarlo en cualquier momento en la administración. Encontrará esta información en la tabla wp_options.
- `bloginfo('wpurl')`: muestra la URL del sitio web. Ha completado el campo **Dirección de WordPress (URL)** en **Ajustes** - **General**, y puede cambiarlo en cualquier momento en la administración. Encontrará esta información en la tabla wp_options. Esta función es equivalente a hacer un `echo` de la función `site_url()`.
- `bloginfo('url')`: se utiliza para mostrar la dirección de la página de inicio, a veces diferente de la URL del sitio web. Ha completado el campo **Dirección del sitio (URL)** en **Ajustes** - **General**, y puede cambiarlo en cualquier momento en la administración. Encontrará esta información en la tabla wp_options. Esta función es equivalente a hacer un `echo` de la función `home_url()`.
- `bloginfo('admin_email')`: le permite mostrar la dirección de correo electrónico del sitio web. Ha completado el campo **Dirección de correo electrónico de administración** en **Ajustes** - **General**, y puede cambiarlo en cualquier momento en la administración. Encontrará esta información en la tabla wp_options.
- `bloginfo('charset')` : se utiliza para mostrar el juego de caracteres que define la codificación de caracteres de la página, por defecto `utf-8`. En el archivo header.php, encontramos esta etiqueta HTML `meta charset`, por ejemplo: `<meta charset = "<?php bloginfo('charset');?>">`. Puede cambiar el juego de caracteres en el archivo wp_config.php.
- `bloginfo('version')`: le permite mostrar la versión de su sitio WordPress. También puede utilizar la variable `$wp_version`, como global. Encontrará esta información en la tabla wp_options.

```
<? php global $ wp_version; ?>
```

- `bloginfo('html_type')`: se usa para mostrar el tipo de página HTML, por defecto `text/html`. Encontrará esta información en la tabla wp_options.
- `bloginfo('text_direction')`: muestra la dirección del texto. Por defecto: `ltr`(de izquierda a derecha).
- `bloginfo('language')`: muestra el idioma del sitio. Puede modificarlo en el archivo wp-config.php.
- `bloginfo('stylesheet_url')`: se usa para mostrar la URL de la hoja de estilo style.css del tema activo. Lo mismo que hacer un `echo` de la función `get_stylesheet_uri()`.

  Ejemplo: http://www.misitio.com/wp-content/themes/mi-tema/style.css
- `bloginfo('stylesheet_directory')`: se utiliza para mostrar la URL de la carpeta de hojas de estilo style.css del tema activo. Lo mismo que hacer un `echo` de la función `get_stylesheet_directory_uri()`.

  Ejemplo: http://www.misitio.com/wp-content/themes/mi-tema
- `bloginfo('template_url')` o `bloginfo('template_directory')`: se utiliza para mostrar la URL del tema activo. En el caso de un tema hijo, `bloginfo('template_url')` devuelve la carpeta del tema padre. Lo mismo que hacer un `echo` de la función `get_template_directory_uri()`.

  Ejemplo: http://www.misitio.com/wp-content/themes/mi-tema
- `bloginfo('pingback_url')`: permite mostrar la URL del archivo XML-RPC Pingback. En el archivo header.php, encontramos esta línea de código: `<link rel="pingback" href="<?php bloginfo('pingback_url'); ?>" />`

  Ejemplo: http://www.misitio.com/xmlrpc.php
- `bloginfo('atom_url')`: le permite mostrar la URL del feed Atom.

  Ejemplo: http://www.misitio.com/feed/atom
- `bloginfo('rdf_url')`: muestra la URL del feed RDF / RSS 1.0.

  Ejemplo: http://www.misitio.com/feed/rfd
- `bloginfo('rss_url')`: muestra la URL del feed RSS 0.92.

  Ejemplo: http://www.misitio.com/feed/rss

- `bloginfo('rss_url2')`: muestra la URL del feed RSS 2.0.
  Ejemplo: http://www.misitio.com/feed
- `bloginfo('comments_atom_url')`: le permite mostrar los comentarios del feed Atom.
  Ejemplo: http://www.misitio.com/comments/atom
- `bloginfo('comments_rss2_url')`: le permite mostrar los comentarios del feed RSS 2.0.
  Ejemplo: http://www.misitio.com/comments/feed

Las funciones `bloginfo('siteurl')` y `bloginfo('home')` son funciones en desuso por WordPress desde la versión 2.2, use `bloginfo('url')` en su lugar.

11. La función wp_nav_menu()

WordPress gestiona los menús de forma muy sencilla y le permite crearlos a voluntad a través del panel de administración en **Apariencia** - **Menús**. Consulte el capítulo Introducción a WordPress, sección Apariencia.

La función `wp_nav_menu()` le permite mostrar cualquier menú creado en la administración **Apariencia** - **Menús**, en archivos de WordPress. Por tanto, el menú principal del blog utiliza esta función. Normalmente se encuentra en el archivo header.php, pero puede variar según el tema.

En la mayoría de los casos, si no se crea un menú personal como menú principal, WordPress muestra automáticamente las páginas en orden alfabético.

```
<?php wp_nav_menu($defaults);?>
```

La función puede recibir uno o más argumentos opcionales, clasificados dentro de una tabla.

Aquí está el detalle de la función predeterminada:

```
<?php

$defaults = array(
 'menu' => '',
 'menu_class' => 'menu',
 'menu_id' => '',
 'container' => 'div',
 'container_class' => '',
 'container_id' => '',
 'fallback_cb' => 'wp_page_menu',
 'before' => '',
 'after' => '',
 'link_before' => '',
 'link_after' => '',
 'echo' => true,
 'depth' => 0,
 'walker' => '',
 'theme_location' => ''
 'items_wrap' => '<ul id="%1$s" class="%2$s">%3$s</ul>',
 'item_spacing' =>'preserve',
);
wp_nav_menu( $defaults );

?>
```

Observe que un menú se compone de la estructura siguiente HTML:

```
<nav>

<ul>
   <li><a href='http://mienlace.com'>nombre de mi enlace</a></li>
   <li><a href='http://mienlace2.com'>nombre de mi enlace2</a></li>
</ul>

</nav>
```

Este es el detalle de los diferentes argumentos:

- menu: acepta el nombre o el id. de un menú previamente creado o existente en la administración, a través de **Apariencia** - **Menús**.

  Ejemplo: 'menu' => 'el-nombre-de-mi-menu'

- menu_class: acepta un nombre de clase para la etiqueta HTML <ul>, que incluye etiquetas HTML <li>.

  Ejemplo: 'menu_class' => 'clase-del-menu'

```
<ul class='clase-del-menu'>
   <li><a href='http://mienlace.com'>nombre de mi enlace</a></li>
   <li><a href='http://mienlace2.com'>nombre de mi enlace2</a></li>
</ul>
```

- menu_id: acepta un nombre de id. para la etiqueta HTML <ul> que engloba las etiquetas HTML <li>.

  Ejemplo: 'menu_id' => 'id-del-menu'

```
<ul id='id-del-menu'>
   <li><a href='http://mienlace.com'>nombre de mi enlace</a></li>
   <li><a href='http://mienlace2.com'>nombre de mi enlace2</a></li>
</ul>
```

- container: acepta el nombre de la etiqueta HTML que contiene el menú. Por defecto: <div>. Para no tener etiqueta, establezca el valor en false.

  Ejemplo: 'container' => 'span'

```
<span>
   <ul>
      <li><a href='http://mienlace.com'>nombre de mi enlace</a></li>
      <li><a href='http://mienlace2.com'>nombre de mi enlace2</a></li>
   </ul>
</span>
```

- container_class: acepta un nombre de clase para la etiqueta que contiene el menú.

  Ejemplo: 'container_class' => 'clase-del-contenedor'

```
<span class='class-del-contenedor'>
   <ul>
      <li><a href='http://mienlace.com'>nombre de mi enlace</a></li>
      <li><a href='http://mienlace2.com'>nombre de mi enlace2</a></li>
   </ul>
</span>
```

- `container_id`: acepta un nombre de id. para la etiqueta que contiene el menú.

  Ejemplo: 'container_id' => 'id-del-contenedor'

```
<span id='id-del-contenedor'>
   <ul>
       <li><a href='http://mienlace.com'>nombre de mi enlace</a></li>
       <li><a href='http://mienlace2.com'>nombre de mi enlace2</a></li>
   </ul>
</span>
```

- `fallback_cb`: acepta un nombre, devuelto si el menú no existe. Utilice `false` para desactivar este argumento, por defecto: wp_page_menu.

  Ejemplo: 'fallback_cb' => 'false'

- `before`: acepta un texto que se muestra antes de la etiqueta HTML `<a href>` (enlace de cada pestaña).

  Ejemplo: 'before' => '>'

```
<ul>
   <li>><a href='http://mienlace.com'>nombre de mi enlace</a></li>
   <li><a href='http://mienlace2.com'>nombre de mi enlace2</a></li>
</ul>
```

- `after`: acepta un texto que se muestra después de la etiqueta HTML `<a href>` (enlace de cada pestaña).

  Ejemplo: 'after' => '<'

```
<ul>
   <li><a href='http://mienlace.com'>nombre de mi enlace</a><</li>
   <li><a href='http://mienlace2.com'>nombre de mi enlace2</a></li>
</ul>
```

- `link_before`: acepta un texto que se muestra antes del texto del enlace en la etiqueta HTML `<a href>` (enlace de cada pestaña). Por lo tanto, se puede hacer clic en el texto.

  Ejemplo: 'link_before' => '>'

```
<ul>
   <li><a href='http://mienlace.com'>> nombre de mi enlace</a></li>
   <li><a href='http://mienlace2.com'>> nombre de mi enlace2</a></li>
</ul>
```

- `link_after`: acepta un texto que se muestra después del texto del enlace en la etiqueta HTML `<a href>` (enlace de cada pestaña). Por tanto, se puede hacer clic en el texto.

  Ejemplo: 'link_after' => '<'

```
<ul>
   <li><a href='http://mienlace.com'>nombre de mi enlace <</a></li>
   <li><a href='http://mienlace2.com'>nombre de mi enlace2 <</a></li>
</ul>
```

- `echo`: acepta `true` o `false`. Le permite mostrar o utilizar el menú como variable. Por defecto: `true`.

  Ejemplo: 'echo' => '0' o 'echo' => 'false'

- `depth`: acepta un número utilizado para administrar los niveles del menú.

  Por defecto: 0, que muestra el menú completo. 1 desactiva todos los submenús a partir del nivel 1.

  En el caso de los submenús, 2 desactiva todos los submenús a partir del nivel 2 y abandona los submenús del nivel 1.

  -1 muestra todas las pestañas al mismo nivel.

  Ejemplo: 'depth' => '1'

  Estructura de un menú en 1 nivel:

```
<ul>
   <li><a href='http://mienlace.com'>nombre de mi enlace</a></li>
     <ul>
       <li>
<a href='http://mienlace-nivel1.com'>nombre de mi enlace nivel1</a>
       </li>
     </ul>
   <li><a href='http://mienlace2.com'>nombre de mi enlace2</a></li>
</ul>
```

- `walker`: acepta un objeto, no una cadena de caracteres. Le permite personalizar completamente su menú. Por defecto: new Walker_Nav_Menu.

  Ejemplo: 'walker' => 'new mi-objeto'

- `theme_location`: acepta el nombre de la ubicación. Este campo le permite guardar un menú en una ubicación específica. En administración, la ubicación aparece en **Apariencia** - **Menús** - **Gestionar ubicaciones**. Primero se debe definir usando la función `register_nav_menus()` (que verá en detalle al crear menús personalizados en el capítulo Personalizar el sitio con el archivo functions.php - sección Crear ubicaciones para los menús).

Ejemplo: 'menú' => 'nombre-de-ubicación-de-mi-menú'

- `items_wrap`: acepta el mismo formato que la función PHP `sprintf()`. Este tipo de formato puede incluir variables: `%1$s` que se corresponde con el argumento `menu_id`, `%2$s` que se corresponde con el argumento `menu_class` y `%3$s` con el valor de la etiqueta HTML `<li>` que contiene el enlace de la pestaña. Por defecto: `<ul id="%1$s" class="%2$s">%3$s</ul>`

  Ejemplos:

  `'items_wrap' => '%3$s'`. En este caso, solo se muestra la lista con las etiquetas HTML `<li>`, sin las etiquetas HTML `<ul>` que la engloban. Por lo tanto, debe agregar las etiquetas HTML `<ul>` en el archivo que llama a la función.

```
<ul>
   <?php wp_nav_menu(array('items_wrap' => '%3$s')); ?>
</ul>
```

  `'items_wrap' => '<ul><li>Menu : </li>%3$s</ul>'`. En este caso, puede poner una palabra que se integre en la lista con etiquetas HTML `<li>`.

```
<ul>
   <?php
wp_nav_menu(
array('items_wrap' => '<ul><li>Menu : </li>%3$s</ul>')
);
   ?>
</ul>
```

  Este ejemplo da el siguiente código HTML:

```
<ul>
   <li>Menu :</li>
   <li><a href='http://mienlace.com'>nombre de mi enlace</a></li>
   <li><a href='http://mienlace2.com'>nombre de mi enlace2</a></li>
</ul>
```

- `items_spacing`: acepta 'preserve' o 'discard' y permite preservar o no los espacios dentro del menú.

Cree, por ejemplo, un menú en la administración, asígnele el nombre "mi_menu" y agréguele pestañas. Llame al menú en cualquier plantilla de página, haciendo:

```
<?php wp_nav_menu( array('menu' => 'mi_menu' )); ?>
```

Observación

Referencia al códex para más detalles de la función `wp_nav_menu()`: https://developer.wordpress.org/reference/functions/wp_nav_menu

La función `wp_nav_menu()` aplica automáticamente clases CSS predefinidas.

12. Hooks (filtros y acciones)

Los hooks le permiten personalizar su sitio de WordPress. Hay dos tipos de hooks en WordPress: acciones y filtros.

Los hooks son esenciales al crear funciones en un tema a través del archivo functions.php (a veces archivo de una carpeta adicional) o al crear extensiones.

Fueron creados para no modificar los archivos fuente o extensiones de WordPress, que serían sobrescritos durante una actualización. Los hooks enganchan funciones personalizadas al núcleo de WordPress.

Referencia al códex para obtener más información sobre los hooks:
https://developer.wordpress.org/reference/hooks/

12.1 Acciones

Los hooks de acciones le permiten cargar funciones WordPress o personalizadas, en un momento dado. Al cargar un sitio, las funciones se ejecutan en un orden específico, por lo que podemos elegir cuándo realizar nuestra acción.

Por ejemplo, para cargar archivos CSS, o para agregar una acción al hacer clic en un botón.

Para agregar una acción, use la función:

```
<?php add_action($hook, $function_name, $priority,
$accepted_args); ?>
```

- `$hook`: argumento obligatorio. Acepta un nombre de acción (aquí está la lista: https://codex.wordpress.org/Plugin_API/Action_Reference, https://adambrown.info/p/wp_hooks) o el nombre de una acción creada en una extensión o un tema, gracias a la función `do_action()`.

- `$function_name`: argumento obligatorio. Acepta el nombre de la función donde se desarrolla la acción.
- `$priority`: argumento opcional. Se utiliza para especificar el orden en el que se debe realizar la acción. Por defecto: 10. Cuanto menor sea el número, antes se llevará a cabo la acción. Las acciones con la misma prioridad se ejecutan en el orden en que aparecen.
- `$accepted_args`: argumento opcional. Se usa para especificar el número de argumentos que pasan en la función `$function_name`.

Ejemplo

```
<?php
   mi_funcion_change_hook(){
     // mi acción
   }
   add_action('hook_accion_existente','mi_funcion_change_hook');
?>
```

La función `do_action()` permite ejecutar una acción que usted ha creado.

```
<?php do_action( $hook, $arg ); ?>

<?php do_action( $hook, $arg1, $arg2, ... ); ?>
```

- `$hook`: argumento obligatorio. Acepta el nombre de la acción creada.
- `$arg`, `$arg1`, `$arg2`, ...: argumentos opcionales. Acepta varios argumentos para la función creada.

Ejemplo

Cree una función acción:

```
<?php
   mi_funcion_accion( $arg1,$arg2 ){
     // mi acción
   }
?>
```

Añada la función a las acciones a realizar:

```
<?php add_action('hook_accion_existente', 'mi_funcion_accion',
'10', '2' ); ?>
```

Utilice la acción:

```
<?php do_action('hook_accion_existente', $arg1, $arg2 ); ?>
```

La función `do_action_ref_array( $hook, $args )` se usa de la misma manera, excepto que `$args` acepta una matriz. Algunas acciones requieren el uso de esta función.

12.2 Filtros

Los hooks de filtro le permiten modificar las funciones existentes de WordPress, antes de que se muestren o al guardarlas en la base de datos. Por ejemplo, para modificar la función de WordPress `the_excerpt()`, que muestra el resumen de un artículo o reorganizar el código HTML de una función.

Los hooks de filtro devuelven un valor, a diferencia de las acciones.

Para agregar un filtro, use la función:

```
<?php add_filter($hook, $function_name, $priority,
$accepted_args);?>
```

- `$hook`: argumento obligatorio. Acepta un nombre de filtro (aquí está la lista: http://codex.wordpress.org/Plugin_API/Filter_Reference, http://adambrown.info/p/wp_hooks) o el nombre de una acción creada en una extensión o un tema, con la función `apply_filter()`.
- `$function_name`: argumento obligatorio. Acepta el nombre de la función donde se realiza el filtrado.
- `$priority`: argumento opcional. Se utiliza para especificar el orden en el que se debe ejecutar el filtro. Por defecto: 10. Cuanto menor sea el número, antes se ejecutará el filtro. Los filtros con la misma prioridad se ejecutan en el orden en que aparecen.
- `$accepted_args`: argumento opcional. Se usa para especificar el número de argumentos que pasan en la función `$function_name`.

Ejemplo

```
<?php
   mi_funcion_change_hook(){
     // mi filtro
   }
```

```
	add_filter('hook_filtro_existente','mi_funcion_change_hook');
?>
```

La función `apply_filters()` permite ejecutar un filtro que ha creado.

```
<?php apply_filters( $hook, $arg ); ?>

<?php apply_filters( $hook, $arg1, $arg2, ... ); ?>
```

- `$hook`: argumento obligatorio. Acepta el nombre del filtro creado.
- `$arg`, `$arg1`, `$arg2`, ...: argumento opcional. Acepta varios argumentos para la función creada.

Ejemplo

Cree una función filtro:

```
<?php
   mi_funcion_filtro( $arg1,$arg2 ){
     // mi filtro

   return $filtro;
   }
?>
```

Añada la función a los filtros a ejecutar:

```
<?php add_filter( 'hook_filtro_existente', 'mi_funcion_filtro',
'10', '2' ); ?>
```

Utilice el filtro:

```
<?php apply_filters( 'hook_filtro_existente', $arg1, $arg2 ); ?>
```

12.3 Añadir filtros y acciones en una clase

Aquí está la estructura para agregar hooks en sus temas y extensiones en la programación orientada a objetos. Mantenga la misma estructura para las funciones de eliminación.

```
mi_funcion( 'nombre_hook', array( $this, 'mi_hook'));
```

Ejemplo

```
class MiClase {

  function __construct() {
//constructor
add_action( 'nombre_hook', array( $this, 'mi_accion' ) );
  }

  function mi_accion(){
//mi acción
  }

}
```

```
class MiClase {

  function __construct(){
//constructor
apply_filter( 'nombre_hook', array( $this, 'mi_filtro'));
  }

  function mi_filtro(){
//mi filtro
  }

}
```

12.4 Eliminar los filtros y las acciones

Para eliminar una acción o un filtro, utilice estas funciones, según los casos:

```
<?php remove_action( $hook, $function_name, $priority ); ?>

<?php remove_all_actions( $hook, $priority ) ?>
```

```
<?php remove_filter( $hook, $function_name, $priority ); ?>

<?php remove_all_filters( $hook, $priority ); ?>
```

Si un hook se activa con una prioridad diferente de la especificada por defecto, hay que especificarla durante la eliminación.

12.5 Probar los filtros y las acciones

Para probar una acción o un filtro, use estas funciones condicionales según los casos:

```
<?php has_action( $hook, $function_name ); ?>

<?php has_filter( $hook, $function_name ); ?>
```

Observe que para estas funciones, `$hook` es un argumento obligatorio, mientras que `$function_name` es opcional.

Ejemplo

```
<?php
   if(has_filter( 'mi_hook', 'mi_filtro')){
//código a ejecutar
   }
?>
```

Si tenemos el filtro `mi_filtro` en `mi_hook`, entonces se ejecuta el código.

```
<?php if(has_action( 'mi_hook')){//código a ejecutar } ?>
```

Si `mi_hook` tiene acciones complementarias, entonces el código se ejecuta.

También es posible saber en qué hook está. Esto es válido tanto para acciones como para filtros:

```
<?php if(current_filter()='mi_hook'){//código a ejecutar } ?>
```

Si la acción actual es `mi_hook`, entonces se ejecuta el código.

También puede probar el número de veces que se ha realizado una acción. La función `did_action()` puede devolver un número.

```
<?php if( did_action( 'mi_hook' )==1 ) {//código a ejecutar } ?>
```

Si la acción `mi_hook` se ha ejecutado una vez, entonces se ejecuta el código.

12.6 El orden de ejecución de las acciones

Cuando se carga WordPress, los hooks se ejecutan en un orden específico. Necesitará conocer este orden para ejecutar sus acciones en el momento adecuado.

Observación

Para esto, es necesario que se ayude del códex:
https://codex.wordpress.org/Plugin_API/Action_Reference

Aquí está el orden de ejecución de las principales acciones:

Lado del internauta
index.php
wp-blog-header.php

Lado de la administración
/wp-admin
admin.php

Lado Ajax
/wp-admin/admin-Ajax.php
admin.php

wp-load.php
wp-config.php
wp-settings.php

Carga de las extensiones
acción: muplugins_loaded
acción: plugins_loaded

Carga del tema
acción: setup_theme
carga del archivo function.php
acción: after_setup_theme

Comprobación de los roles
acción: set_current_user

Inicialización de las extensiones, widgets, sidebars, scripts por defecto y estilos por defecto.
acción: init
acción: widgets_init
acción: register_sidebar
acción: wp_register_sidebar_widget
acción: wp_default_scripts
acción: wp_default_styles

Cargado el núcleo de WordPress
acción: wp_loaded

Carga del objeto WP_Query
acción: parse_query

Carga del objeto WP
acción: wp

Inicialización de los archivos del tema
template_loader.php

acción: after_switch_theme
acción: template_redirect
acción: get_header
acción: wp_enqueue_scripts
acción: wp-head
acción: loop_start
acción: the_post
acción: get_template_part_content
acción: loop_end
acción: get_sidebar
acción: get_footer
acción: get_sidebar
acción: wp_footer
acción: shutdown

Acceso a la administración
acción: admin_init

Carga de las páginas
acción: admin_menu
acción: load-(page)
acción: admin-head-(plugin-page)

Carga del objeto WP_Query
acción: parse_query

Carga del objeto WP
acción: wp

Inicialización de la administración
login_enqueue_scripts
admin_enqueue_scripts
admin_head
admin-head-(plugin_page)
the_post
admin_footer
shutdown
wp-dasboard_setup

Acceso a la administración
acción: admin:init

Inicialización de sus acciones Ajax
acción: wp_Ajax_(action)
acción: wp_Ajax_nopriv(action)

Procedimiento para los hooks de acción al cargar WordPress

Recuerde: algunas acciones necesitan el uso de la función `do_action_ref_array( $hook, $args );`.

Para conocer la lista de acciones y filtros que carga su sitio, y saber cuántas veces se realiza cada acción, consulte la siguiente sección: Globales.

Detallemos algunas acciones, algunas de las cuales se utilizarán en los siguientes capítulos:

- **after_setup_theme**: se realiza directamente después de cargar el archivo functions.php. Esta acción se utiliza para los argumentos y opciones del tema. Este es el primer hook sobre los temas. En este punto, el rol del usuario no está identificado.
- **init**: tiene lugar después de que WordPress se haya terminado de cargar, pero antes de que se envíen los headers. Se han identificado los roles. Esta acción se usa normalmente para inicializar extensiones o capturar las variables `$_GET` y `$_POST`.
- **widgets_init**: se realiza después de cargar WordPress, justo después de la acción init. Esta acción se utiliza para inicializar widgets.
- **wp_loaded**: se realiza después de que WordPress haya terminado de cargar todas las extensiones y el tema.
- **wp**: se realiza después de que se carga el objeto `$wp`. Esta acción es ideal para filtrar o validar determinadas solicitudes.
- **after_switch_theme**: se lleva a cabo cada vez que se activa un tema.
- **template_redirect**: se realiza justo antes de que WordPress determine la página a cargar. Esta acción se utiliza para realizar una redirección.
- **wp_enqueue_scripts**: se utiliza para agregar scripts JavaScript y estilos CSS a WordPress en la sección de usuario web.
- **wp_head**: se usa para agregar elementos entre las etiquetas HTML `<head></head>`. Esta acción permite agregar elementos a la función `wp_header()`.
- **wp-footer**: se usa justo antes de la etiqueta HTML `</body>`. Esta acción permite agregar elementos a la función `wp_footer()`.
- **admin_init**: se usa antes de cualquier hook cuando accede a la administración.

- **admin_menu**: se utiliza al cargar el menú de administración. Esta acción se utiliza al agregar una pestaña, por ejemplo al menú de administración.
- **load-(page)**: se utiliza para ejecutar una acción solo si se carga la página de una extensión específica, (page) es una variable.
- **admin-head-(plugin_page)**: se utiliza para agregar una acción entre las etiquetas HTML `<head></head>` solo si se carga la página de una extensión específica, (plugin_page) es una variable.
- **admin_enqueue_scripts**: se utiliza para agregar en la administración de WordPress, scripts JavaScript y estilos CSS.
- **login_enqueue_scripts**: se utiliza para agregar en la página de inicio de sesión de WordPress, scripts JavaScript y estilos CSS.
- **wp_ajax_(action)**: se utiliza para crear funciones Ajax para usuarios conectados, (action) es una variable.
- **wp_ajax_nopriv_(action)**: se utiliza para crear funciones Ajax para usuarios no conectados, (action) es una variable.

13. Globales

Las globales se usan en todas partes en WordPress, es como en PHP. Casi todos los datos en WordPress pueden ser recuperados por globales. Es mejor no modificar las globales directamente, sino utilizar funciones específicas de WordPress.

Para recuperar las globales, declárelas, como en PHP, de la siguiente manera:

```
<?php global $mi_variable; ?>
```

Observación

Consulte la lista completa aquí:
https://codex.wordpress.org/Global_Variables

13.1 Globales en los bucles

La global `$post` se utiliza dentro de un bucle y devuelve toda la información sobre el artículo o la página. `$post` usa el objeto `WP_Query` que verá en la sección Clase WP_Query y consultas del contenido.

```
<?php global $ post; ?>
```

Las funciones dentro de los bucles de WordPress también usan `$post` para recuperar información. Esta global generalmente la cargan directamente las plantillas de página, por lo que no es necesario declararla por segunda vez.

`$post` permite recuperar la información en forma de variables. La función `get_the_id()` equivale a hacer `$post->id`, por ejemplo.

- `$post->ID`: devuelve el id de la página o del artículo.
- `$post->post_author`: devuelve el id del autor.
- `$post->post_date`: devuelve la fecha utilizada por el servidor en formato: yyyy-mm-dd hh:mm:ss. Ejemplo: 2011-05-19 13:51:21.
- `$post->post_date_gmt`: devuelve la fecha GMT (*Greenwich Mean Time*) utilizada por el servidor.
- `$post->post_content`: devuelve el contenido del artículo o de la página.
- `$post->post_title`: devuelve el título del artículo o de la página.
- `$post->post_excerpt`: devuelve el resumen de un artículo o de una página.
- `$post->post_modified`: devuelve la fecha de la última modificación del artículo o de la página, utiliza la fecha del servidor.
- `$post->post_modified_gmt`: devuelve la fecha GMT de la última modificación del artículo o de la página, utiliza la fecha del servidor.
- `$post->post_parent`: devuelve el id. del padre si lo hay.
- `$post->guid`: devuelve el enlace del artículo o de la página. No devuelve el enlace permanente.
- `$post->post_type`: devuelve el tipo.
- `$post->ancestors`: devuelve la jerarquía padre/hijo(s) en forma de tabla.

Observación

Ver la lista completa: https://developer.wordpress.org/cli/commands/post/list/

También puede mostrar la tabla devuelta por la global, con la función PHP `print_r()`:

```
<?php

global $post;
print_r($post);

?>
```

13.2 Globales para detectar el navegador

Estas globales se usan para detectar el navegador utilizado por el usuario de Internet. Devuelven un valor booleano `true` o `false`.

- `$is_iphone`: iPhone Safari.
- `$is_chrome`: Google Chrome.
- `$is_safari`: Safari.
- `$is_opera`: Opera.
- `$is_macIE`: Mac Internet Explorer.
- `$is_winIE`: Windows Internet Explorer.
- `$is_gecko`: FireFox.
- `$is_IE`: Internet Explorer.

13.3 Globales para los servidores

Estas globales se utilizan para averiguar el servidor utilizado por WordPress. Devuelven un valor booleano `true` o `false`.

- `$is_apache`: servidor Apache.
- `$is_IIS`: Microsoft Internet Information Services(IIS).
- `$is_iis7`: Microsoft Internet Information Services(IIS) v7.x.

– `$is_nginx`: servidor Nginx.

13.4 Globales para las versiones de WordPress

Estas globales sirven para conocer diferente información sobre las versiones utilizadas.

- `$wp_version`: la versión de WordPress instalada.
- `$wp_db_version`: el número de versión de la base de datos.
- `$tinymce_version`: la versión instalada de TinyMCE.
- `$required_php_version`: la versión necesaria para PHP.
- `$required_mySQL_version`: la versión necesaria para MySQL.

13.5 Globales varias

Estas globales devuelven tablas que contienen información importante, que permite recuperar prácticamente toda la información de la base de datos. Pero también sirven para realizar consultas a las bases de datos. Es una verdadera biblioteca de información.

- `$super_admins`: devuelve una tabla con el id. de los administradores que tienen el estatus de Super-Admin. Solo se usa para multisite.
- `$wp_query`: es la instancia global de la clase `wp_query`, que devuelve toda la información de un artículo o una página.
- `$wp_rewrite`: es la instancia global de la clase `wp_rewrite`, usada para administrar las reglas de reescritura, permitiendo el uso de enlaces permanentes.
- `$wpdb`: es la instancia global de la clase `wpdb`, que se utiliza para realizar solicitudes a la base de datos.
- `$wp_roles`: es la instancia global de la clase `wp_roles`, que devuelve información sobre los roles.
- `$wp_filter`: devuelve una tabla que enumera todos los filtros y acciones utilizados.

– `$wp_actions`: devuelve una tabla con todas las acciones utilizadas y el número de veces que se han disparado.

14. Las clases de WordPress

WordPress está integrado en la programación orientada a objetos (POO), por lo que utiliza muchas clases.

Estas clases generalmente pertenecen a las API de WordPress. Las API son un conjunto de clases, métodos y funciones que facilitan la codificación.

Ejemplo: API de widgets, API de shortcodes, API en la base de datos, etc.

Las clases le permiten estructurar WordPress. Muchas funciones instancian directamente una clase, y permiten que ciertos métodos se utilicen a través de otras funciones. Además, algunas globales le permiten instanciar directamente una clase.

Por lo tanto, es normal recuperar información de varias formas, ya sea mediante funciones de WordPress, globales o usando objetos directamente.

Los objetos se utilizan como en PHP, por instancia de clase:

```
<?php $Nombre_del_objeto = new Nombre_de_la_clase; ?>
```

Observación

Esto es una lista de las clases que utiliza WordPress:
https://developer.wordpress.org/reference/classes/

Detallemos algunas:

– `WP_Roles` es la clase utilizada para administrar roles.

– `WP_User` es la clase utilizada para administrar los roles asignados a los usuarios.

– `WP_Post` es la clase que se utiliza para recuperar la información de un artículo o una página.

– `WP_Query` es la clase que permite realizar consultas sobre cualquier información relacionada con los artículos o las páginas.

- wpdb es la clase utilizada para interactuar con la base de datos a través de consultas SQL.
- WP_Widget es la clase que se usa para administrar y crear widgets.
- WP_Rewrite es la clase utilizada para administrar las reglas de escritura relativas a los enlaces permanentes.
- WP_Object_Cache es la clase utilizada para almacenar en caché el resultado de las solicitudes a la base de datos, para no saturarla.

15. Clase WP_Query y consultas del contenido

La clase WP_Query permite realizar consultas a la base de datos en la tabla wp_posts, y recuperar cualquier contenido relacionado con los artículos y páginas creados en la administración, pestañas **Páginas** y **Entradas**, gracias al método the_post().

```
<?php $ the_query = new WP_Query($ args); ?>
```

WP_Query con el método the_post(), devuelve una tabla con el contenido de los artículos y páginas, lo que permite hacer un bucle y recuperar este contenido usando funciones de visualización(ej.: the_title() para el título).

```
<?php
$the_query = new WP_Query($args);

if($the_query->have_posts()){
   while($the_query->have_posts()){
     $the_query->the_post();
       //funciones ej.: the_title();
   }
}
?>
```

Muchas de las funciones vistas anteriormente usan la clase WP_Query. El bucle principal de WordPress utiliza el método the_post(), así como funciones que solicitan información sobre el contenido de un artículo o página, pero también marcadores condicionales. El conjunto representa una parte de la API WP_Query.

El bucle con la clase `WP_Query` y el método `the_post()`, funciona exactamente como el bucle de WordPress; por tanto, el bucle acepta las mismas funciones de visualización. Este bucle se puede utilizar como bucle secundario del bucle principal.

Es importante tener en cuenta que demasiadas consultas a la base de datos pueden ralentizar el sitio web, según la complejidad de las consultas y la cantidad de artículos o páginas del sitio web.

Observación

Este es el enlace del códex sobre los shortcodes:
https://developer.wordpress.org/reference/classes/wp_query

15.1 Los métodos

Estos son los métodos más utilizados para probar o recuperar la global `$post`, pero hay muchos más que se pueden consultar en el códex de WordPress.

- `have_posts()`: permite probar antes o en el bucle, si la tabla devuelta contiene artículos. También está presente antes del bucle de WordPress y se puede considerar como un marcador condicional.
- `the_post()`: permite inicializar la global `$post` y recuperar todos los elementos de artículos o páginas gracias a funciones.

15.2 Los argumentos

La clase `WP_Query` necesita al menos un argumento para devolver la tabla de la consulta. Hay muchos de ellos, aquí hay algunos.

15.2.1 Ordenar por categorías

- `cat`: acepta uno o más id. de categoría. Le permite recuperar todos los artículos pertenecientes a la categoría correspondiente.

```
$query = new WP_Query( 'cat=4' );
$query = new WP_Query( 'cat=2,6,17,38' );
```

Para excluir categorías, coloque un signo menos "-" delante del id:

```
$query = new WP_Query( 'cat=-12,-34,-56' );
```

- `category_name`: acepta el nombre clave de una o más categorías. Le permite recuperar todos los artículos que pertenecen a la categoría o categorías correspondientes.

```
$query = new WP_Query( 'category_name=mi-cat' );
$query = new WP_Query( 'category_name=mi-cat,noticias' );
```

- `category__and`: acepta una tabla que contiene los identificadores de las categorías. Le permite recuperar los artículos pertenecientes a todas las categorías, cuyos identificadores están presentes en la tabla.

  En el ejemplo, los artículos pertenecen a las categorías 2 y 6.

```
$query = new WP_Query(array('category__and' => array(2,6)));
```

- `category__in`: acepta una tabla que contiene los identificadores de las categorías. Le permite recuperar todos los artículos pertenecientes a una u otra categoría.

  En el ejemplo, los artículos pertenecen a las categorías 2 o 6.

```
$query = new WP_Query(array('category_in' => array(2,6)));
```

- `category__not_in`: acepta una tabla que contiene los identificadores de las categorías para excluir. Le permite recuperar todos los artículos que no pertenecen a estas categorías.

  En el ejemplo, los artículos no pertenecen a las categorías 2 o 6.

```
$query = new WP_Query(array( 'category__not_in' => array( 2, 6)));
```

15.2.2 Ordenar por etiquetas

- `tag_id`: acepta uno o más identificadores de etiquetas. Le permite recuperar todos los artículos vinculados a las etiquetas correspondientes a estos identificadores.
- `tag`: acepta el nombre clave de la etiqueta.
- `tag__and`: acepta una tabla que contiene identificadores de etiquetas. Le permite recuperar todos los artículos que tienen por etiquetas, alguna de las etiquetas contenidas en la tabla.

- tag__in: acepta una tabla que contiene los identificadores de las etiquetas. Permite recuperar todos los artículos que tienen por etiquetas alguna de las etiquetas contenidas en la tabla.
- tag__not_in: acepta una tabla que contiene los identificadores de las etiquetas a excluir.

15.2.3 Ordenar por autores

- autor: acepta uno o más identificadores de autores. Le permite recuperar todos los artículos de los autores correspondientes.
- author_name: acepta el nombre clave del autor (si el nombre es un nombre compuesto, tiene guiones).

  Ejemplo: http://www.misitio.com/author/**juan-antonio**/
- author__in: acepta una tabla que contiene los identificadores de los autores.
- author__not_in: acepta una tabla que contiene los identificadores de los autores a excluir.

15.2.4 Ordenar por páginas y por artículos

De forma predeterminada, post_type es igual a post. Para usar estos argumentos para las páginas, debe establecer post_type con el valor page.

- p o page_id: acepta uno o más identificadores de páginas o artículos.
- name: acepta el nombre clave(identificador) de la página o artículo.

  Ejemplo: http://www.misitio.com/**título-de-mi-pagina**
- post_parent: acepta el id de la página principal o artículo y devuelve todos los hijos.
- post_parent__in: acepta una tabla que contiene los identificadores de los padres y devuelve todos los hijos.
- post_parent__not_in: acepta una tabla que contiene los identificadores de los padres a excluir.

15.2.5 Elegir el orden de visualización

Como en una consulta SQL clásica, se define un orden de visualización (order by).

- `order`: acepta los valores ASC y DESC. Le permite recuperar una tabla en orden ascendente o descendente según el campo deseado.
- `orderby`: acepta como argumentos `id`, `author`, `title`, `name`, `date`, `modified`, `parent`, `rand`, `comment_count`, `menu_order`, `meta_value`, `meta_value_num` o `post_in`.

Permite elegir el o los campos que desea ordenar.

```
<?php
$query = new WP_Query(
        array('orderby' => 'title', 'order' => 'DESC' )
    );
?>
```

15.2.6 Más sobre filtros

Los argumentos para la clase `WP_Query` son numerosos. También existen filtros para taxonomías, metadatos (campos personalizados), fechas, paginación, caché, estado de artículo, etc. Así como para artículos (`post_type`) personalizados y para taxonomías personalizadas. Puede ejecutar consultas complejas, como en SQL.

Observación

Para obtener más información, consulte el códex:
https://developer.wordpress.org/reference/classes/wp_query/

15.2.7 La concatenación de argumentos

Es posible concatenar argumentos de consulta con algo distinto a una tabla: use el signo "&" entre los diferentes argumentos, de la misma manera que pasa variables en las URL.

Ejemplo

```
<?php
$query = new WP_Query('cat=1&orderby=name&order=ASC');
?>
```

Sin embargo, ordenar los argumentos en una tabla cuando hay muchos, es mucho más fácil de organizar y evita errores.

15.3 Varios bucles en la misma página

Para insertar múltiples bucles en la misma página, después de cada bucle reinicialice el objeto `WP_Query`, porque el bucle cambió la global `$post` de acuerdo con los criterios de consulta. Esto evita conflictos.

La función `wp_reset_postdata()` debe colocarse justo después de su bucle.

```
<?php wp_reset_postdata(); ?>
```

15.4 Otras funciones para hacer consultas

Las funciones `get_posts()` y `query_posts()` también le permiten realizar consultas sobre el contenido y, por lo tanto, utilizan la clase `WP_Query`. `$args` acepta argumentos de consulta similares.

Observación

Consulte las funciones en el códex:
https://developer.wordpress.org/reference/functions/get_posts/ y
https://codex.wordpress.org/Function_Reference/query_posts

- `get_posts()`: utilizado principalmente para consultas sencillas.

```
<?php
global $post;
$query = get_posts($args );

if($query){
    foreach($query as $post){
        setup_postdata($post);
        //funciones ejemplo: the_title();
    }
}
?>
```

La función `setup_postdata($object_array)` le permite utilizar correctamente las funciones de visualización de WordPress. Esto carga todos los datos del objeto. Primero debe declarar la global `$post`, porque la solicitud debe modificar la global `$post` y cargar los criterios de la solicitud.

- `query_posts()`: se utiliza para modificar la consulta principal de WordPress y reemplazarla. Esta función solo se puede utilizar como bucle principal.

```
<?php
query_posts($args);
if(have_posts() ):
   while(have_posts()): the_post();
       //funciones ejemplo: the_title();
   endwhile;
endif;
wp_reset_query();
?>
```

La función `wp_reset_query()` se usa para restaurar la solicitud original al igual que hace la función `wp_reset_postdata()` con la global `$post`.

Es importante no usar esta función para extensiones. Debe usarla con cuidado, en casos muy específicos.

15.5 WP_Query y las funciones

El objeto `WP_Query` es el objeto que devuelve toda la información de los artículos y páginas. Gracias a él, puede realizar consultas a la base de datos. Muchas funciones llaman a este objeto y lo utilizan de manera similar, para obtener los mismos resultados.

El siguiente diagrama le permite comprender mejor cómo funciona WordPress con este objeto:

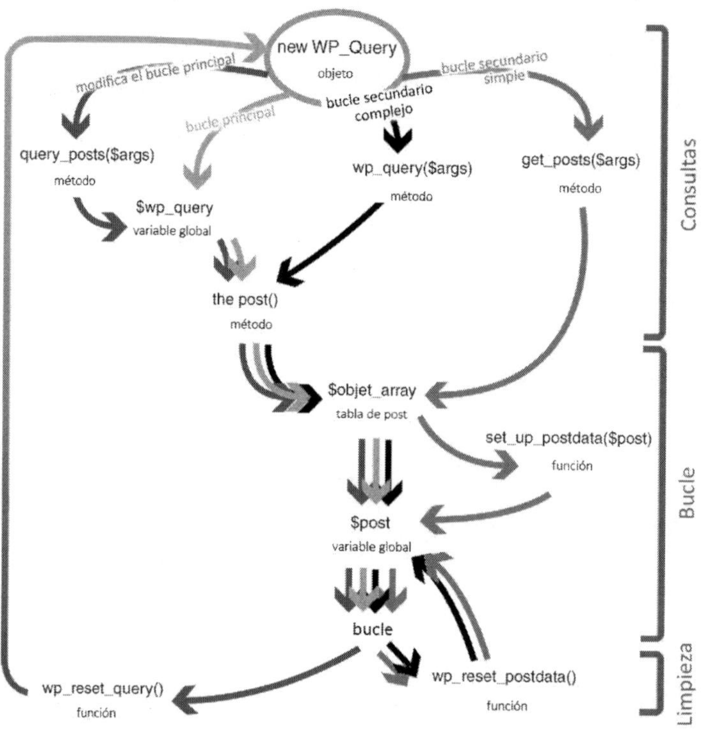

Ciclo de vida del objeto WP_Query durante las consultas a la base de datos

16. La clase wpdb y las consultas en formato SQL

Los métodos de la clase wpdb no se utilizan directamente, sino a través de la global $wpdb y permiten la comunicación con la base de datos, mediante consultas SQL.

```
<?php global $wpdb; ?>
```

`$wpdb` no se limita a las tablas predefinidas por WordPress, sino que se comunica con cualquier tabla en la base de datos. Esto es útil para crear sus propias tablas.

Observación

Este es el enlace del códex sobre el objeto `wpdb`*:*
https://developer.wordpress.org/reference/classes/wpdb

16.1 Los métodos útiles

- `$wpdb-> nombre_de_la_tabla` (con el nombre de la tabla sin prefijo): permite obtener el nombre de la tabla con el prefijo.

  Ejemplo: en el caso de un prefijo `wp_`, tiene como nombre para la tabla posts: `wp_posts`. Para obtener la variable en la forma: `wp_posts`, haga `$wpdb-> posts`.
- `$wpdb-> prefix`: permite obtener el prefijo de las tablas.

  Ejemplo: en el caso de un prefijo `wp_`, `$wpdb-> prefix` devuelve `wp_`.

```
<?php
$prefijo = $wpdb-> prefix;
// echo $prefijo devuelve el nombre de su prefijo
?>
```

- `$wpdb-> prepare($req, $value, ...)`: se usa para proteger contra inyecciones de SQL maliciosas. Se usa al insertar variables en la base de datos y es equivalente a usar la función PHP clásica `mySQL_real_escape_string()`.
  - `$req`: acepta una consulta SQL o un método de consulta.
  - `$value`: acepta tantos valores para proteger. Identifique los campos para insertar en la consulta `$req` y reemplácelos con `%s` para una variable de texto o un número decimal, `%d` para un número entero y `%f` para un número aproximado.
  - Luego agregue los valores correspondientes al resto de la consulta, en el orden de aparición.

Ejemplo

```
<?php
   $string= "Soy una variable de texto";

$wpdb->query($wpdb->prepare(
 "
 INSERT INTO $wpdb->mitabla
( id, content )
 VALUES(%d,%s )
 ",
 10,
 $string
   ));
?>
```

– `$wpdb->escape($var)`: equivalente a ejecutar la función PHP `addslashes()` antes de insertar la variable.

Ejemplo

```
<?php
$titulo=$wpdb->escape($titulo);
?>
```

– `$wpdb->show_errors()` y `$wpdb->hide_errors()`: permiten mostrar u ocultar los errores SQL.

16.2 Los principales métodos de consulta y sus argumentos

– `$wpdb->query($query)`: permite ejecutar cualquier consulta SQL.

`$query`: acepta cualquier consulta SQL.

Ejemplo

```
<?php
$wpdb->query(
 $wpdb->prepare(
 "
 DELETE FROM $wpdb->postmeta
 WHERE post_id =%d
 AND meta_key =%s
 ",
```

```
 13, 'actus'
 )
);
?>
```

- `$wpdb-> get_results()`: le permite ejecutar una consulta `SELECT` y recuperar datos en forma de tabla.

```
$wpdb->get_results($query_select, $type)
```

  - `$query_select`: acepta una consulta de tipo `SELECT`.
  - `$type`: acepta el tipo de tabla que devolverá la consulta. Por defecto `OBJECT`, correspondiente a una tabla de objetos. Las otras tablas posibles son `OBJECT_K`: una tabla asociativa de objetos con los nombres de las filas como claves, `ARRAY_A`: una tabla asociativa con los nombres de las columnas como claves y `ARRAY_N`: una tabla multidimensional con claves numéricas.

Ejemplo

```
<?php
$wpdb->get_results(
 "
 SELECT *
 FROM $wpdb->posts
 WHERE post_status = 'draft'
 AND post_author = 5
 "
 );
?>
```

- `$wpdb->insert()`: permite ejecutar una consulta INSERT e insertar datos.
- `$wpdb->replace()`: permite ejecutar una consulta REPLACE y actualizar los datos de una fila o insertar una nueva.

```
$wpdb->insert($table, $data, $format)
$wpdb->replace($table, $data, $format)
```

  - `$table`: acepta el nombre de la tabla.
  - `$data`: acepta una tabla cuya clave(s) es el o los nombre(s) de la columna(s) y cuyos valores son los datos a insertar.

– `$format` (opcional): acepta una tabla o variables correspondientes al campo `$data` (campo que se inyectará en la base de datos); por lo tanto, debe poner: `%s` para una variable de texto o un número decimal, `%d` para un número entero y `%f` para un número aproximado. Luego agregue los valores correspondientes al resto de la solicitud en el orden de aparición.

Ejemplos

```
<?php
$wpdb->insert(
 $wpdb->nombre_de_la_tabla,
 array(
 'columna1' => 'valor de texto',
 'columna2' => 123
 ),
 array(
 '%s',
 '%d'
 )
);
?>
```

```
<?php
$wpdb->replace(
 $wpdb->nombre_de_la_tabla,
 array(
 'id' => 1,
 'columna1' => 'valor de texto'
 ),
 array(
 '%d',
 '%s',
 )
)
?>
```

– `$wpdb->update()`: le permite ejecutar una consulta UPDATE y actualizar datos.

– `$wpdb->delete()`: le permite ejecutar una consulta DELETE y eliminar datos.

```
$wpdb->update($table, $data, $where, $format, $where_format)
$wpdb->delete($table, $where, $where_format)
```

- `$table`: acepta el nombre de la tabla.
- `$data`: acepta una tabla con los nombres de las columnas como claves y los nuevos datos para actualizar como valores.
- `$where`: acepta una tabla que tiene como clave(s) el(los) nombre(s) de la(s) columna(s) y como valores, la referencia al(los) valor(es) de las filas a modificar.
- `$format` (opcional): acepta una tabla o variables correspondientes al campo `$data` (campo que se inyectará en la base de datos); por tanto, es necesario poner: `%s` para una variable de texto o un número decimal, `%d` para un entero y `%f` para un número aproximado.
- `$where_format` (opcional): acepta una tabla o variables correspondientes al campo `$where` (campo que se inyectará en la base de datos); por lo tanto, debe poner: `%s` para una variable de texto o un número decimal, `%d` para un número entero y `%f` para un número aproximado.

Ejemplos

```
<?php
$wpdb->update(
 $wpdb->nombre_de_tabla,
 array(
 'columna1' => 'valor de texto',
 'columna2' => 'número entero'
 ),
 array( 'ID' => 1 ),
 array(
 '%s',
 '%d'
 ),
 array( '%d' )
);
?>
```

```
<?php
$wpdb->delete(
    $wpdb->nombre_de_la_tabla,
    array( 'ID' => 1 ),
    array( '%d' )
);
?>
```

16.3 Crear tablas para los plugins con la función dbdelta()

Al crear extensiones, puede crear sus propias tablas para almacenar información. La función `dbdelta($sql)` le permite crear y actualizar tablas muy fácilmente.

La función comprueba que la tabla respete la misma estructura de campo. Si varía, modifica o agrega los campos necesarios, pero no elimina ninguno.

La función `dbdelta($sql)` no es parte de la API de WordPress y requiere la adición del archivo wp-admin/includes/upgrade.php, mediante una función de inclusión.

`$sql` requiere una consulta SQL de tipo CREATE.

Ejemplo

```
mi_funcion(){
   global $wpdb;

   $sql = "CREATE TABLE $wpdb->prefix.'nombre_de_tabla'(
 id mediumint(9) NOT NULL AUTO_INCREMENT,
 time datetime DEFAULT '0000-00-00 00:00:00' NOT NULL,
 name tinytext NOT NULL,
 text text NOT NULL,
 url VARCHAR(55) DEFAULT '' NOT NULL,
 UNIQUE KEY id(id)
   );";

   require_once( ABSPATH . 'wp-admin/includes/upgrade.php' );
   dbDelta( $sql );
}
```

17. La clase WP_rewrite y la reescritura de la URL

Los métodos de la clase `WP_rewrite` no se utilizan directamente, sino a través de la global `$wp_rewrite`. Esto permite agregar reglas de escritura, gracias a métodos y funciones específicos.

```
<?php global $ wp_rewrite; ?>
```

Se verá obligado a utilizar este objeto si está utilizando enlaces permanentes (distintos de los predeterminados) para la reescritura de URL (*URL rewriting*), y desea pasar variables en sus URL, o si está utilizando una estructura de artículos o una taxonomía personalizada, o incluso un bucle personalizado que requiere paginación.

Si está acostumbrado a usar el archivo .htaccess para pasar sus reglas de reescritura de URL, aquí será mejor usar los diferentes métodos que ofrece el objeto `WP_rewrite`.

WordPress utiliza este sistema para evitar conflictos con diferentes complementos o temas, y la reescritura sistemática del archivo .htaccess. Para evitar conflictos, las reglas de escritura se guardan en la base de datos, en la tabla de opciones.

Localmente, recuerde activar el módulo `rewrite_module` de Apache.

Observación

Aquí tiene el enlace del códex sobre el objeto `WP_rewrite`:
https://developer.wordpress.org/reference/classes/wp_rewrite

17.1 Pasar una variable en una URL con la función add_rewrite_tag()

Para pasar una variable en una URL, debe usar dos funciones de WordPress inseparables: la función `add_rewrite_tag()`, que le permite crear la variable y la función `add_rewrite_rule()`, para reescribir la URL agregando una regla.

```
<?php add_rewrite_tag($tag, $regex); ?>
```

– `$tag`: acepta el nombre clave de la variable que está usando, rodeado por el carácter `%`. Esto es comparable al que se encuentra en los enlaces permanentes de `%postname%`.

Observación

Esta es la lista de los marcadores par defecto: https://wordpress.org/support/article/using-permalinks/

– `$regex`: acepta una expresión regular (regex), equivalente al valor de la variable `$tag`.

Esta función usa el método `$wp_rewrite->add_rewrite_tag()`. La función `add_rewrite_tag()` se debe usar dentro de una función o un método llamado por un hook de acción: `init`.

Para recuperar el valor de la variable `$tag`, debe utilizar el objeto `WP_Query`.

```
$wp_query->query_vars[$tag]
```

Tenga en cuenta que el uso de `$_GET` en una URL reescrita no funciona, incluso si las variables están presentes.

Ejemplos

Para pasar en una URL una variable con nombre clave `film_title`:

```
<?php
function custom_rewrite_tag() {
   add_rewrite_tag('%film_title%', '([^&]+)');
}
add_action('init', 'custom_rewrite_tag', 10, 0);
?>
```

Para recuperar la variable en los modelos de página:

```
<?php
global $wp_query;
$film_title=$wp_query->query_vars['film_title'];
?>
```

17.2 Reescribir la URL con la función add_rewrite_rule()

La función `add_rewrite_rule()` de WordPress le permite agregar una regla de escritura a las URL.

```
<?php add_rewrite_rule($regex, $redirect, $after); ?>
```

- `$regex`: acepta una expresión regular (regex) equivalente a la URL `$redirect`.
- `$redirect`: acepta la URL para reescribir. Puede usar la tabla `$matches[]` que contiene los datos recuperados por la expresión regular `$regex`.
- `$after`: acepta `'top'` o `'bottom'` para especificar si la regla debe estar antes de todas las demás reglas o si debe estar después. Se debe usar en casos excepcionales.

La función `add_rewrite_rule()` se debe usar dentro de una función o un método llamado por un hook de acción `init`.

Ejemplo

```
function my_rewrite_rules(){
    global $wp_rewrite;
    add_rewrite_rule('^film/([^/]*)/?',
        'index.php?page_id=12&film_title=$matches[1]','top');
}
add_action('init', 'my_rewrite_rules');
```

Esta regla reescribe la URL:
www.misitio.com/index.php?page_id=12&film_title=titulo-de-mi-pelicula
en: www.misitio.com/film/titulo-de-mi-pelicula

17.3 Regenerar las reglas de escritura

A veces, las reglas de escritura deben regenerarse, por lo que debe usar el método `flush_rules()`. Esto actualiza las reglas de escritura ubicadas en la base de datos.

```
$wp_rewrite->flush_rules();
```

De esta manera, la función del ejemplo anterior se convierte en:

```
function my_rewrite_rules(){
   global $wp_rewrite;
   add_rewrite_rule('^film/([^/]*)/?',
       'index.php?page_id=12&film_title=$matches[1]','top');
   $wp_rewrite->flush_rules();
}

add_action('init', 'my_rewrite_rules');
```

Para eliminar las reglas de escritura y regenerarlas por completo, debe usar la función de WordPress `flush_rewrite_rules()`. Esta función se utiliza, en general, con una estructura de artículos o una taxonomía personalizada.

18. Los shortcodes

El shortcode es un código simplificado entre corchetes, propio de WordPress, de la forma:

```
[mishortcode]
```

Permite mostrar el resultado de una función realizada en PHP. Se utiliza en páginas, artículos, etc.

A veces se inserta automáticamente en sus páginas o en sus artículos. Este es el caso cuando crea una galería, por ejemplo. El shortcode se inserta en su editor WYSIWYG y en la página ve su galería de fotos.

Ejemplo

```
[gallery]
```

El shortcode muestra la galería de fotos.

El shortcode también puede aceptar argumentos o recuperar contenido.

Ejemplo

```
[ gallery columns='2' size='large']
```

La galería está entonces en dos columnas de gran tamaño.

```
[tag] mi contenido [/tag]
```

Es posible recuperar el contenido entre dos shortcodes.

Algunas extensiones requieren el uso de estos argumentos para funcionar, esto generalmente se indica en la documentación de la extensión respectiva.

El shortcode es muy útil para aquellos que son nuevos en la programación. Proporcionar códigos cortos al crear extensiones, puede simplificar muchas tareas.

Aquí está la lista de códigos cortos predeterminados de WordPress:

- `[audio]`: le permite agregar música.
- `[caption]`: le permite agregar una descripción.
- `[embed]`: le permite integrar contenido que requiere la etiqueta HTML `embed`.
- `[gallery]`: le permite crear una galería de fotos.
- `[video]`: le permite agregar un vídeo.
- `[playlist]`: le permite agregar una lista de reproducción de vídeo o audio.

Observación

Estos son los enlaces del códex sobre los shortcodes: https://codex.wordpress.org/Shortcode_API y https://developer.wordpress.org/apis/shortcode

18.1 Crear shortcodes

Para crear shortcodes, utilice la función:

```
<?php add_shortcode('$nombre_del_shortcode','$nombre_de_mi_funcion' ); ?>
```

- `$nombre_del_shortcode`: acepta el nombre del shortcode.
- `$nombre_de_mi_funcion`: acepta el nombre de la función.

Ejemplo

Para crear un shortcode del tipo: [mishortcode] que devuelve la frase: «soy un shortcode», cree el siguiente código:

```
<?php
function ejemplo_shortcode(){
   return "soy un shortcode";
}
add_shortcode( 'mishortcode', 'ejemplo_shortcode' );
?>
```

Sitúe el shortcode [mishortcode] en sus páginas o artículos, para que la frase aparezca.

18.2 Añadir argumentos a los shortcodes

Para pasar argumentos, en forma de variables, y recuperarlos en su función, utilice la función:

```
<?php shortcode_atts($tab, $atts, $name_del_shortcode); ?>
```

- `$tab`: acepta una tabla cuyas claves son los nombres de los campos y como valores, los valores predeterminados.
- `$atts`: acepta el nombre de la variable pasado en la función.
- `$nombre_del_shortcode`: acepta el nombre del shortcode(opcional).

La función PHP `extract()` le permite devolver el nombre de los campos en forma de variables.

Ejemplo

Una función:

```
<?php
function ejemplo_shortcode($atts ) {
   extract(
 shortcode_atts( array(
 'valor1' => 'valor1_defaut',
 'valor2' => 'valor2_defaut'
 ),
 $atts,
```

```
 'mishortcode'
 )
   );

 return $value1.' '.$value2;
}
add_shortcode('mishortcode', 'ejemplo_shortcode' );
?>
```

El shortcode:

```
[ mishortcode valor1='aaa' valor2='bbb' ]
```

El resultado es: aaa bbb

18.3 Recuperar contenido

Para recuperar el contenido entre dos shortcodes, pase otra variable en su función.

Ejemplo

Una función:

```
function ejemplo_shortcode($atts, $content="" ) {
 return "content = $content";
}
add_shortcode('mishortcode', 'ejemplo_shortcode' );
```

El shortcode:

```
[mishortcode]mi contenido[/mishortcode]
```

El resultado es: mi contenido.

18.4 Utilizar los shortcodes en los archivos PHP

No debe usar un shortcode directamente en un archivo PHP, porque se reconoce como texto y muestra un error.

Para usar un shortcode en un archivo PHP, use la función `do_shortcode()`.

```
<?php
if( shortcode_exists(mishortcode)){
   echo do_shortcode('[mishortcode]');
}
?>
```

Observación

Este es el enlace del códex:
https://developer.wordpress.org/reference/functions/do_shortcode

Los shortcodes tampoco se pueden usar en widgets de texto, aunque este tipo de widget acepta código HTML. Tiene que usar una extensión de tipo widget que acepte shortcodes o una extensión de tipo widget que lea código PHP, en cuyo caso, debe usar la función `do_shortcode()`.

19. Conclusión

En este capítulo teórico, ha visto las funciones básicas de WordPress que le permiten progresar.

Existen muchas funciones específicas de WordPress y es difícil dominarlas desde el principio. Este capítulo pretende ser un referente en su aprendizaje. Descubrirá a lo largo del libro otras funciones que completarán esta información, con ejemplos concretos.

No dude en consultar el códex. En la Red, encontrará muchos ejemplos que se adaptan a necesidades específicas. El léxico específico de WordPress, que encontrará en todo el libro, contiene tantas palabras clave que le permiten realizar sus propias preguntas.

Capítulo 4
Los temas basados en bloques

1. Introducción

Como hemos visto en el capítulo Introducción a WordPress sección Apariencia - Temas, WordPress dispone de distintos temas. En este capítulo vamos a ver cómo funcionan los temas basados en bloques, llamados *block themes* en inglés.

Desde la integración de Gutenberg, WordPress pone a disposición nuevas herramientas y una forma de diseñar un sitio, integrando el Full Site Editing (edición completa del sitio) que permite, al igual que un constructor de páginas, diseñar un sitio gracias a un sistema de bloques para modificar y personalizar todas sus partes.

De esta manera, puede usar bloques en las plantillas proporcionadas por un tema o una extensión, por ejemplo, una página de archivo o una página 404. Por último, tiene la posibilidad de crear sus propias plantillas.

Es una manera novedosa de pensar que cambia por completo lo que se hacía hasta ahora en WordPress: tiene un archivo nuevo theme.json y una interacción distinta con los archivos.

Para saber cómo están estructurados los archivos dentro de los temas basados en bloques, vaya al capítulo WordPress y PHP – Los archivos y carpetas de los temas basados en bloques.

WordPress le permite elegir con los métodos antiguos de diseño de páginas web que todavía representan una buena parte del mercado. De hecho, todo este sistema sigue siendo nuevo y sus funciones se mejoran continuamente. De este modo, se crean nuevos temas y extensiones para este sistema de bloques.

WordPress quería ser modular y lo es cada vez más con esta nueva manera de crear una página web.

2. ¿Qué es un tema basado en bloques?

Un tema de WordPress basado en bloques funciona con plantillas que están completamente formadas por bloques con Gutenberg, de manera que el editor se puede usar para modificar tanto el contenido de las publicaciones (páginas, entradas, etc.) como todas las zonas del sitio: encabezado, pie de página, barras laterales, etc. Es lo que se conoce como Full Site Editing.

Como ha podido comprobar en el capítulo WordPress y PHP, en la sección Los archivos y carpetas de los temas basados en bloques, la estructura de los archivos es distinta. La diferencia principal con los temas clásicos reside en el hecho de que las plantillas y los elementos de las plantillas relacionados con la jerarquía clásica de WordPress están en formato HTML, en lugar de estar en formato PHP, y están completamente formados por bloques.

Otro aspecto que también habrá observado es que no se puede acceder a la herramienta de personalización con un tema basado en bloques, salvo que use un plugin o un tema que requiera el uso de dicha herramienta. De hecho, los bloques propuestos en el editor de plantillas o el editor de sitios permiten realizar las mismas modificaciones. Por ejemplo, en la actualidad existen los bloques **Título del sitio**, **Descripción corta del sitio** y **Logo del sitio**. También puede seleccionar los colores para su sitio en el panel de gestión de los estilos, al que se accede a través del menú **Apariencia - Editor**, haciendo clic en la zona central y volviendo a hacer clic en el botón **Estilos** que aparece en la esquina superior derecha.

En la actualidad, la opción que permite añadir un favicono no forma parte de las funciones disponibles, pero es muy posible que se incluya en una versión posterior. Por el momento, el favicono se define automáticamente como la imagen que usa en el bloque **Logotipo del sitio**.

3. ¿Qué es una plantilla de bloque?

Una plantilla de bloque está compuesta por una lista de bloques. Todos los bloques de WordPress se pueden usar en una plantilla. Las plantillas también pueden compartir partes de su contenido usando los «elementos de plantillas». Por ejemplo, todas las plantillas de bloques pueden usar el mismo encabezado incluyendo un elemento de plantilla distinto **header.html** o **footer.html**.

El siguiente comentario llama al archivo **header.html** contenido en la carpeta **Parts**:

```
<!-- wp:template-part {"slug":"header","tagName":"header"} /-->
```

Estos comentarios diferentes se parecen a comentarios HTML y tienen una función específica: delimitar bloques. Los **delimitadores de bloques** le indican a WordPress qué bloque debe mostrar en pantalla. También proporcionan valores para las propiedades del bloque dentro de un objeto JSON. Estas propiedades determinan la manera en la que se debe mostrar el bloque en la pantalla.

He aquí algunos ejemplos para comprender el código del ejemplo siguiente:

<!-- wp:group --> corresponde a un bloque grupo.

<!-- wp:query --> corresponde a un bloque bucle de consulta.

<!-- wp:post-title /--> corresponde a un bloque encabezado.

<!-- wp:post-excerpt /--> corresponde a un bloque resumen.

<!-- wp:post-date /--> corresponde a un bloque fecha.

<!-- wp:spacer --> corresponde a un bloque salto de línea.

<!-- wp:query-pagination --> corresponde a un bloque paginación.

Habrá observado que algunas etiquetas necesitan una etiqueta de cierre, mientras que otras son inline, como en HTML.

A continuación, se muestra un ejemplo de plantilla de bloque con el archivo **index.html** dentro de la carpeta **Templates** del tema Twenty Twenty-Three:

```
<!-- wp:template-part {"slug":"header","tagName":"header"} /-->

<!-- wp:group {"tagName":"main","layout":{"type":"constrained"}} -->
<main class="wp-block-group">
      <!-- wp:query {"query":{"perPage":10,"pages":0,
"offset":0,"postType":"post","order":"desc","orderBy":"date","author":
"","search":"","exclude":[],"sticky":"","inherit":true,"taxQuery":
null,"parents":[]},"displayLayout":{"type":"flex","columns":3},
"align":"wide","layout":{"type":"default"}} -->
      <div class="wp-block-query alignwide">
            <!-- wp:post-template {"align":"wide"} -->
                  <!-- wp:post-featured-image
{"isLink":true,"width":"100%","height":
"max(15vw, 30vh)","align":"wide"} /-->
                   <!-- wp:post-title {"isLink":true,"align":"wide"} /-->
                  <!-- wp:post-excerpt /-->
                  <!-- wp:post-date {"isLink":true} /-->

                  <!-- wp:spacer {"height":"var(--wp--preset--spacing
--70)"} -->
                  <div style="height:var(--wp--preset--spacing--70)"
aria-hidden="true" class="wp-block-spacer"></div>
                  <!-- /wp:spacer -->
            <!-- /wp:post-template -->

            <!-- wp:query-pagination {"paginationArrow":
"arrow","align":"wide","layout":{"type":"flex","justifyContent":
"space-between"}} -->
                  <!-- wp:query-pagination-previous /-->
                  <!-- wp:query-pagination-next /-->
            <!-- /wp:query-pagination -->
      </div>
      <!-- /wp:query -->
</main>
<!-- /wp:group -->

<!-- wp:template-part {"slug":"footer","tagName":"footer"} /-->
```

4. Escribir y modificar plantillas

Para escribir, modificar o exportar plantillas, hay que hacerlo mediante la administración del sitio. Para ello, es necesario acceder a la modificación de las plantillas a través del menú **Apariencia - Editor**. Puede añadir los bloques que desee y crear la página que necesite. Para obtener información detallada sobre todos los bloques, consulte el capítulo Introducción a WordPress, sección La administración y los menús, subsección Entradas, y dentro de esta, vaya al apartado Gutenberg y el sistema de bloques.

Tiene la posibilidad de pasar al modo editor de código para recuperar el código HTML del módulo. También puede hacer clic en la herramienta **Exportar**, a la que se accede mediante el botón **Opciones** (tres puntos verticales), situado a la derecha de la barra superior del editor del tema.

De esta maner,a podrá descargar un archivo ZIP que contiene todas las plantillas y elementos de plantillas que ha creado con el editor y que podrá colocar en la carpeta de su tema.

También podrá crear temas con plantillas personalizadas y sus propias plantillas para las carpetas **Templates** y **Parts**, si su tema dispone de estas carpetas.

Observe que cuando se realiza esta exportación, el etiquetado del bloque **Elemento de plantilla** incluye un identificador de publicación (`postID`) que se puede eliminar con seguridad si redistribuye su tema.

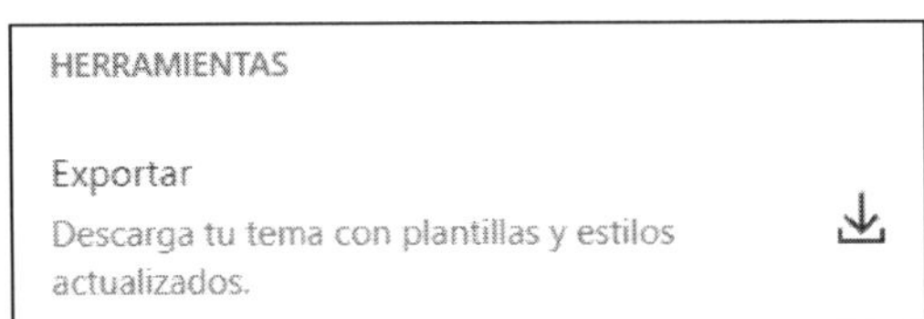

*Menú **Opciones**, sección **Herramientas** y pestaña **Exportar***

Al guardar las plantillas desde el menú **Editor - Plantillas** haciendo clic en el logotipo de WordPress y luego volviendo a hacer clic en el botón **+** situado en la parte superior derecha de la barra de menú lateral izquierda, **Añadir una nueva plantilla - Plantilla personalizada**, podrá crear una plantilla y darle prioridad respecto a las otras presentes en la carpeta de su tema.

Por ejemplo, al usar la palabra «single» como título de su plantilla y guardarla esta plantilla tendrá prioridad sobre el archivo **single.html** presente en la carpeta de su tema.

No obstante, tenga en cuenta que no sobrecargará ninguna de las plantillas con mayores particularidades dentro de la jerarquía de las plantillas. La resolución va de más a menos específica, buscando en primer lugar una plantilla de publicación personalizada y luego una plantilla de tema. Esto se repite para cada nivel.

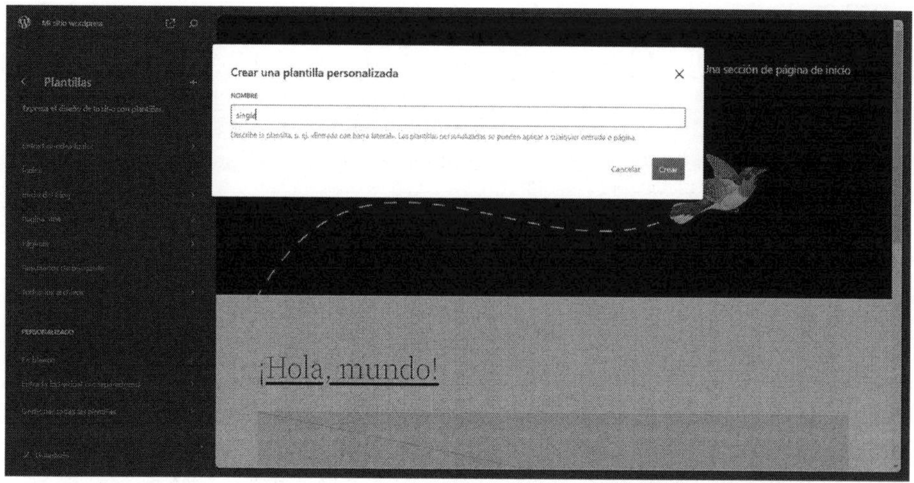

Ventana emergente que permite añadir una plantilla personalizada

Aquí vemos un sitio que le permite tener todas las referencias de los bloques: https://fullsiteediting.com/block-reference

5. El archivo theme.json

Desde WordPress 5.8 y los temas nuevos basados en bloques, ha aparecido un archivo nuevo: theme.json. Este archivo permite administrar los estilos predefinidos y configurar el sitio. Desde la versión 5.9, ha aparecido una v2.

Gracias a theme.json, principalmente podrá administrar los colores predeterminados, el tamaño de la fuente, definir la estructura de página por defecto del editor así como las anchuras, las alineaciones, preajustar los bloques para bloques específicos, activar o eliminar funciones y definir las plantillas de páginas a las que puede llamar el tema.

Puede consultar la documentación completa sobre el editor de bloques aquí: https://developer.wordpress.org/block-editor

La documentación sobre el archivo **theme.json** está disponible aquí: https://developer.wordpress.org/block-editor/how-to-guides/themes/theme-json

6. Estructura principal

El archivo theme.json tiene una estructura principal:

```
{
    "version": 2,
    "settings": {},
    "styles": {},
    "customTemplates": {},
    "templateParts": {}
}
```

`version` permite especificar la versión de la estructura del archivo. La versión actual es la 2, que se introdujo con la versión 5.9 de WordPress. Esta versión permite especificar el formato de la estructura del archivo **theme.json**. Si ya ha utilizado la v1, no necesita actualizar la versión del archivo v1 a la v2, porque se actualizará automáticamente. Es importante incluir el atributo `version`. En caso contrario, los datos se analizarán como "version 0" y existe el peligro de que no se interpreten correctamente.

`settings` permite definir los parámetros para configurar el editor y activar o desactivar funciones como los tamaños de fuente personalizados, los márgenes personalizados y los colores. Este parámetro define valores como paletas de colores que generan propiedades personalizadas CSS que puede utilizar en el tema. Es posible definir preajustes a nivel global o a nivel del bloque. Los ajustes definidos a nivel superior afectan a todos los bloques, pero los bloques pueden sustituir los ajustes globales de manera individual.

`styles` permite aplicar estilos de manera predeterminada a los bloques y a los elementos, con o sin las propiedades personalizadas CSS generadas.

`customTemplates` permite especificar plantillas de páginas personalizadas. En un tema clásico, las plantillas de páginas personalizadas están identificadas por un encabezado de archivo. En los temas basados en bloques, puede enumerar las plantillas de bloque en esta ubicación (consulte el capítulo Las plantillas de página y el apartado Crear una plantilla de página para los temas basados en bloques).

`templateParts` permite asignar las plantillas predeterminadas de las distintas zonas de la plantilla, por ejemplo: encabezado o pie de página (consulte el capítulo Las plantillas de página y el apartado Crear una plantilla de página para los temas basados en bloques).

Durante el desarrollo de su archivo **theme.json**, puede desactivar la memoria caché para ver las modificaciones aplicadas con más rapidez. Defina `WP_DEBUG` o `SCRIPT_DEBUG` como `'true'` en su archivo **wp-config.php**, porque el archivo **theme.json** coloca en la memoria caché todo el CSS que genera, permitiendo una ejecución y rapidez del sistema mejoradas.

El archivo **theme.json** también funciona con los temas clásicos que tienen en cuenta Gutenberg, pero no funciona con el editor clásico.

Por el contrario, es posible que tenga que ajustar el CSS del tema y eliminar los estilos duplicados para que los parámetros del archivo **theme.json** funcionen correctamente.

Los parámetros del archivo **theme.json** sustituyen varias llamadas hechas con la función `add_theme_support()`. Por ejemplo, la paleta de colores en **theme.json** es el equivalente de `add_theme_support( 'editor-color-palette',...)`.

Cuando los dos elementos están presentes, prevalece la paleta de **theme.json**.

Los contribuidores de WordPress han creado un esquema para ayudarle a utilizar **theme.json**. Al incluir el esquema en la parte superior del archivo, puede validarlo, ver las descripciones emergentes con descripciones de los parámetros y la introducción semiautomática en su editor de código. El enlace al esquema es https://schemas.wp.org/trunk/theme.json:

```
{
        "$schema": "https://schemas.wp.org/trunk/theme.json",
        "version": 2,
[...]
```

No es necesario añadir el esquema al archivo para que funcione **theme.json**, pero es extremadamente útil cuando se realizan modificaciones.

Aquí puede consultar la estructura completa con todas las opciones para el archivo **theme.json**:
https://raw.githubusercontent.com/WordPress/gutenberg/trunk/schemas/json/theme.json

Aquí encontrará la referencia al códex para los parámetros de los preajustes y de los estilos predefinidos mediante la versión 3 del archivo **theme.json**: https://developer.wordpress.org/block-editor/reference-guides/theme-json-reference/theme-json-living

7. Estructura de los preajustes

La sección `settings` define la configuración a nivel global y a nivel del bloque.

La sección de los preajustes `settings` tiene la siguiente estructura:

```
{
   "version": 2,
   "settings": {
       "border": {
           "radius": false,
           "color": false,
           "style": false,
           "width": false
       },
       "color": {
```

```
        "custom": true,
        "customDuotone": true,
        "customGradient": true,
        "duotone": [],
        "gradients": [],
        "link": false,
        "palette": [],
        "text": true,
        "background": true,
        "defaultGradients": true,
        "defaultPalette": true
    },
    "custom": {},
    "layout": {
        "contentSize": "800px",
        "wideSize": "1000px"
    },
    "spacing": {
        "margin": false,
        "padding": false,
        "blockGap": null,
        "units": [ "px", "em", "rem", "vh", "vw" ]
    },
    "typography": {
        "customFontSize": true,
        "lineHeight": false,
        "dropCap": true,
        "fontStyle": true,
        "fontWeight": true,
        "letterSpacing": true,
        "textDecoration": true,
        "textTransform": true,
        "fontSizes": [],
        "fontFamilies": []
    },
    "blocks": {
        "core/paragraph": {
            "color": {},
            "custom": {},
            "layout": {},
            "spacing": {},
            "typography": {}
        },
        "core/heading": {},
```

```
                "etc": {}
            }
        }
}
```

Cada bloque se puede configurar de manera independiente con parámetros específicos, lo que permite un control más preciso sobre el bloque en comparación con lo que existe con la función `add_theme_support`. Los parámetros declarados en el nivel superior afectan a todos los bloques, si no los sobrescribe un bloque con una configuración específica. Es una manera de proporcionar una jerarquía y configurar todos de los bloques de una vez.

Para centrarnos en un bloque, hay que usar el parámetro `blocks` y definir a qué bloque aplicar el ajuste. Por ejemplo, `core/paragraph` corresponde a los bloques párrafo, `core/heading` al encabezado, `core/group` a los bloques grupos, `core/site-title` al título del sitio, etc. Cada bloque tiene un nombre específico. Para consultar la lista completa vaya al esquema.

Aquí podemos ver una tabla que compara las funciones de `add_theme_support` con la implementación en el archivo **theme.json**.

add_theme_support	Parámetro theme.json
`custom-line-height`	Ajuste `typography.lineHeight` a `true`.
`custom-spacing`	Ajuste `spacing.padding` a `true`.
`custom-units`	Proporcionar la lista de las unidades mediante `spacing.units`.
`disable-custom-colors`	Ajuste `color.custom` a `false`.
`disable-custom-font-sizes`	Ajuste `typography.customFontSize` a `false`.
`disable-custom-gradients`	Ajuste `color.customGradient` a `false`.
`editor-color-palette`	Proporcionar la lista de los colores mediante `color.palette`.

add_theme_support	Parámetro theme.json
`editor-font-sizes`	Proporcionar la lista de los tamaños de fuente mediante `typography.fontSizes`.
`editor-gradient-presets`	Proporcionar la lista de los degradados mediante `color.gradients`.
`experimental-link-color`	Ajuste `color.link` a `true`. `experimental-link-color` se eliminará cuando el plugin necesite WordPress 5.9 como versión mínima.
`appearance-tools`	Ajuste `appearanceTools` a `true`.

Estos parámetros son valores que se presentan al usuario mediante controles determinados de la interfaz de usuario, definiéndolos mediante el archivo **theme.json**.

7.1 Para los colores

`color.duotone`: no genera clases o propiedades personalizadas. `color.gradients`: genera una clase única y una propiedad personalizada por valor predefinido.

`color.palette`: genera tres clases por valor predefinido (`color`, `background-color` y `border-color`); genera una única propiedad personalizada por valor predefinido.

7.2 Para las tipografías

`typography.fontSizes`: genera una clase única y una propiedad personalizada por valor predefinido.

`typography.fontFamilies`: genera una propiedad personalizada única por valor predefinido.

7.3 Para los espaciados

`spacing.spacingScale`: utilizado para generar una tabla de tamaños de espaciado predefinidos que se usará con los parámetros de relleno, margen y espacio.

`operator`: especifica cómo calcular las etapas con `X` para el multiplicador o + para la suma.

`increment`: el importe para incrementar en cada paso.

`steps`: la cantidad de pasos para generar dentro de la escala de espaciado. El valor predeterminado es 7. Para evitar la generación de los preajustes de espaciado y para desactivar esta función, puede definirse como `0`.

`mediumStep`: valor de tamaño del espacio medio, sin la unidad. El paso medio predeterminado es `1.5rem`, por lo que el valor de `mediumStep` es `1.5`.

`unit`: la unidad utilizada por el espaciado, por ejemplo: `px`, `rem`, `em` y `%`. El valor predeterminado es `rem`.

`spacing.spacingSizes`: los temas pueden elegir incluir una tabla estática de tamaños predefinidos de espaciado si tienen una secuencia de tamaños que no se puede generar mediante un incremento o un multiplicador.

`name`: un nombre para el tamaño, por ejemplo: `Small`, `Medium` o `Large`.

`slug`: los slugs deben estar en el formato `"10"`, `"20"`, `"30"`, `"40"`, `"50"` o `"60"`, donde `"50"` representa el tamaño `Medium`.

`size`: el tamaño, incluida la unidad, por ejemplo: `1.5rem`. Es posible incluir valores fluidos.

Los ajustes predeterminados se llaman preajustes y se utilizan para generar propiedades personalizadas CSS y nombres de clase basándose en una convención de denominación específica:

- Propiedades personalizadas: `--wp--preset--{preset-category}--{preset-slug}` como `--wp--preset--color--black`.
- Clases: `.has-{preset-slug}-{preset-category}` como `.has-black-color`.

Una vez que un tema ha definido sus preajustes, las propiedades personalizadas CSS correspondientes se pueden utilizar para asignar estilos a los bloques y los elementos en la sección `styles`.

8. Colores

Veamos cómo configurar `settings` para añadir colores con el archivo **theme.json**.

Puede abarcar a la vez el sitio web y los bloques con parámetros y estilos, ya sea colocando los parámetros globales del sitio en el nivel raíz de una sección o colocando los parámetros de bloque dentro de `blocks`, seguidos del nombre del bloque:

```
{
   "version": 2,
   "settings": {
          "color": { ... }, // Ajustes generales
          "blocks": {
                "core/group": {
                        "color": { ... }, //ajustes de color
para el bloque
                        "typography": { ... } //ajustes de la
tipografía para el bloque
                }
          }
   }
}
```

WordPress utiliza los datos del archivo **theme.json** para añadir parámetros al bloque y crear propiedades personalizadas CSS, como con la paleta de colores. Los valores se utilizan para ofrecerle al usuario opciones de paleta de colores y para generar propiedades CSS que puede usar en otros lugares dentro del archivo **theme.json** o en el CSS del tema.

Este ejemplo muestra una paleta de colores con un único color negro:

```
{
   "version": 2,
   "settings": {
      "color": {
         "palette": [
```

```
                    {
                        "name": "Black",
                        "slug": "black",
                        "color": "#000000"
                    }
                ]
            }
        }
}
```

Esto se traduce en la generación de la variable CSS dentro del cuerpo del sitio:

```
--wp--preset--color--black: #000000;
```

En este otro ejemplo, podemos ver una paleta de colores añadida solo al bloque de párrafo con un único color azul:

```
{
    "version": 2,
    "settings": {
            "blocks": {
                "core/paragraph": {
                    "color": {
                        "palette": [
                            {
                                "name": "Blue",
                                "slug": "blue",
                                "color": "#0000FF"
                            }
                        ]
                    }
                }
            }
        }
    }
}
```

Este ejemplo genera la variable CSS siguiente dentro del elemento del bloque párrafo:

```
--wp--preset--color--blue: #0000FF;
```

También puede crear sus propios valores personalizados. Los valores almacenados en la zona `settings` generan propiedades CSS que puede usar en otro lugar dentro del archivo **theme.json** o en el CSS del tema. Veamos un ejemplo con un valor personalizado al que llamaremos `manzana`.

```
{
    "version": 2,
    "settings": {
            "custom": {
                "fruit": "manzana"
            },
            "blocks": {
                "core/paragraph": {
                    "custom": {
                        "fruit": "pera"
                    }
                }
            }
        }
    }
}
```

Este código provocará la creación de la variable CSS `--wp--custom--fruit` con el valor `manzana`. Sin embargo, el valor será `pera` para los elementos `core/paragraph`.

Cada parámetro para el color `color` acepta tres parámetros:

- `slug`: el nombre único utilizado en el ajuste para el CSS.
- El segundo parámetro debe especificar el tipo: `color` para la paleta, `gradients` para el degradado y `duotone` para los colores bicolor.
  - `color`: el valor de color del elemento de paleta puede ser cualquier valor de color CSS válido como `blue` o un color hexadecimal como `#00FF00`.
  - `gradients`: puede crear degradados con cualquier valor de color CSS válido.
  - `duotone`: los colores bicolores se expresan dentro de una tabla. Deben ser valores de color hexadecimales o RVB.
  - `name`: el nombre visible en el editor (opcional).

```
{
   "version": 2,
       "settings": {
           "color": {
               "palette": [
                   {
                       "slug": "purple",
                       "color": "#D1D1E4",
                       "name": "Purple"
                   },
                   {
                       "slug": "yellow",
                       "color": "#EEEADD",
                       "name": "Yellow"
                   }
               ],
               "gradients": [
                   {
                       "slug": "purple-to-yellow",
                       "gradient": "linear-gradient(160deg,
var(--wp--preset--color--purple),
var(--wp--preset--color--yellow))",
                       "name": "Purple to Yellow"
                   }
               ],
               "duotone": [
                   {
                       "slug": "purple-and-yellow",
                       "colors": [ "#D1D1E4", "#EEEADD" ],
                       "name": "Purple and yellow"
                   }
               ]
           }
       }
   }
}
```

9. Tipografías

El control de la familia de fuentes permite a los usuarios modificar el estilo de fuente de un bloque. Este parámetro solo está disponible para bloques específicos y no está activado por defecto. El tema debe definir familias de fuentes para que aparezca este elemento de interfaz.

Para añadir fuentes, hay que usar el parámetro `fontFamilies`, que acepta tres valores: `name`, `slug` y `fontFamily`.

```
{
   "version": 2,
       "settings": {
            "typography": {
                  "fontFamilies": [
                        {
                        "fontFamily": "sans-serif",
                        "name": "Sans Serif",
                        "slug": "sans-serif"
                        },
                        {
                        "fontFamily": "serif",
                        "name": "Serif",
                        "slug": "serif"
                        }
                  ]
            }
     }

   }
}
```

También puede añadir sus propias fuentes y especificar otros valores como `fontStretch`, `fontStyle`, `fontWeight` y `src`. La ruta hasta el archivo para la fuente se encuentra en el valor `src`, que especifica su ubicación.

```
"typography": {
    "fontFamilies": [
          {
                "fontFace": [
                      {
                            "fontFamily": "DM Sans",
                            "fontStretch": "normal",
                            "fontStyle": "normal",
```

```
                                "fontWeight": "400",
                                "src": [
                                      "file:./assets/fonts/dm-sans/
DMSans-Regular.woff2"
                                ]
                          }
    ]
  }
 ]
}
```

Para añadir el tamaño de la fuente hay que usar el parámetro `fontSizes`, que contiene los valores `name`, `slug` y `size`.

```
[...]
"typography": {
   "fontSizes": [
       {
           "name": "Small",
           "slug": "small",
           "size": "1rem"
       },
      {
           "name": "Medium",
           "slug": "medium",
           "size": "1.125rem"
       },
       {
           "name": "Large",
           "slug": "large",
           "size": "1.75rem"
       },
       {
           "name": "Extra Large",
           "slug": "x-large",
           "size": "2.25rem"
       }
   ]
}
[...]
```

10. Diseño de página

El parámetro de diseño de página permite definir un tamaño para gestionar bloques anchos y con ancho total.

La diferencia principal en la gestión es que el ancho de contenido debe estar definido para cada contenedor, y los controles ancho/ancho total solo aparecen en los descendientes de los bloques con un ancho de contenido definido. Todavía se está estudiando un tipo de gestión nuevo.

```
{
        "version": 2,
        "settings": {
                "layout": {
                        "contentSize": "840px",
                        "wideSize": "1100px"
                }
        }
}
```

11. Espaciados

Puede activar la gestión de los márgenes externos e internos:

```
{
        "version": 2,
        "settings": {
                "spacing": {
                        "padding": true,
                        "margin": true
                }
        }
}
```

Puede activar las unidades de los márgenes externos, de los márgenes internos y del espaciado personalizadas con ayuda del código:

```
{
        "version": 2,
        "settings": {
                "spacing": {
                        "padding": true,
```

```
                                    "margin": true,
                                    "units": [ "px", "em", "rem", "vh", "vw",
"%" ]
                        }
                }
}
```

12. Bordes

Puede activar los bordes con el siguiente código:

```
{
        "version": 2,
        "settings": {
                "border": {
                        "color": true,
                        "radius": true,
                        "style": true,
                        "width": true
                }
        }
}
```

13. Activar y desactivar parámetros

En el archivo **theme.json**, puede activar o desactivar los controles de bloque y de esta manera activar únicamente las funciones que necesita su tema.

Las siguientes funciones están activadas de manera predeterminada:

- colores personalizados (el selector de colores),
- bicromía personalizada (el selector de colores),
- degradado personalizado (el selector de colores),
- tamaño de fuente personalizado,
- letra capital.

Para desactivarlos, tiene que definir el valor del parámetro como `false`.

Este ejemplo desactiva el selector de colores personalizado para la paleta de colores y los degradados:

```
{
        "version": 2,
        "settings": {
                "color": {
                        "custom": false,
                        "customGradient": false
                }
        }
}
```

Es posible desactivar ciertas funciones de tipografía:

– Para desactivar la letra capital:

```
"typography": {
   "dropCap" false
}
```

– Para desactivar el tamaño de fuente personalizado:

```
"typography": {
   "customFontSize": false
}
```

– Para desactivar la selección del tamaño de fuente:

```
"typography": {
   "fontSizes": []
}
```

– Para desactivar todo el control de apariencia:

```
"typography": {
   "fontWeight": false,
   "fontStyle": false
}
```

– Para desactivar las mayúsculas o minúsculas:

```
"typography": {
   "textTransform": false
}
```

– Para desactivar el espaciado de las letras:

```
"typography": {
   "letterSpacing": false
}
```

Hay una propiedad de parámetro especial, `appearanceTools`, que es un booleano con el valor predeterminado `false`. Los temas pueden utilizar este parámetro para activar los siguientes parámetros:

– gestión de los bordes (color, radio, estilo o ancho),
– color de los enlaces,
– espaciado para el diseño de página (espacio entre los bloques, márgenes o márgenes internos),
– interlineado para las tipografías.

14. Estructura de los estilos

Los temas definen los estilos predeterminados de los bloques y los elementos en la sección `styles`.

La sección de los estilos `styles` tiene la siguiente estructura:

```
{
   "version": 2,
   "styles": {
       "border": {
           "radius": "value",
           "color": "value",
           "style": "value",
           "width": "value"
       },
       "filter": {
           "duotone": "value"
       },
       "color": {
           "background": "value",
           "gradient": "value",
           "text": "value"
       },
       "spacing": {
```

```
        "blockGap": "value",
        "margin": {
            "top": "value",
            "right": "value",
            "bottom": "value",
            "left": "value",
        },
        "padding": {
            "top": "value",
            "right": "value",
            "bottom": "value",
            "left": "value"
        }
    },
    "typography": {
        "fontSize": "value",
        "fontStyle": "value",
        "fontWeight": "value",
        "letterSpacing": "value",
        "lineHeight": "value",
        "textDecoration": "value",
        "textTransform": "value"
    },
    "elements": {
        "link": {
            "border": {},
            "color": {},
            "spacing": {},
            "typography": {}
        },
        "h1": {},
        "h2": {},
        "h3": {},
        "h4": {},
        "h5": {},
        "h6": {}
    },
    "blocks": {
        "core/group": {
            "border": {},
            "color": {},
            "spacing": {},
            "typography": {},
            "elements": {
```

```
                        "link": {},
                        "h1": {},
                        "h2": {},
                        "h3": {},
                        "h4": {},
                        "h5": {},
                        "h6": {}
                    }
                },
                "etc": {}
            }
        }
}
```

En el ejemplo siguiente, utilizamos un valor hexadecimal de color para el fondo y un estilo global predefinido para el texto:

```
{
        "version": 2,
        "settings": {
                "color": {
                        "palette": [
                        {
                                "name": "Primary",
                                "slug": "primary",
                                "color": "#000000"
                        }
                         }
                         }

        },
        "styles": {
                "color": {
                        "background": "#FFF",
                        "text": "var(--wp--preset--color--primary)"
                }
        }
}
```

El CSS de salida es el siguiente:

```
body {
        background-color: #FFF;
        color: var(--wp--preset--color--primary);
}
```

15. Hacer referencia a un estilo

Observará que las propiedades personalizadas CSS se pueden utilizar en las declaraciones de propiedades. Así, se puede utilizar la referencia a una clase definida en `settings` de la siguiente manera:

```
{
      "version": 2,
       "settings": {
               "color": {
                       "palette": [
                      {
                             "name": "Primary",
                             "slug": "primary",
                             "color": "#000000"
                      }
                       ]
                       }

       },
       "styles": {
              ...,
             "blocks": {
                   "core/heading": {
                          "color": {
                                  "text": "var(--wp--preset
--color--primary)"
                          }
                   }
            }
      }
}
```

En este ejemplo, se añade el color de texto principal al bloque de encabezado, lo que da el siguiente código CSS:

```
h2 { color: var(--wp--preset--color--primary); }
```

Recupera el valor que se ha definido en los preajustes `settings`.

Con Gutenberg activo, también puede hacer referencia a estilos previamente guardados. Si ha guardado un estilo para el sitio web, puede reutilizar el mismo estilo para un bloque usando el término `ref:`:

```
{
        "version": 2,
        "settings": { ... },
        "styles": {
                "color": {
                        "background": "#FFF",
                        "text": "var(--wp--preset--color--primary)"
                }
        },
                "blocks": {
                     "core/heading": {
                             "color": {
                                     "text": ref: "styles.color.text"
                             }
                     }
               }

}
```

16. Elementos

Los bloques pueden tener varios elementos HTML como encabezados (H1-H6) y enlaces para darles estilo mediante colores, fondo, espaciados, etc. En este ejemplo, el color de fondo y el relleno se han añadido al enlace **Leer más** en el interior del bloque de extracto de mensaje:

```
{
   "version": 2,
   "settings": { ... },
   "styles": {
       "blocks": {
           "core/post-excerpt": {
               "elements": {
                   "link": {
                       "color": {
                           "background": "var(--wp--preset
--color--light-grey)"
                       },
                       "spacing": {
```

```
                                "padding": {
                                "top": "calc(.667em + 2px)",
                                "right": "calc(1.333em + 2px)",
                                "bottom": "calc(.667em + 2px)",
                                "left": "calc(1.333em + 2px)"
                            }
                        }
                    }
                }
            }
        }
    }
```

También puede utilizar los pseudo-lectores `:hover`, `:focus` y `:visited` para los enlaces:

```
"elements": {
        "link": {
            "color": {
                "text": "green"
            },
            ":hover": {
                "color": {
                    "text": "hotpink"
                }
            }
        }
    }
```

17. Conclusión

En este capítulo, hemos visto cómo funcionan los temas basados en los bloques y más especialmente la interacción del archivo **theme.json**. Ha comprobado que el funcionamiento de los temas basados en los bloques es muy distinto de los temas clásicos, pero también que este nuevo funcionamiento tiene un gran potencial para crear sitios web.

Este sistema se encuentra en sus comienzos. Puede utilizarlo, utilizar el método clásico o combinar ambos. En este libro se han abordado los dos conceptos para dominar WordPress con rapidez y comprender su funcionamiento.

La llegada de los temas basados en los bloques demuestra, una vez más, la modularidad y la potencia de WordPress.

Capítulo 5
Los temas hijo

1. ¿Qué es un tema hijo?

Hay muchos temas en WordPress. Puede crear algunos, en cuyo caso este capítulo no le afecta a usted, o puede que compre temas de pago que se tienen que actualizar. Son raros los temas gratuitos que se actualizan. Si su tema se actualiza pronto y ha realizado cambios, la actualización sobrescribe cualquier cambio realizado en las plantillas de página, el archivo style.css o cualquier otro archivo nativo del tema. La actualización eliminará todos los archivos del tema y los reemplazará con los nuevos archivos, independientemente de los cambios.

Un tema hijo está inherentemente sujeto a cambios, mientras depende de un tema padre que se puede actualizar en cualquier momento. De esta manera, los cambios realizados no se perderán. No obstante, será necesario verificar los archivos hijo, para que tengan la misma estructura que los archivos actualizados, evitar problemas de HTML, CSS, PHP u otros y poder aprovechar las nuevas funcionalidades que ofrece el tema.

El tema hijo se beneficia de todas las funciones del tema padre. El hijo es una especie de clon del padre y cualquier cambio en el código del hijo sobrescribe el código del padre.

El uso de un tema hijo es la forma más segura de trabajar en un tema que deberá actualizarse. La mayoría de los temas de pago integran directamente el tema hijo, como los temas del sitio web themeforest.

Referencia al códex: https://codex.wordpress.org/es:Temas_hijos

2. Crear y utilizar un tema hijo

2.1 Crear una carpeta para el tema hijo

Para crear un tema hijo, primero cree una carpeta en wpcontent/themes, al mismo nivel que la carpeta del tema padre. Asigne a la nueva carpeta el nombre que quiera. Es una buena práctica asignar a la carpeta el nombre del tema padre, seguido de "-child" (hijo en inglés) para poder navegar mejor. Por tanto, si está creando un tema hijo del tema Twenty Twenty-Three, asigne el nombre «twentytwentythree-child» a la nueva carpeta.

Un tema hijo necesita al menos dos archivos obligatorios dentro de su carpeta para funcionar: style.css y functions.php.

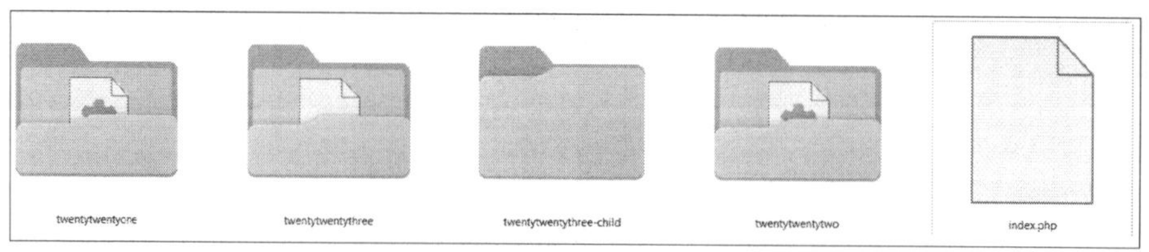

Carpeta wp-content con la carpeta twentytwentythree-child

2.2 El archivo style.css

En la carpeta hija (por ejemplo, twentytwentythree-child), cree un archivo llamado style.css. Posteriormente, complete el encabezado del archivo con un comentario CSS. También puede copiar el encabezado del tema padre y agregar "child" al nombre, para no confundir los temas en la administración.

```
/*
Nombre del tema: Twenty Twenty-Three child
*/
```

Si el nombre no está presente en el archivo style.css, el nombre que se muestra es el de la carpeta.

Para que WordPress pueda establecer la relación padre/hijo, agregue en el comentario del encabezado el marcador `Template:`, con el valor del nombre de la carpeta del tema padre.

Ejemplo de tema Twenty Twenty-Three

```
/*
Theme Name: Twenty Twenty-Three child
Template: twentytwentythree
*/
```

Tenga cuidado de no poner un espacio entre los dos puntos y los nombres clave (`Theme Name:`, `Template:`, etc.), de lo contrario, el valor no se tiene en cuenta.

Vaya a administración: **Apariencia - Temas**, su tema hijo está presente. Si la imagen screenshot.png no aparece, cree una o copie y pegue la imagen screenshot.png del tema principal en la carpeta secundaria. Puede cambiarlo más tarde.

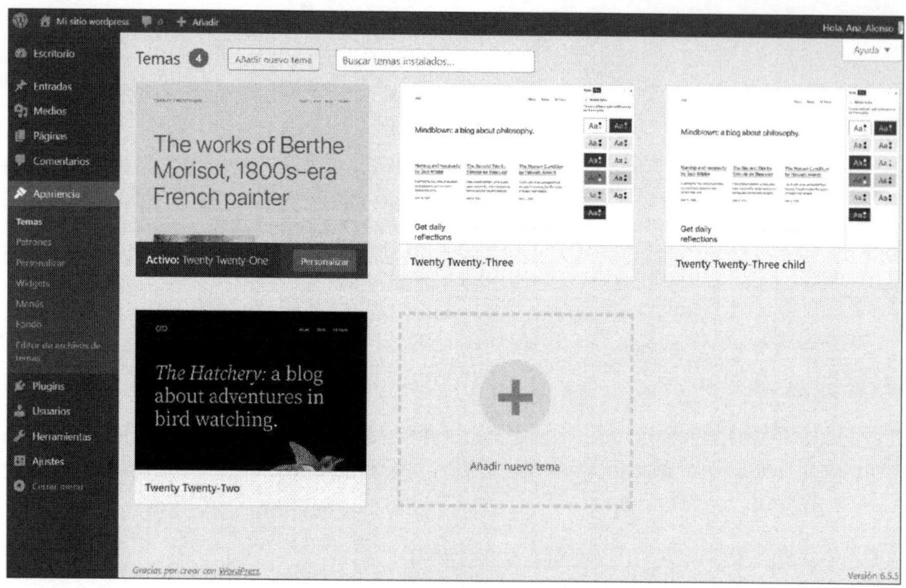

*Página **Apariencia - Temas** con el tema hijo y el screenshot modificado*

En la administración: **Apariencia - Temas**, active el tema hijo. El sitio tiene el mismo aspecto que el padre.

Puede agregar los mismos comentarios que cuando crea un tema para enriquecer los detalles de su tema hijo, como se ve en el capítulo de WordPress y PHP - sección Los archivos principales.

Antes de agregar reglas CSS, debe importar la hoja de estilos padre. Para hacer esto, consulte la sección Poner en cola las hojas de estilo.

Si agrega código CSS en el archivo style.css hijo, sobrescribe el código padre.

Tenga cuidado de reescribir la secuencia de clases e identificadores, respetando la jerarquía para eliminar correctamente el código padre, porque importar el archivo padre style.css equivale a incluir todo el código del archivo en la ubicación de la llamada en el archivo hijo.

Si ya existe una regla CSS en el padre e interfiere o si está reutilizando la misma sucesión de clases o de identificadores en el archivo hijo, asegúrese de reescribir la regla del código padre que interfiere.

Por ejemplo, en el archivo principal, la regla CSS `#miid{float:left}` se debe reescribir en el hijo como `#miid{float:none}`.

2.3 Las plantillas de página

Ahora que ha creado su tema hijo, para realizar cambios simplemente copie los archivos del tema padre (por ejemplo: carpeta twentytwentythree) que desea modificar y péguelos en la carpeta del tema hijo (por ejemplo: carpeta twentytwentythree-child). A continuación, puede realizar cambios dentro de los archivos de la carpeta hija (por ejemplo: twentytwentythree-child) sin que esto modifique los archivos del padre.

Los archivos hijo sobrescriben los archivos padre.

Ejemplo: en el caso del tema clásico, para realizar cambios en el archivo header.php, copie el archivo de la carpeta padre a la carpeta hija. El archivo hijo header.php sobrescribe el archivo padre header.php. Puede realizar cambios en el archivo header.php hijo, sin afectar el archivo header.php padre.

También puede agregar sus plantillas de página personalizadas (consulte el capítulo Las plantillas de página).

Sin embargo, durante la actualización del tema, tenga cuidado de comprobar que los archivos modificados respetan la misma estructura que el padre. Para esto, puede comparar dos archivos similares (por ejemplo: el archivo header.php del tema padre con el archivo header.php del tema hijo) en un editor de texto como PSPad o Sublime Text y así, ver las modificaciones realizadas durante la actualización.

2.4 El archivo functions.php

Solo el archivo functions.php funciona de manera diferente y no sobrescribe al padre. Se carga adicionalmente y antes del archivo functions.php padre, si existe. Por lo tanto, debe comenzar desde un archivo functions.php en blanco y no copiar y pegar el archivo functions.php padre.

Para desarrollar un tema hijo correctamente, es decir, sin tocar el tema padre, el tema padre se debe diseñar de esta manera, especialmente cuando se desea modificar funciones existentes del tema padre.

Si está desarrollando temas y desea que sean compatibles con los temas hijo, hay una regla a seguir. Cuando desarrolle las funciones del archivo functions.php, debe usar la función PHP `function_exists()`, de esta manera:

```
if(! function_exists('mi_funcion')){
   function mi_funcion() {
        // mis instrucciones
   }
}
```

Esto permite, en un archivo functions.php hijo, reescribir la misma función y poder modificarla. Esto se debe a que el archivo hijo se ejecuta en primer lugar. Dado que la función ya se ha ejecutado cuando se lee el archivo hijo, el código del padre ya no se tiene en cuenta. También puede reescribir la función con un hook de filtro.

Si las funciones con hook no usan la función `function_exists()` y no desea modificar el archivo padre, desactive las funciones usando hooks como `remove_action` o `remove_filter`. Luego reescriba sus propias funciones y reactívelas con las funciones `add action` o `add filter`.

2.5 El archivo theme.json para los temas basados en los bloques

El archivo **theme.json** de un tema hijo hereda los ajustes del tema padre. Si el archivo **theme.json** hijo define un conjunto de estilos, entonces estos estilos se aplican a los estilos de su padre.

Por lo tanto, puede crear un archivo **theme.json** dentro del tema hijo y así escribir solo un bloque pequeño personalizado de ajustes y de estilos en lugar de volver a definir todos los ajustes.

Por ejemplo, para redefinir una paleta de colores, es necesario escribir en el archivo **theme.json** que habrá creado en el tema hijo.

Aquí puede ver un ejemplo de redefinición de la paleta de colores para el tema Twenty Twenty-Two:

```
{
"version": 2,
   "settings": {
       "color": {
               "palette": [
                       {
                               "slug": "foreground",
                               "color": "#FFFFFF",
                               "name": "Foreground"
                       },
                       {
                                "slug": "background",
                                "color": "#001F29",
                                "name": "Background"
                       },
                       {
                                "slug": "primary",
                                "color": "#D6FDFF",
                                "name": "Primary"
                       },
                       {
                                "slug": "secondary",
                                "color": "#FDFCDC",
                                "name": "Secondary"
                       },
```

```
                        {
                                "slug": "tertiary",
                                "color": "#FED9B7",
                                "name": "Tertiary"
                        },
                        {
                                "slug": "accent",
                                "color": "#E94435",
                                "name": "Accent"
                        }
                ]
            }
        }
}
```

También puede redefinir los filtros bicolor de manera predeterminada usando sus propios filtros. Para conseguirlo, solo tiene que añadir su código personalizado a los ajustes del archivo **theme.json** de su tema hijo, al mismo nivel que la propiedad `palette`.

Por ejemplo, para el tema Twenty Twenty-Two, tiene que añadir el siguiente código:

```
{
"version": 2,
    "settings": {
            "color": {
                    "palette": [...],
                    "duotone": [
                            {
                                    "colors": [
                                            "#001F29",
                                            "#FFFFFF"
                                    ],
                                    "slug": "default-filter",
                                    "name": "Default filter"
                            }
                    ]
            }
    }
}
```

De la misma manera, puede sustituir los ajustes de bloque predeterminados dentro del archivo **theme.json** de su tema hijo. Solo tiene que definir los estilos que desee añadir o sustituir.

Para modificar la familia de fuentes, el color de fondo y los valores del margen interior para `core/post-title`, así como los márgenes superior e inferior para `core/group` para el tema Twenty Twenty-Two, proceda de la misma manera dentro del archivo **theme.json** del tema hijo.

```
{
"version": 2,
        "settings": {...},
        "styles": {
                "blocks": {
                        "core/post-title": {
                                "typography": {
                                        "fontFamily":
"Roboto,Oxygen-Sans,Ubuntu,Cantarell,"Helvetica Neue",sans-serif"
                                },
                                "color": {
                                        "background":
"var(--wp--preset--color--tertiary)"
                                },
                                "spacing": {
                                        "padding":
"var(--wp--custom--spacing--small)"
                                }
                        },
                        "core/group": {
                                "spacing": {
                                        "margin": {
                                                "top": "0",
                                                "bottom": "0"
                                        }
                                }
                        }
                }
        }
}
```

2.6 Poner en cola las hojas de estilo

Para importar la hoja de estilo del tema padre, el método anterior era agregar al archivo hijo style.css, el siguiente código debajo del comentario del encabezado:

```
@import url ("../nombre_del_tema_padre/style.css");
```

Esta ya no es la mejor práctica. El método correcto para poner en cola la hoja de estilos del tema padre, es usar la función de WordPress para llamar a una hoja de estilos `wp_enqueue_script()` en el archivo functions.php de su tema hijo. Consulte el capítulo Personalizar el sitio con el archivo functions.php, sección Las funciones de adición. Aquí está la función de llamada para vincular su archivo style.css padre a su tema hijo:

```
<?php
add_action( 'wp_enqueue_scripts', 'theme_enqueue_styles' );
function theme_enqueue_styles() {
   wp_enqueue_style( 'parent-style', get_template_directory_uri() .
'/style.css' );

}
?>
```

La función de ejemplo anterior solo funcionará si su tema padre usa un único archivo style.css padre. Si su tema tiene más de un archivo CSS (por ejemplo: ie.css, style.css, main.css, etc.), se deberá asegurar de mantener todas las llamadas CSS del tema padre.

Si el tema padre solo contiene el encabezado, no es útil llamar al archivo style.css, ya que no hay reglas CSS.

Ahora que se realiza la llamada al archivo CSS, puede comenzar a codificar sus reglas CSS en el tema hijo.

2.7 Las rutas de las carpetas hijas

No olvide usar la función `get_stylesheet_directory()` para recuperar la ruta del tema hijo.

Por ejemplo, si añade una carpeta languages, la ruta es:

```
get_stylesheet_directory().'/languages'
```

2.8 Cargar una carpeta languages en el tema hijo

Para cargar idiomas en un tema hijo con un directorio de idiomas ubicado en el tema hijo, use la siguiente función en el archivo functions.php hijo para cargar el archivo:

```
<?php load_child_theme_textdomain($child_theme, $path) ?>
```

– `$child_theme`: acepta el nombre del tema hijo.

– `$path`: acepta la URL de la carpeta del tema hijo.

En un tema padre, utilice la función `load_theme_textdomain()` (ver el capítulo Traducir el tema y las extensiones).

Ejemplo

Cree una función `child_idioma` que cargue los archivos contenidos en la carpeta languages del tema hijo. Luego, adjunte la función al hook de acción `after_setup_theme`, que ejecuta la función mientras se carga el tema.

```
function child_idioma() {
 load_child_theme_textdomain( 'my-child-theme',
get_stylesheet_directory().'/languages' );
}
add_action( 'after_setup_theme', 'child_idioma' );
```

3. Los temas hijo para las extensiones

Algunas extensiones utilizan el mismo principio que los temas. En general, se trata de extensiones que permiten mostrar nuevas páginas en el sitio web y que ofrecen un sistema de plantillas o temas. Algunas extensiones le permiten crear y personalizar sus propias plantillas, como la extensión WooCommerce (extensión de comercio electrónico) o bbPress (extensión de foro).

Es importante consultar siempre la documentación de la extensión, ya que algunas extensiones tienen su propia API y permiten a los desarrolladores usar nuevos objetos, nuevas funciones o integrar temas hijo.

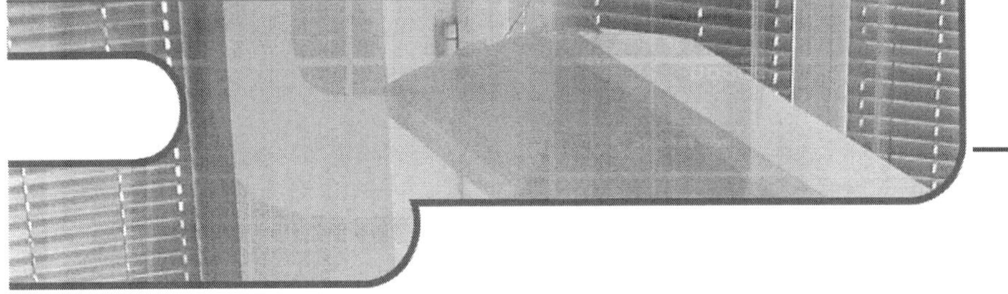

Capítulo 6
Personalizar el sitio con el archivo functions.php

1. Introducción

El archivo functions.php permite agregar funciones PHP al tema. Todos los temas tienen este archivo. Si no existe, puede añadirlo, WordPress lo detectará automáticamente. Puede agregarle funciones en PHP puro y combinarlas con funciones nativas de WordPress.

Por lo tanto, el archivo functions.php le permite agregar funcionalidades al tema como archivos JavaScript, archivos CSS, idiomas, agregar menús, barras laterales, etc., reescribir funciones nativas de WordPress o las de extensiones, así como crear nuevas funciones. También puede usar otros archivos PHP, a menudo en una carpeta adjunta (inc o includes) por razones de organización y para aligerar el archivo functions.php.

Durante la instalación de un tema, verá que este archivo está más o menos relleno según el tema. Por tanto, esto implica diferencias entre los temas, por lo que entendemos que cada tema es único. El archivo puede afectar tanto al lado del usuario del sitio web (front office), como a la administración (back office).

En este capítulo descubrirá cómo agregar funciones y la importancia de este archivo, que está directamente relacionado con el tema instalado.

2. Crear funciones sencillas en PHP

Agregar una función en WordPress se realiza de la misma manera que en PHP. Escriba las siguientes líneas en su archivo functions.php, a continuación de las funciones existentes:

```
<?php
function mi_funcion(){
   //el código de mi función
   return 'soy la función mi_funcion';
}
?>
```

Puede llamar a esta función en cualquier archivo de su tema, en uno o más lugares. Escriba esto en una plantilla de página del tema, por ejemplo en header.php, footer.php o index.php:

```
<?php echo mi_funcion(); ?>
```

Si ya existe una función con el mismo nombre, recuerde verificar que la función existe antes de llamarla, esto evita mostrar un error en el sitio web. Para hacer esto, use la función PHP:

```
 function_exists('nombre_de_mi_funcion')
```

Lo que da:

```
<?php if(function_exists('mi_funcion')){ echo mi_funcion(); } ?>
```

2.1 Visualizar una imagen

En el siguiente ejemplo, mostrará una imagen usando una función.

En el archivo functions.php, escriba:

```
<?php
function mi_imagen(){
   return '<img src="rutademiimagen.jpg" alt="mi imagen" />';
}
?>
```

Observación

Sustituya `rutademiimagen.jpg` *por la ruta de su imagen y el nombre de la misma.*

Y en el archivo PHP, la plantilla de página del tema, donde desea que se muestre la imagen (en el archivo header.php, por ejemplo, si desea agregar un banner o cualquier imagen en todas las páginas del sitio), escriba esto:

```
<?php if(function_exists('mi_imagen')){ echo mi_imagen(); } ?>
```

2.2 Mostrar un anuncio

Mostrar una imagen no es muy útil, pero mostrar un anuncio de una agencia publicitaria es mucho más interesante. A continuación, se muestra un ejemplo con la red publicitaria de Google AdSense.

En el archivo functions.php, inserte en una función el código JavaScript proporcionado por Google AdSense.

Debe estar registrado en Google AdSense y configurar un anuncio allí. A continuación, la agencia de publicidad le enviará un código parecido al que se encuentra dentro de la función `publicidad_728x80()`:

```
<?php
function publicidad_728x80(){

   echo '<script type="text/javascript"><!--
google_ad_client = "ca-pub-XXXXXXsu_identificadorXXXXX";
   google_ad_width = 728;
   google_ad_height = 90;
   //-->
   </script>
   <script type="text/javascript"
src="http://pagead2.googlesyndication.com/pagead/show_ads.js">
   </script>';
}
?>
```

En el(los) archivo(s) PHP de plantilla de página del tema, en el lugar o lugares donde desea que se muestre el anuncio, inserte la función:

```
<?php
if(function_exists('publicidad_728x80')){
      publicidad_728x80();
}
?>
```

Esto evita escribir el mismo código cada vez. Solo tiene que modificar esta función en el archivo functions.php, y la modificación se realiza en cada llamada de la función.

3. Crear una función rastro de migas simple

Un rastro de migas es una serie de enlaces que indican dónde se encuentra en un sitio web. Hay extensiones listas para usar, pero para entender cómo funciona WordPress y poner en práctica los conceptos vistos en el capítulo WordPress y PHP, creará su propia función en el archivo functions.php.

Para eso, necesita la global `$post`, marcadores condicionales, funciones PHP y funciones específicas de WordPress. Encontrará las funciones de WordPress utilizadas en este ejemplo en el capítulo WordPress y PHP.

Cree la función `rastro_migas()`, llame a la global `$post`, usando en la salida de la función un marcador PHP: `return`, que devuelve una variable: `$rastro`. `$rastro` devolverá el código HTML del rastro de migas:

```
<?php
function rastro_migas(){
   global $post;

   return $rastro;
}
?>
```

Muestre el rastro de migas en todas las páginas, excepto en la página de inicio. Use el marcador condicional `is_front_page()`.

```
if(!is_front_page()){}
```

Esta línea de código verifica que no sea la página de inicio.

Luego, agregue a la variable `$rastro`:

- un texto. Por ejemplo: "Estás aquí:";
- la URL de la página de inicio con la función `get_bloginfo('wpurl')` de WordPress, en una etiqueta HTML de enlace `<a href>`;
- el nombre, ya sea "Inicio" o el título del sitio con la función `get_bloginfo('name')` de WordPress.

Lo que da la siguiente función:

```
<?php
function rastro_migas(){
   global $post;
       if(!is_front_page()) {
              $rastro = 'Está aquí: ';
              $rastro.= '<a href="'.get_bloginfo('wpurl').'">';
              $rastro.= get_bloginfo('name');
              $rastro.= '</a> > ';
       }
   return $rastro;
}
?>
```

Ahora muestre los enlaces principales, si los hay. Para hacer esto, use la función `get_ancestors()`, que devuelve una tabla PHP con todas las páginas padre.

Aquí está el detalle de la función de WordPress `get_ancestors()`:

```
<?php get_ancestors($id, $type); ?>
```

- `$id`: acepta el id. del hijo.
- `$type`: acepta el tipo del objeto (una página, una categoría, etc.).

Use la global `$post` para obtener el identificador, de la siguiente manera: `$post-> ID`.

La tabla devuelta por la función `get_ancestors()` es una tabla PHP, donde los padres se ordenan de menor a mayor. Utilice la función de PHP `array_reverse()` para ordenarlos de mayor a menor.

```
<? php array_reverse(get_ancestors($post->ID, 'page')); ?>
```

Haga un bucle `foreach()` para recuperar los elementos de la tabla y agregue a la variable `$rastro`, que concatena, los enlaces y el título gracias a las funciones de WordPress `get_permalink()` y `get_title()`.

El título y los enlaces principales se recuperan automáticamente, de acuerdo con la plantilla de página donde se encuentra el usuario.

```
<?php
function rastro_migas(){
   global $post;
       if(!is_front_page()) {
               $rastro = 'Está aquí:';
               $rastro.= '<a href="'.get_bloginfo('wpurl').'">';
               $rastro.= get_bloginfo('name');
               $rastro.= '</a> > ';

       $parents = array_reverse(get_ancestors($post->ID,'page'));
       foreach($parents as $parent){
               $rastro.='<a href="'.get_permalink($parent).'">';
               $rastro.= get_the_title($parent);
               $rastro.= '</a> > ';
       }
       }
   return $rastro;
}
?>
```

Rodee el código con etiquetas `<div>`, con un identificador único (`rastro`) para dar estilo más fácilmente su rastro de migas.

Luego, muestre el título de la página donde se encuentra el usuario, usando la global `$post`:

```
<?php
function rastro_migas(){
   global $post;
       if(!is_front_page()) {
               $rastro = '<div id="rastro">Está aquí:';
               $rastro.= '<a href="'.get_bloginfo('wpurl').'">';
               $rastro.= get_bloginfo('name');
               $rastro.= '</a> > ';

       $parents = array_reverse(get_ancestors($post->ID,'page'));
       foreach($parents as $parent){
```

```
                    $rastro.='<a href="'.get_permalink($parent).'">';
                    $rastro.= get_the_title($parent);
                    $rastro.= '</a> > ';
          }
                    $rastro.= $post->post_title;

                    $rastro.= '</div>';
                    }
    return $rastro;
}
?>
```

Finalmente, llame a la función en una plantilla de página utilizada para mostrar el tema. Muéstrelo debajo del menú principal, por ejemplo, en el archivo header.php. Por tanto, la función se encuentra en todas las páginas del sitio web.

```
<?php if(function_exists('rastro_migas')){ echo rastro_migas(); } ?>
```

Agregue código CSS para hacer su rastro de migas más bonito en el archivo style.css o en la administración: **Apariencia** - **Personalizar** - **CSS adicional**.

```
#rastro{
  margin:10px 20px 10px 10px;
}
#rastro a{
  color:#58b8f4;
}
#rastro a:hover{
  color:#ccc;
}
```

Ejemplo con el archivo header.php del tema Twenty Twenty-One:

```
[...]
<main id="main" class="site-main">

    <?php
    if(function_exists('rastro_migas')){
        echo rastro_migas();
    }
    ?>
```

Lo que, en el lado del usuario web, da como resultado:

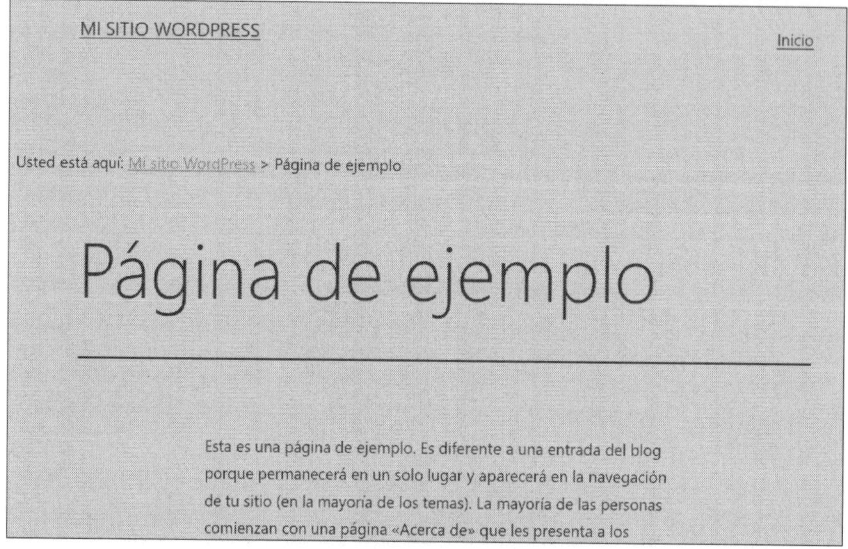

En la página ***Página de ejemplo*** *del tema Twenty Twenty-One, encontrará el rastro de migas. Observe que en la página de inicio no aparece el rastro de migas.*

Esta función de rastro de migas es realmente básica. Puede mejorarla más adelante integrando etiquetas, categorías, archivos, etc. Puede traducir textos con funciones de WordPress para idiomas. La extensión Yoast Seo también ofrece un rastro de migas, optimizado para SEO.

4. Crear una función para mostrar los artículos de una categoría con el objeto WP_Query

En esta función verá cómo realizar una solicitud sobre los artículos, para mostrar los artículos pertenecientes a una categoría específica. La categoría se debe crear previamente, en la página de administración **Entradas** - **Categorías**.

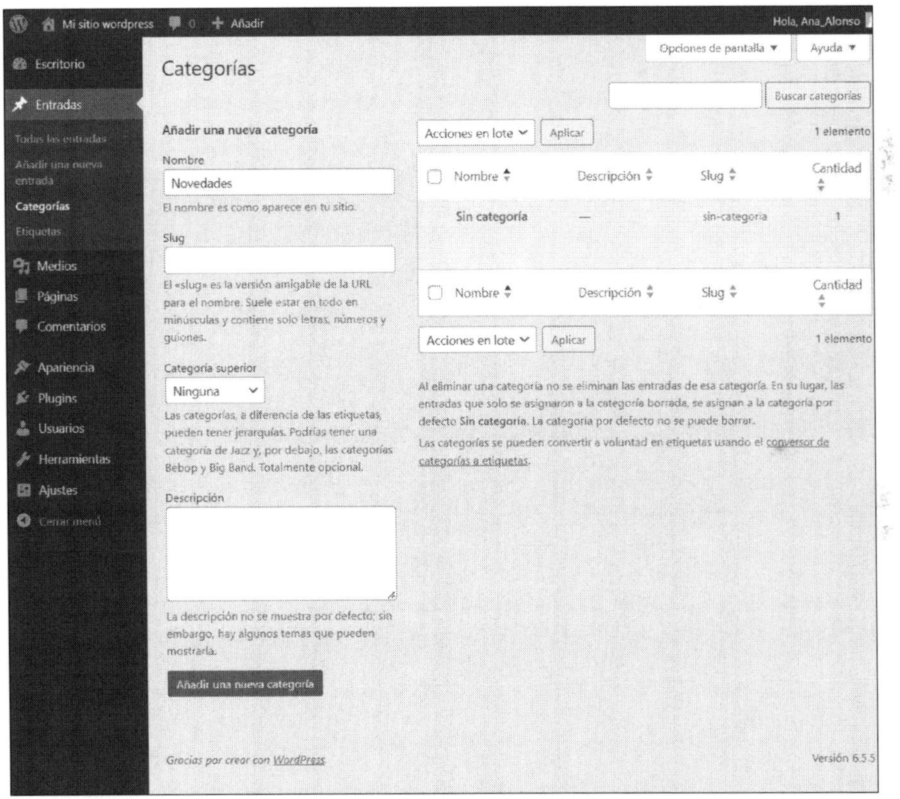

Página ***Entradas - Categorías - Añadir una nueva categoría***

Para este ejemplo, llame a la categoría "Novedades" y recupere el identificador (consulte el capítulo WordPress y PHP, sección Los marcadores condicionales).

En este ejemplo, el identificador de la categoría es 8, pero probablemente sea diferente para usted.

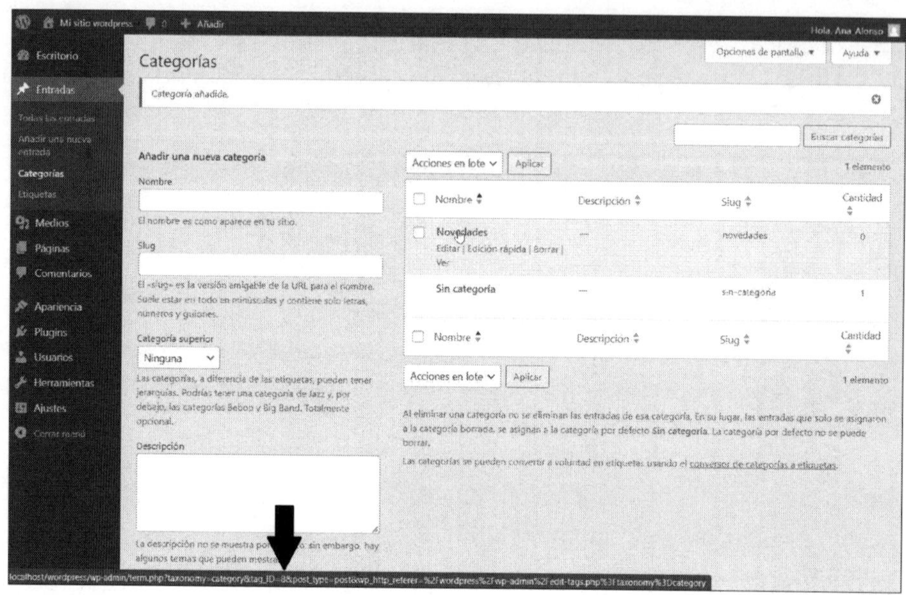

*Página **Entradas** - **Categorías**, el id de la categoría creada es 8, porque la variable tag_ID que se pasa en la URL es igual a 8*

Posteriormente asigne artículos a esta categoría. Una categoría sin artículos no arroja ningún resultado. Para hacer esto, cree artículos con un título, texto, una imagen destacada, un extracto, luego asígneles la categoría Novedades.

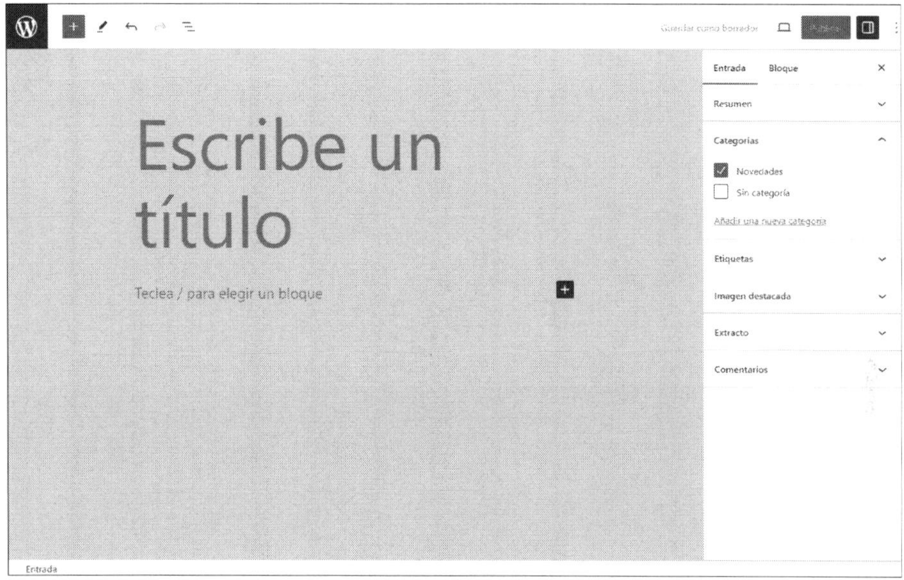

*Página **Entradas** - **Añadir una nueva entrada**, marque la casilla **Novedades** en el bloque **Categorías** para unir el artículo con la categoría*

Para recuperar los artículos, use el objeto `WP_Query`. Es posible recuperar artículos de varias formas: con el objeto `WP_Query` directamente, con la función `get_posts()` o `query_posts()`.

`query_posts()` se usa para reemplazar el bucle principal de WordPress. Ahora bien, desea agregar un bucle secundario.

El bucle es sencillo, ya que solo tiene un argumento: la categoría. El objeto `WP_query` se utiliza para consultas más complejas. Es similar a una consulta SQL real, podemos recuperar toda la información gracias a este objeto. Por lo tanto, la elección es la función `get_posts()`.

4.1 Una función sencilla con get_posts()

(Si es necesario, consulte el capítulo de WordPress y PHP, sección Clase WP_Query y consultas del contenido).

Cree la función `posts_novedad()` en el archivo functions.php:

```
<?php
function posts_novedad(){
        global $post;
        $query = get_posts('category='.$cat.'');

        if($query){
             foreach($query as $post){
                  setup_postdata($post);
                  //aquí recupera la información de los artículos
             }
        wp_reset_postdata();
        }
}
?>
```

Pase el identificador de la categoría como argumento a la función `posts_novedad()`. Esto permite reutilizar la función en la misma página o en otra plantilla de página y mostrar un resultado diferente, dependiendo del argumento `$cat`, es decir, el identificador de la categoría.

```
<?php
function posts_novedad($cat){
   global $post;
   $query = get_posts('category='.$cat.'');

        if($query){
             foreach($query as $post){
                  setup_postdata($post);
                  //aquí recupera la información de los artículos
             }
        wp_reset_postdata();
        }
}
?>
```

Dentro del bucle, recupere información diversa con las funciones de WordPress: el título con `the_title()`, el resumen con `the_excerpt()`, el enlace del artículo con `the_permalink()` y la miniatura con `the_post_thumbnail()`.

Después, añada el código HTML para el formato de la página.

```
<?php
function posts_novedad($cat){
   global $post;

   $query = get_posts('category='.$cat.'');

       if($query){
       foreach($query as $post){
       setup_postdata($post);

           echo "<h2>";
           the_title();
           echo "</h2>";
           the_post_thumbnail('thumbnail');
           the_excerpt();
           echo "<a href=\"";
           the_permalink();
           echo"\">leer más</a>";

       }
   wp_reset_postdata();
   }
}
?>
```

Llame a la función en la plantilla de página donde desea mostrar los artículos y pase el ID de categoría como argumento (en este ejemplo, 8):

```
<?php if(function_exists('posts_novedad')){ posts_novedad(8); } ?>
```

Para que aparezca la foto y el extracto, debe completar los campos en la administración agregando una imagen destacada y completando el campo **Extracto** en su entrada.

4.2 La misma función con el objeto WP_Query

Aquí está el mismo ejemplo, pero esta vez con el objeto `WP_Query`, para que pueda ver la similitud entre las dos funciones, ya que muestran el mismo resultado.

`WP_Query` se usa normalmente para consultas más complejas, pero funciona de la misma manera.

```
<?php
function posts_novedad($cat){
 $query = new WP_Query('cat='.$cat.'');

 if( $query->have_posts() ) {
   while( $query->have_posts() ) {
        $query->the_post();

        echo "<h2>";
        the_title();
        echo "</h2>";
        the_post_thumbnail('thumbnail');
        the_excerpt();
        echo "<a href=\"";
        the_permalink();
        echo"\">leer más</a>";

   }
 }
}
?>
```

5. Añadir un enlace "Leer más" a los resúmenes

Algunos temas usan la función de WordPress `the_excerpt()`. Esta función se utiliza para mostrar el contenido de la sección **Extracto** que se encuentra en la administración, en la columna **Entrada**, a la derecha de la página **Entradas**.

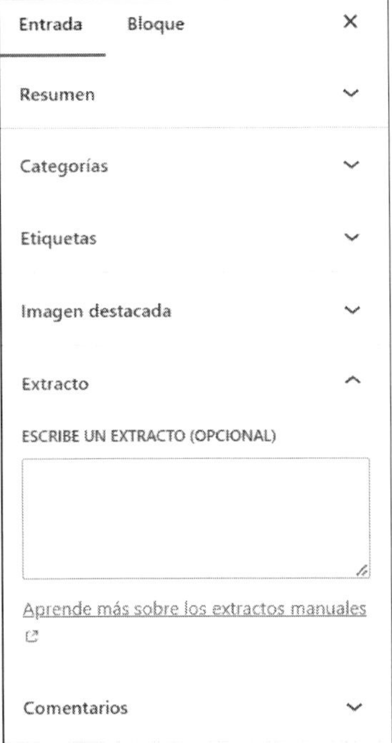

*Sección **Extracto***

Para mostrar un enlace **Leer más**, que lleve a todo el artículo, hay que modificar el final del extracto, la función básica de WordPress: `the_excerpt()`.

Si toma el ejemplo anterior, deberá eliminar el código HTML del enlace **Leer más** en la función `posts_novedad`; de lo contrario, aparecerán dos enlaces.

Cree la función `excerpt_new()` en el archivo functions.php y obtenga el valor que devuelve `the_excerpt()`, gracias al argumento `$outpout`:

```
function excerpt_new($outpout){
    return $outpout ;
}
```

En este punto, la función `excerpt_new()` devuelve exactamente lo mismo que `the_excerpt()`.

Ahora, obtenga la URL del artículo, gracias a la función `get_permalink()` de WordPress, para crear un enlace HTML que regrese a la página completa del artículo.

```
function excerpt_new($outpout){
   global $post;

   return $outpout.' <a href="'.get_permalink($post->ID).'">
Leer más ...</a>';
}
```

La función ahora está completa, modifique el hook de la función `the_excerpt()`, con un hook de filtro, para reemplazarla con la nueva función.

Agregar después de la función:

```
add_filter('the_excerpt', 'excerpt_new');
```

Ahora, aparece un enlace **Leer más** cada vez que se usa la función WordPress `the_excerpt()`. La mayoría de los temas ya usan esto en el archivo functions.php o en un archivo PHP llamado por el archivo functions.php.

6. Añadir hojas de estilo y scripts

Cuando se crean sitios web, es necesario agregar hojas de estilo CSS o scripts JavaScript.

Con WordPress, puede agregar llamadas a archivos CSS/JavaScript directamente en el archivo header.php o en el archivo footer.php llamadas a archivos JavaScript, utilizando etiquetas HTML estándar.

Gracias a las funciones de WordPress, también es posible agregar algunas.

El uso de estas funciones le permite agregar archivos CSS y JavaScript a las funciones `wp_head()` y `wp_footer()` usando hooks. Se recomienda utilizar esta solución.

WordPress también tiene una biblioteca de scripts fáciles de usar.

Es importante comprender completamente estas funciones, ya que son útiles y esenciales a la hora de crear extensiones.

6.1 Las funciones de adición

Para agregar sus propias hojas de estilo y scripts, use las siguientes funciones.

Para estilos:

```
<?php wp_register_style( $key, $src, $deps, $ver, $media ); ?>

<?php wp_enqueue_style( $key, $src, $deps, $ver, $media ); ?>
```

Para los scripts:

```
<?php wp_register_script( $key, $src, $deps, $ver, $footer ); ?>

<?php wp_enqueue_script( $key, $src, $deps, $ver, $footer ); ?>
```

- `$key`: acepta un nombre obligatorio único que sirve de clave correspondiente al archivo.
- `$src`: acepta la URL del archivo a agregar. Utilice la función `get_template_directory_uri()` de WordPress para volver al directorio del tema (o la función `get_stylesheet_directory()` para las URL secundarias, en el caso de un tema secundario).

  Al crear una carpeta css o js, la URL tiene la forma:

```
get_template_directory_uri().'/css/nombredelarchivo.css'
```

o:

```
get_template_directory_uri().'/js/nombredelarchivo.js'
```

- `$deps`: acepta una tabla de nombres clave(`$key`), de la que depende el archivo.

  Para un archivo JavaScript, por ejemplo: `array('jquery')`.
- `$ver`: acepta el nombre de la versión del archivo.
- `$media`: acepta una cadena que especifica el medio para el que se ha definido la hoja de estilo.

  Ejemplos: `all`, `screen`, `handheld` o `print`.

– `$footer`: acepta `true` si desea colocar la llamada al archivo en el pie de página (footer), justo antes de la etiqueta `</body>`. Es mejor poner las llamadas a los scripts en el pie de página. A veces, esta funcionalidad no funciona, en cuyo caso use un hook que le permita agregar el script, ya sea en el pie de página o en el encabezado de la página. Lo verá al crear extensiones.

Las funciones con `register` le permiten registrar hojas de estilo o scripts JavaScript en WordPress. Para llamarlas, use las funciones `enqueue`, solo con el parámetro `$key`.

Ejemplo

```
wp_register_script( 'script-name', get_template_directory_uri() .
'/js/example.js', array(), '1.0.0', true );
wp_enqueue_script( 'script-name');
```

Puede llamar directamente al estilo o al script con las funciones `enqueue` indicando `$key` y `$src`.

Ejemplo

```
wp_enqueue_script( 'script-name', get_template_directory_uri() .
'/js/example.js', array(), '1.0.0', true );
```

Observación

Referencias al códex:

https://developer.wordpress.org/reference/functions/wp_register_style

https://developer.wordpress.org/reference/functions/wp_enqueue_style

https://developer.wordpress.org/reference/functions/wp_register_script

https://developer.wordpress.org/reference/functions/wp_enqueue_script

Estas funciones de adición solo funcionan si, en su tema están presentes las funciones `wp_head()` y `wp_footer()`. Estas funciones también operan en los temas basados en los bloques, aunque las funciones `wp_head()` y `wp_footer()` no aparecen en las plantillas de página.

6.2 Scripts disponibles

WordPress usa jQuery y proporciona una gran cantidad de scripts, por ejemplo, el conjunto completo de jQuery UI, Masonry, Jcrop, ThickBox, Iris (color picker), Plupload, TinyMCE, etc.

Para agregar un script, WordPress necesita el nombre clave que hace referencia al script. Encontrará la lista completa en la columna **handle**, en la página de referencia:
https://developer.wordpress.org/reference/functions/wp_enqueue_script

Por ejemplo:

```
wp_enqueue_script( 'iris' );
```

Esta función activa archivos JavaScript de Iris.

6.3 Incluir los estilos y los scripts con los hooks

Aquí hay algunos hooks de acción que le permiten incluir scripts JavaScript y archivos CSS, en diferentes partes de su sitio web. Aunque los hooks tienen el término "scripts" en su nombre, también se utilizan para estilos CSS.

- **wp_enqueue_scripts**: hook de acción para agregar archivos a la parte del usuario web.
- **admin_enqueue_scripts**: hook de acción para agregar archivos a la administración.
- **login_enqueue_scripts**: hook de acción para agregar archivos a la página de inicio de sesión.

6.4 Crear la función en el archivo functions.php

Para poder agregar los scripts, necesita las funciones de adición y también un hook de acción.

En este ejemplo, el hook de acción es `wp_enqueue_scripts` y la función de llamada a los archivos `add_css_and_js()`, dentro de la cual están las funciones de adición `wp_enqueue_style()` y `wp_enqueue_script()`.

```
function add_css_and_js(){
    wp_enqueue_style(
                     'mi-estilo',
                     get_template_directory_uri().'/css/miestilo.css',
                     array()
                    );
    wp_enqueue_script(
                     'mi-script',
                     get_template_directory_uri().'/js/miscript.js',
                     array( 'jquery' ), '1.0',
                     true
                    );
}
add_action( 'wp_enqueue_scripts', 'add_css_and_js' );
```

7. Crear ubicaciones para los menús

En el capítulo de WordPress y PHP, vio la función `wp_nav_menu()`. Ahora verá cómo definir ubicaciones específicas para los menús, gracias a la función `register_nav_menus()` de WordPress.

Esta función agrega una pestaña adicional **Gestionar ubicaciones**, en el panel de administración **Apariencia - Menús**.

Algunos temas integran directamente esta función. Por ejemplo, el tema Twenty Twenty-One lo ofrece. Esto significa que la función `register_nav_menus()` está presente en el archivo functions.php de este tema.

Para el tema Twenty Twenty-One, tenemos el siguiente código, línea 74:

```
register_nav_menus(
    array(
        'primary' => esc_html__( 'Primary menu', 'twentytwentyone' ),
        'footer'  => esc_html__( 'Secondary menu', 'twentytwentyone' ),
    )
);
```

Este código le permite tener los siguientes menús en la administración:

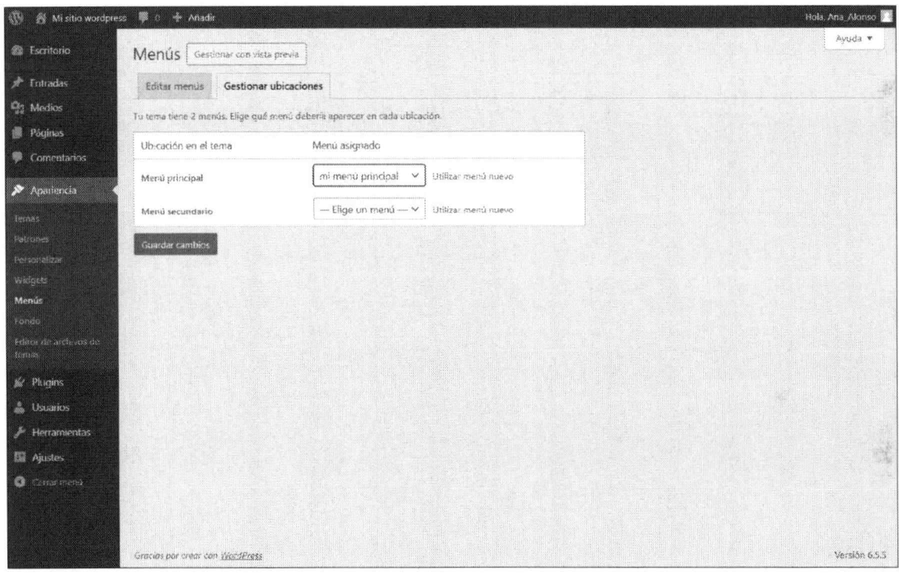

***Gestionar ubicaciones** del tema Twenty Twenty-One*

```
 * Enable support for Post Thumbnails on posts and pages.
 *
 * @link https://developer.wordpress.org/themes/functionality/featured-images-post-thumbnails/
 */
add_theme_support( 'post-thumbnails' );
set_post_thumbnail_size( 1568, 9999 );

register_nav_menus(
    array(
        'primary' => esc_html__( 'Primary menu', 'twentytwentyone' ),
        'footer'  => esc_html__( 'Secondary menu', 'twentytwentyone' ),
    )
);

/*
 * Switch default core markup for search form, comment form, and comments
 * to output valid HTML5.
 */
add_theme_support(
    'html5',
```

Parte del archivo functions.php del tema Twenty Twenty-One

Este es el detallle de la función `register_nav_menus()`:

```
<?php register_nav_menus($locations ); ?>
```

– `$location`: acepta una tabla que tiene como claves los nombres clave de los menús y como valores, su definición.

Ejemplo

```
register_nav_menus(array(
   'primero' => 'menú principal',
   'segundo' => 'menú pie de página'
));
```

En el caso de un sitio multiidioma, agregue funciones para los textos que también sirven para la traducción:

```
register_nav_menus(array(
   'primero' => __('menú principal','nombredeltema'),
   'segundo' => __('menú pie de página','nombredeltema')
));
```

Ponga el código en una función, luego cárguela usando un hook.

Cargue la función usando el hook de acción `after_setup_theme`.

Este hook se llama cuando se carga cada página, después de que se haya inicializado el tema. Configura las acciones a realizar cuando se carga el tema.

```
function setup_theme(
   register_nav_menus(array(
         'primero' => __('menú principal','nombredeltema'),
         'segundo' => __('menú pie de página','nombredeltema')
   ));
)
add_action( 'after_setup_theme', 'setup_theme' );
```

La función crea una primera ubicación para un menú principal y una segunda ubicación para un menú en el pie de la página. Para que el menú principal se muestre en el encabezado y el menú secundario se muestre en el pie de página, se debe insertar la función `wp_nav_menu()` en diferentes lugares de las plantillas de página.

Coloque o modifique (si la función existe) la función de llamada del menú principal, en el archivo header.php:

```
<?php wp_nav_menu( array( 'theme_location' => 'primero' ) ); ?>
```

Y coloque en el archivo footer.php la siguiente función:

```
<?php wp_nav_menu(array( 'theme_location' => 'segundo' ) ); ?>
```

Ahora puede colocar menús en lugares específicos, directamente en el panel de administración.

8. Crear barras laterales y zonas para ellas

Las barras laterales, o sidebars, se utilizan para mostrar widgets. La mayoría de las veces, la barra lateral es la columna lateral de un sitio web pero, dependiendo del tema, se puede encontrar en el pie de página, en el encabezado, en una página específica (como la página de inicio), etc. Las barras laterales están directamente vinculadas a los temas y puede cambiar de un tema a otro. Verá cómo crear sus propias barras laterales, así como su ubicación correspondiente. Para crear barras laterales, utilizará la función de WordPress `register_sidebar()`.

Esta función le permite guardar y de esta manera crear barras laterales en la administración **Apariencia** - **Widgets**.

Algunos temas integran directamente esta función. Por ejemplo, el tema Twenty Twenty-One lo ofrece. Significa que la función `register_sidebar()` está presente en el archivo functions.php de este tema. Se usa en la línea 352 en la función `twenty_twenty_one_widgets_init()`.

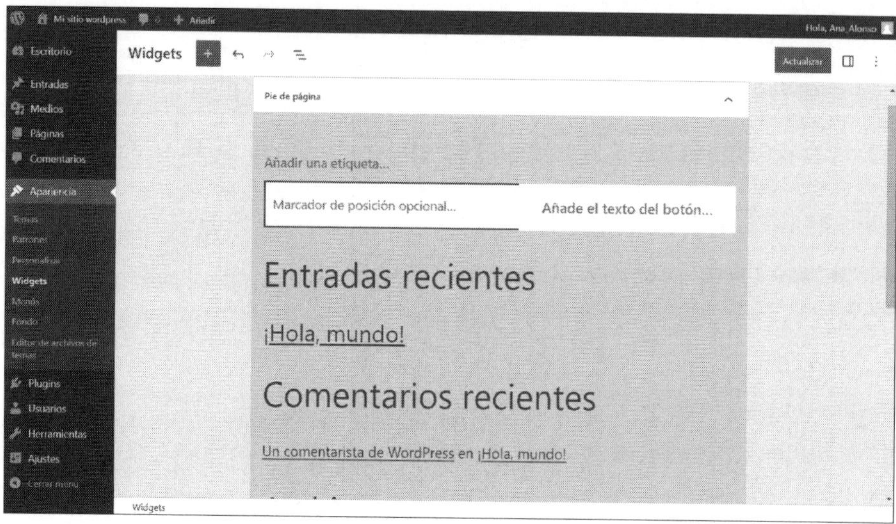

*En el tema Twenty Twenty-One, esta función crea las sidebars **Barra lateral del Blog** y **Pie de página***

```
350 function twenty_twenty_one_widgets_init() {
351 
352     register_sidebar(
353         array(
354             'name'          => esc_html__( 'Footer', 'twentytwentyone' ),
355             'id'            => 'sidebar-1',
356             'description'   => esc_html__( 'Add widgets here to appear in your footer.', 'twentytwentyone' ),
357             'before_widget' => '<section id="%1$s" class="widget %2$s">',
358             'after_widget'  => '</section>',
359             'before_title'  => '<h2 class="widget-title">',
360             'after_title'   => '</h2>',
361         )
362     );
363 }
364 add_action( 'widgets_init', 'twenty_twenty_one_widgets_init' );
```

Parte del archivo functions.php del tema Twenty Twenty-One para crear la barra lateral pie de página

Para crear barras laterales o sidebars, necesita la función de WordPress:

```
<?php register_sidebar($args) ?>
```

La función acepta un argumento en forma de una tabla que contiene parámetros. Aquí están los valores predeterminados:

```
<?php
$args = array( 'name' => 'nombre de la sidebar',
               'id' => 'id de la sidebar',
               'description' => '',
               'class' => '',
               'before_widget' => '<li id="%1$s" class="widget %2$s">',
               'after_widget' => '</li>',
               'before_title' => '<h2 class="widgettitle">',
               'after_title' => '</h2>' )
               );
?>
```

- `name`: nombre de la sidebar.
- `id`: id de la sidebar.
- `description`: descripción de la sidebar.
- `class`: clase de la sidebar.
- `before_widget`: el código HTML antes del widget.
- `after_widget`: el código HTML después del widget.
- `before_title`: el código HTML antes del título del widget.
- `after_title`: el código HTML después del título del widget.

De forma predeterminada, la función `register_sidebar()` de WordPress devuelve una lista de widgets rodeados por etiquetas HTML `<li>` sin las etiquetas HTML `<ul>`, que se corresponde con una lista con viñetas.

Cree la función `mi_sidebar()` en el archivo functions.php. Luego, inserte la función `register_sidebar()`, con una tabla de parámetros como argumento:

```
<?php
function mi_sidebar(){
   register_sidebar(array(

  'id' => 'mi-sidebar',
  'name' => 'Mi sidebar',
  'description' => 'Sidebar personalizada.',
```

```
  'before_widget' => '<li id="%1$s" class="widget %2$s">',
  'after_widget' => '</li>',
  'before_title' => '<h2 class="widgettitle">',
  'after_title' => '</h2>',

  ));

}
?>
```

Para que la función se tenga en cuenta y se ejecute cuando se inicialicen los widgets, llámela usando el hook de acción `widgets_init`.

```
<?php add_action( 'widgets_init', 'mi_sidebar' ); ?>
```

En la administración **Apariencia - Widgets**, aparece la sidebar:

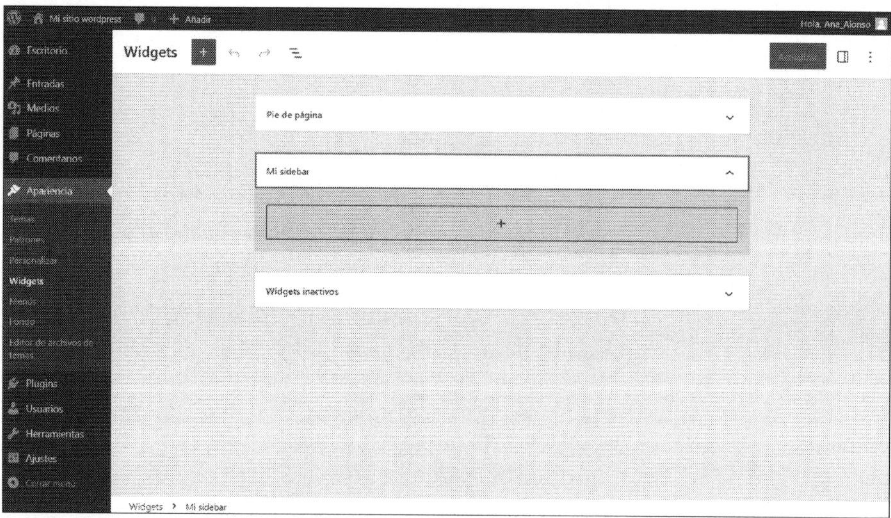

Página ***Apariencia*** *-* ***Widgets****, con la sidebar personalizada* ***Mi sidebar***

Ahora puede agregar tantos widgets como desee en su sidebar.

Verifique que la sidebar contenga widgets; de lo contrario, no la verá aparecer en el sitio. Luego coloque el siguiente código en la plantilla de página, donde desee que aparezca su sidebar:

```
<?php
if( is_active_sidebar('mi-sidebar')){
     echo "<ul>";
     dynamic_sidebar('mi-sidebar');
     echo "</ul>";
}
?>
```

Todo lo que tiene que hacer es agregar código HTML adicional a su sidebar y hacer que se vea más bonita, gracias al código CSS.

9. Personalizar un tema con add_theme_support()

La función `add_theme_support()` de WordPress le permite agregar funcionalidades al tema, como formatos para los artículos, un logotipo, encabezados de página, un background (fondo) y otras, pero también agregar funcionalidades al editor de bloques Gutenberg. Además, puede utilizar el archivo theme.json para activar y desactivar algunas funciones y personalizar otras.

Muchos temas utilizan esta función, pero algunos no utilizan todas las posibilidades que ofrece la función.

La función `add_theme_support()` debe estar adjunta al hook de acción `after_setup_theme`, que ejecuta la función cuando se carga el tema.

Si algunos elementos no están presentes en su tema original, agregue esta función en el archivo functions.php, para activar estas opciones.

Aquí está el detalle de esta función:

```
<?php add_theme_support($custom, $arg ); ?>
```

- `$custom`: nombre del elemento a añadir:
  - `post-formats`: le permite agregar formatos a los artículos.
  - `post-thumbnails`: le permite agregar el bloque **Imagen destacada** a los artículos.

- `custom-background`: le permite agregar una pestaña al menú **Apariencia**, que se utiliza para agregar una imagen o un color al fondo del sitio.
- `custom-header`: le permite agregar una pestaña al menú **Apariencia**, que se utiliza para agregar una o más imágenes o un vídeo al encabezado del sitio.
- `custom-logo`: le permite agregar un campo de descarga al menú **Apariencia** - **Personalizar** - **Identidad del sitio**, utilizado para agregar un logotipo al sitio (desde la versión 4.5).
- `automatic-feed-links`: le permite agregar el enlace a las feed RSS sobre artículos y comentarios en las etiquetas `<head>`.
- `html5`: permite el uso de marcado HTML5 para comentarios, campo de búsqueda, etc.
- `title-tag`: le permite agregar un título de página en la etiqueta HTML `<head> </head>`.
- `align-wide`: permite que los bloques de Gutenberg se desborden fuera del área de edición, para mostrarlos más amplios o en todo su ancho.
- `starter-content`: permite que los temas definan los parámetros de inicio: páginas, widgets y menús.
- `customize-selective-refresh-widgets`: le permite actualizar los widgets administrados en el menú **Apariencia**.
- `editor-color-palette`: le permite activar la paleta de colores que se puede encontrar en el bloque de párrafo de Gutenberg.
- `editor-gradient-presets`: le permite agregar degradados a la paleta de colores.
- `disable-custom-gradients`: le permite desactivar la posibilidad de agregar degradados a la paleta de colores.
- `disable-custom-colors`: le permite eliminar al final de la paleta de colores, el botón "color personalizado" que abre un ColorPicker, lo que le permite seleccionar cualquier color.
- `editor-font-sizes`: le permite agregar tamaños de fuente personalizados para los bloques de texto de Gutenberg.
- `disable-custom-font-sizes`: le permite deshabilitar tamaños de fuente personalizados.

- `editor-styles`: permite a los desarrolladores de temas agregar estilos personalizados.
- `dark-editor-style`: le permite activar el fondo oscuro para un bloque Gutenberg, por ejemplo, si el texto es claro sobre un fondo oscuro. Tenga en cuenta que la regla `editor-styles` debe estar presente para que funcione la regla `dark-editor-style`.
- `wp-block-styles`: le permite activar estilos predeterminados para los bloques de Gutenberg. El objetivo es construir un sistema flexible de estilos dentro de los temas y acercarse lo más posible a la «paridad visual entre el front-end y el editor».
- `responsive-embeds`: se usa para cambiar el tamaño y mantener una relación de alto y ancho. Al elemento `<body>` se le asigna la clase `wp-embed-responsive`.

- `$arg`: acepta una tabla opcional según el valor de `$custom`.

9.1 Los formatos

Los formatos solo afectan a los artículos y le permiten tener un diseño de página específico, dependiendo del tipo de contenido que quiera publicar, por ejemplo de audio, vídeo, imagen, enlace, galería, etc. También puede agregarlos a otro tipo de páginas o a un tipo de artículo personalizado (custom type).

9.1.1 Agregar un formato

Los formatos se pueden encontrar en la sección **Resumen - Formato de entrada** al editar o crear un artículo, en la columna del lado derecho, pero esto depende de los temas utilizados, ya que los formatos no están activados para los artículos en algunos temas.

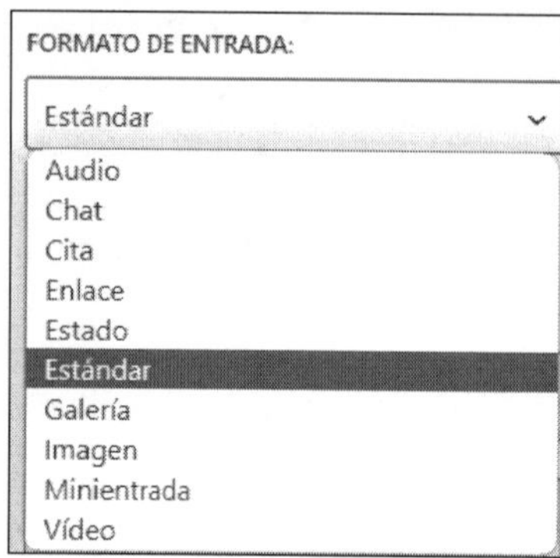

Sección ***Formato de entrada***

Este es el código para activar la sección **Formato de entrada**:

```
<?php add_theme_support( 'post-formats', $arg); ?>
```

- `$arg` acepta una tabla que incluye los diferentes nombres de formatos. Los formatos básicos son `aside`, `gallery`, `chat`, `image`, `link`, `quote`, `status`, `video` y `audio`.

Ejemplo

```
<?php
add_theme_support( 'post-formats', array( 'aside', 'gallery',
'chat', 'image', 'link', 'quote', 'status', 'video', 'audio' ) );
?>
```

Para activar los formatos para las páginas, hay que utilizar el siguiente código:

```
add_post_type_support( 'page', 'post-formats' );
```

Para activar formatos para tipos de artículos, debe agregar `'post-formats'` al crear el tipo de artículo con la función `register_post_type()` en la tabla `supports` (consulte en este capítulo la sección Añadir otros tipos de artículos, para obtener más detalles sobre los tipos de artículos y la función `register_post_type()`).

```
add_action( 'init', 'create_my_post_type' );
function create_my_post_type() {
    register_post_type( 'my_custom_post_type',
      array(
        'labels' => array( 'name' => __( 'Productos' ) ),
```

```
        'public' => true,
        'supports' => array('title', 'editor', 'post-formats')
    )
  );
}
```

9.1.2 Funcionamiento

En el bloque **Formato de entrada**, cuando seleccione el tipo de formato, el archivo del tema single.php puede llamar a un archivo PHP diferente, según su elección o utilizar una función condicional según el tipo de formato. De esta manera, para cada tipo de formato puede hacer un diseño diferente.

Para llamar a plantillas de página diferentes, el tema usa la función `get_template_part()` de WordPress. Los archivos llamados tienen el formato content-nombredelformato.php.

La función `get_template_part()` es la siguiente:

```
get_template_part( 'content', 'nombredelformato');
```

Para obtener el nombre del formato según el artículo en el que se encuentre, utilice la función `get_post_format()`.

La función final permite recuperar automáticamente el archivo correspondiente al formato:

```
<?php get_template_part( 'content', get_post_format() ); ?>
```

Para usar con una función condicional, agregue la siguiente condición:

```
if( has_post_format( 'video' )) {
   echo 'Estoy en formato de vídeo';
}
```

No puede crear formatos personalizados sin tocar el núcleo de WordPress.

Sin embargo, si desea agregar sus propios formatos, modifique la función principal de WordPress `get_post_format_strings()` línea 96, que se encuentra en el archivo **wp-includes/post-formats.php** y agregue su formato a la tabla. Atención, estos cambios se eliminarán durante las actualizaciones.

9.1.3 Utilización

En algunos temas, cada tipo de formato se corresponde con un archivo de plantilla de página: `aside` se corresponde con el archivo content-aside.php, `gallery` al archivo content-gallery.php, etc.

Por lo tanto, es suficiente modificar el código dentro de estos archivos.

Si los archivos no existen, utilice marcadores condicionales según el formato seleccionado, gracias al marcador condicional de WordPress `has_post_format()`:

```
has_post_format($format_name)
```

– `$format_name`: acepta el nombre del formato.

Ejemplo

```
<?php
if( has_post_format( 'aside' )){
   echo the_content();
}elseif( has_post_format( 'link' )){
   echo the_title();
}else{
   echo '<h2>';
   echo the_title();
   echo '</h2>';
   echo the_content();
}
?>
```

Si el formato es `aside`, se muestra el contenido. Si el formato es `link`, se muestra el título. De lo contrario, se muestran el título y el contenido.

9.2 Las fotos en miniatura (thumbnails)

Las fotos en miniatura le permiten vincular una foto a un artículo o una página, con la sección **Imagen destacada**. Es raro encontrar un tema que no utilice esta funcionalidad. En teoría, sigue siendo una opción. Por tanto, es posible que el bloque no esté presente.

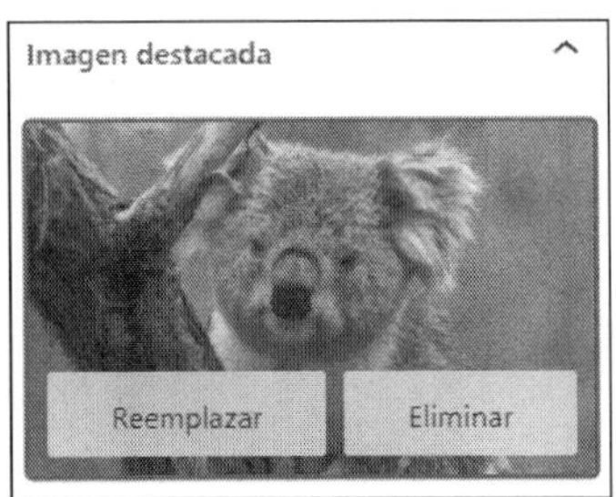

*Sección **Imagen destacada** en la columna de la derecha de las **Entradas** o **Páginas***

Para abrir la sección **Imagen destacada**, use la siguiente función:

```
<?php add_theme_support('post-thumbnails', $arg); ?>
```

- `$arg`: acepta una tabla que incluye los diferentes tipos de páginas: `post`, `page` y `movie`.

Esto muestra la sección **Imagen destacada** solo para ciertos tipos de páginas.

9.2.1 Definir un tamaño de miniatura

Para definir un tamaño de miniatura, utilice la función:

```
<?php set_post_thumbnail_size( $width, $height, $crop ); ?>
```

- `$width`: ancho de la miniatura.
- `$height`: altura de la viñeta.
- `$crop`: acepta `true` o `false` para activar o no la posibilidad de recortar la imagen.

Si la función `add_theme_support( 'post-thumbnails', $arg)` no está definida, es lógico que la sección no aparezca en la administración.

Observación

Referencia al códex: https://developer.wordpress.org/reference/functions/set_post_thumbnail_size

9.2.2 Crear una segunda miniatura

También puede crear una miniatura con un nombre personalizado y así guardar una segunda imagen, usando la siguiente función:

```
<?php add_image_size( $name, $width, $height, $crop ); ?>
```

- `$name`: nombre de la miniatura.
- `$width`: ancho de la miniatura.
- `$height`: altura de la miniatura.
- `$crop`: acepta `true` o `false` para activar o no la posibilidad de recortar la imagen.

Recupere la imagen con la siguiente función:

```
<?php
if( has_post_thumbnail() ){
    the_post_thumbnail($name);
}
?>
```

Si la función `add_theme_support('post-thumbnails',$arg)` no está definida, es lógico que la sección no aparezca en la administración.

Observación

Referencia al códex: https://developer.wordpress.org/reference/functions/add_image_size

Utilización

Para que la imagen aparezca en las plantillas de página, debe utilizar la función `the_post_thumbnail()`.

Para ver el detalle de la función, consulte el capítulo WordPress y PHP, sección Las principales funciones de visualización en un bucle.

9.3 Los fondos (background)

Los fondos le permiten elegir el color o la imagen de fondo de su sitio web. Esto agrega una pestaña **Fondo** al menú de administración, en la pestaña **Apariencia**, que enlaza con la pestaña **Personalizar** - **Imagen de fondo**. También tiene una opción **Color del fondo** en la pestaña **Personalizar** - **Colores y modo oscuro**.

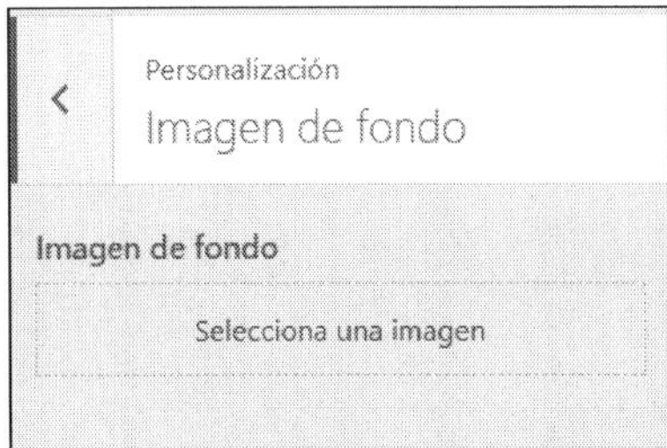

*Pestaña **Personalizar** - **Imagen de fondo***

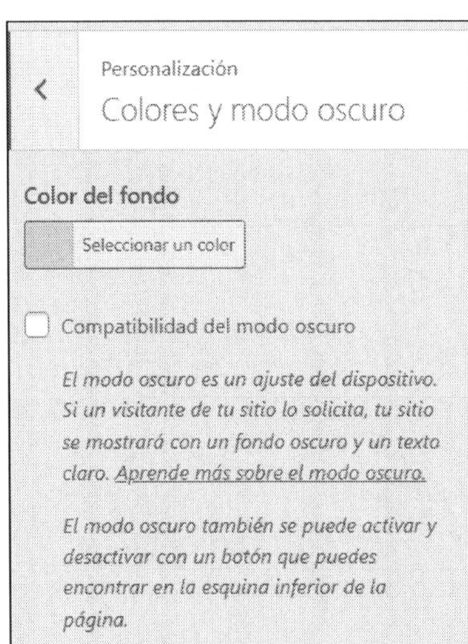

*Pestaña **Personalizar** - **Colores y modo oscuro***

Esta es la función:

```
add_theme_support( 'custom-background', $args );
```

Para los fondos, la tabla de argumentos acepta diferentes parámetros.

Aquí están los parámetros de la tabla de argumentos, con los valores predeterminados:

```
$args = array(
 'default-color' => '',
 'default-image' => '',
 'default-repeat' => '',
 'default-position-x' => '',
 'wp-head-callback' => '_custom_background_cb',
 'admin-head-callback' => '',
 'admin-preview-callback' => ''
);
```

- `default-color`: acepta el código de color HTML hexadecimal predeterminado, sin almohadilla `"#"`.
- `default-image`: acepta la URL de una imagen predeterminada.
- `default-repeat`: acepta `repeat` o `no-repeat`, para indicar si la imagen se repite o no.
- `default-position-x`: acepta `top`, `bottom`, `left`, `right` o `center`, dependiendo de la posición del fondo.
- `wp-head-callback`: se usa para llamar a la función de retorno que inserta el código CSS para el usuario web.

  Por `defecto_custom_background_cb`
- `admin-head-callback`: le permite llamar a la función de retorno que inserta el código CSS para la parte de administración. Puede llamar a la función `_custom_admin_head_cb`.
- `admin-preview-callback`: le permite llamar a la función de retorno, que inserta el código CSS, para la parte **Vista previa** de la administración. Puede llamar a la función `_custom_admin_preview_cb`.

  Para los `callbacks` (funciones de retorno), use también funciones propias que agregan, gracias a un hook, el código CSS en las etiquetas `<head>` del sitio web, o dentro de un archivo CSS.

– `$args` es opcional. Si `$args` está definido, el usuario del tema tiene un color predeterminado o una imagen predefinida al activar el tema. De lo contrario, se accede a la página **Fondo** sin ninguna configuración predefinida.

Ejemplo

Para definir un fondo negro con el código #000000 y una imagen de fondo llamada mi_imagen.jpg, debe crear el siguiente código:

```
$arg = array(
    'default-color' => '000000',
    'default-image' => get_template_directory_uri().'/image/mi_imagen.jpg',
);
add_theme_support( 'custom-background', $arg );
```

9.4 Los encabezados (headers)

Los encabezados le permiten agregar imágenes de fondo o vídeos, en la parte superior de su sitio web. Esto le permite agregar una pestaña **Encabezados** al menú de administración en la pestaña **Apariencia**, que enlaza con la pestaña **Personalizar** - **Imagen de la cabecera**.

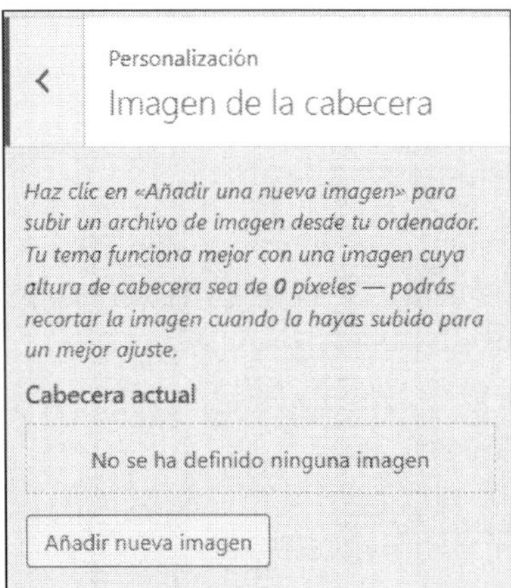

Pestaña ***Personalización*** *-* ***Imagen de la cabecera***

Este es el detalle de la función:

```
add_theme_support( 'custom-header', $args );
```

Para los encabezados, la tabla de argumentos es diferente.

Aquí están los parámetros de la tabla de argumentos, con los valores predeterminados:

```
$args = array(
 'default-image' => '',
 'random-default' => false,
 'width' => 0,
 'height' => 0,
 'flex-height' => false,
 'flex-width' => false,
 'default-text-color' => '',
 'header-text' => true,
 'uploads' => true,
 'wp-head-callback' => '',
 'admin-head-callback' => '',
 'admin-preview-callback' => '',
);
```

- `default-image`: acepta la URL de una imagen predeterminada.
- `random-default`: acepta `true` o `false` para una elección aleatoria de la imagen, si hay varias imágenes en el directorio.
- `width`: ancho de la imagen en píxeles (en números sin px).
- `height`: altura de la imagen (sin px).
- `flex-height`: acepta `true` o `false`, si acepta una altura diferente según las imágenes.
- `flex-width`: acepta `true` o `false`, si acepta un ancho diferente según las imágenes.
- `default-text-color`: acepta el código de color HTML hexadecimal predeterminado sin almohadilla "#", para el título del sitio.
- `header-text`: acepta `true` o `false`, si desea activar o no la visualización del título del sitio web.
- `uploads`: acepta `true` o `false`, para indicar si acepta o no la carga de imágenes.

- `wp-head-callback`: se usa para llamar a la función de retorno, que inserta el código CSS para el usuario web.
- `admin-head-callback`: le permite llamar a la función de retorno que inserta el código CSS para la parte de administración. Puede llamar a la función `_custom_admin_header_cb`.
- `admin-preview-callback`: le permite llamar a la función de retorno que inserta el código CSS para la parte de vista previa de la administración. Puede llamar a la función `_custom_admin_preview_cb`.

  Para las callbacks (funciones de retorno), use funciones propias.
- `$args` es opcional. Si se establece `$args`, el usuario del tema tiene un color predeterminado o una imagen predefinida al activar el tema. De lo contrario, va a la página **Cabecera** sin ninguna configuración predefinida.

Para recuperar las imágenes, use las funciones de WordPress `header_image()`, que obtiene la URL de la imagen y `get_custom_header()`, que devuelve valores de la tabla de argumentos. Este código está presente en el archivo header.php si el tema lo usa; de lo contrario, agréguelo para poder usar esta función.

```
<img src="<?php header_image(); ?>" height="<?php echo
get_custom_header()->height; ?>" width="<?php echo
get_custom_header()->width; ?>" alt="" />
```

9.5 El logotipo

WordPress le permite agregar un logotipo a su sitio web desde la versión 4.5, esto agrega a la pestaña **Personalizar** - **Identidad del sitio**, la posibilidad de cargar un logotipo.

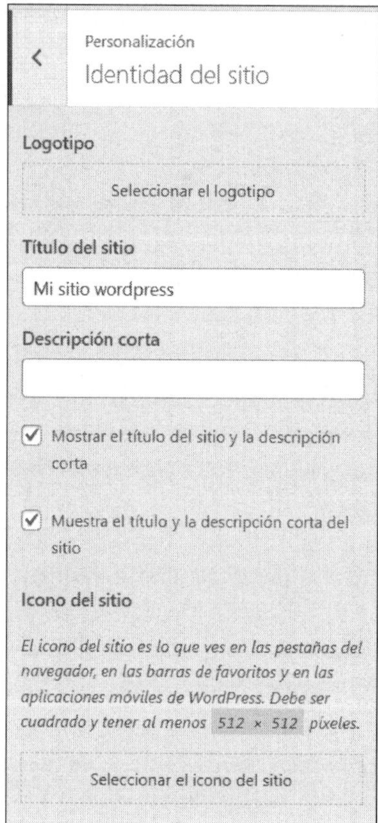

Pestaña ***Personalización*** *-* ***Identidad del sitio***

Este es el detalle de la función:

```
add_theme_support( 'custom-logo', $args );
```

Para el logotipo, la tabla de argumentos es nuevamente diferente.

Aquí están los parámetros de la tabla de argumentos, con los valores predeterminados:

```
add_theme_support( 'custom-logo', array(
       'height'      => 100,
       'width'       => 400,
       'flex-height' => true,
       'flex-width'  => true,
       'header-text' => array( 'site-title', 'site-description' ),
) );
```

- `height`: altura del logo en píxeles.
- `width`: ancho del logo en píxeles.
- `flex-height`: acepta `true` o `false` y permite que la altura sea flexible.
- `flex-width`: acepta `true` o `false` y permite que la anchura sea flexible.
- `header-text`: acepta una tabla array(), permitiéndole ocultar una o más clases en el encabezado, a menudo el título del sitio web y el eslogan. Este parámetro debe ser compatible con el tema.

Para mostrar la imagen en el encabezado, use la función:

```
if( function_exists( 'the_custom_logo' ) ) {
     the_custom_logo();
}
```

10. Añadir otros tipos de artículos

Por defecto, WordPress usa dos tipos de artículos: los artículos que se encuentran en la pestaña **Entradas** y las páginas que se encuentran en la pestaña **Páginas**, pero es posible agregar más tipos de artículos (`post_type`) como productos, archivos de clientes o un directorio, etc.

Estos tipos de artículos aparecen como pestañas en el menú de administración. Tienen la misma forma que los artículos y páginas básicos, con los mismos submenús básicos para ver la lista o agregar artículos. Es una especie de clon de las partes **Entradas** o **Páginas**, que puede configurar como quiera.

Para poder hacer esto, use la función:

```
<?php register_post_type( $post_type_name, $args ) ?>
```

- `$post_type_name`: acepta el nombre clave del tipo del artículo, con un máximo de 20 caracteres en minúsculas y sin espacios. No puede aceptar `post`, `page`, `attachment`, `revision`, `nav_menu_item`, `action`, `order` o `theme`, ya usados por WordPress. Para evitar los conflictos, utilice un prefijo.
- `$args`: acepta una tabla de argumentos, vamos a detallarla a continuación.

```
$args = array(
    'label' =>'',
    'labels' =>'',
    'description ' =>'',
    'public ' =>'',
    'exclude_from_search ' =>'',
    'publicly_queryable ' =>'',
    'show_ui ' =>'',
    'show_in_nav_menus' =>'',
    'show_in_menu' =>'',
    'show_in_admin_bar ' =>'',
    'menu_position' =>'',
    'menu_icon' =>'',
    'capability_type' =>'',
    'capabilities' =>'',
    'map_meta_cap' =>'',
    'hierarchical' =>'',
    'supports' =>'',
    'register_meta_box_cb ' =>'',
    'taxonomies' =>'',
    'has_archive' =>'',
    'permalink_epmask' =>'',
    'rewrite ' =>'',
    'query_var' =>'',
    'can_export' =>'',
    '_builtin' =>'',
    '_edit_link' =>'',
)
```

Observación

Dada la gran cantidad de argumentos, solo verá los más importantes. Para otros, consulte el códex:
https://developer.wordpress.org/reference/functions/register_post_type

- `label`: nombre del tipo del artículo.
- `labels`: acepta una tabla con los nombres de las distintas pestañas de administración.
  - `'name'`: nombre de la pestaña principal. Si no está definido, `'name'` toma el valor de `label`.
  - `'add_new'`: nombre de la subpestaña añadida.
  - ...
- `public`: acepta `true` o `false`, le permite habilitar o deshabilitar pestañas. Si el valor no es `true`, las pestañas no aparecen en la administración.
- `capabilities`: acepta una tabla con los nombres de las posibles acciones sobre los artículos.

  Por defecto: `edit_post`, `read_post`, `delete_post`, `edit_posts`, `edit_others_posts`, `publish_posts`, `read_private_posts`.
  Las otras opciones son: `read`, `delete_posts`, `delete_private_posts`, `delete_published_posts`, `delete_others_posts`, `edit_private_posts`, `edit_published_posts`.
- `supports`: acepta una tabla con los nombres clave de los diferentes bloques de un artículo: `title` (**Título**), `editor` (**Editor** WYSIWYG), `author` (**Autor**), `thumbnail` (**Imagen destacada**), `excerpt` (**Extracto**), `trackbacks` (**Enviar trackbacks**), `custom-fields` (**Campos personalizados**), `comments` (**Comentarios**), `revisions` (**Revisiones**), `page-attributes` (**Atributos de la página**), `post-formats` (**Formatos**).

  Permite activar los bloques durante la creación o edición de artículos.
- `taxonomies`: acepta una tabla con `'category'` y/o `'post_tag'` que permite activar la pestaña de las categorías y etiquetas. Si utiliza taxonomías personalizadas, utilice la función WordPress `register_taxonomy()`.

Ejemplo

Cree una función en functions.php, para activar un nuevo tipo de página llamado producto, active los bloques **Título**, **Contenido** (editor WYSIWYG), **Autor**, **Imagen destacada**, **Extracto** y **Discusión**:

```
<?php
function pagina_producto() {
 register_post_type( 'producto',
 array(
 'labels' => array( 'name' => __( 'Productos' ) ),
 'public' => true,
 'supports'=> array( 'title', 'editor', 'author', 'thumbnail',
 'excerpt', 'comments'),
 'taxonomies'=>array('category','post_tag' )
 )
 );
}
?>
```

No olvide agregar la función al hook de acción `init`:

```
<?php add_action('init', 'pagina_producto' ); ?>
```

Si usa enlaces permanentes, dependiendo del tema será necesario actualizar las reglas de escritura con el método `flush_rules()`. Vea el capítulo de WordPress y PHP, sección La clase WP_rewrite y reescritura de la URL.

```
global $wp_rewrite;
$wp_rewrite->flush_rules();
```

11. Añadir taxonomías específicas

Para añadir su propia taxonomía, utilice la función WordPress:

```
<?php register_taxonomy($taxonomy_name, $post_type_name, $args ); ?>
```

- `$taxonomy_name`: nombre de la taxonomía. No debe sobrepasar 32 caracteres.
- `$post_type_name`: nombre del tipo del artículo al que se debe adjuntar. También puede aceptar `post`, `page`, `attachement`, `revision` y `nav-menu-item`.

- `$args`: acepta una tabla de argumentos. Puede encontrar los argumentos más comunes a continuación; de lo contrario, consulte el códex: https://developer.wordpress.org/reference/functions/register_taxonomy

```
$args = array(
    'label' =>'',
    'labels' =>'',
    'public ' =>'',
    'show_ui ' =>'',
    'show_in_nav_menus' =>'',
    'show_tagcloud' =>'',
    'meta_box_cb' =>'',
    'show_admin_column' =>'',
    'hierarchical' =>'',
    'update_count_callback' =>'',
    'query_var' =>'',
    'rewrite' =>'',
    'capabilities' =>'',
    'sort' =>'',
    '_builtin' =>'',
)
```

- `label`: nombre de la taxonomía.
- `labels`: acepta una tabla con los nombres de las diferentes partes.
  - `name`: nombre de la pestaña principal. Si no está definido, `name` toma el valor de `label`.
  - `add_new_item`: título del enlace para agregar una nueva categoría.
  - ...
- `hierarchical`: acepta `true` o `false` y permite definir si la taxonomía acepta la relación padre/hijo.
- `query_var`: acepta `true` o `false` y permite autorizar consultas con el objeto `WP_Query` en esta taxonomía.
- `capabilities`: acepta una tabla para la gestión de la taxonomía: `manage_terms`, `edit_terms`, `delete_terms` y `assign_terms`.

Ejemplo

Cree una función para agregar una nueva pestaña de taxonomía, cree una pestaña de **Color** para los elementos generados en el ejemplo anterior. Permita la relación padre/hijo, así como la posibilidad de ser tenido en cuenta en las solicitudes con el objeto `WP_Query`:

```
<?php
function taxonomia_color(){
   register_taxonomy( 'color', 'post', array( 'label' =>
'Color', 'hierarchical' => true, 'query_var' => true ) );
}
?>
```

No olvide agregar la función al hook de acción `init`:

```
<?php add_action( 'init', 'taxonomia_color' ); ?>
```

Si usa enlaces permanentes, dependiendo del tema es necesario actualizar las reglas de escritura con el método `flush_rules()`. Vea el capítulo WordPress y PHP, sección La clase WP_rewrite y reescritura de la URL.

```
global $wp_rewrite;
$wp_rewrite->flush_rules();
```

12. Conclusión

En este capítulo, acaba de ver el uso principal del archivo functions.php y las principales opciones que ofrece WordPress. WordPress es flexible y permite a los desarrolladores modificar o agregar funcionalidades personalizadas fácilmente. También le permite añadir funciones PHP, estilos CSS o scripts JavaScript, pero también modificar sus propias funciones internas. También le permite personalizar el sistema de bloques de Gutenberg desde que WordPress lo integró en su núcleo.

WordPress no solo se preocupa por los usuarios de Internet, sino también por los desarrolladores, al proporcionarles funcionalidades que hacen que cada tema de WordPress sea único.

Capítulo 7
Los campos personalizados

1. ¿Qué es un campo personalizado?

Los campos personalizados o metadatos le permiten vincular información a una entrada o una página. Puede encontrar este bloque en la administración, dentro de una página o una entrada. Esta opción está desactivada de forma predeterminada. Para activarla, despliegue el menú haciendo clic en el icono con los tres puntos verticales **Opciones**. Luego haga clic en **Preferencias**. Aparece una ventana emergente. Vaya a la sección **Avanzado** y active la opción **Campos personalizados**. A continuación, haga clic en el botón **Mostrar y recargar página**, después aparece el bloque **Campos personalizados** en el editor Gutenberg.

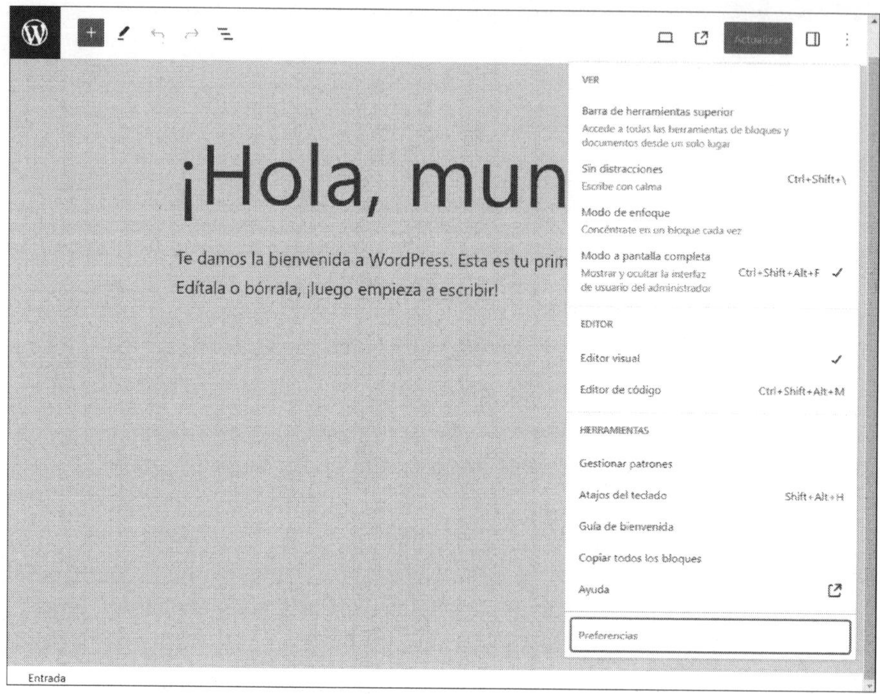

*Página **Páginas** con el menú **Opciones** desplegado y la pestaña **Preferencias** donde debe hacer clic para abrir la ventana emergente **Preferencias***

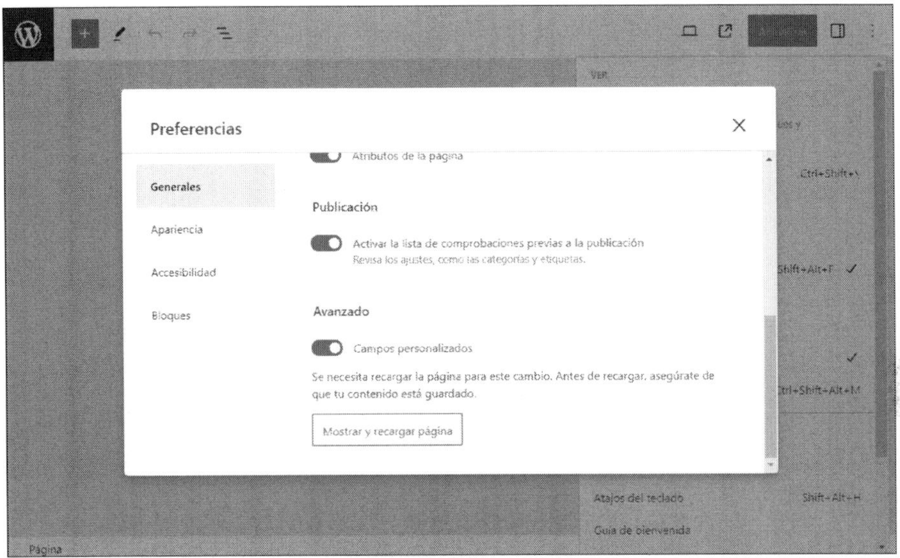

*Página **Páginas** con el botón **Mostrar y recargar página** que servirá para activar los campos personalizados*

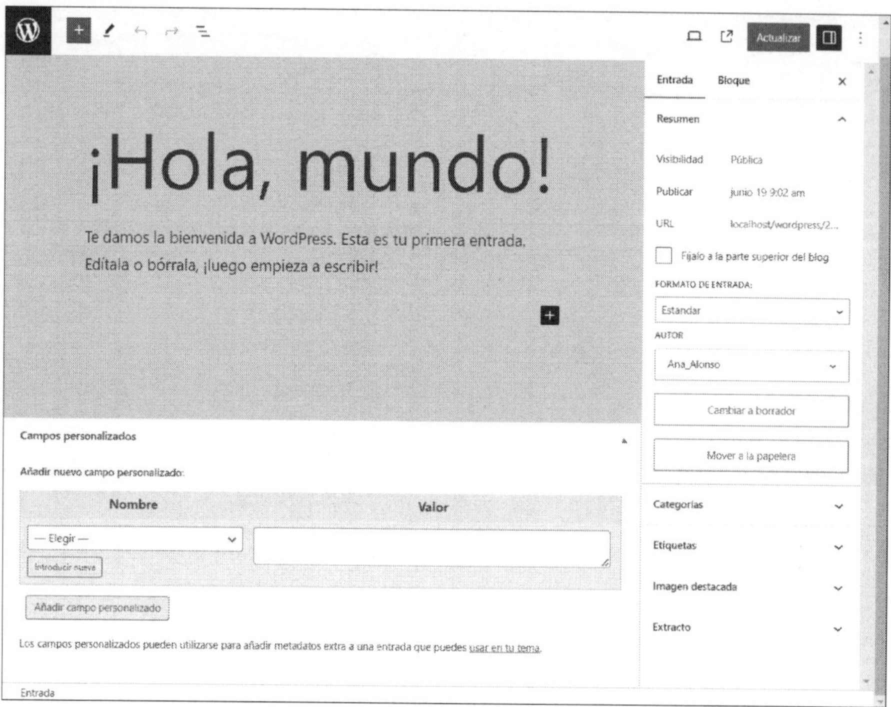

*Página **Páginas** con la sección **Campos personalizados** después de activar la opción. La sección nueva se coloca debajo del editor en el cuerpo de la página principal.*

La mayoría de las veces, los módulos utilizan los campos personalizados para agregar información adicional al artículo o a la página.

Por ejemplo, algunas presentaciones de diapositivas los usan para vincular una segunda foto o para permitir que las funciones recuperen argumentos. En el caso de los artículos de recetas de cocina, se pueden utilizar para indicar el tiempo de cocción, preparación, etc. Para fichas de clientes, para guardar el nombre, la dirección, etc. Para un blog, para indicar el estado de ánimo, la hora, la música escuchada, etc. Para un sitio de comercio electrónico de ropa, para indicar las tallas, los colores, etc.

Observación

Referencia al códex:
https://codex.wordpress.org/es:Using_Custom_Fields

Para usar campos personalizados, vaya a una página o artículo, y en el bloque **Campos personalizados**, defina el nombre de su campo. Entonces este nombre es accesible en todos los artículos y páginas, en forma de lista desplegable. Luego asígnele un valor. Este valor puede cambiar de un artículo a otro o de una página a otra.

También existen los plugins Piklist, Meta Box, Pods y otros.

Tenga en cuenta que la extensión ACF ofrece muchas más opciones.

2. Mostrar los campos personalizados con get_post_meta()

La función `get_post_meta()` permite ser más concreto a la hora de señalar el campo a recuperar.

```
<?php get_post_meta($post_id, $key, $unique); ?>
```

- `$post_id`: identificador del artículo.
- `$key`: nombre del campo personalizado.
- `$unique`: acepta `true` o `false`. Si el valor es `true`, la función devuelve un resultado simple, como una cadena de caracteres. Por defecto, el valor es `false` y devuelve una tabla.

Si solo está presente `$post_id`, la función devuelve una tabla con todos los campos personalizados del artículo en cuestión, en forma de tabla.

Ejemplo

Para un artículo cuyo id es 8 y cuyo campo personalizado tiene el nombre "estado de animo", con el valor "contento", la función a insertar en las plantillas de página para recuperar el valor "contento" es:

```
estado de animo: <?php echo get_post_meta('8','estado de animo',true); ?>
```

Para mostrar este mismo valor, dentro de un bucle el código será el siguiente:

```
<?php
$estado de animo = get_post_meta( get_the_ID(), 'estado de animo', true );
if ( ! empty( $estado de animo ) ) {
    echo $estado de animo;
}
?>
```

Para recuperar la URL de una imagen asignada a un campo "thumb", dentro de un bucle el código será el siguiente:

```
<?php
if ( get_post_meta( get_the_ID(), 'thumb', true ) ) : ?>
    <a href="<?php the_permalink() ?>" rel="bookmark">
        <img class="thumb" src="<?php echo esc_url( get_post_meta
( get_the_ID(), 'thumb', true ) ); ?>" alt=
"<?php the_title_attribute(); ?>" />
    </a>
<?php endif; ?>
```

3. Automatizar los campos personalizados con add_post_meta()

Para evitar tener que crear campos personalizados de forma sistemática o evitar tener que abrir la lista desplegable cada vez, puede automatizar la creación de campos cuando se agregue una nueva página o un nuevo artículo, por ejemplo.

En el siguiente ejemplo, agregará un campo personalizado "Introducción" para que pueda agregar una introducción al principio de cada artículo.

Para hacer esto, vaya al archivo functions.php y cree una función `campos_automatizados()`, que recupere el identificador del artículo con el parámetro `$_post_id`:

```
<?php
function campos_automatizados($post_id){
}
?>
```

Luego verifique que está en la página de un artículo, asegurándose de que el valor devuelto por la función get_post_type($post_id) es igual a post. Para una página, comprobará que la función sea igual a page:

```
<?php
function campos_automatizados($post_id){
   if (get_post_type($post_id) == 'post'){
   }
}
?>
```

Para automatizar la adición de campos, utilizará la función add_post_meta() que acepta, además de los mismos parámetros que la función get_postmeta(), el parámetro $value:

```
<?php add_post_meta($post_id, $key, $value, $unique); ?>
```

$value: acepta el valor del campo personalizado.

Añada la función add_post_meta() a la función campos_automatizados():

```
<?php
function campos_automatizados($post_id){
   if (get_post_type($post_id) == 'post') {
        add_post_meta($post_id, 'Introducción', '', true);

   }
}
?>
```

Para que la función se ejecute durante la creación de cada artículo, utilice la acción wp_insert_post:

```
add_action('wp_insert_post', 'campos_automatizados');
```

En administración debería ver ahora el campo **Introducción**, para la creación de cada nuevo artículo.

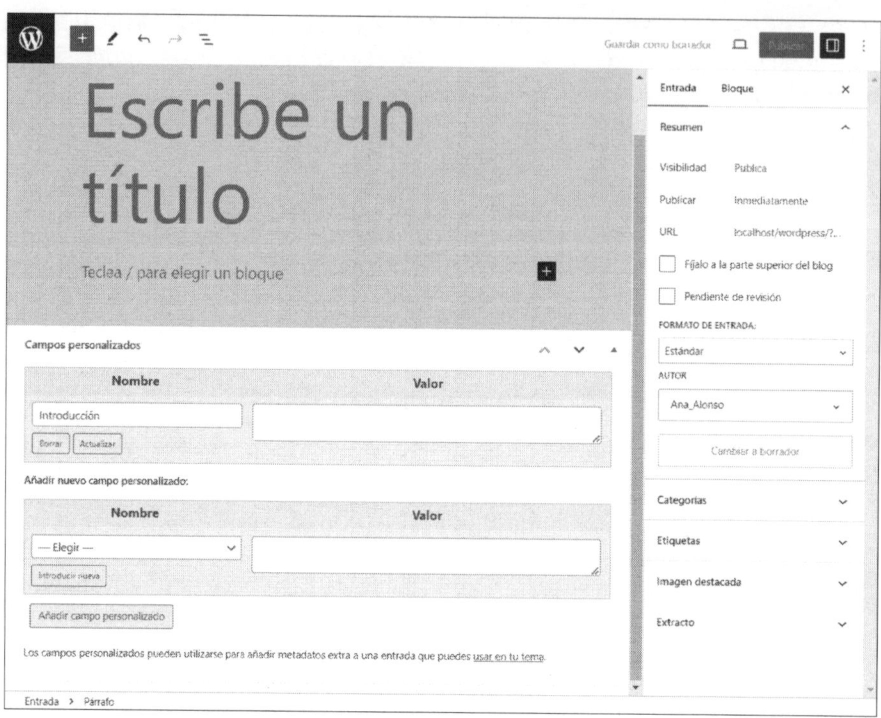

Página ***Entradas*** *con el campo* ***Introducción***

Para mostrar el campo **Introducción**, debe usar la función `get_postmeta()` antes de llamar al contenido de la entrada. Por lo tanto, utilizará la siguiente función antes de llamar a la función `the_content()`:

```
<?php
if ( get_post_meta( get_the_ID(), 'Introducción', true ) ){
    echo get_post_meta( get_the_ID(), 'Introducción', true ) );

}
?>
```

4. La tabla wp_postmeta

En la base de datos, esta información se guarda en la tabla wp_postmeta. Se compone de cuatro columnas:

- **meta_id**: se corresponde con el identificador único de los metadatos.
- **post_id**: se corresponde con el identificador único de la página o del artículo que se encuentra en la tabla wp_posts.
- **meta_key**: se corresponde con el nombre del campo personalizado.
- **meta_value**: se corresponde con el valor del campo personalizado.

Puede realizar consultas SQL más complejas a la base de datos utilizando un join entre las tablas wp_postmeta y wp_posts, para recuperar información relacionada con publicaciones/páginas (ver capítulo WordPress y PHP, sección La clase wpdb y las consultas en formato SQL).

Durante una consultar con el objeto `WP_Query`, también puede utilizar los argumentos `meta_key`, `meta_value`, `meta_compare` (consulte el capítulo WordPress y PHP - sección Clase WP_Query y consultas del contenido).

La mayor parte de la información vinculada a un artículo o a una página se encuentra en esta tabla y muchas extensiones utilizan este sistema. Por ejemplo, la extensión WooCommerce, que utiliza su propio sistema de bloques, almacena toda la información sobre un producto en esta tabla.

Algunas veces, las extensiones usan su propia tabla para almacenar información o usan la tabla wp_options, aunque esto se usa más para la configuración general de una extensión.

Por lo tanto, consulte la tabla wp_postmeta si desea recuperar información generada por una extensión, dentro de sus propios archivos.

Si la extensión usa sus propias tablas, se verá obligado a crear su propia solicitud SQL con el objeto `wpdb`.

5. El plugin ACF (Advanced Custom Fields)

Este plugin de WordPress, desarrollado por WP Engine, se encuentra actualmente en la versión 6.3.3, y se ha instalado más de 2 millones de veces.

Puede descargar la versión gratuita a través del siguiente enlace: https://es.wordpress.org/plugins/advanced-custom-fields o a través de la administración de su sitio, escribiendo en el campo de búsqueda "Advanced custom fields". Vea si el nombre del desarrollador es el mismo que aquí, porque dada la popularidad de esta extensión, muchos otros desarrolladores han utilizado las palabras clave "ACF" o "Advanced custom fields" para hacer referencia a sus propias extensiones.

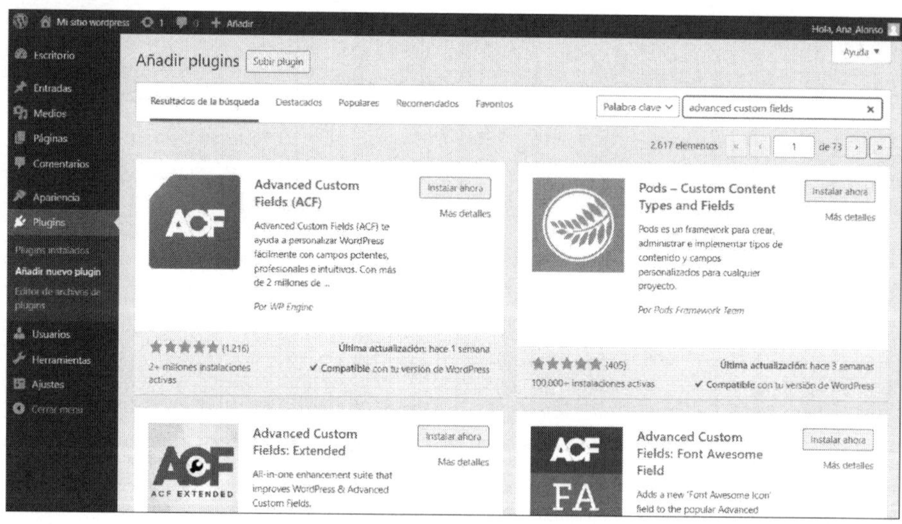

Página de descarga de la extensión en la administración WordPress

El sitio web oficial, así como la documentación para los desarrolladores, se pueden encontrar en la siguiente dirección:
https://www.advancedcustomfields.com

Sitio oficial de la extensión ACF

ACF (*Advanced Custom Fields* o campos personalizados avanzados), le permite agregar una amplia variedad de campos personalizados a una página, artículo, tipo de artículo personalizado, plantilla de página, página principal, taxonomía o función. Puede configurar esto en la parte **Ajustes**.

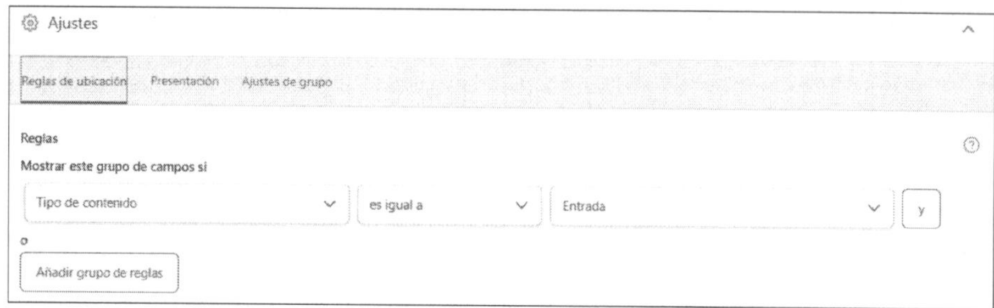

*Parte **Ajustes** de ACF*

Además, la extensión es muy intuitiva y fácil de aprender. La documentación (lamentablemente en inglés) es muy detallada y hay muchos tutoriales disponibles en español en la Web.

Estos son los campos que la extensión pone a su disposición:

- Para la versión gratuita de ACF:
  - Campo de texto básico (input): texto, campos con caracteres limitados, números, correo electrónico, contraseña, etc.
  - Campo Casilla de verificación
  - Campo Botón de radio
  - Campo Área de texto
  - Campo de lista desplegable
  - Editor WYSIWYG
  - Campo de carga de imágenes
  - Campo de carga de archivos
  - Enlace a una entrada
  - Selección de otros artículos (artículos relacionados)
  - Relación con otro artículo
  - Campo para seleccionar fecha y hora (de tipo date picker)
  - Campo para seleccionar color (de estilo color picker)

  - Campo Mapa de Google
  - Menús acordeón
  - Pestañas
  - Grupos de botones
  - ...
- Para ACF Pro (extensión de pago):
  - Campo repetidor
  - Bloques personalizados
  - Galería de imágenes (para hacer una galería o un slider)
  - Adición de páginas de administración adicionales
  - Campo de contenido flexible
  - Clonación de campos
  - Adición de una página de opciones para configurar un tema

Por un solo sitio web, el precio es de 49 USD por año, por 10 sitios de 149 USD por año y por un número ilimitado de sitios es de 249 USD por año.

En la pestaña **Presentación** hay muchas opciones disponibles. Por ejemplo, puede elegir la disposición de los bloques agregados, ya sea en la columna de la derecha o en la parte principal, y en el orden que desee. También están disponibles estilos para el diseño.

Esta extensión permite ocultar algunos o todos los bloques originales (editor de contenido, imagen destacada, autor, etc.) para tipos específicos de páginas, lo cual es muy útil para evitar que ciertos roles agreguen contenido que no se usaría en ciertos campos, pero también durante la creación de tipos de artículos personalizados (ver capítulo Personalizar el sitio con el archivo functions.php, sección Añadir otros tipos de artículos).

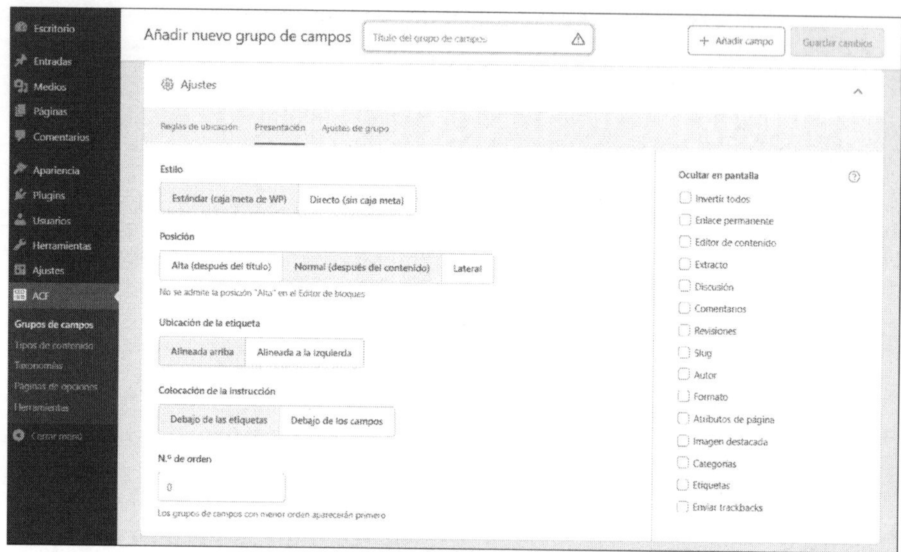

*Parte **Ajustes - Presentación** de ACF*

ACF también posibilita la obligatoriedad de determinados campos en la administración y obliga a cumplimentar los campos antes de poder validar un artículo o una página. También puede agregar instrucciones para completar el campo. Hay una multitud de opciones disponibles según los campos que se agregarán.

Para su información, la extensión ACF usa la tabla wp_postmeta para almacenar datos.

5.1 Añadir un nuevo grupo de campos

Para crear grupos de campos, primero debe activar la extensión ACF. Una vez hecho esto, aparece un nuevo menú **ACF** en la administración. Luego haga clic en **Grupos de campos** y luego pulse el botón **+ Añadir grupos de campos** para crear un grupo de campos.

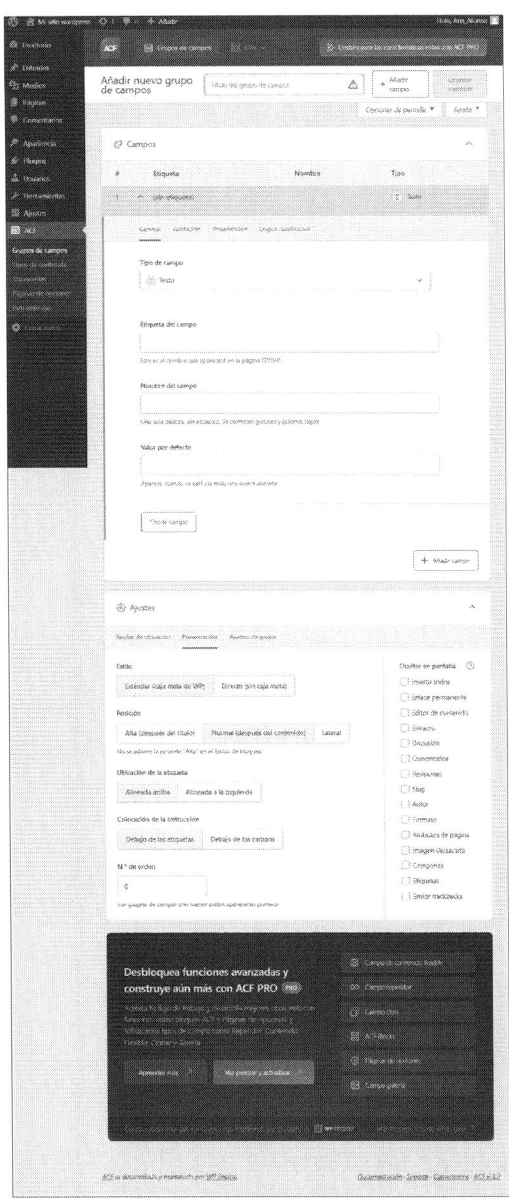

Página de la administración para añadir un grupo de campos nuevo

Asigne un nombre a su grupo de campos y luego configure las reglas en la pestaña **Reglas de ubicación** y las opciones en el bloque **Ajustes**.

Luego agregue campos haciendo clic en el botón **+ Añadir Campo**. Posteriormente, complete los campos obligatorios: **Tipo de campo**, **Etiqueta del campo** y **Nombre del campo** (que servirá como identificador para recuperar la información de este campo). Configure las opciones que ofrecen los campos.

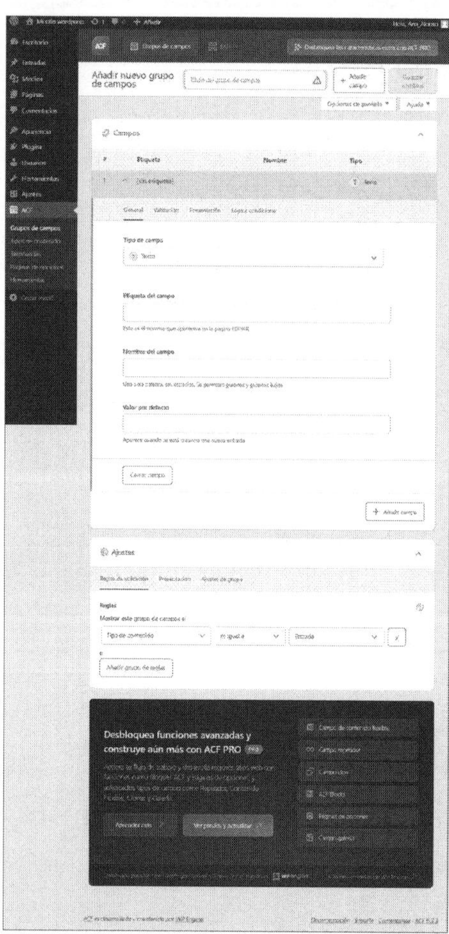

Página de la administración durante la adición de un campo, pulsando en el botón ***+ Añadir Campo***

Puede reorganizar el orden de estos campos haciendo clic y arrastrando.

No olvide guardar su grupo haciendo clic en el botón **Publicar**, en la parte superior de la columna de la derecha.

Una vez creado su grupo, compruebe en la administración que sus campos aparecen correctamente, según la condición definida en la parte **Ajustes**.

Por ejemplo, si va a la página de creación de un artículo y la condición de visualización de sus campos se establece en **Tipo de publicación es igual a Entradas**, aparecerán en la página **Entradas**.

5.2 Recuperar y mostrar el valor de los campos personalizados en las plantillas de página

ACF le permite recuperar el valor de los campos personalizados, utilizando varias funciones según el tipo de campo. A continuación, puede mostrar estos campos en cualquier plantilla de página en el bucle del contenido correspondiente.

Para campos simples, la función `the_field()` le permite mostrar directamente el valor de un campo.

```
<?php the_field('field_name'); ?>
```

`field_name`: se corresponde con el nombre del campo que sirve como identificador, introducido durante la creación del campo.

Para mostrar el campo en una página específica, debe pasar el id en los parámetros de la función:

```
<?php the_field('field_name', $postid); ?>
<?php get_field('field_name', $postid); ?>
```

`$postid`: se corresponde con el id de la página a mostrar.

La función `get_field()` le permite recuperar el campo como una variable y mostrarlo con una función `echo`.

```
<?php
$variable = get_field('field_name');
echo $variable ;
?>
```

Para verificar si el campo existe, puede usar la función `get_field()` como condición.

```
<?php
if(get_field('field_name')){
// mi código
}
?>
```

Algunas veces, ciertos campos (casilla de verificación, lista desplegable, campo repetidor, etc.), tienen forma de tabla. Luego debe usar la función PHP `foreach()` para recuperar los datos. En el siguiente ejemplo, los campos se muestran en una lista HTML con viñetas `<ul><li>`:

```
<?php
$values = get_field('field_name');
if($values){
    echo '<ul>';

    foreach($values as $value){
            echo '<li>' . $value . '</li>';
    }

    echo '</ul>';
}
?>
```

Para recuperar el campo de una imagen y mostrarlo con la etiqueta HTML `<img>`:

```
<img src="<?php the_field('image_test'); ?>" alt="" />
```

Para recuperar los campos adicionales de una imagen y mostrarla con la etiqueta HTML `<img>`:

```
<?php

$image = wp_get_attachment_image_src(get_field('image_test'),
'full');

?>

<img src="<?php echo $image[0]; ?>" alt="<?php echo
get_the_title(get_field('image_test')) ?>" />
```

Para obtener más ejemplos de código, consulte la amplia documentación en el sitio web oficial de ACF: https://www.advancedcustomfields.com/resources. Encontrará ejemplos para cada campo y vídeos explicativos.

Capítulo 8
Las plantillas de página

1. ¿Qué es una plantilla de página?

Una plantilla de página permite la visualización de las páginas del sitio web (page.php, sidebar.php, archive.php, etc.) que componen los temas. Pero WordPress también le permite agregar sus propias plantillas de página, agregando sus propios archivos PHP.

Las plantillas de página personalizadas se pueden basar en archivos existentes del temas o no, usted es completamente libre en cuanto a su contenido.

WordPress permite la adición de diferentes tipos de plantillas de página: para el inicio, páginas (page.php), páginas individuales (single.php), archivos (archive.php), categorías (category.php), etiquetas (tag.php), autores (author.php), etc.

Una plantilla de página le permite tener una disposición particular y así cambiar completamente el diseño.

WordPress muestra ciertas plantillas de página según una jerarquía relativa al nombre del archivo PHP.

Por ejemplo, si en algunas páginas desea mostrar una barra lateral y en otra página no la desea, puede usar dos tipos diferentes de plantillas de página. Esto hace posible ofrecer temas flexibles para usuarios nuevos en PHP.

Con los temas basados en bloques, ha nacido una manera nueva de integrar plantillas de página. También explicaremos con detalle este funcionamiento nuevo.

Observación

Referencia al códex:
https://developer.wordpress.org/themes/basics/template-hierarchy/
https://codex.wordpress.org/es:Templates

2. Crear plantillas de página para el inicio

Dependiendo de lo que necesite mostrar, WordPress busca en el directorio de temas y usa el primer archivo de plantilla que encuentra de acuerdo con la lista que puede ver a continuación:

- home.php mostrará la página de inicio para el blog,
- front-page.php permitirá mostrar la página de inicio de un sitio estático.

Esto, dependiendo de la configuración definida en la administración **Ajustes** - **Lectura**.

Si estos archivos no existen, WordPress busca un archivo llamado index.php en el directorio del tema y luego lo usa para generar la página de inicio. Sin embargo, puede crear estos archivos si no existen.

Otro método es definir una página de inicio específica en la administración **Ajustes** - **Lectura** y luego crear una plantilla de página para la sección **Atributos de página**, específica para la página de inicio.

3. Crear una plantilla de página con la sección Resumen - Plantilla

Seleccione plantillas en administración de las páginas o de los artículos (para los temas basados en bloques) usando la sección **Resumen - Plantilla**.

Las plantillas de página se pueden incluir de base en los temas, como para el tema Twenty Twenty de WordPress, pero algunos temas no las usan, como los temas Twenty Twenty-One, Twenty Nineteen, Twenty Seventeen, Twenty Sixteen y Twenty Fifteen de WordPress. Con los temas Twenty Twenty-Two y Twenty Twenty-Three, que están basados en bloques, **la forma de proceder es ligeramente distinta**.

*Sección **Resumen - Plantilla** del tema Twenty Twenty-Three*

4. Crear una plantilla de página para los temas clásicos

Cree un archivo PHP en la raíz del tema o en una carpeta específica (por ejemplo: plantillas de página) en el directorio de su tema. Dele el nombre que quiera.

Para orientarse más fácilmente, use el prefijo "template-", que da como resultado template-nombredetemplate.php.

Por ejemplo, el tema Twenty Twenty admite tres tipos de páginas: plantilla predeterminada, plantilla con banner y plantilla de ancho completo. Se corresponden con los archivos de la carpeta wp-content/themes/twentytwenty/templates. El archivo template-cover.php se corresponde con la plantilla con banner y el archivo template-full-width.php con la plantilla de ancho completo. La página predeterminada es el archivo page.php.

Una vez creado su archivo, edítelo y escriba en la parte superior del archivo, en un comentario PHP:

```
<?php
/*
Template Name: Nombre de template
*/
?>
```

Guarde los cambios. En la administración, cree o modifique una página, en la pestaña **Páginas**. El nombre de la plantilla aparece en la lista desplegable **Plantilla**, en la sección **Atributos de página**. A continuación, puede seleccionar y utilizar la plantilla de página.

Por ahora, la plantilla está vacía y muestra una página en blanco. No hay ninguna función `get_header()`, `get_sidebar()`, `get_footer()`, ni siquiera un bucle, lo que es bastante normal.

Coloque su propio código después del comentario. Si no se siente muy cómodo con las funciones de WordPress, inspírese en el archivo page.php, que se utiliza para mostrar las páginas predeterminadas.

Observación

Referencia al códex para la información referente a las plantillas: https://developer.wordpress.org/themes/basics/template-files

Referencia al códex para la creación de templates: https://developer.wordpress.org/themes/template-files-section/page-template-files

5. Crear una plantilla de página para los temas basados en bloques

En la sección **Resumen - Plantilla** de las páginas o de las entradas de los temas basados en bloques, la plantilla predeterminada corresponde a la plantilla de página de los archivos HTML de la carpeta **Template**.

Para asignar plantillas personalizadas predeterminadas durante la instalación del tema, hay que configurar el archivo **theme.json** en la parte `customTemplates`.

Por ejemplo, para una plantilla llamada `my-custom-template.html`, el archivo **theme.json** puede declarar qué tipos de publicación pueden utilizar y qué título se mostrará al usuario.

- `name` (obligatorio): nombre de la plantilla correspondiente al archivo HTML.
- `title` (obligatorio): título que aparecerá para los usuarios en la sección **Resumen - Plantilla**. Este campo se puede traducir.
- `postTypes` (opcional): enumera los tipos de página que pueden usar esta plantilla.

```
{
    "version": 2,
    "customTemplates": [
        {
            "name": "my-custom-template",
            "title": "The template title",
            "postTypes": [
                "page",
                "post",
                "my-custom-post"
            ]
        }
    ]
}
```

Para añadir una plantilla personalizada como elemento de plantilla, como header.html, footer.html, comments.html, etc., que se encuentran en la carpeta **parts**, y asignar estos estos elementos de plantilla de manera predeterminada durante la instalación del tema, hay que configurar el archivo **theme.json** en la parte `templateParts`.

Por ejemplo, para una parte de plantilla llamada `my-template-part.html`, el archivo **theme.json** puede definir la zona (encabezado, pie de página, etc.) responsable del elemento de plantilla.

- `name` (obligatorio): nombre del elemento de plantilla correspondiente al archivo HTML en la carpeta **parts**.
- `title` (opcional): título que aparece para los usuarios en la parte definida. Este campo se puede traducir.
- `area` (opcional): define la zona en la que deberá utilizarse el elemento de plantilla.

```
{
    "version": 2,
    "templateParts": [
        {
            "name": "my-template-part",
            "title": "Header",
            "area": "header"
        }
    ]
}
```

Desde la versión 6.0 de WordPress, los temas pueden crear plantillas de páginas que se pueden guardar directamente desde la sección **Resumen - Plantilla**, haciendo clic en **Crear una nueva plantilla**.

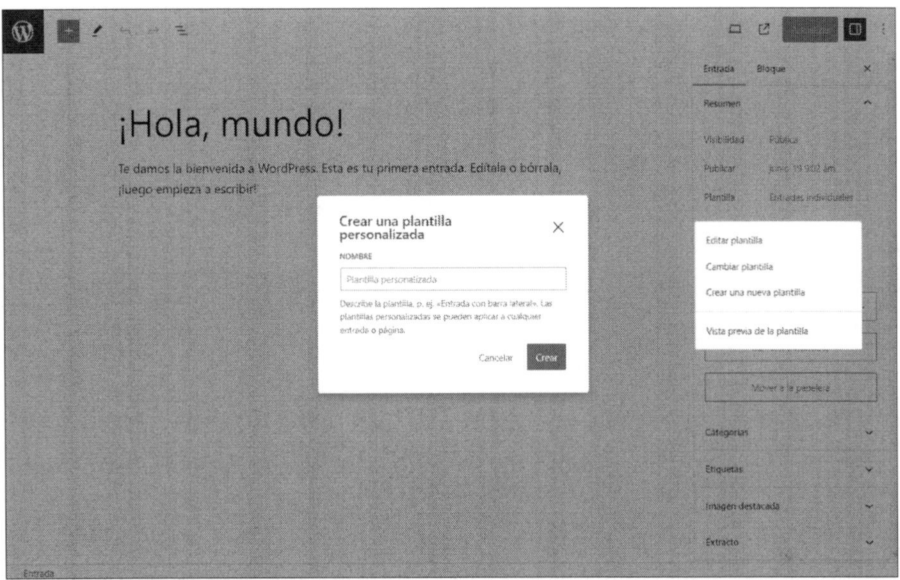

*Página **Entrada** del tema Twenty Twenty-Three al hacer clic en **Crear una nueva plantilla***

6. Crear otras plantillas de página

Puede crear plantillas de página específicas, en función del identificador o del nombre clave de una página, categoría, etiqueta o autor. WordPress detectará automáticamente el archivo en función del identificador o del nombre clave y mostrará la plantilla de página en consecuencia.

Para ello, debe crear un archivo en la raíz del tema. Nómbrelo según el tipo de página:

- page-{id}.php o page-{nombre-clave}.php
- taxonomy-{nombre-de-taxonomía}.php
- category-{id}.php o category-{nombre-clave}.php
- tag-{id}.php o tag-{nombre-clave}.php
- author-{id}.php o author-{nombre-clave}.php

Por ejemplo, para una página cuyo id es 6, el archivo se llamará "page-6.php"; para una página cuyo nombre clave es "quienes-somos-nosotros", el archivo se llamará "page-quienes-somos-nosotros.php".

También puede agregar plantillas de página para tipos de artículos personalizados (`post_type`), que se agregaron con la función de WordPress `register_post_type()` (consulte el capítulo Personalizar el sitio con el archivo functions.php - sección Añadir otros tipos de artículos).

WordPress detectará automáticamente el archivo según el nombre clave del artículo personalizado, definido en la función `register_post_type()` y mostrará las plantillas de página en consecuencia.

- single-{post_type}.php
- archive-{post_type}.php
- incrustar-{post_type}.php

{post_type} es el nombre clave del tipo de artículo personalizado, creado con la función `register post_type()`.

Ejemplo con la función `register_post_type()` del capítulo Personalizar el sitio con el archivo functions.php - sección Añadir otros tipos de artículos:

```
register_post_type( 'producto',
   array('labels' => array( 'name' => __( 'Productos' ) ),
                           'public' => true,
                           'supports'=> array( 'title',
                                               'editor',
                                       'author',
                                                'thumbnail',
                                                'excerpt',
                                                'comments'),
                           'taxonomies'=>array('category','post_tag')
   )
 );
```

El nombre clave del artículo personalizado es "producto". A continuación, puede crear dos tipos de plantillas de página:

- single-producto.php
- archive-producto.php

Se puede inspirar en las plantillas de página originales del tema, para cada tipo de plantillas de página personalizadas, y luego realizar los cambios dentro de los archivos. Por lo tanto, puede personalizar cualquier contenido de su sitio, lo que demuestra una vez más la flexibilidad de WordPress.

7. Jerarquía de los modelos de página

Aquí está la lista jerárquica que usa WordPress. Si el primer archivo no existe, WordPress buscará el siguiente.

Visualización de la página de inicio

1. home.php o front-page.php
2. index.php

Visualización de un artículo únicamente

1. single.php
2. index.php

Visualización de una página

1. La plantilla elegida al escribir la página desde el menú **Plantilla de página** (si se usa la opción).
2. page.php
3. index.php

Visualización de una categoría

1. category-{id}.php
2. category.php
3. archive.php
4. index.php

Visualización de un autor

1. author.php
2. archive.php
3. index.php

Visualización de una página fechada

1. date.php

2. archive.php

3. index.php

Visualización de resultados de búsqueda

1. search.php

2. index.php

Visualización de una página 404

1. 404.php

2. index.php

Visualización de los archivos adjuntos

1. image.php, video.php, audio.php, application.php o cualquier otro prefijo de tipo MIME

2. attachment.php

3. single.php

4. index.php

Capítulo 9
Crear un tema clásico y funcionalidades

1. Introducción

Muchos temas de pago avanzados utilizan una estructura más compleja que los temas gratuitos. A menudo, la carpeta del tema tiene carpetas adicionales y los temas ofrecen muchas más posibilidades. Los temas avanzados tienen en una de sus carpetas uno o más archivos PHP que contienen funciones o clases, pero también archivos JavaScript u otras librerías. Algunos temas incluso están completamente construidos en Ajax. Otros integran directamente complementos muy grandes como WooCommerce, BuddyPress, etc. WordPress es tan flexible que ofrece todas las posibilidades.

La carpeta a menudo se denomina include o inc, pero cada desarrollador puede darle el nombre que desee, o incluso crear uno o más archivos directamente en la raíz del tema, siendo la gestión de archivos y carpetas muy flexible. Para una mejor organización, sigue siendo preferible clasificar los archivos de su tema en carpetas.

Si ha utilizado temas avanzados anteriormente, es posible que haya comprobado que hay una o varias páginas de administración, gracias a las cuales puede configurar el tema. A veces, incluso las extensiones son una parte integral del tema.

En este capítulo, verá cómo crear una página de opciones con una pestaña en el menú de administración para su tema y cómo personalizarla, cómo añadir métodos PHP a su tema usando la programación orientada a objetos, guardar en la base de datos información usando opciones, cargar imágenes, permitir al usuario de un tema editar texto en un editor WYSIWYG, etc.

Para integrar su propio diseño, debe dominar absolutamente HTML y CSS. Estos temas no se tratan en este capítulo, para priorizar la interacción de PHP con la administración (*backend*) y la parte visible del sitio (*frontend*).

La codificación en programación orientada a objetos permite organizar mejor el código PHP y hacerlo evolucionar más fácilmente en determinados casos. El uso de objetos es una buena práctica en caso de tareas complejas por una cuestión de organización, pero puede hacer que el sitio sea engorroso para tareas sencillas.

Aquí está el tema que va a realizar:

Página de bienvenida del tema Themobility que va a crear

Esta es la página de administración del tema que va a crear:

Página de administración del tema Themobility que va a crear

2. Crear el tema

Para crear un tema avanzado, primero debe seleccionar un tema. En este ejemplo, está comenzando desde un tema existente. Tome uno cuyo diseño principal, es decir, el diseño general del sitio (header, footer, sidebar, content, etc.), sea parecido al tema final. Si algunas funciones ya están integradas, le ahorrará tiempo. Pero tenga cuidado de no elegir un tema que sea demasiado complejo, cuya arquitectura no comprenda.

Los temas que ofrece WordPress son minimalistas, en HTML5 y responsivos y permiten dominarlos de manera sencilla. También son fácilmente modificables. WordPress ofrece temas actualizados, integrando más o menos funcionalidades básicas según el caso.

Aquí encontrará todos los temas de WordPress:
https://es.wordpress.org/themes/author/wordpressdotorg

Para seguir este capítulo, tomará como base el tema clásico de WordPress: Twenty Twenty-One. Pero, por supuesto, puede tomar el tema clásico que desee, como por ejemplo un tema en blanco u otro. Lo que vamos a ver funciona con cualquier tema clásico.

Para empezar, duplique el tema: copie y pegue el tema Twenty Twenty-One en la carpeta wp-content/themes. Renómbrelo dándole el nombre que desee; en este ejemplo llámelo "themobility".

Vaya a la carpeta themobility y abra el archivo style.css. En este ejemplo, cambie el encabezado del archivo de esta manera, puede reemplazar esta información como mejor le parezca:

```
/ *
Nombre del tema: The mobility
Autor: Laurent Dumoulin
Descripción: Tema mobility
Versión: 1.0
*/
```

Puede crear su propio encabezado. Esta información se puede encontrar en la administración de WordPress en **Apariencia** - **Temas**. Vea si WordPress ha tenido en cuenta los cambios.

Por ahora tiene la misma imagen que la del tema Twenty Twenty-One. Tendrá que cambiarla cuando el tema esté terminado, gracias a una captura de pantalla.

Ahora que el tema está listo, actívelo.

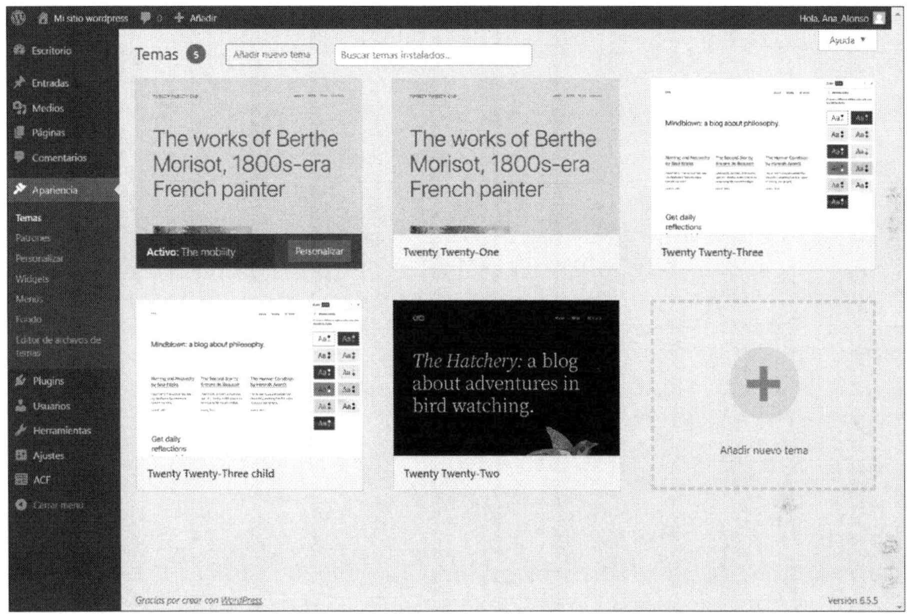

*Página **Apariencia** - **Temas**, para activar el tema*

Vaya a la pestaña **Usuarios** - **Perfil** y desmarque la casilla **Mostrar barra de herramientas**. Cuando visita el sitio, esto evita mostrar la barra de herramientas en el sitio web en el lado del usuario web y tener problemas de CSS. Podrá ver el sitio como lo ven los usuarios.

3. Personalizar el tema de base

3.1 Limpiar el tema y preparar la base

Para aligerar el código, elimine del archivo functions.php las funciones que no le sirven o en los archivos llamados por el archivo functions.php. En nuestro ejemplo, no vamos a modificar este archivo por el momento y ver los problemas que podemos encontrar a medida que avanzamos.

En esta etapa, puede saber qué hacen la mayoría de las funciones del archivo functions.php (así como las funciones presentes en los archivos llamados por este mismo archivo), presentes en las carpetas inc, assets, classes, templates o template-parts. Hemos visto estas funciones en los capítulos anteriores.

Puede limpiar el tema por completo, pero tenga cuidado; antes de eliminar una función averigüe su utilidad, ya sea buscando en Internet o directamente en el códex. Si aún no se siente cómodo con las funciones de WordPress, es mejor dejar algo de código, en lugar de eliminar un código que sería importante; esto vale para cualquier tema. Por eso es importante analizar adecuadamente un tema antes de emprender su programación.

Cree una carpeta llamada "imágenes" en la raíz del tema y, dentro de esta carpeta, cree una carpeta llamada "themobility", en la que se ubicarán todas las imágenes utilizadas para diseñar el tema. Se pueden llamar mediante el archivo CSS con el estilo `background` o integrarse en las páginas del sitio web con la etiqueta HTML `<img>`. Coloque en el interior de la carpeta las imágenes utilizadas para el diseño del sitio.

Observación

Podrá descargar las imágenes en cuestión a partir de la página web de Ediciones ENI.

Realice algunos cambios en el archivo CSS para que el tema sea más personal. Inserte imágenes de fondo y estructure su código HTML como desee. Si elimina etiquetas, tenga cuidado de no olvidar ninguna etiqueta HTML, especialmente las etiquetas de cierre. Recuerde que `get_header()` y `get_footer()` incluyen funciones para llamar a otros archivos, que también contienen código HTML. Preste atención a la estructura y verifique con cada modificación que el sitio sigue siendo responsivo.

En el archivo header.php, llamado por la función `get_header()`, también puede realizar cambios: mover y agregar código HTML, funciones PHP y eliminar funciones de visualización que no necesite.

3.2 Modificar la página de inicio

Para modificar la página de inicio, tiene varias posibilidades: ya sea modificando el archivo index.php, creando un archivo front-page.php o eligiendo para la página de inicio una página específica, a la que se le asignaría una plantilla como página personalizada creando un archivo PHP.

El primer método: modificar el archivo index.php

En el archivo index.php correspondiente a la página de inicio, elimine el contenido de la página quitando el código del título y el que muestra el bucle de WordPress, comprendido entre las líneas 19 y 43.

Normalmente, el bucle del archivo index.php se utiliza para mostrar una lista de artículos o una página personalizada. Esto se configura en la página de administración, en la pestaña **Ajustes** - **Lectura**. En este método, no se utiliza este principio básico específico para la mayoría de los sitios web de WordPress.

El segundo método: añadir un archivo front-page.php

Dado que el archivo front-page.php no está presente, puede crear este archivo. Posteriormente se le llamará en lugar de la página de inicio. Por lo tanto, puede copiar y pegar el código del archivo index.php y seguir los pasos anteriores.

El tercer método: añadir una plantilla de página

Utilizará este método, más flexible, para continuar con este ejercicio. Pero eso no le impide probar los métodos anteriores.

En la administración del sitio, cree una página en la pestaña **Página** - **Añadir nueva** con el nombre "Inicio" y publíquela.

Vaya a **Ajustes** - **Lectura**, seleccione en las opciones de lectura **La página de inicio muestra una página estática** y seleccione **Inicio** como página de inicio. Luego guarde los cambios. Acaba de vincular la página **Inicio** como la página de inicio de su sitio.

Ahora cree una plantilla de página. Para hacer esto, duplique el archivo index.php en la raíz del sitio y cámbiele el nombre a page-inicio.php (por lo tanto, usamos la nomenclatura de nombres page-{keyword}.php que se vio en el capítulo Las plantillas de página, sección Crear otras plantillas de página). Ahora ha asignado el archivo page-inicio.php a la página de inicio.

Limpie el archivo page-inicio.php, como se describe en el primer método: modificar el archivo index.php. Ahora el sitio no debería mostrar más contenido, excepto el encabezado y el pie de página. Si no está seguro de estar en el archivo correcto, puede escribir algo de texto en la plantilla de página, para ver si aparece correctamente.

El archivo page-inicio.php se debería ver así:

```
<?php
get_header();
?>



<?php
get_footer();
```

Observación

Seguramente haya observado que no hay etiqueta PHP de cierre tras la función `get_footer();` *porque es preferible no colocar la etiqueta de cierre al final del archivo PHP. Esto permite evitar olvidar un espacio o una línea nueva después de la etiqueta de cierre de PHP, lo cual provocaría efectos no deseados, ya que PHP empezará a mostrar la salida, y esto no conviene. Consulte la documentación de PHP en:*
https://www.php.net/manual/es/language.basic-syntax.phptags.php

Modificar el archivo style.css

El CSS se modifica en el propio archivo. Para realizar estos cambios fácilmente, debe usar el inspector de código del navegador o hacer una búsqueda de los identificadores o clases con el editor de texto.

Añada el siguiente código al final del archivo style.css (también puede insertarlo en el menú **Apariencia - Personalizar - CSS adicional**):

```
// agregar el fondo al header
.site-header {
    background: url("imagenes/themobility/header.jpg") no-repeat center;
    position: relative;
    z-index: 9999;
    border-bottom:1px solid #d1174c;
    max-width:100%;
    margin:0;
    padding:50px
}
// añade el fondo al contenido
.site-content {
    overflow: hidden;
    padding: 1% 4.5455%;
    min-height:520px;
    background: url("imagenes/themobility/fond-content.jpg")
no-repeat scroll center top black;
}
// pone el fondo del footer en rosa
.site-footer {
    font-size: 1.8rem;
    padding: 4.3rem 0;
    background-color: #d1174c;
    border-color: #dedfdf;
    border-style: solid;
    border-width: 0;
    color:#fff;
```

```
    max-width:100%;
    margin:0;
    padding:50px;
}
.site-footer > .site-info{border-top:none;}
.no-widgets .site-footer {
    margin-top:0;
}
.site-footer a {
    text-decoration: none;
    color:#fff;
}
// pone los textos y enlaces en blanco en el header y el footer.
.site-title {
    color:white
}
.primary-navigation .primary-menu-container > ul > .menu-item > a{
    color:white;
}
.site-footer > .site-info{
    color:white;
}
.site-footer > .site-info a:link{
    color:white;
}
```

Página de inicio del tema Themobility

No se ve muy estético en este momento, pero lo solucionará en las siguientes secciones. En esta etapa, ha preparado la base de su tema y puede mejorar el diseño a medida que avanza.

4. Añadir un logotipo con la función add_theme_support()

WordPress ofrece agregar un logotipo desde la versión 4.5 (consulte el capítulo Personalizar el sitio con el archivo functions.php, sección Personalizar un tema con add_theme_support()).

Actualmente está usando el tema Twenty Twenty-One para crear su propio tema, por lo que esta opción ya está implementada en el sitio, pero algunos temas no la usan.

Encontrará esta función en el archivo functions.php del tema Twenty Twenty-One, líneas 103 y 115:

```
// Custom logo.
     $logo_width  = 300;
    $logo_height = 100;

    add_theme_support(
        'custom-logo',
        array(
            'height'                => $logo_height,
            'width'                 => $logo_width,
            'flex-width'            => true,
            'flex-height'           => true,
            'unlink-homepage-logo'  => true,
        )
    );
```

Para aquellos que usan un tema en el que esta opción no está implementada, simplemente agregue estas líneas de código al archivo functions.php de su tema, en un hook de acción `after_setup_theme`:

```
function my_setup() {
    add_theme_support( 'custom-logo', array(
           'height'      => 240,
           'width'       => 240,
           'flex-width'  => true,
```

```
        ) );

}
add_action( 'after_setup_theme', 'my_setup' );
```

En la administración del sitio, pestaña **Personalizar** - **Identidad del sitio**, ahora está disponible agregar un logotipo.

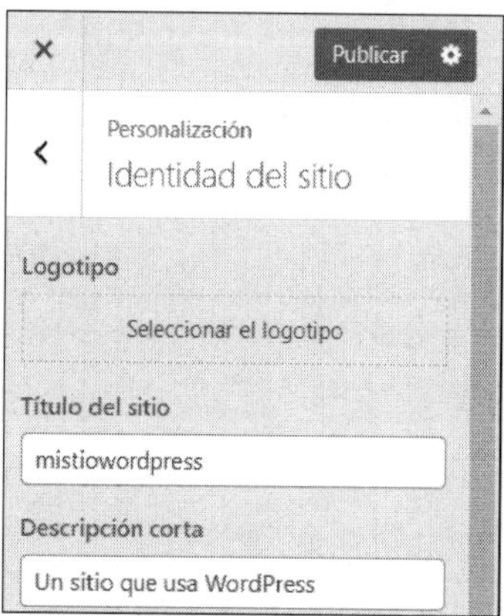

Administración del sitio web, pestaña ***Personalizar*** *-* ***Identidad del sitio***

Dependiendo del tamaño de su logotipo y la flexibilidad del mismo, puede cambiar la altura (`height`) y la anchura (`width`).

En nuestro ejemplo, el logotipo tiene un tamaño de 314px x 102px. Así que modifique las variables `$logo_width` y `$logo_height` de la siguiente manera:

```
        $logo_width = 314;
        $logo_height = 102;
```

Observación

El logotipo está disponible para su descarga en el sitio web de Ediciones ENI.

Luego agregue el logotipo al sitio web usando la administración.

El logotipo se ve bien en el sitio web porque está utilizando el tema Twenty Twenty-One. Pero para aquellos que usan otro tema en el que esta función no está presente, también deberán agregar la función de visualización en una plantilla de página, como header.php, para que aparezca en el encabezado del sitio, por ejemplo:

```
if( function_exists( 'the_custom_logo' ) ) {
     the_custom_logo();
}
```

En Twenty Twenty-One, el logo se llama en el archivo template-parts/header/site-branding.php mediante la función de WordPress `the_custom_logo()`.

Para hacer desaparecer el título y la descripción, hay que deseleccionar la casilla correspondiente en el menú **Personalizar** - **Identidad del sitio**.

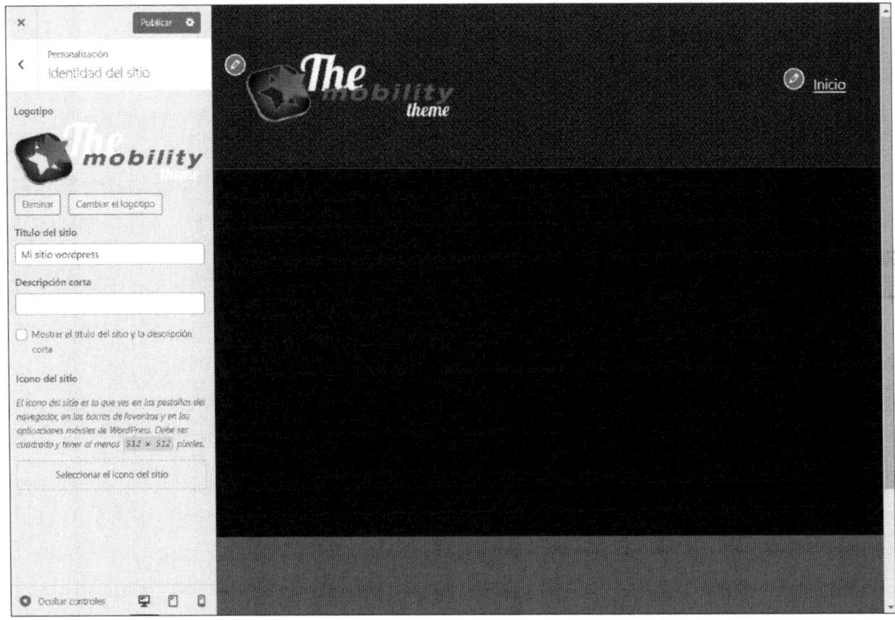

El logotipo aparece en la página de inicio del tema. La casilla que permite mostrar el título y la descripción corta no está marcada

5. Añadir una pestaña Opciones del tema

En el directorio del tema, dentro de la carpeta inc, cree un archivo y asígnele el nombre control.php.

5.1 La función add_theme_pages()

Para crear una subpestaña en la pestaña **Apariencia**, use la función `add_theme_page()`:

```
<?php
add_theme_page($page_title,$menu_title,$capability,$menu_slug,
$function);
?>
```

- `$page_title`: nombre de la página que se va a incluir en la etiqueta `<title>`.
- `$menu_title`: nombre que aparecerá en el menú.
- `$capability`: permisos ofrecidos al usuario según su rol. Ver la lista completa en: https://wordpress.org/support/article/roles-and-capabilities
- `$menu_slug`: nombre del enlace de la URL.
  Ejemplo: /wp-admin/themes.php?page=**$menu_slug**.
- `$function`: nombre de la función que muestra el contenido de la pestaña.

Observación

Referencia al códex:
https://codex.wordpress.org/Function_Reference/add_theme_page

5.2 Crear la pestaña

Para crear una pestaña, debe editar el archivo control.php y crear un objeto PHP allí. Para hacer esto, cree una clase llamada `MB`.

Dentro de la clase, cree un método de inicialización, llámelo `init()`.

Dentro del método `init()`, use la función `add_theme_page()`, para crear la pestaña cuando la página se inicialice.

Luego, cree un segundo método `displayOptions()` para mostrar el contenido de la página.

Lo que da:

```
<?php
class MB {
    function init(){
    add_theme_page("The mobility options", 'Opciones del tema',
'edit_themes', 'control.php', array('MB','displayOptions'));
    }
    function displayOptions(){
    //Lo que se va a mostrar en la página de administración.
    }
}//Fin de la clase MB
?>
```

En WordPress, cuando crea una clase y usa una función de WordPress que necesita el nombre de un método, use una tabla con el nombre de la instancia de la clase y el nombre del método.

```
array('instancia_de_clase','nombre_del_metodo')
```

Ejemplo: `array('MB','displayOptions')`

La clase es `MB` y el método `displayOptions()`.

Para llamar a un método dentro de otro método, se hace como en PHP, de forma clásica con `$this`.

Para mostrar la pestaña y ejecutar su método de inicialización, agregue el método al hook de acción `admin_menu`.

```
<?php
class MB {
    function init(){
add_theme_page("The mobility options", 'Opciones del tema',
'edit_themes', 'control.php', array('MB','displayOptions'));
    }
 function displayOptions(){
 //lo que se va a mostrar en la página de administración
 }
}//fin de clase MB
```

```
add_action('admin_menu', array('Mb','init'));
?>
```

Observación

Recordatorio de los objetos PHP:
https://php.net/manual/es/language.oop5.basic.php

5.3 Buenas prácticas

Para una buena práctica, use la función PHP `class_exists()`, en lugar de llamar directamente al objeto en el hook. Esto evita conflictos si existe una clase con el mismo nombre.

También puede definir la visibilidad del método: `public`, `protected`, `private`. Los elementos declarados como públicos se pueden utilizar por cualquier parte del programa. El acceso a los elementos protegidos está limitado a la propia clase, así como a las clases que la heredan. El acceso a los elementos privados solo está reservado para la clase que los definió.

Ver: https://php.net/manual/es/language.oop5.visibility.php

Sin embargo, debe declarar los métodos de manera estática.

Ver: https://www.php.net/manual/es/language.oop5.static.php

Lo que da:

```
<?php
class MB {
        static function init(){
           add_theme_page("The mobility options", 'Opciones del tema',
           'edit_themes', 'control.php', array('MB','displayOptions'));
        }
        static function displayOptions(){
           //lo que se va a mostrar en la página de administración
        }
}//Fin de la clase MB

if(class_exists("MB")){
     $inst_MB = new MB();
}
```

```
if(isset($inst_MB)){
     add_action('admin_menu', array($inst_MB,'init'));
}
?>
```

5.4 Llamar al archivo en functions.php

Para hacer que la pestaña aparezca en el menú, llame al archivo control.php en el archivo functions.php, con una función PHP de inclusión: `require` (puede usar cualquier función que desee, como `include`). Constatamos que el archivo control.php es, de alguna manera, una extensión del archivo functions.php.

Agregue estas líneas de código al archivo functions.php:

```
require get_template_directory(). '/inc/control.php';
```

En la administración, la pestaña aparece en **Apariencia**. Haga clic en el botón **Opciones del tema**, aparece una página vacía.

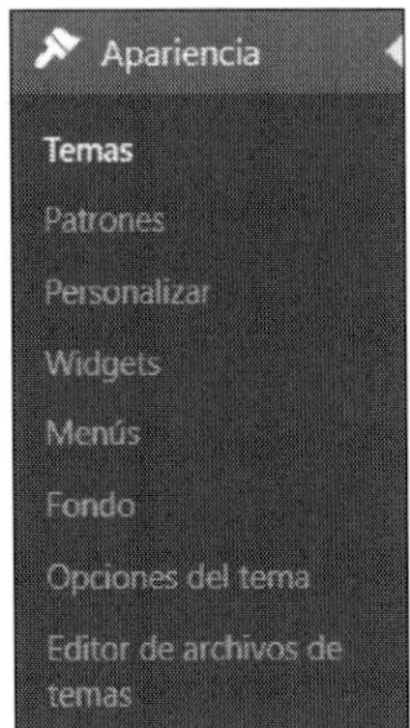

*Pestaña **Opciones del tema** en el menú **Apariencia***

Esta página se utilizará para desarrollar funciones avanzadas del tema, utilizando funciones de PHP y WordPress.

6. Configurar la página de opciones

Para configurar la página de opciones, agregue código HTML en el método `displayOptions()`. En este método es donde se insertan los elementos de la página.

Utilice HTML de otras páginas de administración para obtener una apariencia uniforme. Observe la estructura HTML usando la consola de inspección de código y agregue la misma estructura HTML (`div`, `class` e `id`), luego cambie el título de la página.

Para agregar el código HTML, cierre y vuelva a abrir las etiquetas PHP. Esto evita hacer numerosas visualizaciones con la función `echo`.

```
<?php
class MB {
          static function init(){
          add_theme_page("The mobility options", 'Opciones del tema',
          'edit_themes', 'control.php', array('MB','displayOptions'));
          }
          static function displayOptions(){
?>
               <div class="wrap">
                 <h2>Opciones del tema</h2>
                 <!--configuración-->
               </div>
<?php
          }
}//fin de clase MB

if(class_exists("MB")){
          $inst_MB = new MB();
}

if(isset($inst_MB)){
          add_action('admin_menu', array($inst_MB,'init'));
}
?>
```

7. Añadir una hoja de estilo CSS y un script JavaScript

En la carpeta inc, cree una carpeta js. Dentro deberá haber un archivo JavaScript y una carpeta css que contenga un archivo CSS. Nómbrelos como desee, por ejemplo: control.js y control.css.

Cree un nuevo método en la clase y llame a las funciones `wp_register_style()` para registrar el estilo, y luego `wp_enqueue_style()` para mostrar el estilo. Haga lo mismo con los scripts, gracias a las funciones `wp_register_script()` y `wp_enqueue_script()`.

Observación

Consulte el capítulo Personalizar el sitio con el archivo functions.php, sección Añadir hojas de estilo y scripts, para obtener más detalles sobre las funciones que utilizan scripts y estilos.

Este es el contenido del método `addAdminHeader()`:

```
static function addAdminHeader(){
   wp_register_style('Mb_css',
                 get_template_directory_uri().'/inc/css/control.css',
                   array()
                   );
   wp_enqueue_style('Mb_css');

   wp_register_script('Mb_js',
                   get_template_directory_uri().'/inc/js/control.js',
                   array()
                   );
   wp_enqueue_script('Mb_js');
}
```

Llame al método con el hook de acción `admin_init` e inserte una condición para asegurarse de que el script y el estilo solo se ejecutan en la página control.php:

```
if(class_exists("MB")){
  $inst_MB = new MB();
}

f((isset($_GET['page']))&&($_GET['page']=='control.php')){
   if($_GET['page']=='control.php'){
       add_action('admin_init',array($inst_MB,'addAdminHeader'));
```

```
    }
    add_action('admin_menu', array($inst_MB,'init'));
}
```

Compruebe que en el código fuente de la página, aparecen los enlaces.

Aquí está el código completo:

```
<?php
if(!class_exists("MB")) {
   class MB {
         static function init(){
           add_theme_page("The mobility options", 'Opciones del tema',
           'edit_themes', 'control.php', array('MB','displayOptions'));
         }
         static function displayOptions(){
?>
           <div class="wrap">
               <h2>Opciones del tema</h2>
               <!--configuración-->
           </div>
<?php
         }
           static function addAdminHeader(){
             wp_register_style('Mb_css',
                             get_template_directory_uri().'/inc/css/control.css',
                             array()
                             );
             wp_enqueue_style('Mb_css');

             wp_register_script('Mb_js',
                              get_template_directory_uri().'/inc/js/control.js',
                             array()
                              );
             wp_enqueue_script('Mb_js');
           }
 }//fin de clase MB
}

if(class_exists("MB")){
    $inst_MB = new MB();
}
if(isset($inst_MB)){
if((isset($_GET['page']))&&($_GET['page']=='control.php'
    add_action('admin_init',array($inst_MB,'addAdminHeader'));
}
add_action('admin_menu', array($inst_MB,'init'));
}
?>
```

8. Añadir un banner

Para agregar una imagen al tema, comience creando el código HTML en el método `displayOptions()`.

8.1 Crear un método con un campo input de tipo file

Cree un método `get_upload_field()`, que contenga un campo `input` de tipo `file`. Para evitar reescribir el mismo código cada vez, use este método cada vez que necesite cargar una imagen con un campo `input` de tipo `file`.

Para reconocer el campo y recuperar su valor cada vez que se valida el formulario, pase al método un argumento `$id`, un identificador único:

```
static function get_upload_field($id) {
   $field = '<input id="'.$id.'" type="file" name="attachment_'.$id.'" />
            <span class="submit"><input name="Mb_upload" type="submit"
            value="Enviar" class="button panel-upload-save" />
            </span>';
return $field;
}
```

8.2 Crear el código HTML

Agregue el código HTML al método `displayOptions()` y llame al método `get_upload_field()`, para mostrar el campo `input file`.

El código para el método `displayOptions()` se ve así:

```
static function displayOptions(){
?>
         <div class="wrap">
             <h2>Opciones del tema</h2>
             <form action="#" method="post" enctype="multipart/form-data">
             <h3>Banner</h3>
             <h4>Descargue un banner de 728x90 píxeles:</h4>
                   <div id='imgupload'>
                         <?php echo MB::get_upload_field('image'); ?>
                   </div>
             </form>
         </div>
<?php
}
```

El tamaño de la imagen se define según la ubicación reservada en el encabezado. En el ejemplo, el banner es de 728 x 90 píxeles.

Para llamar al método dentro de la clase, cree una instancia de la clase de la misma manera que en PHP:

```
nombre_de_clase::mi_metodo();
```

También puede usar new:

```
$miclase= new nombre_de_clase();
$miclase->mi_metodo();
```

Agregue código CSS en el archivo inc.css, para una configuración más estética.

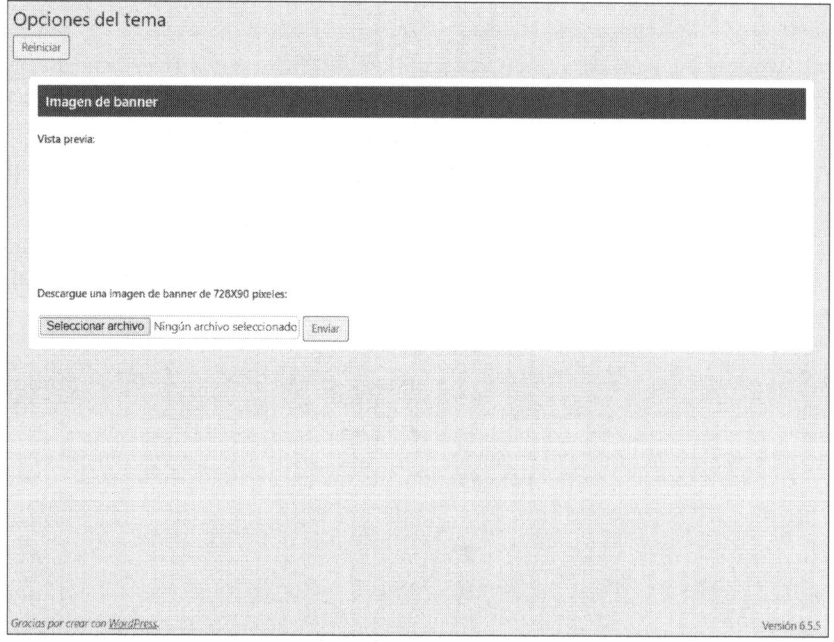

Página ***Opciones del tema****, personalizada con código CSS*

8.3 Verificar el archivo descargado

Cada vez que se carga una imagen, la página se actualiza y pasa la información a través del método HTTP `$_POST` del formulario. Cada vez que se recarga una página, el archivo ejecuta el método `init()`. Luego, verifique que el archivo sea compatible.

Compruebe que `$_POST ['Mb_upload']` existe con la función PHP `isset()`.

```
if(isset($_POST['Mb_upload'])) {
```

Puede probar el formulario enviando una imagen en el formulario y ejecutar la función `print_r()` en la variable `$_POST['Mb_upload']`, para ver si el contenido de la tabla enviada es compatible.

```
print_r($_POST['Mb_upload']);
```

```
static function init(){
   if(isset($_POST['Mb_upload'])) {
          //comprobar el archivo
   }
add_theme_page("The mobility options", 'Opciones del tema',
'edit_themes', 'control.php', array('MB','displayOptions'));
}
```

Cree una tabla con los tipos de archivo permitidos para cargar.

```
$whitelist = array('image/gif', 'image/jpeg', 'image/pjpeg',
'image/png', 'image/ico', 'image/x-png');
```

Asegúrese de que `$_FILES` tenga un tipo y recupérelo en una variable, aquí `$filetype`.

```
if($_FILES['attachment_image']['type']!='') {
   $up_file = 'image';
}
$filetype = $_FILES['attachment_'.$up_file]['type'];
```

Compare la variable `$filetype` con la tabla `$whitelist`, con ayuda de la función PHP `in_array()`, que comprueba que el valor de `$filetype` está presente en la tabla.

```
if(in_array($filetype, $whitelist)){
   //todo está ok, el archive cumple
}
header('Location:'.get_bloginfo('url').'/wp-admin/themes.php?
page=control.php');
```

Realice una redirección con la función PHP `header()`, al final del método (si esta práctica muestra un error, redirija la página en JavaScript). Esto reinicializa la variable enviada por `$_POST`. De lo contrario, cada vez que se recarga una página del navegador, se ejecuta la descarga, porque la variable pasada por `$_POST` no está vacía.

Otra práctica es enviar al usuario a otra página durante la validación del formulario, por ejemplo, a una página de confirmación que le indica que la imagen ha sido cargada correctamente.

8.4 Transferir la imagen con la función wp_handle_upload()

La función WordPress `wp_handle_upload()` comprueba la conformidad de un archivo y lo carga en la carpeta wp-uploads.

```
<?php wp_handle_upload($file,$overrides,$time); ?>
```

- `$file`: acepta la URL del archivo que se pasa en `$_FILES`.
- `$overrides`: acepta una tabla asociativa para cambiar las variables predeterminadas durante la descarga. Si no pasa `array ('test_form' => false)`, el archivo no está cargado.
- `$time`: acepta una fecha del tipo aaaa/mm, opcional.

Este es el código:

```
wp_handle_upload($_FILES['attachment_'.$up_file],
array('test_form' => false));
```

Ahora que se cargó el archivo, guarde la URL de la imagen para que pueda verla. Cree una tabla `$aOptions`, cuya clave sea el identificador y guarde la información:

```
$upload=wp_handle_upload($_FILES['attachment_'.$up_file],
array('test_form' => false));
$aOptions[$up_file] = stripslashes($upload['url']);
```

8.5 Utilizar las opciones para guardar en base de datos

Para guardar de manera estable la URL de la imagen, almacénela en la base de datos. WordPress tiene funciones para almacenar fácilmente preferencias y ajustes de configuración.

Las funciones de opciones agregan, modifican o eliminan información en la tabla wp_options. WordPress las utiliza para guardar los ajustes de configuración del sitio, así como los ajustes de configuración de temas, complementos y widgets.

Utilice la siguiente función:

```
<?php update_option($option,$new_value); ?>
```

Las funciones de opciones usan `$wpdb->prepare` antes de Insert en la base de datos, el valor se limpia correctamente antes de la inserción.

Para agregar una opción, use la función `add_option()`.

- `$option`: nombre de la opción. Créela o use una opción ya presente en WordPress. Aquí encontrará todas las opciones:
  https://codex.wordpress.org/Option_Reference

  `$option` se corresponde con la columna option_name, en la tabla wp_options.
- `$new_value`: valor asignado a la opción. El valor puede ser un número, una variable, una tabla o un objeto.

  `$new_value` se corresponde con la columna option_value, en la tabla wp_options.

Ejemplo

```
update_option( 'default_comment_status', 'closed' );
```

Esta función le permite cerrar los comentarios de WordPress para todo el sitio.

La tabla `$aOptions` es el valor y la opción se llama `Mb_theme`:

```
update_option('Mb_theme', $aOptions);
```

En la base de datos, en la tabla de opciones, el campo `Mb_theme` está presente en la columna `option_name`.

Línea de la base de datos en phpMyAdmin correspondiente al campo `Mb_theme`

Y cuando edita el campo correspondiente, la información referente a la ruta de la imagen está presente:

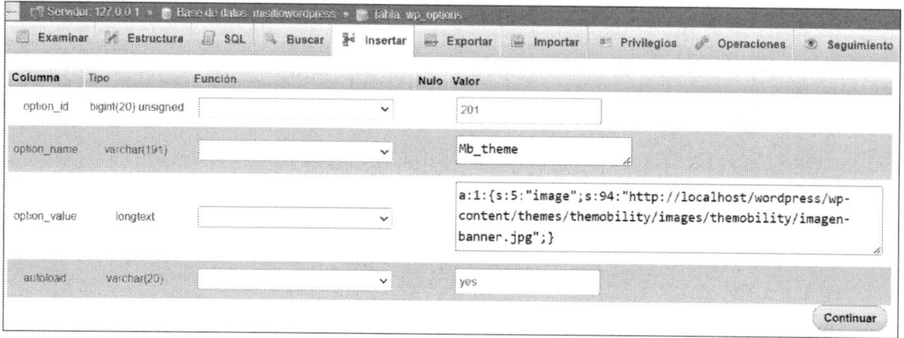

Interfaz de phpMyAdmin con ***Mb_theme*** *para* ***option_name*** *y la tabla* ***$aOptions*** *para* ***option_value***

Este es el código completo del método `init()`:

```
static function init(){

   if(isset($_POST['Mb_upload'])) {
       $whitelist = array('image/gif', 'image/jpeg', 'image/pjpeg',
       'image/png', 'image/ico', 'image/x-png');

       if($_FILES['attachment_image']['type']!='') {
           $up_file = 'image';
   }
```

```
        $filetype = $_FILES['attachment_' . $up_file]['type'];

    if(in_array($filetype, $whitelist)) {
        $upload=wp_handle_upload($_FILES['attachment_'.$up_file],
        array('test_form' => false));
        $aOptions[$up_file] = stripslashes($upload['url']);
        update_option('Mb_theme', $aOptions);
    }

    header('Location:'.get_bloginfo('url').'/wp-admin/themes.php?page=control.php');
}

add_theme_page("The mobility options", 'Opciones del tema',
'edit_themes', 'control.php', array('MB','displayOptions'));

}
```

8.6 Mostrar la imagen en el sitio web

Para mostrar la imagen, use la función `get_option()` que recuperará la tabla en la base de datos:

```
<? php echo get_option($opción,$default); ?>
```

- `$option`: nombre de la opción. Créelo o use una opción ya presente en WordPress. Encontrará todas las opciones aquí: https://codex.wordpress.org/Option_Reference
- `$default`: valor opcional, por defecto `false`. `$default` puede devolver un valor predeterminado, si la función no devuelve ningún valor.

En la plantilla de página para la página de inicio page-inicio.php(o index.php), inserte el siguiente código entre las etiquetas HTML `<main>` para mostrar la imagen:

```
<img src = "<? php echo get_option('MB_theme')['image'];?>" />
```

Compruebe que el valor esté presente, esto evita mostrar una imagen vacía:

```
<? php if(get_option('MB_theme')['image']! = '') {?>
<img src = "<? php echo get_option('MB_theme')['image'];?>" />
<? php}?>
```

También puede mostrar una URL predeterminada, en caso de que la función no pueda encontrar la URL de la imagen, agregando el argumento opcional `$default`.

Para centrar la imagen, debe agregar código HTML, agregando una etiqueta `div` alrededor de la imagen con un `id`. Luego, debe modificar y agregar código CSS al archivo style.css.

El archivo page-inicio.php se convierte en:

```
<?php
get_header();
?>
<?php if(get_option( 'MB_theme')['image']!=''){ ?>
<div id="banner">
<img src="<?php echo get_option( 'MB_theme')['image']; ?>" />
</div>
<?php } ?>
<?php
get_footer();
```

A continuación, encontrará el código CSS para añadir al archivo style.css:

```
// código para centrar el banner
#banner{
text-align:center;
}
```

8.7 Insertar una imagen por defecto en la activación del tema

Para insertar una imagen predeterminada tan pronto como se active el tema, agregue una imagen predeterminada en la carpeta themobility (que se encuentra en la raíz del tema en la carpeta images); en el ejemplo, se usa una imagen llamada image-banner.jpg.

Luego, cree un nuevo método `initOptions()`, que devuelve la tabla `$aOptions`.

Agregar parámetros predeterminados a la tabla `$aOptions`.

```
$aOptions['logo-image']=get_template_directory_uri().'/images/
themobility/image-banner.png';
```

Dentro del método `initOptions()`, verifique que la tabla `get_option()` no existe. Asigne a la clave `image` el valor predeterminado (URL de la imagen por defecto), en la tabla `$aOptions`.

Guarde la tabla en la tabla de opciones con la función `update_option()` de WordPress.

Devuelva la tabla `$aOptions` de modo que el método `initOptions()` devuelva la tabla de opciones.

Aquí está el código del método `initOptions()`:

```
static function initOptions(){

      $aOptions = get_option('Mb_theme');

      if(!is_array($aOptions)) {
            $aOptions['image']=get_template_directory_uri().'/images/
            themobility/image-banner.jpg';
            update_option('Mb_theme', $aOptions);
      }

   return $aOptions;

}
```

Este método le permite recuperar la tabla `$aOptions` donde quiera. La tabla guarda los valores predeterminados cuando se activa el tema y modifica los valores para cada acción.

Todo lo que queda es recuperar la tabla `$aOptions` en el método `init()`.

Aquí está el código:

```
static function init(){
   $aOptions = MB::initOptions();

if(isset($_POST['Mb_upload'])) {
   $whitelist = array('image/gif', 'image/jpeg', 'image/pjpeg',
'image/png', 'image/ico', 'image/x-png');

if($_FILES['attachment_image']['type']!='') {
   $up_file = 'image';
}

$filetype = $_FILES['attachment_' . $up_file]['type'];
if(in_array($filetype, $whitelist)) {
   $upload=wp_handle_upload($_FILES['attachment_'.$up_file],
array('test_form' => false));
   $aOptions[$up_file] = stripslashes($upload['url']);
```

```
    update_option('Mb_theme', $aOptions);
}
header('Location:'.get_bloginfo('url').'/wp-admin/themes.php?
page=control.php');
}
add_theme_page("The mobility options", 'Opciones del tema',
'edit_themes', 'control.php', array('MB','displayOptions'));
}
```

Así queda el sitio web de forma predeterminada:

Página de inicio del tema con la imagen por defecto

8.8 Crear una vista previa en la administración

Para crear una vista previa en la administración, use el método `initOptions()`:

```
$aOptions = MB::initOptions();
```

Luego inserte la entrada de la tabla que contiene la URL de la imagen, en una etiqueta HTML `<img>`.

```
<img src="<?php echo($aOptions['image']); ?>" />
```

Este es el código completo:

```
static function displayOptions(){
   $aOptions = MB::initOptions();
?>
 <div class="wrap">
 <h2>Opciones del tema</h2>
 <form action="#" method="post" enctype="multipart/form-data">
 <h3>Banner</h3>
 <h4>Vista previa:</h4>
 <div id="vistapreviaimagen">
 <img src="<?php echo($aOptions['image']); ?>" />
 </div>

 <h4>Cargue un banner de 728x90 píxeles:</h4>
 <div id='imgupload'>
 <?php echo MB::get_upload_field('image'); ?>
 </div>
 </form>
  </div>
<?php
}
```

Así queda la administración después de agregar CSS, para una configuración más agradable:

*Página de administración **Apariencia - Opciones del tema**, bloque imagen de banner que se muestra en la página de inicio del tema*

9. Crear un botón que restablece las opciones predeterminadas

Para restablecer los argumentos por defecto, cree un botón `input` que tenga el valor Reinicializar. Agréguelo en la parte superior del formulario HTML `<form>` en el método `displayOptions()`.

```
static function displayOptions(){
 $aOptions = MB::initOptions();
 ?>
 <div class="wrap">
 <h2>Opciones del tema</h2>
 <form action="#" method="post" enctype="multipart/form-data">
 <input type="submit" class="button" name="Mb_reset"
value="Reinicializar" />
 <br />
 <h3>Banner</h3>
 <h4>Vista previa:</h4>
 <div id="vistapreviaimagen">
 <img src="<?php echo($aOptions['image']); ?>" />
```

```
   </div>
   <h4> Cargue una imagen banner de 728x90 píxeles:</h4>
   <div id='imgupload'>
   <?php echo MB::get_upload_field('image'); ?>
   </div>

   </form>
   </div>
   <?php
 }
```

Agregue al método `init()` un método que se ejecute cuando hagamos clic en el botón **Reinicializar**. Llame al método `initOptions()`. Contendrá los parámetros originales. Pásele un argumento `true`, lo que indica que se ha presionado el botón de restablecimiento:

```
if(isset($_POST['Mb_reset'])){ Mb::initOptions(true); }
```

Modifique el método `initOptions()` y pásele un argumento `$reset`. Por defecto `$reset` es igual a `false`:

```
function initOptions($reset=false){
```

Agregue una condición para que el método restablezca los parámetros originales, si `$reset` es igual a `true` o si la tabla `$aOptions` no existe.

Si `$reset` es igual a `true`, la tabla `$aOptions` recupera sus valores originales y la información se actualiza en la base de datos, gracias a la función `update_option()`.

```
static function initOptions($reset=false){
 $aOptions = get_option('Mb_theme');
 if((!is_array($aOptions))||($reset==true)){
    $aOptions['image']=get_template_directory_uri().'/images/
themobility/image-banner.jpg';


    update_option('Mb_theme', $aOptions);
 }
 return $aOptions;
}
```

Ahora, si hacemos clic en el botón **Reinicializar**, volverá a aparecer la imagen original.

Esta es la administración con el botón de reinicializar:

*Página de la administración **Apariencia** - **Opciones del tema**, con el botón **Reinicializar***

10. Elegir un color con Iris (color picker)

En esta parte, recuperará un color de una paleta de colores de tipo color picker con Iris. El usuario podrá elegir el color del pie de página y de la línea que separa el encabezado del contenido, para personalizar su sitio.

10.1 Añadir el script JavaScript y el CSS Iris, paleta de WordPress

Para hacer esto, utilizará un script Iris JavaScript y su CSS, que ya forman parte del núcleo de WordPress (consulte el capítulo Personalizar el sitio con el archivo functions.php, sección Añadir hojas de estilo y scripts).

Para poder usarlo, llame al script y al CSS en el método addAdminHeader(), después de los CSS y otros scripts:

```
static function addAdminHeader(){
 wp_register_style('Mb_css', get_template_directory_uri().
'/my-inc/css/my-inc.css', array());
 wp_enqueue_style('Mb_css');

 wp_register_script('Mb_js', get_template_directory_uri().
'/my-inc/js/my-inc.js', array());
 wp_enqueue_script('Mb_js');

 wp_enqueue_style('iris');
 wp_enqueue_script('iris');
}
```

10.2 Añadir el color por defecto

Agregue en el método initOptions() el color por defecto que se usará para personalizar el sitio web, en la tabla $aOptions. No olvide elegir una nueva clave única para la tabla:

```
$aOptions['color'] = '#d1174c';
```

10.3 Añadir el formulario

Añada en el método displayOptions() el código HTML para la administración. Es un formulario que tiene un input de texto con el código de color y un input submit que permite validar la información:

```
<h3>Color del pie de página y de la línea del encabezado:</h3>
<input type="text" name="color" id='color-picker' value="<?php
echo($aOptions['color']); ?>" />
<span class="submit"><input name="Mb_color" type="submit"
value="Guardar" class="button panel-upload-save" /></span>
```

Si se produce un error PHP, hay que hacer clic en el botón **Reinicializar** para volver a actualizar la tabla `$aOptions` y de esta manera recuperar el color.

Se han añadido etiquetas div `<div class="bloc">[...]</div>` rodeando al banner y al color, para distinguir claramente las partes y diseñarlas mejor.

Para agregar una vista previa del color, añada el siguiente código al formulario:

```
<h4>Vista previa:</h4>

<div id="vistapreviacolor" style="background:<?php
echo($aOptions['color']); ?>"></div>
```

También se añade al archivo control.css la siguiente regla:

```
#vistapreviacolor {
    height: 40px;
    width: 80px;
    overflow: hidden;
}
```

10.4 Añadir el código JavaScript para que Iris funcione

Agregue líneas de código jQuery al archivo JavaScript inc/js/control.js, para que el script Iris pueda reconocer la etiqueta en la que aplicar la paleta de colores.

Para obtener más opciones, consulte la API: https://automattic.github.io/Iris

El código básico es este:

```
jQuery(document).ready(function($){
 $('#color-picker').iris();
});
```

Consulte la API de jQuery en la siguiente dirección: https://jquery.com, para obtener más información sobre las funciones de jQuery utilizadas.

En la administración debería ver esto:

Página de la administración ***Apariencia*** *-* ***Opciones del tema****, bloque* ***Color del pie de página y de la línea de encabezado***

Al hacer clic en el formulario, aparece la paleta Iris:

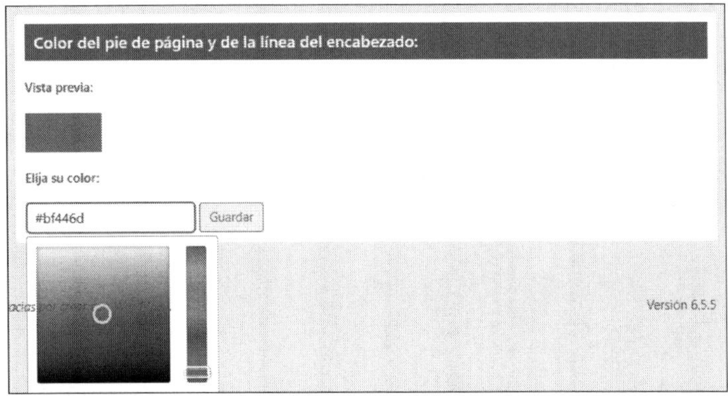

Bloque ***Color del pie de página y de la línea de encabezado****, con la Paleta de colores Iris visible*

10.5 Guardar información

Agregue en el método `init()` la condición que verifica que existe la variable `$_POST ['Mb_color']`. Esta variable existe cada vez que se hace clic en el botón de guardar color.

Entonces es necesario:

- obtener la tabla `$aOptions`;
- recuperar la variable enviada por `$_POST` e insertarla en la tabla `$aOptions`;
- actualizar la tabla `$aOptions` en la base de datos, con la función `update_option()` de WordPress;
- vaciar `$_POST` con la función PHP `header()` para evitar rehacer una consulta al recargar el navegador.

```
if(isset($_POST['Mb_color'])){
 $aOptions = Mb::initOptions();
 $aOptions['color'] = stripslashes($_POST['color']);
 update_option('Mb_theme', $aOptions);
 header('Location:'.get_bloginfo('url').'/wp-admin/themes.php?
page=control.php');
}
```

10.6 Mostrar el resultado

Recupere el color y aplíquelo a los elementos, gracias a una etiqueta `style` colocada en la etiqueta `<head>` del archivo header.php:

```
<style type="text/css">
  #site-footer{background: <?php echo get_option( 'MB_theme')['color']; ?>;}
  #site-header{border-bottom: 1px solid <?php echo get_option( 'MB_theme')
['color']; ?>;}
</style>
```

También puede agregar el código CSS a la función `wp_head()` de WordPress, llamada en el encabezado del sitio, usando un hook o escribir el código CSS en un archivo CSS que actualice con PHP. Para este tema, utilizará este método.

Cree un nuevo método addStyleColor(), luego recupere la tabla $aOptions y cree una variable $output que devuelva el código CSS que desea insertar entre las etiquetas HTML <head>, gracias a la función wp_head() de WordPress. Esto genera el siguiente método:

```
static function addStyleColor(){
    $aOptions = MB::initOptions();
    $output="
        <style type=\"text/css\">
            #site-footer{background: <?php echo get_option
( 'MB_theme')['color']; ?>;}
            #site-header{border-bottom: 1px solid
<?php echo get_option( 'MB_theme')['color']; ?>;}
        </style>
        ";

  echo $output;
    }
```

Para mostrar el resultado en la función wp_head() de WordPress, debe usar el hook de acción wp_head. Así que agréguelo con las otras acciones fuera de la clase, en la parte inferior del archivo:

```
 if(isset($inst_MB)){

if((isset($_GET['page']))&&($_GET['page']=='control.php')){
    add_action('admin_init',array($inst_MB,'addAdminHeader'));
}
    add_action( 'wp_head', array($inst_MB,'addStyleColor'));
    add_action('admin_menu', array($inst_MB,'init'));

 }
```

11. Añadir textos en la página de inicio

En esta parte, agregará a la página de opciones la posibilidad de escribir un texto de bienvenida con un editor WYSIWYG, un título y una imagen. Para agregar un editor WYSIWYG use la plataforma TinyMCE, que permite al usuario formatear el texto de bienvenida.

11.1 Añadir el código a los métodos de la clase

Agregue en el método `initOptions()` el texto por defecto(en el ejemplo, "texto falso"), el título predeterminado y la imagen predeterminada. Inserte la imagen por defecto en la carpeta **images - themobility**. No olvide elegir nuevas claves únicas para la tabla. `$aOptions`:

```
$aOptions['hometitle'] ="mobility";

$aOptions['homedesc'] ="<p>Et quoniam mirari posse quosdam
peregrinos existimo haec lecturos forsitan, si contigerit,
quamobrem cum oratio ad ea monstranda deflexerit quae Romae
gererentur, nihil praeter seditiones narratur et tabernas et
vilitates harum similis alias, summatim causas perstringam nusquam
a veritate sponte propria digressurus.</p>
<br />
<p>Sed fruatur sane hoc solacio atque hanc insignem ignominiam,
quoniam uni praeter se inusta sit, putet esse leviorem, dum modo,
cuius exemplo se consolatur, eius exitum expectet, praesertim cum
in Albucio nec Pisonis libidines nec audacia Gabini fuerit ac
tamen hac una plaga conciderit, ignominia senatus.</p>";

$aOptions['home-image'] =
get_template_directory_uri().'/images/themobility/welcome.jpg';
```

Agregue en el método `displayOptions()` el código HTML para la administración, compuesto por diferentes etiquetas `input`:

```
<div class="bloque2">
 <h3>Añadir una presentación:</h3>
 <div id="homeleft">

    <h4>título:</h4>
    <input type="text" style="width:80%" name="hometitle"
    id="hometitle" value="<?php echo($aOptions['home-title']); ?>"/>

    <h4>texto:</h4>
    <div class="txtmce">
        <?php //Código para tinymce ?>
    </div>

    <br />

  <span class="submit">
```

```
    <input name="Mb_txt_bienvenida" type="submit" value="Guardar"
    class="button panel-upload-save" />
  </span>

 </div>

 <div id="homeright">
  <h4>Vista previa:</h4>
  <div id="vistapreviahomeimage">
    <img src="<?php echo($aOptions['home-image']); ?>" />
  </div>

  <h4>Cargue una imagen de 440x320 píxeles:</h4>
  <div id='imgupload'>
    <?php echo MB::get_upload_field('home-image'); ?>
  </div>
 </div>
</div>
```

Presione el botón **Reinicializar** para actualizar la tabla `$aOptions`.

Luego, agregue el código CSS al archivo control.css, para que su página se vea mejor:

```
.bloque2 {
    border-radius: 5px;
    padding: 10px;
    background: #fff;
    margin: 20px;
    width: 96%;
    padding: 5px;
    float:left;
}
.bloque h3, .bloque2 h3 {
    color: white;
    background: #D1174C;
    padding: 10px;
    margin: 0px
}
#homeleft {
    float: left;
    margin: 20px;
    width: 55%;
}
#homeright {
```

```
    float: left;
    margin: 20px;
    width: 34%;
    border-left: 1px solid white;
    padding: 0px 20px;
}
.txtmce {
    height: 310px;
    overflow: hidden
}
#vistapreviahomeimage {
    width: 440px;
    height: 320px;
    overflow: hidden;
}
```

11.2 Añadir un editor WYSIWYG con la función wp_editor()

Para que aparezca el editor WYSIWYG, utilice la función WordPress:

```
<?php wp_editor($content,$editor_id,$settings); ?>
```

- `$content`: contenido por defecto.
- `$editor_id`: identificador `id` para el campo HTML `textarea` del editor.
- `$settings`: tabla de argumentos; estos son los argumentos por defecto:

```
$settings=array(
    'wpautop '=> true,
    'media_buttons' => true,
    'textarea_name' => $editor_id,
    'textarea_rows' => get_option('default_post_edit_rows', 10),
    'tabindex' => '',
    'editor_css' => '',
    'editor_class' => '',
    'teeny'=> false,
    'dfw'=> false,
    'tinymce' => true,
    'quicktags' => true,
    'drag_drop_upload'=> false
)
```

- wpautop: acepta true o false para crear automáticamente párrafos con la etiqueta HTML <p>.
- media_buttons: acepta true o false y permite la inserción del botón para descargar medios.
- textarea_name: acepta el nombre que se pasa con la etiqueta HTML textarea, cuando se envía el formulario. De forma predeterminada, toma el valor de $editor_id.
- textarea_rows: acepta un tamaño para el campo row de la etiqueta HTML textarea. Corresponde a la altura.
- tabindex: acepta un número para el campo tabindex de la etiqueta HTML textarea.
- editor_css: acepta código CSS adicional; usa la etiqueta <style>.
- editor_class: acepta un nombre de clase HTML.
- teeny: acepta true o false para mostrar el editor mínimo por defecto.
- dfw: acepta true o false para personalizar el modo de pantalla completa (requiere CSS específicos).
- tinymce: acepta una tabla para activar las herramientas en la barra de herramientas, durante la carga de TinyMCE en el lado visual.
- quicktags: acepta una tabla para activar las herramientas en la barra de herramientas, al cargar la parte del código.
- drag_drop_upload: acepta true o false para usar la funcionalidad de arrastrar y soltar.

Ver: https://developer.wordpress.org/reference/functions/wp_editor

Ejemplo

```
wp_editor('', 'comment', array(
 'media_buttons' => false,
 'textarea_rows' => '3',
 'tinymce' => array(
 'toolbar1' => 'bold, italic, underline, strikethrough,
forecolor,bullist, numlist,link, unlink, image',
 'toolbar2' => ''
 ),
 'quicktags' => array('buttons' =>
'strong,em,link,block,del,ins,img,ul,ol,li,code,close')
 )
);
```

Aquí agregará una pestaña que prohíbe la importación de medios y personalizará la barra de herramientas:

```
<?php
$settings=array(
 'media_buttons' => false,
 'textarea_rows' => '10',
 'tinymce' => array(
 'toolbar1' => 'bold, italic, underline, strikethrough,
forecolor,bullist, numlist,link, unlink',
 'toolbar2' => ''
 ),
 'quicktags' => array('buttons' =>
'strong,em,link,block,del,ins,ul,ol,li,code,close')
 );
 wp_editor(stripslashes($aOptions['home-desc']),'home-desc',
$settings);
?>
```

Presione el botón **Reinicializar** para pasar las nuevas variables de la tabla `$aOptions`. Ahora debería ver esto en la página **Opciones del tema**:

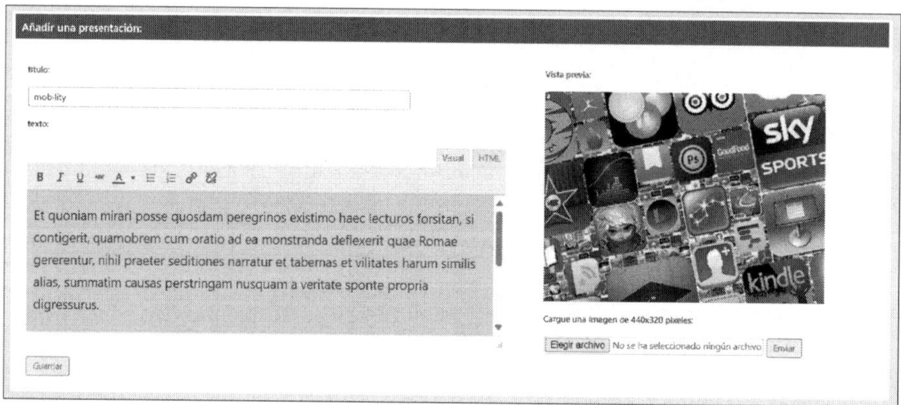

Página de la administración ***Apariencia - Opciones del tema****, bloque* ***Añadir una presentación***

11.3 Guardar información

Recupere en el método `init()` sus variables pasadas por `$_POST` (`$_POST['home-title']` y `$_POST['home-desc']`).

```
if(isset($_POST['Mb_txt_bienvenida'])){
   $aOptions = Mb::initOptions();
   $aOptions['home-title'] = stripslashes($_POST['home-title']);
   $aOptions['home-desc'] = stripslashes($_POST['home-desc']);

   update_option('Mb_theme', $aOptions);
   header('Location:'.get_bloginfo('url').'/wp-admin/themes.php?page=control.php');
}
```

Respecto a la variable `$_POST['home-image']`, se trata en la condición de upload de las imágenes.

11.4 Mostrar el resultado

Recupere el título, texto e imagen del lado del usuario web para mostrarlos en el archivo page-inicio.php(front-page.php o index.php), plantilla de página para la página de inicio de este tema. Aquí está el código de este archivo:

```
<main id="site-content" role="main">

  <?php if(get_option( 'MB_theme')['image']!=''){ ?>
    <div id="banner">
      <img src="<?php echo get_option( 'MB_theme')['image']; ?>" />
    </div>
  <?php } ?>

    <div id="welcome">
      <h1><?php echo get_option( 'MB_theme')['home-title'] ?></h1>
      <div id="welcometxt">
        <?php echo get_option( 'MB_theme')['home-desc'] ?>
      </div>
      <div id="homeimg">
        <img src="<?php echo get_option( 'MB_theme')['home-image'] ?>" />
      </div>
    </div>

</main><!-- #site-content -->
```

11.5 Añadir código CSS para hacer que el tema sea responsivo

Incluya su código CSS personal en el archivo style.css para que el tema sea más atractivo, pero tenga cuidado de vigilar que el tema sea responsivo.

WordPress utiliza Media Queries CSS3.

Las Media Queries permiten aplicar hojas de estilo según los periféricos de consulta utilizados para HTML, como por ejemplo navegadores móviles y tabletas, pantallas de baja resolución, impresión, TV, síntesis de voz, etc.

Este CSS se utilizará para teléfonos móviles, porque este tema está diseñado para una pantalla CSS llamada mobile first. Para hacer esto, agregue el siguiente código:

```
#welcome{
    max-width: 100%;
    margin:0 auto;
    overflow:hidden;
    padding:0px 20px 40px 20px;
}
#welcome h1{
    font-size:30px;
    font-weight:bold;
    margin: 1em 0 1em 0;
    color:#fff;
}
#welcometxt{
    text-align: justify;
    border-left: 1px solid #D1174C;
    padding: 0 30px;
    color:#fff;
    width:100%;
    float:none;
}
#welcometxt p{
    margin:0;
    padding:0;
    font-size:18px;
    color:#fff;
}
#homeimg{
    width:100%;
```

```
    overflow:hidden;
    text-align:center;
}
```

Luego, dependiendo de la visualización que desee obtener en el resto de pantallas, habrá que redefinir las reglas. Para hacer esto, agregue a las Media Queries diferentes CSS. La regla `@media (min-width: 1000 px)` se utilizará para mostrar pantallas de más de 1000 px:

```
@media(min-width: 1000px) {

      #welcometxt {
         width: 50%;
         float: left;
     }
     #homeimg{
         width: 50%;
     }
}
```

Puede probar la pantalla a medida que avanza, ya sea reduciendo el tamaño de su navegador o utilizando la pestaña **Personalizar** y haciendo clic en los pequeños iconos en la parte inferior.

*Iconos en la página **Personalizar**, que le permiten ver el sitio en diferentes formatos de pantalla*

Entonces corregimos el CSS. Para que el banner se redimensione bien, añadimos el siguiente código al archivo style.css:

```
#banner{
    text-align:center;
    overflow:hidden;
    margin-bottom:0 ;
}
#banner img{
    width:100%;
}
```

Para que el menú hamburguesa para los portátiles aparezca en blanco:

```
.menu-button-container #primary-mobile-menu .dropdown-icon{
    color:white;
}
```

Esto es lo que debe obtener en su página de inicio:

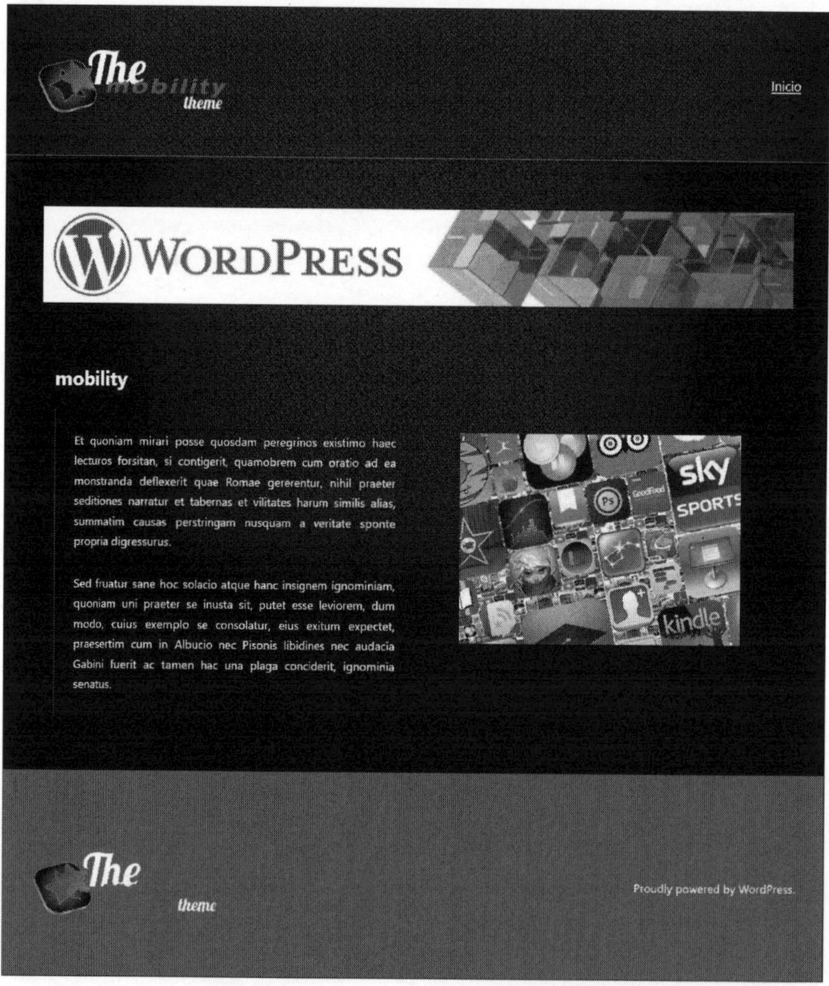

Visualización del sitio para pantallas grandes

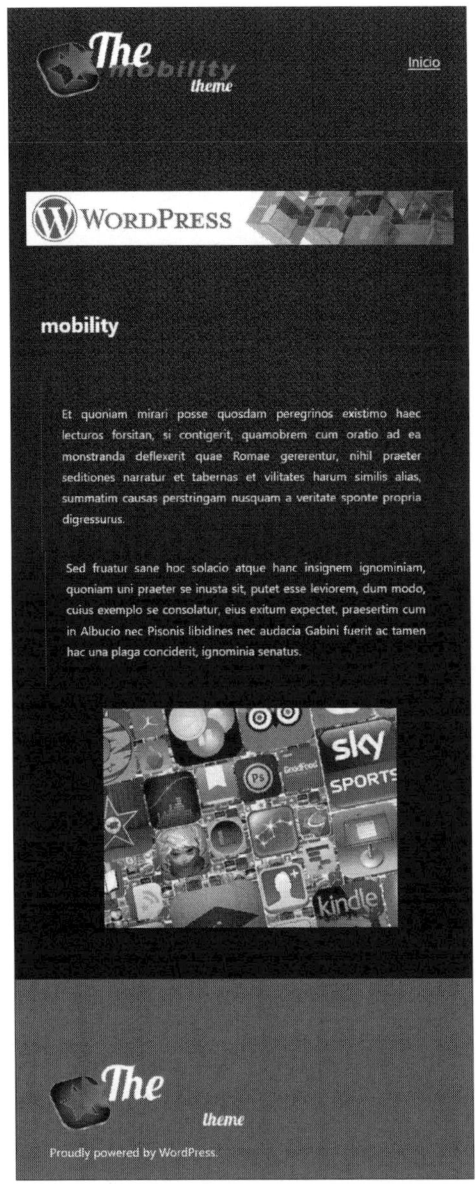

Visualización del sitio para las tabletas

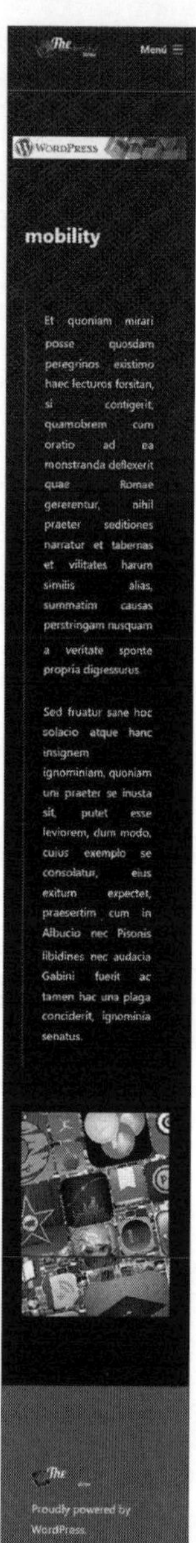

Visualización del sitio para los móviles

Existen otras soluciones para hacer que su sitio sea responsivo, como agregar Boot-strap o cualquier otro framework, en cuyo caso tendrá que pensar en ello tan pronto como se construya el sitio.

Si aún desea agregar Bootstrap a su sitio, simplemente descargue los archivos que necesita en la API Bootstrap: https://getbootstrap.com, colóquelos en su tema y luego intégrelos gracias a las funciones de llamada para hojas de estilo o para scripts (ver el capítulo Personalizar el sitio con el archivo functions.php, sección Añadir hojas de estilo y scripts).

12. Añadir una sidebar en el footer para la página de inicio

Agregue una sidebar o barra lateral para mostrar tres columnas con widgets debajo del texto de bienvenida.

Para hacer esto, cree una sidebar en el archivo functions.php, con la función `register_sidebar()` de WordPress (vea el capítulo Personalizar el sitio con el archivo functions.php, sección Crear barras laterales y zonas para ellas).

Luego, agregue la función al cuerpo de WordPress usando un hook de acción, con la acción `widget_init`. La acción tiene lugar durante la inicialización de los widgets. En el caso del tema Twenty Twenty-One, esta función ya existe con el nombre `twentytwenty_one_widgets_init()`, así que solo tiene que añadir su sidebar.

```
// Footer mobility.
    register_sidebar( array(
        'name'          => 'sidebar inicio,
        'id'            => 'sidebar-home',
        'description'   => 'sidebar 3 columnas para el pie de página del inicio',
        'before_widget' => '<li id="%1$s" class="widget %2$s">',
        'after_widget'  => '</li>',
        'before_title'  => '<h3 class="widget-title">',
        'after_title'   => '</h3>',
    ) );
```

Ahora agregue el código que hace que la sidebar aparezca en el archivo page-inicio.php, ya que la sidebar solo se muestra para la página de inicio.

```
<?php
if( is_active_sidebar('sidebar-home')){
   echo '<ul id="sidebar-home">';
   dynamic_sidebar('sidebar-home');
   echo '</ul>';
}
?>
```

En este punto, al activar el tema el usuario web no ve la sidebar, porque no contiene ningún widget por defecto. Así que agregue widgets y no olvide añadir código CSS para que sea más estético. Aquí está el código general:

```
/*
Sidebar Inicio
*/
#sidebar-home {
  width: 100%;
  margin:20px auto 0;
  overflow:hidden;
  clear: both;
  padding:20px;

}
#sidebar-home li.widget{
  width:100%;
  height:auto;
  margin: 0px 1.5%;
   float:none;
  list-style:none;
  color:#fff;
  background-color: #222;
  padding:0;
}
#sidebar-home li.widget ul li,#sidebar-home .search-form{
  padding:20px;
}
#sidebar-home h3{
  margin:0 0 10px 0;
  padding:5px;
  background:#D1174C;
  text-align:center;
  font-size:28px;
}
#sidebar-home a{
```

```
  color:white;
}
#wp-calendar{
  padding:0;
  margin:0;
}
#wp-calendar caption{
  background:#D1174C;
}
.textwidget{
  text-align:justify;
}
```

No olvide agregar también el código CSS para hacer que esta parte sea responsiva para pantallas más grandes de 782px.

```
@media(min-width: 782px) {
#sidebar-home li.widget{
  width:30%;
  float:left;
}
}
```

Agregue widgets por defecto, creando una función en el archivo functions.php. Llamela `set_default_theme_widgets()`.

```
function set_default_theme_widgets() {

}
```

En primer lugar, esta función va a recuperar una tabla multidimensional que contiene todas las sidebars, para las que cada tabla incluye todos los widgets activados. Esta tabla está en la tabla de las opciones, gracias a la función de WordPress `get_option()`.

```
get_option( 'sidebars_widgets' );
```

Luego, cuente el número de elementos en la tabla con la función PHP `count()`. Agregue 1 al número para crear el nuevo identificador para los widgets.

```
$id = count( $sidebars_widgets ) + 1;
```

Cada vez que se coloca un widget en una sidebar, recibe un identificador único en forma de número-identificador. El número se corresponde con el número de veces que se ha insertado el widget en cualquier sidebar y se incrementa cada vez. Cada vez que se activa un tema nuevo, el incremento se reanuda desde 0. Por lo tanto, cuente el número de entradas en la tabla de cada sidebar, tan pronto como se active el tema, para asegurarse de que el identificador es único.

Luego, agregue diferentes parámetros en la barra lateral en la tabla de opciones, gracias a la función `update_option()`.

Aquí está la lista de identificadores clave para los widgets:

- **widget_archives**: corresponde al widget Archivos.
- **widget_recent-posts**: corresponde al widget Últimas entradas (ver capítulo Introducción a WordPress).
- **widget_calendar**: corresponde al widget Calendario.
- **widget_categories**: corresponde al widget Categorías.
- **widget_recent_comments**: corresponde al widget Últimos comentarios.
- **widget_rss**: corresponde al widget RSS.
- **widget_media_gallery**: corresponde al widget Galería.
- **widget_custom_html**: corresponde al widget HTML personalizado.
- **widget_media_image**: corresponde al widget Imagen.
- **widget_nav_menu**: corresponde al widget Menú personalizado.
- **widget_meta**: corresponde al widget Meta.
- **widget_tag_cloud**: corresponde al widget Nube de etiquetas.
- **widget_pages**: corresponde al widget Páginas.
- **widget_search**: corresponde al widget Buscar.
- **widget_media_audio**: corresponde al widget Audio.
- **widget_text**: corresponde al widget Texto.
- **widget_media_video**: corresponde al widget Vídeo.

En primer lugar, agregue los widgets a la barra lateral sidebar-home insertando el identificador correspondiente en una tabla. Modifique o cree en la tabla de las opciones la entrada sidebars_widgets, gracias a la función de WordPress `update_option()`.

```
update_option( 'sidebars_widgets',
          array( 'sidebar-home' => array( 0 => 'search-'.$id,
                                          1 => 'recent-posts-'.$id,
                                          2 => 'text-'.$id )
                 )
          );
```

Luego agregue un título a cada widget y contenido para el widget de Texto. Inserte o actualice en la tabla de opciones la entrada correspondiente a cada widget, enviando una tabla de parámetros con la función `update_option()`.

Cada widget acepta una tabla diferente. Si quieres lleva la configuración de widgets un paso más allá, lo encontrará fácilmente en Internet.

```
update_option( 'widget_search',
               array( $id => array('title' => 'Buscar')
               )
);
```

```
update_option( 'widget_recent-posts',
              array( $id => array('title' => 'Últimas entradas')
              )
);
```

```
update_option( 'widget_text', array( $id => array('title' =>
'Acerca de','text' => 'Haec igitur lex in amicitia sanciatur, ut neque
rogemus res turpes nec faciamus rogati. Turpis enim excusatio est
et minime accipienda. <br />Haec igitur lex in amicitia sanciatur,
ut neque rogemus res turpes.')));
```

Seguidamente añada un hook de acción `after_switch_theme`, lo que significa que cada vez que el tema se activa, ejecuta esta función.

```
function set_default_theme_widgets() {

$sidebars_widgets = get_option( 'sidebars_widgets' );
$id = count( $sidebars_widgets ) + 1;

update_option( 'sidebars_widgets', array( 'sidebar-home' => array
( 0 => 'search-'.$id, 1 => 'recent-posts-'.$id, 2 => 'text-'.$id )));

update_option( 'widget_search', array( $id => array('title' =>
'Buscar')));
update_option( 'widget_recent-posts', array( $id => array('title'
=> 'Últimas entradas')));
update_option( 'widget_text', array( $id => array('title' =>
'Cerca de','text' => 'Haec igitur lex in amicitia sanciatur, ut neque
rogemus res turpes nec faciamus rogati. Turpis enim excusatio est
et minime accipienda. <br />Haec igitur lex in amicitia sanciatur,
ut neque rogemus res turpes.')));

}
add_action('after_switch_theme', 'set_default_theme_widgets');
```

Ahora debemos desactivar y reactivar el tema, para ver si durante la activación aparece una sidebar que contenga los widgets.

Debe tener su sidebar de inicio en los widgets, que aparece con los tres widgets dentro.

Ahora la página de inicio de su sitio web se debe parecer a esto:

Página de inicio con los widgets

13. Modificación del pie de página

Para modificar el pie de página, abra el archivo footer.php. Va a retirar el logotipo para que en su lugar aparezca el título del sitio. Encontrará código que ya hemos visto y que puede entender:

```
<div class="site-name">
                <?php if ( has_custom_logo() ) : ?>
                    <div class="site-logo"><?php the_custom_logo(); ?></div>
                <?php else : ?>
                    <?php if ( get_bloginfo( 'name' ) &&
get_theme_mod( 'display_title_and_tagline', true ) ) : ?>
                        <?php if ( is_front_page() && ! is_paged() ) : ?>
                            <?php bloginfo( 'name' ); ?>
                        <?php else : ?>
                            <a href="<?php echo esc_url( home_url( '/' ) ); ?>">
<?php bloginfo( 'name' ); ?></a>
                        <?php endif; ?>
                    <?php endif; ?>
                <?php endif; ?>
</div><!-- .site-name
```

Este código ordena mostrar el logotipo si existe y, si no existe, mostrar el título o la descripción corta. Basta con modificar un poco este código para hacer que aparezca el título del sitio:

```
            <div class="site-name">
                    <?php if ( is_front_page() && ! is_paged() ) : ?>
                        <?php bloginfo( 'name' ); ?>
                    <?php else : ?>
                        <a href="<?php echo esc_url( home_url( '/' ) ); ?>">
<?php bloginfo( 'name' ); ?></a>
                    <?php endif; ?>
            </div><!-- .site-name
```

Ahora el título muestra el sitio.

Para terminar, vamos a modificar la frase "Proudly powered by WordPress". Este texto aparece gracias a la función para los textos:

```
<div class="powered-by">
    <?php
    printf(
        /* translators: %s: WordPress. */
        esc_html__( 'Proudly powered by %s.', 'twentytwentyone' ),
        '<a href="' . esc_url( __( 'https://wordpress.org/',
'twentytwentyone' ) ) . '">WordPress</a>'
    );
    ?>
</div><!-- .powered-by
```

Solo tiene que sustituir el texto por:

```
<div class="powered-by">
    <?php
    _e( 'Mi sitio WordPress &copy; 2022 Todos los derechos reservados',
'twentytwentyone' );
    ?>
</div><!-- .powered-by
```

Este método permanente no es práctico para un usuario que no conoce el código. Habría que añadirle una parte para configurar esta frase en la administración del tema. Si ha seguido este ejercicio con atención, ¡debería ser fácil hacerlo!

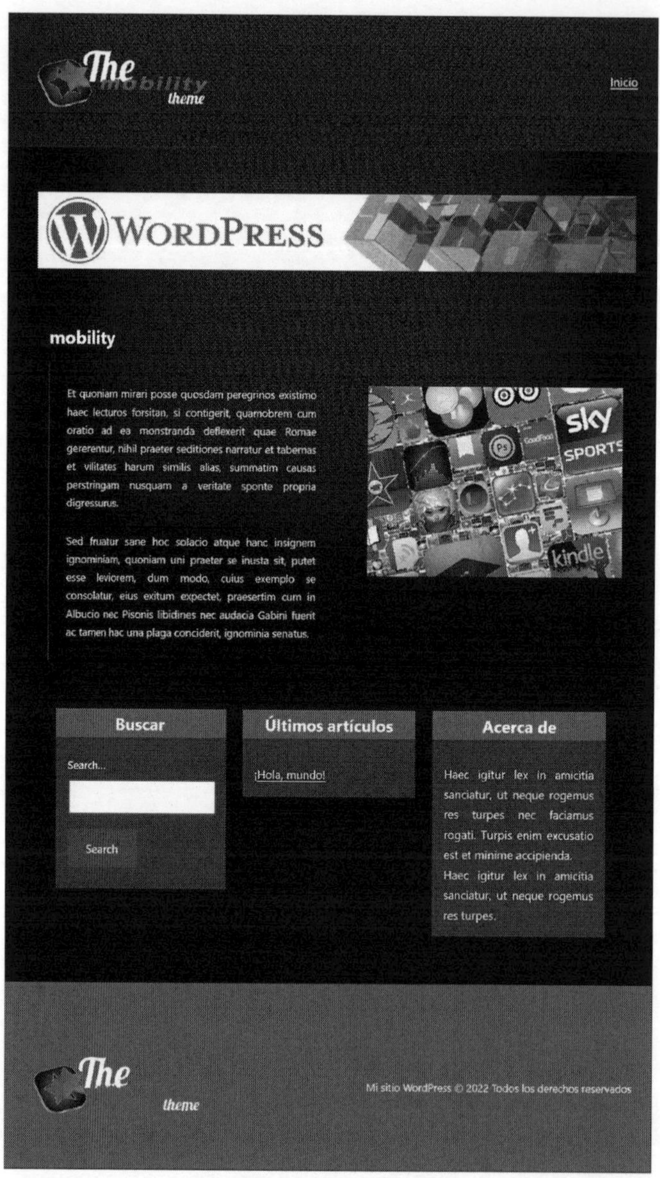

Página de inicio final del sitio

14. En resumen

Ha creado un archivo control.php, que consta de una clase con métodos. Los detalles se pueden encontrar en los comentarios dentro de cada método:

```
<?php
if(!class_exists("MB")) {
 class MB {
 static function init(){
 // leído cada vez que se carga la página gracias a un hook de acción
 // fuera de la clase
 // obtiene las variables $_POST y $_FILE
 // muestra el botón en la administración
 }
 static function initOptions($reset=false){
 // función que devuelve la tabla de opciones
 // actualiza la tabla con los valores originales
 // o con los valores modificados
 }
 static function displayOptions(){
 // muestra en la página de administración código HTML
 }
 static function addStyleColor(){
 // agrega un estilo CSS en línea a la función wp_head() de WordPress
 // gracias a un hook de acción.
 }
 static function addAdminHeader(){
 // agrega los scripts JavaScript y los estilos CSS al encabezado de
 // la administración gracias a un hook de acción fuera de la clase
 }
 static function get_upload_field($id) {
 // función de entrada de formulario que envía $_FILE,
 // llamada en el método displayOptions()
 }
 }//fin de la clase MB
}
if(class_exists("MB")){
 $inst_MB = new MB();
}
if(isset($inst_MB)){
    if((isset($_GET['page']))&&($_GET['page']=='control.php')){
    add_action('admin_init',array($inst_MB,'addAdminHeader'));
    }
 add_action( 'wp_head', array($inst_MB,'addStyleColor'));
 add_action('admin_menu', array($inst_MB,'init'));
}
?>
```

No olvide tomar una captura de pantalla de su tema, para reemplazar el archivo screenshot.png en la raíz de su tema. WordPress lo muestra automáticamente en la administración de **Apariencia** - **Temas**. Utilice el formato 1200 x 900 píxeles.

Una vez que se reemplaza el archivo, debería ver la vista previa en los temas:

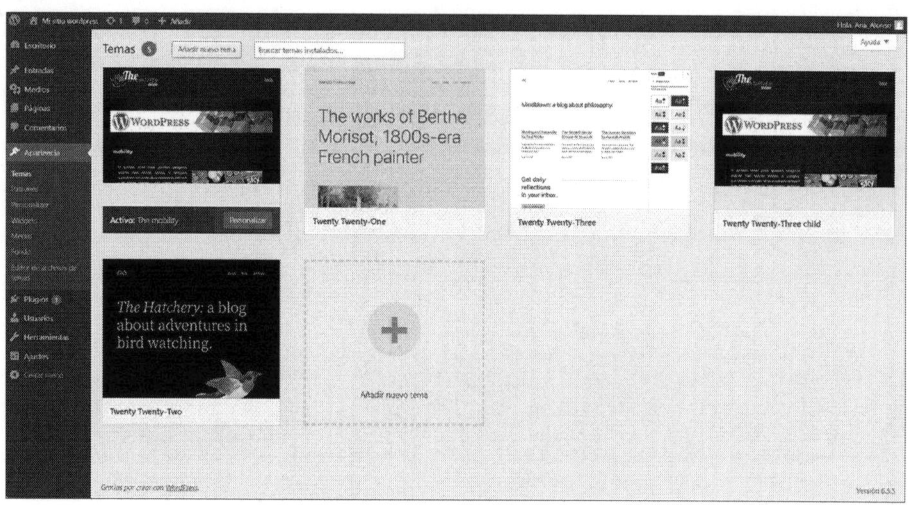

*Página **Apariencia** - **Temas**, con vista previa del tema gracias al archivo screenshot.png*

15. Conclusión

Crear un tema avanzado puede resultar muy beneficioso para los usuarios que no estén familiarizados con PHP. Puede agregar todo tipo de opciones y guardarlas en la base de datos o modificar las opciones existentes.

Puede agregar enlaces a redes sociales, una presentación de diapositivas, cambiar la frase del footer, crear tres columnas como opciones en lugar de crearlas con una barra lateral, etc.

También puede agregar funciones al archivo functions.php para mejorar el tema, agregar plantillas de página, modificar bucles de WordPress o archivos para formatos de artículos, etc.

Depende de usted imaginar su propio tema.

Capítulo 10
Crear un tema clásico a partir de una maqueta

1. Introducción

Hay tantos sitios como desarrolladores. WordPress es un CMS flexible a través del cual puede expresar toda su creatividad. En este capítulo, veremos cómo integrar una maqueta HTML en un tema clásico dedicado.

El objetivo es mostrar la relación entre un sitio diseñado íntegramente en HTML y su equivalente en WordPress. Por supuesto, un diseñador web codificará directamente su tema sin antes hacer una maqueta en HTML.

Como sabe, los navegadores solo interpretan código HTML, lo que permite mostrar el sitio web. Entonces, en un sitio creado solo en HTML, los archivos muestran directamente el código fuente, a diferencia de un sitio PHP que genera código HTML a partir de archivos PHP. Al estar escrito WordPress en PHP, veremos dónde colocar el código HTML en las plantillas de página y cómo usar las funciones PHP Word-Press y la extensión ACF para gestionar el contenido a través de la administración. Veremos también cómo interactúa la parte de back office con la parte de front office.

También estudiaremos Bootstrap para administrar el contenido de manera responsiva. Para eso, usaremos la cuadrícula de Bootstrap y su menú tipo hamburguesa.

2. Bootstrap

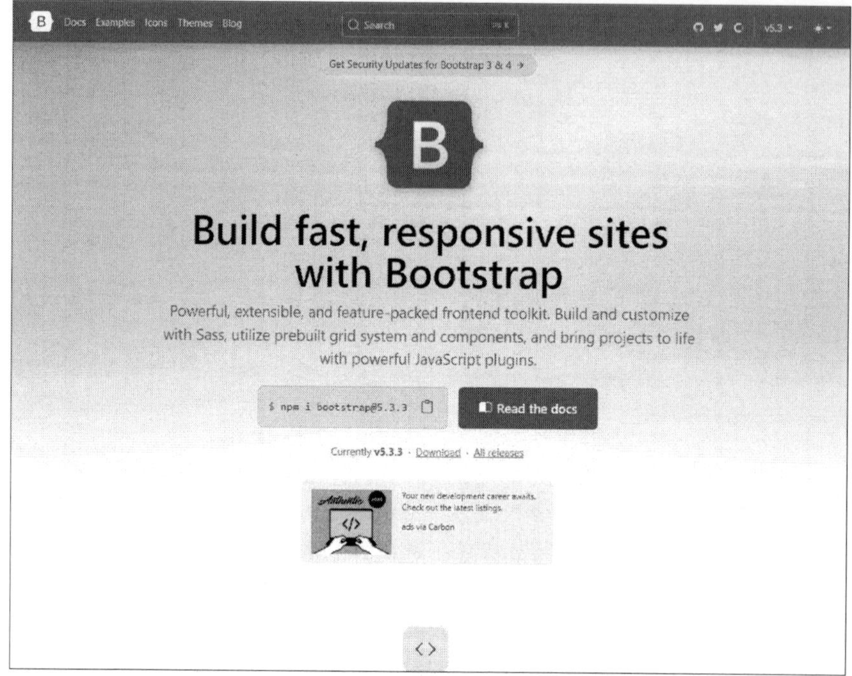

Sitio web oficial de Bootstrap: https://getbootstrap.com/

Bootstrap es un framework desarrollado por Twitter.

Aquí está la URL del sitio web oficial de Bootstrap: https://getbootstrap.com

Puede descargarlo y tener acceso a toda la documentación.

Las ventajas de un framework CSS son las siguientes:

- Los navegadores están llenos de fantasías y tienen comportamientos muy diferentes a pesar de los intentos de estandarizarlos. Sin embargo, los frameworks son cross-browser, es decir, la presentación es similar cualquiera que sea el navegador utilizado, y perfectamente compatible.
- Los frameworks CSS ahorran tiempo de desarrollo.

- Los frameworks CSS estandarizan la presentación ofreciendo un conjunto homogéneo de estilos.
- Los frameworks CSS ofrecen una cuadrícula para facilitar el posicionamiento de elementos y administrar el diseño responsivo.
- Los frameworks CSS suelen ofrecer elementos adicionales: botones estéticos, barras de navegación, etc.

Bootstrap es un framework muy popular que evoluciona muy rápidamente con la llegada frecuente de nuevas versiones. Esto es tanto una ventaja (cada vez mejora más), como una desventaja (el código que escribimos para un diseño queda obsoleto rápidamente para las nuevas versiones).

El cambio a la versión 3 supuso una pequeña revolución con muchos cambios, en particular una revisión completa de la cuadrícula. Hoy estamos en la versión 5.3.3.

2.1 Instalación de Bootstrap

Usaremos la versión 5.3.3 de Bootstrap a lo largo de este capítulo.

Bootstrap ofrece varios tipos de archivos según el uso que vayamos a hacer.

- Un archivo bootstrap.min.css: archivo minificado que contiene todos los componentes de Bootstrap y permite crear la cuadrícula Bootstrap, usar glyphicons y otros componentes para dar formato al contenido usando un sistema de clases reglas de estilo particulares, para crear un tema específico para Bootstrap.
- Un archivo bootstrap-grid-min.css: archivo minificado que solo contiene la cuadrícula de Bootstrap.
- Un archivo bootstrap.min.js: archivo minificado que contiene el código JavaScript de los componentes de Bootstrap. Tiene que llamar al archivo jQuery para que este archivo funcione correctamente.

Los archivos también se pueden llamar en CDN (enlace directo a archivos).

Para obtener más información, consulte la documentación:
https://getbootstrap.com/docs/5.3/getting-started/introduction

2.2 Recordatorio sobre el funcionamiento de la cuadrícula Bootstrap

Una cuadrícula se descompone en filas (*row* en inglés) y columnas (col de *column* en inglés).

Elemento pequeño

Elemento grande

Sistema de cuadrícula Bootstrap

Una fila toma la altura del elemento más grande que contiene. Dado que el ancho de las columnas está restringido, el flujo de datos fluye verticalmente, que es el comportamiento típico de HTML. Esto se debe tener en cuenta durante el diseño.

Bootstrap es básicamente un archivo CSS. Tiene muchas clases que se pueden usar directamente en etiquetas HTML. La primera clase que hay que conocer es `row`, que representa una fila. Esta clase establece márgenes negativos a derecha e izquierda:

```
.row {
margin-right: -15px;
margin-left: -15px;
}
```

Entonces es necesario definir el número de columnas para cada elemento, sabiendo que hay como máximo 12. Para definir el número de columnas utilizadas para cada elemento, tenemos cuatro baterías de 12 clases:

- `col-1` o `col-sm-1` o `col-md-1` o `col-lg-1` o `col-xl-1`
- `col-2` o `col-sm-2` o `col-md-2` o `col-lg-2` o `col-xl-2`
- ...
- `col-12` o `col-sm-12` o `col-md-12` o `col-lg-12` o `col-xl-12`

En lugar de reducir los elementos, se optó por apilarlos poco a poco cuando la ventana se hace más estrecha. También pueden eliminar elementos que no son realmente útiles.

Punto de parada	Infijo de clase	Dimensiones
Superpequeño	*Ninguno*	<576 px
Pequeño	`sm`	≥576 px
Medio	`md`	≥768 px
Grande	`lg`	≥992 px
Extragrande	`xl`	≥1200 px
Muy muy grande	`xxl`	≥1400 px

Tamaño de los diferentes soportes

El nombre de las clases es intuitivo: nada para extra-small, `sm` para small, `md` para medium, `lg` para large, `xl` para extra-large y `xxl` para extra extra large.

Smartphone:

```
<div class="row">
<div class="col-4">Anchura 4</div>
<div class="col-8">Anchura 8</div>
</div>
```

Smartphone formato apaisado:

```
<div class="row">
<div class="col-sm-4">Anchura 4</div>
<div class="col-sm-8">Anchura 8</div>
</div>
```

Tableta:

```
<div class="row">
<div class="col-md-4">Anchura 4</div>
<div class="col-md-8">Anchura 8</div>
</div>
```

Pantalla ancha:

```
<div class="row">
<div class="col-lg-4">Anchura 4</div>
<div class="col-lg-8">Anchura 8</div>
</div>
```

Pantalla extra-ancha:

```
<div class="row">
<div class="col-xl-4">Anchura 4</div>
<div class="col-xl-8">Anchura 8</div>
</div>
```

Pantalla extra extra ancha:

```
<div class="row">
<div class="col-xxl-4">Anchura 4</div>
<div class="col-xxl-8">Anchura 8</div>
</div>
```

Para mejor identificar las cajas, usaremos el siguiente código:

```
[class*="col-"], footer {
background-color: lightgreen;
border: 2px solid black;
border-radius: 6px;
line-height: 40px;
text-align: center;
}
```

Las columnas están separadas y podemos ver claramente la cuadrícula con sus celdas verdes y bordes negros.

La cuadrícula Bootstrap se debe colocar en un contenedor. Esto es obligatorio.

Los contenedores son los elementos de diseño de página más básicos en Bootstrap y son necesarios durante el uso del sistema de cuadrícula predeterminado. Los contenedores se utilizan para contener, rellenar y (a veces) centrar el contenido que contienen.

Hay que elegir entre un contenedor estándar, un contenedor fluido o un contenedor-{tamaño}, de los cuales aquí están las clases detalladas:

- `container`: el tamaño de la imagen será fijo para toda la pantalla, con márgenes a cada lado de 15 px.
- `container_fluid`: el tamaño de la imagen ocupará todo el tamaño de la pantalla.
- `container-{tamaño}`: el tamaño de la imagen dependerá del tamaño de la pantalla.

Esta es una tabla comparativa de los diferentes tamaños:

	Superpequeño <576 px	Pequeño ≥576 px	Medio ≥768 px	Grande ≥992 px	X-grande ≥1200 px	XX-grande ≥1400 px
.container	100 %	540 px	720 px	960 px	1140 px	1320 px
.container-sm	100 %	540 px	720 px	960 px	1140 px	1320 px
.container-md	100 %	100 %	720 px	960 px	1140 px	1320 px
.container-lg	100 %	100 %	100 %	960 px	1140 px	1320 px
.container-xl	100 %	100 %	100 %	100 %	1140 px	1320 px
.container-xxl	100 %	100 %	100 %	100 %	100 %	1320 px
.container-fluid	100 %	100 %	100 %	100 %	100 %	100 %

Tabla comparativa de los diferentes tamaños de contenedores

Lo que se agrega para la clase container, es el límite de ancho especificado por las media queries:

```
// pantalla pequeña sm (teléfono formato apaisado, 576 px y más)
@media (min-width: 576 px) { ... }

// pantalla media md (tableta, 768 px y más)
@media (min-width: 768 px) { ... }

// pantalla ancha lg (ordenador, 992 px y más)
@media (min-width: 992 px) { ... }

// pantalla grande xl (ordenador pantalla grande, 1200 px y más)
@media (min-width: 1200 px) { ... }

// pantalla muy grande xxl (ordenador pantalla muy grande, 1400 px y más)
@media (min-width: 1400 px) { ... }
```

Observe el orden de las media queries, de la más estrecha a la más ancha. De esta manera, tenemos una sobrecarga de reglas coherente. Estas reglas van desde la pantalla más pequeña hasta la más grande, por lo que hablamos de "mobile first". Observe que no hay tamaño para pantallas pequeñas. Esto es normal porque el código CSS que estará antes de las media queries, servirá para el tamaño más pequeño.

Hoy en día, dado que utilizamos mucho más en teléfonos que en ordenadores, desarrollamos sitios web sobre todo para teléfonos y después para ordenadores, de ahí que las media queries se organicen desde el soporte más pequeño hasta el más grande.

Ejemplo

En este primer ejemplo, vamos a declarar una sola fila con dos elementos, que ocupan todo el espacio:

```
<!doctype html>
<html>
<head>
 <link href="css/bootstrap.css" rel="stylesheet">
 <link href="css/style.css" rel="stylesheet">
</head>
<body>
 <div class="container">
   <div class="row">
     <div class="col-lg-4">4 columnas</div>
     <div class="col-lg-8">8 columnas</div>
  </div>
 </div>
</body>
</html>
```

Varias filas:

```
<!doctype html>
<html>
<head>
 <link href="css/bootstrap.css" rel="stylesheet">
 <link href="css/style.css" rel="stylesheet">
</head>
<body>
 <div class="container">
   <div class="row">
     <div class="col-lg-1">1 col</div>
     <div class="col-lg-2">2 columnas</div>
     <div class="col-lg-3">3 columnas</div>
     <div class="col-lg-6">6 columnas</div>
   </div>
   <div class="row">
     <div class="col-lg-12">12 columnas</div>
   </div>
   <div class="row">
     <div class="col-lg-4">4 columnas</div>
     <div class="col-lg-8">8 columnas</div>
   </div>
 </div>
```

```
</body>
</html>
```

Puede saltar columnas, cambiar el orden de las columnas, ocultarlas según el tamaño de la pantalla, anidar filas en columnas, etc.

Aquí, vemos solo los conceptos básicos esenciales para el ejercicio. Para un conocimiento profundo de Bootstrap, y si usted es principiante, debe realizar un curso dedicado a Bootstrap donde encontrará todos los ejemplos en la documentación oficial.

2.3 Las clases de diseño: los componentes

Las clases de diseño se utilizan para dar formato al contenido y las proporciona Bootstrap. Simplemente necesita agregar estas clases a los diversos elementos HTML de su documento para que tenga el formato de acuerdo con las reglas CSS de Bootstrap.

No cubriremos esta parte aquí, pero encontrará toda la información en la documentación oficial de Bootstrap. La lista es muy larga y puede diseñar el plano estético de su documento completamente usando estas clases. Esto hace posible dar formato a un documento HTML muy rápidamente, sin tener que escribir una sola línea de CSS.

También hay muchos temas de Bootstrap que le permiten tener un diseño diferente con estas mismas clases. Es decir, para los mismos nombres de clase utilizados con Bootstrap, estos temas reescriben completamente el archivo CSS para obtener un diseño diferente.

3. La maqueta HTML

Vamos a crear un sitio web para una psicóloga, Nathalie Paget, en Majadahonda. La maqueta JPG es la siguiente:

Maqueta JPG del sitio para Nathalie Paget

Vamos a construir la maqueta HTML a partir de la maqueta JPG.

3.1 Creación de la cuadrícula Bootstrap

Antes de iniciar el código, debe crear el esqueleto del sitio en un archivo index.html. Cree la siguiente estructura HTML, usando la cuadrícula Bootstrap:

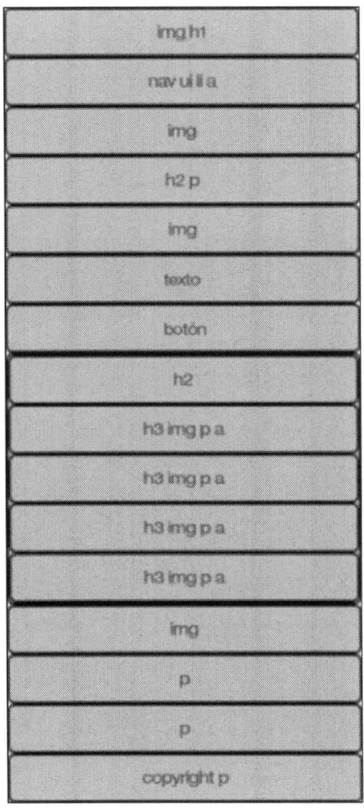

Para los teléfonos móviles

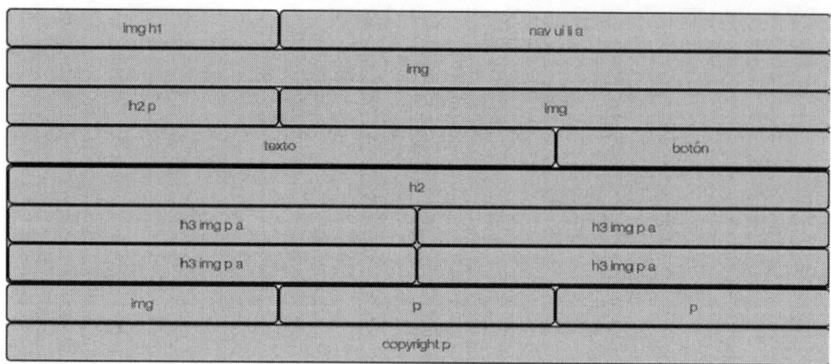

Para las tabletas y pantallas de teléfono en modo apaisado

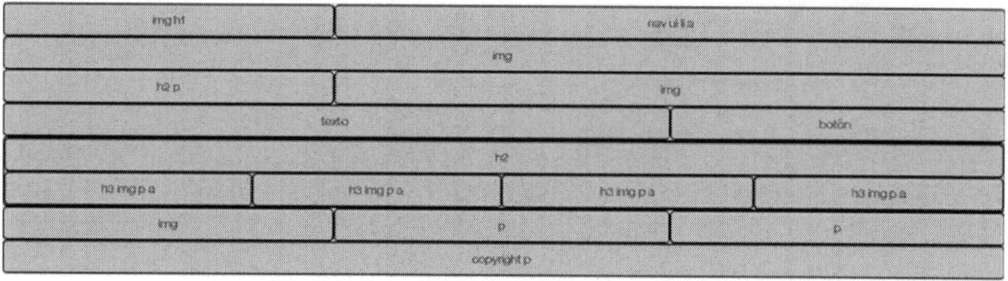

Para los ordenadores portátiles y grandes pantallas

Luego agregue el archivo bootstrap.min.css y un archivo style.css a la estructura HTML, en una carpeta llamada css para darle estilo a la página. No se olvide de usar la metaetiqueta `viewport`, para el comportamiento responsivo.

Luego, agregue en el cuerpo un `<div>` con una clase `container-fluid` que va a englobar todo el contenido.

Este sitio es relativamente fácil de etiquetar en HTML5 por la estructura del contenido, ya que cada parte está representada por un color diferente.

Entonces tenemos el header, luego varias secciones y el footer. Luego agregue a estas etiquetas la clase `row`.

Dentro de las row, cree las diferentes columnas según el tipo de pantalla. Agregue <div> con clases Bootstrap para las columnas según el tipo de pantalla. Tiene que probar la página sobre la marcha, para ver si funciona bien cambiando el tamaño de la ventana del navegador.

En las columnas, indique con texto las futuras etiquetas HTML que estarán presentes en su interior.

Para ver mejor la tabla, agregue el siguiente código en el archivo style.css:

```
[class*="col-"], footer {
 background-color: lightgreen;
 border: 2px solid black;
 border-radius: 6px;
 line-height: 40px;
 text-align: center;
}
```

Por lo tanto, el código HTML es el siguiente:

```
<!doctype html>
<html>
<head>
<meta charset="UTF-8">
     <title>Nathalie Paget</title>

<link rel="stylesheet" type="text/css" href="css/bootstrap.min.css" />
     <link rel="stylesheet" type="text/css" href="css/style.css">

</head>
<body>
 <div class="container-fluid">

  <header class="row">
   <div class="col-12 col-sm-4 col-md-4">
    img h1
   </div>
   <div class="col-12 col-sm-8 col-md-8">
    nav ul li a
   </div>
  </header>

  <section class="row">
   <div class="col-12 col-sm-12 col-md-12">
    img
```

```
 </div>
</section>

<section class="row">
 <div class="col-12 col-sm-6 col-md-6">
  h2 p
 </div>
 <div class="col-12 col-sm-6 col-md-6">
  img
 </div>
</section>

<section class="row">
 <div class="col-12 col-sm-8 col-md-8">
  p
 </div>
 <div class="col-12 col-sm-4 col-md-4">
  a button
 </div>
</section>

<section class="row">

 <div class="col-12 col-sm-12 col-md-12">
  h2
 </div>

 <div class="col-12 col-sm-6 col-md-3">
  h3 img p a
 </div>

 <div class="col-12 col-sm-6 col-md-3">
  h3 img p a
 </div>

 <div class="col-12 col-sm-6 col-md-3">
  h3 img p a
 </div>

 <div class="col-12 col-sm-6 col-md-3">
  h3 img p a
 </div>

</section>
```

```
   <footer class="row">
    <div class="col-12 col-sm-4 col-md-4">
     img
    </div>
    <div class="col-12 col-sm-4 col-md-4">
     p
    </div>
    <div class="col-12 col-sm-4 col-md-4">
     p a
    </div>
    <div class="col-12 col-sm-12 col-md-12">
     p
    </div>
   </footer>

  </div><!--container-fluid-->
</body>
</html>
```

3.2 Añadir contenido HTML

Ahora que la cuadrícula Bootstrap funciona correctamente, sustituya el texto entre las etiquetas HTML por etiquetas HTML reales.

Cree una carpeta img que contenga todas las imágenes para mostrarlas en la página.

Añada también un identificador para cada sección para identificarlas de forma única, así como un identificador para identificar la parte copyright.

Obtenemos el siguiente código:

```
<!doctype html>
<html>
<head>
<meta charset="UTF-8">
     <title>Nathalie Paget</title>

<link rel="stylesheet" type="text/css" href="css/bootstrap.min.css" />
     <link rel="stylesheet" type="text/css" href="css/style.css">

</head>
<body>
 <div class="container-fluid">
```

```
  <header class="row">
   <div class="col-12 col-sm-4 col-md-4">
    <img src="img/logo.png" alt="Psicóloga y psicoterapeuta en
Majadahonda" />
              <br><br>
    <h1>Psicóloga y psicoterapeuta <br>en Majadahonda</h1>
   </div>
   <div class="col-12 col-sm-8 col-md-8">
    <nav>
     <ul>
      <li><a href="#">Inicio</a></li>
      <li><a href="#">Presentación</a></li>
      <li><a href="#">Psicología</a></li>
      <li><a href="#">Especialidades</a></li>
      <li><a href="#">Aplicación</a></li>
      <li><a href="#">Contacto</a></li>
     </ul>
    </nav>
   </div>
  </header>

  <section id="imginicio" class="row">
   <div class="col-12 col-sm-12 col-md-12">
    <img src="img/nathalie.jpg" alt="nathalie paget" />
   </div>
  </section>

  <section id="bienvenido" class="row">
   <div class="col-12 col-sm-6 col-md-6">
    <h2>Bienvenido</h2>
    <p>
     ¿Quiere hablar con un psicólogo? <br />
     ¿Quiere llevar a cabo una idea personal? <br />
     ¿Desea entender qué le hace sufrir y no le deja avanzar?
<br />
     ¿Permitirse cuidarse? <br />
     ¿Expresar su sufrimiento a un profesional? <br />
     ¿Quiere un cambio, un equilibrio nuevo y más satisfactorio?
    </p>
   </div>
   <div class="col-12 col-sm-6 col-md-6">
     <img src="img/salon-1.jpg" alt="Salón de Nathalie Paget" />
   </div>
  </section>

  <section id="btunirse" class="row">
   <div class="col-12 col-sm-8 col-md-8">
```

```
    <q> Ser psicóloga significa escucharle sin juzgarle, recibir sus
preocupaciones y acompañarle sin guiarle. </q>
   </div>
   <div class="col-12 col-sm-4 col-md-4">
    <a href="#">
     <button>
       Contacto
     </button>
    </a>
   </div>
  </section>

  <section id="consulta" class="row">

   <div class="col-12 col-sm-12 col-md-12">
    <h2>La consulta de psicología en Majadahonda</h2>
   </div>

   <div class="col-12 col-sm-6 col-md-3">
    <h3>LA CONSULTA</h3>
    <img src="img/salon-2.png" alt="La consulta de psicología en
Majadahonda" />
    <p>Una primera presentación de la consulta...</p>
    <a href="#">saber más</a>
   </div>

   <div class="col-12 col-sm-6 col-md-3">
    <h3>ADOLESCENTES</h3>
    <img src="img/salon-2.png" alt="La consulta de psicología en
Majadahonda" />
    <p>La adolescencia es un periodo de cambio, transición...</p>
    <a href="#">saber más</a>
   </div>

   <div class="col-12 col-sm-6 col-md-3">
    <h3>ADULTOS</h3>
    <img src="img/salon-2.png" alt="La consulta de psicología en
Majadahonda" />
    <p>Mi enfoque para ayudar, la terapia individual ...</p>
    <a href="#">saber más</a>
   </div>

   <div class="col-12 col-sm-6 col-md-3">
    <h3>VÍCTIMAS</h3>
    <img src="img/salon-2.png" alt="La consulta de psicología
en Majadahonda" />
    <p>Ser víctima es haber sufrido un evento traumático ...</p>
    <a href="#">saber más</a>
```

```
    </div>

   </section>

   <footer class="row">
    <div class="col-12 col-sm-4 col-md-4">
     <img src="img/logo.png" alt="consulta nathalie paget - psicóloga" />
    </div>
    <div class="col-12 col-sm-4 col-md-4">
     <p>Calle Reyes Católicos, 4<br />
     28220 Majadahonda </p>
    </div>
    <div class="col-12 col-sm-4 col-md-4">
      <p>Teléfono: 60.48.04.46.62<br />
      Mail: <a href="mailto:npaget@psicologa-nathaliepaget.es">
npaget@psicologa-nathaliepaget.es</a></p>
    </div>
    <div id="copyright" class="col-12 col-sm-12 col-md-12">
      <p>Psicóloga| Consulta | Copyright &copy; 2020
psicologa-nathaliepaget.es </p>
    </div>
   </footer>

  </div><!--container-fluid-->
</body>
</html>
```

3.3 Añadir CSS

Ahora que el código HTML es válido, puede comenzar a codificar en CSS. Primero cree el código CSS para los teléfonos móviles. Observe que el uso de la cuadrícula Bootstrap permite limitar al máximo las posiciones flotantes.

Agregue el siguiente código CSS al archivo style.css:

```
img {
     width: 100%;
}
header, section, footer{
padding:50px;
}
q{
font-size:20px;
font-weight:bold;
}
```

```
/*header*/
header {
     background: #d7c9af;
     text-align: center
}
header img {
     width: 65%;
}
header h1 {
     color: white;
     font-size: 16px;
}
/*navigation*/
header nav {
}
header nav ul {
}
header nav ul li {
}
header nav ul li a {
}
header nav ul li a:hover {
}
/*imginicio*/
#imginicio {
     padding: 20px 0px;
}
/*bienvenido*/
#bienvenido {
     background: #b3a07f
}
#bienvenido h2 {
     color: white
}
#bienvenido p {
     color: white
}
#bienvenido img {
     margin: 20px auto;
}
/*btunirse*/
#btunirse {
     background: #d7c9af;
     padding: 20px;
```

```
     text-align: center;
}
#btunirse p {
}
#btunirse button {
     background: #7d7666;
     color: white;
     border: none;
     border-radius: 10px;
     padding: 35px 25px;
}
#btunirse button:hover {
     background: #c28b66;
}
/*consulta*/
#consulta {
     text-align: center;
}
#consulta h2 {
     color: #d9cab5;
}
#consulta h3 {
     color: #b0b2af;
     font-size: 14px;
     border-bottom: 1px solid #b0b2af;
     padding: 20px 0px;
     width: 200px;
     margin: 20px auto;
}
#consulta img {
     width: 70%;
}
#consulta p {
     color: #676566;
     margin-top: 20px
}
#consulta a {
     color: #999;
     font-style: italic;
}
#consulta a:hover {
     color: #ccc;
}
/*footer*/
```

```
footer {
     background: #b1a17f;
     padding: 20px 0px;
     margin-top: 20px;
     text-align: center;
}
footer img {
     width: 60%;
     margin: 10px 0px;
}
footer p {
     text-align: center;
     color: white;
     margin: 10px 0px;
}
footer a {
     color: white
}
footer a:hover {
     color: #ccc
}
#copyright {
     margin-top: 10px;
     padding: 10px;
     border-top: 1px solid white;
     color: white;
}
```

3.4 Añadir un menú responsivo

Para agregar el menú Bootstrap responsivo, llame al archivo jQuery y el archivo JavaScript Bootstrap, que añadió antes del cierre del body.

Puede encontrar el script para jQuery en el sitio web oficial de jQuery: https://jquery.com y el script Bootstrap en el sitio web oficial de Bootstrap.

Lo que resulta:

```
<script src="js/jquery-3.6.3.min.js"></script>
<script src="js/bootstrap.min.js"></script>
```

Después, añada el código HTML de Bootstrap para crear un menú responsivo:

```
          <nav class="navbar navbar-expand-lg navbar-light">
            <button class="navbar-toggler" type="button"
data-bs-toggle="collapse" data-bs-target=

"#navbarToggleExternalContent" aria-controls
"navbarToggleExternalContent" aria-expanded="false"
aria-label="Toggle navigation">
            <span class="navbar-toggler-icon"></span>
            </button>

            <div class="collapse navbar-collapse" id=

"navbarToggleExternalContent">
              <ul class="navbar-nav mr-auto">
                  <li><a href="#">Inicio</a></li>
                  <li><a href="#">Presentación</a></li>
                  <li><a href="#">Psicología</a></li>
                  <li><a href="#">Especialidades</a></li>
                  <li><a href="#">Aplicación</a></li>
                  <li><a href="#">Contacto</a></li>
             </ul>
           </div>
         </nav>
```

Modifique los estilos de Bootstrap en el archivo style.css, para que el diseño sea lo más cercano posible al modelo. Observe que el código cambia por completo con lo que se ha escrito anteriormente, porque en este caso específico se está adaptando el código respecto a Bootstrap. El código se modifica de esta manera después de ser inspeccionado usando el inspector de código del navegador:

```
/*navigation*/
header .navbar {
    display: block;
    margin-right: 0;
}
header .navbar ul li{
    margin:10px 20px;
}
header .navbar ul li a {
    color: white;
    text-transform: uppercase;
}
```

```
header .navbar > li > a:focus, header .navbar > li > a:hover {
    background: transparent;
}
header .navbar ul li a:hover {
    color: #ddd;
    text-decoration:none;
}
```

3.5 Añadir las media queries Bootstrap

Ahora añada al final del archivo CSS, las media queries como lo define Bootstrap en su archivo CSS, para los diferentes tipos de pantallas:

```
/* Pantalla pequeña sm (teléfono modo apaisado, 576px y más) */
@media (min-width: 576px) {
}

/* pantalla mediana md (tableta, 768px y más) */
@media (min-width: 768px) {
}

/* pantalla grande ld (ordenador, 992px y más) */
@media (min-width: 992px) {
}

/* pantalla extra grande xl (ordenador pantalla grande, 1200px y más) */
@media (min-width: 1200px) {
}
```

Si quiere crear un código CSS específico para las pantallas grandes, tiene que añadir la siguiente regla:

```
/* pantalla extra extra grande xxl (ordenador pantalla muy grande,
1400px y más) */
@media (min-width: 1400px) {
}
```

Observe que no definimos el tamaño de pantalla para teléfonos móviles, porque esto le corresponde al código definido antes de las media queries, por lo que ya se ha escrito.

Ahora cree el código CSS para los diferentes soportes, lo que resulta en:

```
/* Pantalla pequeña sm (teléfono modo apaisado, 576px y más)*/
@media (min-width: 576px) {

}
```

```
/* pantalla mediana md (tableta, 768px y más)*/
@media (min-width: 768px) {
  header{
      padding:10px 20px
  }
  header img,footer img {
      width: 100%;
  }
  header .navbar {
      margin-top:20px;
  }
  .navbar > li > a {
      padding:0 20px;
  }
  .navbar-collapse{
      padding:0;
  }
  #btunirse p {
      text-align:left;
      font-size:16px;
      margin-top:10px;
  }
}
```

```
/* pantalla grande ld (ordenador, 992px y más)*/
@media (min-width: 992px) {
  #bienvenido h2 {
      margin:20px;
  }
  #bienvenido p {
      font-size:18px;
      margin-left:20px;
      line-height:30px
  }
  #btunirse p {
```

```
        font-size:18px;
    }
}
```

```
/* pantalla extra grande xl (ordenador pantalla grande, 1200px y más)*/
@media (min-width: 1200px) {
    #bienvenido p {
        line-height:40px
    }
}
```

4. Preparar el tema

Ahora, para crear un tema personalizado comenzaremos con el tema Twenty Twenty-One de WordPress. Para hacer esto, duplique el tema y cambie el nombre de la carpeta "twentytwentyone" por "paget", luego actívela en la administración.

Edite el archivo style.css y cambie el encabezado:

```
/*
Theme Name: Nathalie Paget
Author: Laurent Dumoulin
Description: Sitio web de Nathalie Paget - Psicóloga en Majadahonda
Version: 1.0
License: GNU General Public License v2 or later
License URI: http://www.gnu.org/licenses/gpl-2.0.html

This theme, like WordPress, is licensed under the GPL.
Use it to make something cool, have fun, and share what you've
learned with others.
*/
```

Tome una captura de pantalla del sitio en HTML para reemplazar el archivo screenshot.png.

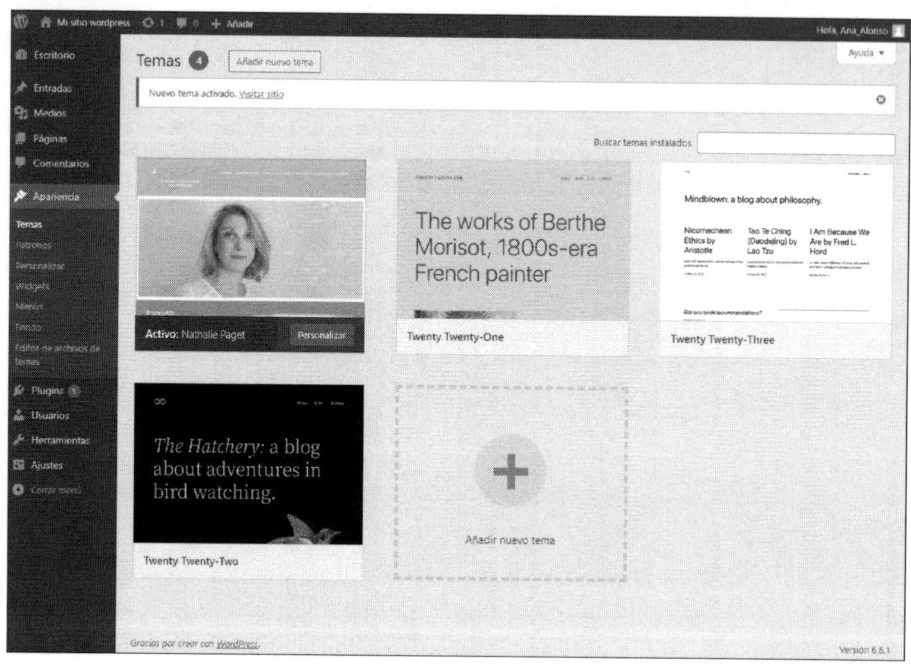

*Página **Apariencia** - **Temas**, para activar el tema*

5. Importar las carpetas y archivos en el tema

Vamos a importar los diferentes archivos de las carpetas img, css y js. Para llevarlo a cabo, agréguelos al tema de WordPress copiando y pegando las carpetas en el tema.

6. Crear una plantilla de página para el inicio

En la raíz del tema, cree un archivo inicio.php y después añada el siguiente encabezado:

```
/*
Template Name: Inicio
*/
```

Hemos visto anteriormente que existen varios métodos para crear una plantilla de página (consulte el capítulo Las plantillas de página - sección Crear plantillas de página para el inicio).

Cree una página llamada "Inicio" y luego, en el menú **Página**, seleccione la plantilla en la sección **Resumen** - **Plantilla**, vincule la plantilla de la página **Plantilla de portada** y guarde la página.

*Página **Inicio** con el menú **Plantilla** que vincula la plantilla **Inicio***

En la pestaña **Ajustes** - **Lectura**, en la zona **Tu página de inicio muestra**, elija la opción **Una página estática** y seleccione la página **Inicio**.

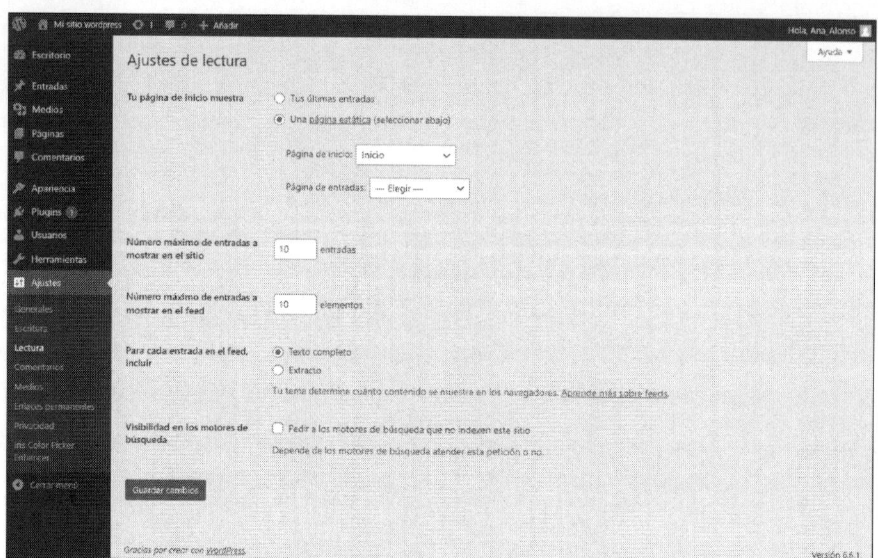

*Pestaña **Configuración** - **Lectura**, que le permite seleccionar la página **Inicio** como portada*

WordPress ahora lee la página **Inicio**, que apunta a la plantilla de página **Inicio**. Como el archivo inicio.php está vacío, el sitio ahora muestra una página en blanco. Puede copiar todo el código HTML en el archivo inicio.php, pero desea que las partes header y footer aparezcan en todo el sitio.

7. Copiar el código HTML en el tema

Edite el archivo header.php. Luego sustituya el código de este archivo con el código HTML de la maqueta, desde doctype hasta la etiqueta de cierre del header.

El código para header.php es el siguiente:

```
<!doctype html>
<html>
<head>
<meta charset="UTF-8">
  <title>Nathalie Paget</title>
  <link rel="stylesheet" type="text/css" href="css/bootstrap.min.css" />
  <link rel="stylesheet" type="text/css" href="css/style.css">
```

```
</head>
<body>
  <div class="container-fluid">

    <header class="row">
      <div class="col-12 col-sm-4 col-md-4">
        <img src="img/logo.png" alt="Psicóloga y psicoterapeuta en Majadahonda" />
                    <br><br>
        <h1>Psicóloga y psicoterapeuta <br>en Majadahonda</h1>
      </div>
      <div class="col-12 col-sm-8 col-md-8">

        <nav class="navbar navbar-expand-lg navbar-light">
          <button class="navbar-toggler" type="button" data-toggle="collapse"
data-target="#navbarSupportedContent" aria-controls="navbarSupportedContent"
aria-expanded="false" aria-label="Toggle navigation">
            <span class="navbar-toggler-icon"></span>
          </button>

          <div class="collapse navbar-collapse" id="navbarSupportedContent">
            <ul class="navbar-nav mr-auto">
              <li><a href="#">Inicio</a></li>
              <li><a href="#">Presentación</a></li>
              <li><a href="#">Psicología</a></li>
              <li><a href="#">Especialidades</a></li>
              <li><a href="#">Aplicación</a></li>
              <li><a href="#">Contacto</a></li>
            </ul>
          </div>
        </nav>

        </div>
    </header>
```

Edite el archivo footer.php. Luego sustituya el código de este archivo con el código HTML de la maqueta, desde el footer hasta la etiqueta HTML de cierre.

El código para footer.php es el siguiente:

```
      <footer class="row">
        <div class="col-12 col-sm-4 col-md-4">
          <img src="img/logo.png" alt="consulta nathalie paget -
psicóloga" />
        </div>
        <div class="col-12 col-sm-4 col-md-4">
          <p>Calle Reyes Católicos, 4<br />
          28220 Majadahonda </p>
        </div>
        <div class="col-12 col-sm-4 col-md-4">
           <p>Teléfono: 06.48.04.46.62<br />
           Mail: <a href="mailto:npaget@psicologa-nathaliepaget.es">
npaget@psicologa-nathaliepaget.es</a></p>
        </div>
```

```
        <div id="copyright" class="col-12 col-sm-12 col-md-12">
           <p>Psicóloga| Consulta | Copyright &copy; 2020
psicologa-nathaliepaget.es </p>
        </div>
      </footer>

  </div><!--container-fluid-->
  <script src="js/jquery-3.6.3.min.js"></script>
  <script src="js/bootstrap.min.js"></script>
</body>
</html>
```

En el archivo inicio.php, agregue las funciones de WordPress `get_header()` y `get_footer()`, para mostrar el header y footer del sitio. Entre las dos funciones, agregue el contenido de la maqueta HTML. Lo que da el siguiente código para el archivo inicio.php:

```
<?php
/*
Template Name: Inicio
*/
get_header(); ?>
     <section id="imginicio" class="row">
       <div class="col-12 col-sm-12 col-md-12">
         <img src="img/nathalie.jpg" alt="nathalie paget" />
       </div>
     </section>

     <section id="bienvenido" class="row">
       <div class="col-12 col-sm-6 col-md-6">
         <h2>Bienvenido</h2>
         <p>
           ¿Quiere hablar con un psicólogo? <br />
           ¿Quiere llevar a cabo una idea personal? <br />
           ¿Desea entender qué le hace sufrir y no le deja avanzar?
<br />
           ¿Permitirse cuidarse? <br />
           ¿Expresar su sufrimiento a un profesional? <br />
           ¿Quiere un cambio, un equilibrio nuevo y más satisfactorio?
         </p>
       </div>
       <div class="col-12 col-sm-6 col-md-6">
           <img src="img/salon-1.jpg" alt="Salón de Nathalie Paget" />
       </div>
     </section>

     <section id="btunirse" class="row">
```

```
        <div class="col-12 col-sm-8 col-md-8">
          <q> Ser psicóloga significa escucharle sin juzgarle, recibir
sus preocupaciones y acompañarle sin guiarle. </q>
        </div>
        <div class="col-12 col-sm-4 col-md-4">
          <a href="#">
            <button>
                Contacto
            </button>
          </a>
        </div>
      </section>

      <section id="consulta" class="row">

        <div class="col-12 col-sm-12 col-md-12">
          <h2>La consulta de psicología en Majadahonda</h2>
        </div>

        <div class="col-12 col-sm-6 col-md-3">
          <h3>LA CONSULTA</h3>
          <img src="img/salon-2.png" alt="La consulta de psicología en
Majadahonda" />
          <p>Una primera presentación de la consulta...</p>
          <a href="#">saber más</a>
        </div>

        <div class="col-12 col-sm-6 col-md-3">
          <h3>ADOLESCENTES</h3>
          <img src="img/salon-2.png" alt="La consulta de psicología en
Majadahonda" />
          <p>La adolescencia es un periodo de cambio y transición...</p>
          <a href="#">saber más</a>
        </div>

        <div class="col-12 col-sm-6 col-md-3">
          <h3>ADULTOS</h3>
          <img src="img/salon-2.png" alt="La consulta de psicología en
Majadahonda" />
          <p>Mi enfoque para ayudar, la terapia individual ...</p>
          <a href="#">saber más</a>
        </div>

        <div class="col-12 col-sm-6 col-md-3">
          <h3>VÍCTIMAS</h3>
          <img src="img/salon-2.png" alt="La consulta de psicología en
Majadahonda" />
```

```
            <p>Ser víctima es haber sufrido un evento traumático ...</p>
            <a href="#">saber más</a>
          </div>

        </section>
<?php get_footer(); ?>
```

Cuando se muestra el código fuente del sitio, se corresponde con la maqueta HTML. Por ahora, el sitio se muestra mal, porque las URL de las imágenes y los archivos CSS y JavaScript ya no son correctas; se deben cambiar.

8. Cambiar los enlaces

Ahora tiene que agregar la ruta correcta a las carpetas img, css y js en la raíz de la carpeta del tema.

En un sitio HTML, la estructura de árbol es simple. Con WordPress, debe subir por el árbol para apuntar a la carpeta del tema de la siguiente manera: wp-content/themes/nombre del tema/nombre del archivo.extensión.

Para evitar escribir todo esto, utilice la función de WordPress `bloginfo('template_url');`.

Una vez que se han cambiado todos los enlaces, el sitio aparece igual que la maqueta HTML. Ahora debemos hacer el enlace entre la parte visible para los usuarios de Internet y la parte de administración.

9. Añadir el logotipo y el título del sitio para la administración

Ahora permitirá a los usuarios de este tema agregar un logotipo a través de la administración, a través de la pestaña **Apariencias** - **Personalizar** - **Identidad del sitio**.

La funcionalidad para agregar el logotipo ya está presente en el sitio, lo que significa que la función `add_theme_support('custom-logo');` está presente en el archivo functions.php. Encontrará esta función en la línea 98:

```
/*
 * Add support for core custom logo.
 *
 * @link https://codex.wordpress.org/Theme_Logo
 */
$logo_width  = 300;
$logo_height = 100;

    add_theme_support(
    'custom-logo',
    array(
        'height'                   => $logo_height,
        'width'                    => $logo_width,
        'flex-width'               => true,
        'flex-height'              => true,
    )
);
```

Cambie la configuración al tamaño original de su logotipo en la línea 103.

```
// Custom logo.
$logo_width  = 444;
$logo_height = 59;
```

Luego, reemplace la URL de la imagen en los archivos header.php y footer.php.

También reemplace el título del sitio por "Psicóloga y psicoterapeuta en Majada-honda". Esto también se usará para el atributo alt. Seguidamente, obtenga el título con la función `<?php bloginfo ('title'); ?>`.

Obtiene el siguiente código:

```
<?php
 $custom_logo_id = get_theme_mod( 'custom_logo' );
$image = wp_get_attachment_image_src( $custom_logo_id , 'full' );
?>
<img src="<?php echo $image[0]; ?>"
alt="<?php bloginfo('description'); ?> " />
```

Añada ahora la imagen a través de la administración del sitio web, en la pestaña **Apariencias - Personalizar - Identidad del sitio**. La imagen aparece ahora en el header y en el footer y se puede modificar la imagen a través de la administración.

Para agregar el título, use también la función de WordPress `<?php bloginfo ('title'); ?>` entre la etiqueta HTML h1 del archivo header.php, lo que resulta en:

```
<h1><?php bloginfo('title'); ?></h1>
```

*Pestaña **Apariencias - Personalizar - Identidad del sitio web***

Ahora la imagen del logotipo en la carpeta img es inútil, puede eliminarla.

10. Gestionar el menú usando la administración

Para gestionar el menú a través de la administración, debe utilizar la función de WordPress `wp_nav_menu();` y utilizar esta función para obtener el mismo código HTML que la maqueta, para no tener conflictos con el código CSS.

En primer lugar, debe crear las páginas idénticas al menú actual. Para hacer esto, vaya a la pestaña **Páginas** - **Añadir nueva** y cree las páginas, luego publíquelas, incluso si no tienen contenido; se utilizarán para crear el menú.

Luego, en la pestaña **Apariencia** - **Menú**, asigne un nombre al menú para crear uno, por ejemplo, "principal". Luego, haga clic en el botón **Crear menú**. Seguidamente, agregue las páginas al menú, creando la misma estructura de árbol que nuestro menú actual. Finalmente, en el área **Ajustes del menú**, marque la casilla **Menú horizontal del escritorio**, **Menú ampliado del escritorio** y **Menú en el móvil**.

Guarde el menú haciendo clic en el botón **Guardar menú**.

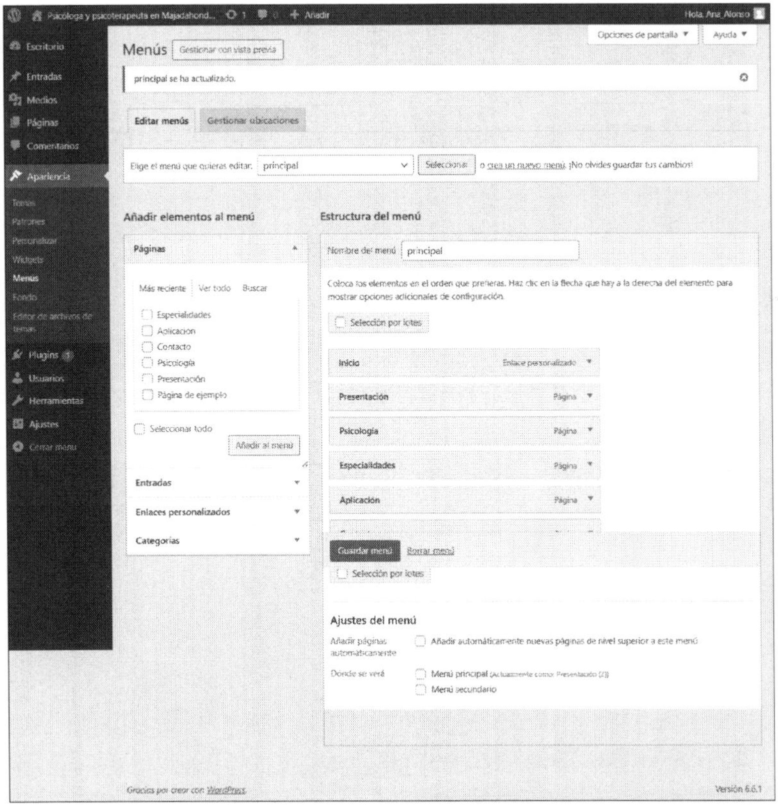

Página de la administración para crear el menú principal del sitio web

Ahora sustituya el código HTML del archivo header.php con la función WordPress `wp_nav_menu();`.

Sustituya el código:

```
<ul class="navbar-nav mr-auto">
    <li><a href="#">Inicio</a></li>
    <li><a href="#">Presentación</a></li>
    <li><a href="#">Psicología</a></li>
    <li><a href="#">Especialidades</a></li>
    <li><a href="#">Aplicación</a></li>
    <li><a href="#">Contacto</a></li>
</ul>
```

por:

```
<?php wp_nav_menu( array( 'container' => '','items_wrap' =>
'<ul class="navbar-nav mr-auto">%3$s</ul>' ) ); ?>
```

El menú ahora se muestra idéntico a la maqueta HTML. Ahora puede administrar el menú a través de la administración de WordPress y agregar tantas páginas como desee.

11. Añadir campos con la extensión ACF

Ahora agregue campos en la administración para la página de inicio, de modo que el usuario del tema pueda personalizar completamente la información en la página de inicio.

Instale la extensión Advanced Custom Fields. Para hacer esto, vaya a la pestaña **Plugins - Añadir nuevo plugin**, luego busque la extensión Advanced Custom Fields.

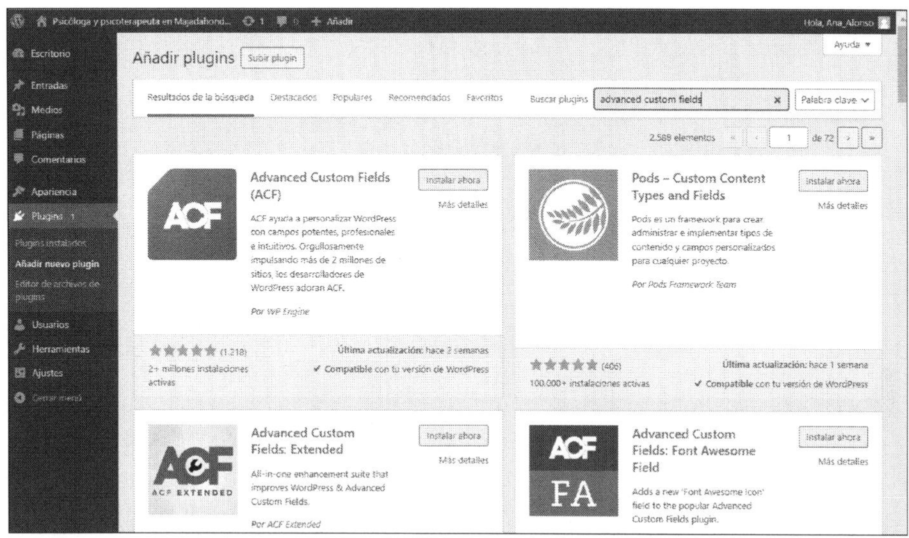

Pestaña ***Plugins*** *-* ***Añadir nuevo plugin****, búsqueda de la extensión Advanced Custom Fields*

Para obtener más información sobre la extensión, consulte el capítulo Los campos personalizados - El plugin ACF (Advanced Custom Fields).

Instale y active la extensión. Aparece una nueva pestaña en el menú de administración. Haga clic en la pestaña **ACF**, luego en el botón **Añadir nuevo**, para crear los diferentes campos para la página de inicio.

Nombre su nuevo grupo de campos **Inicio**. Luego, asigne este grupo de campos en el bloque **Ubicación** y configúrelo para **Mostrar este grupo de campos si Plantilla de Página es igual a Inicio**. Luego haga clic en el botón **Publicar** para guardar estas primeras configuraciones.

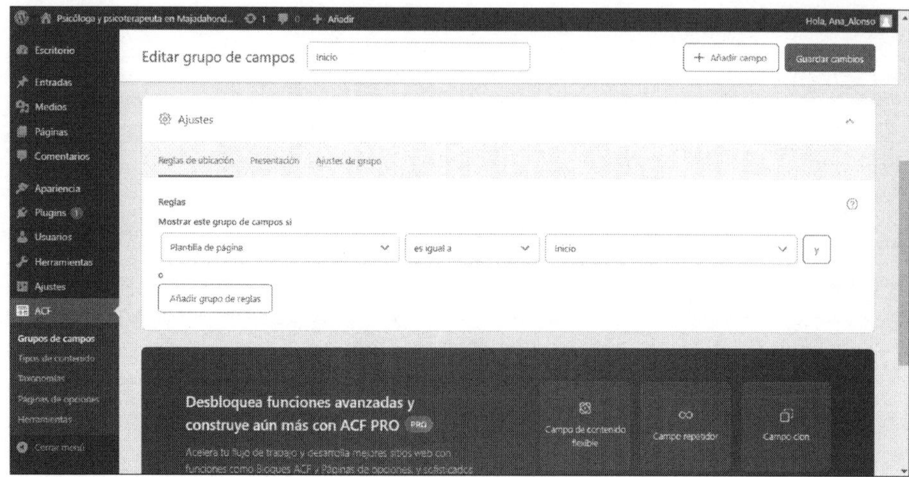

Página ACF para crear un nuevo grupo de campos, en nuestro caso serán campos para la página de inicio

Ahora cree los diferentes campos para la página de inicio. El administrador podrá modificar todos los textos y fotos de la página de inicio.

Para agregar el primer campo, haga clic en el botón **Añadir campo**.

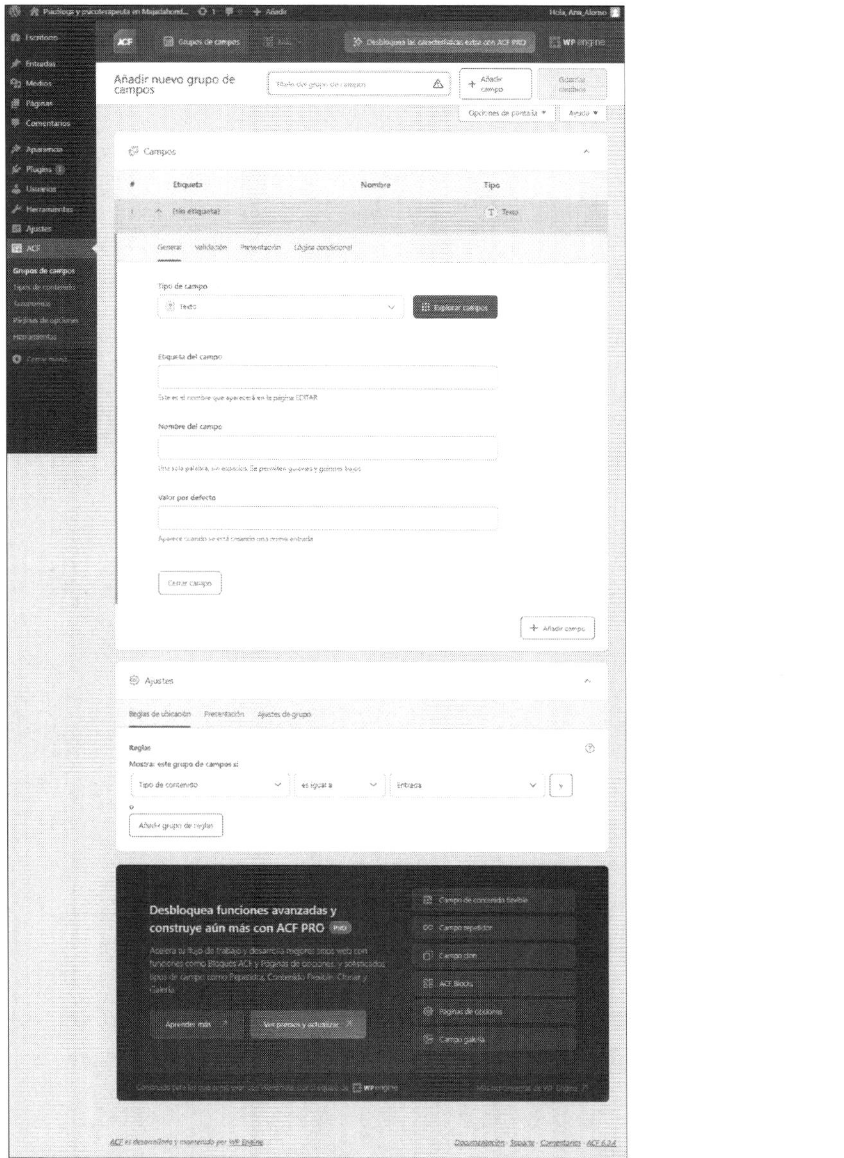

Panel para crear un campo al hacer clic en el botón + ***Añadir Campo****, en la pestaña* ***Grupos de campos***

Luego, rellene el título del campo con **imagen inicio**. El nombre del campo se completa automáticamente con **imagen_inicio**. Este nombre clave permitirá recuperar la información del campo en la plantilla de página, gracias a una función PHP ACF. También puede ponerle el nombre que quiera.

Luego seleccione el tipo de campo en **Imagen**.

Marque la casilla **Requerido** si desea que el campo sea obligatorio.

Luego, haga clic en **Actualizar** para guardar el campo.

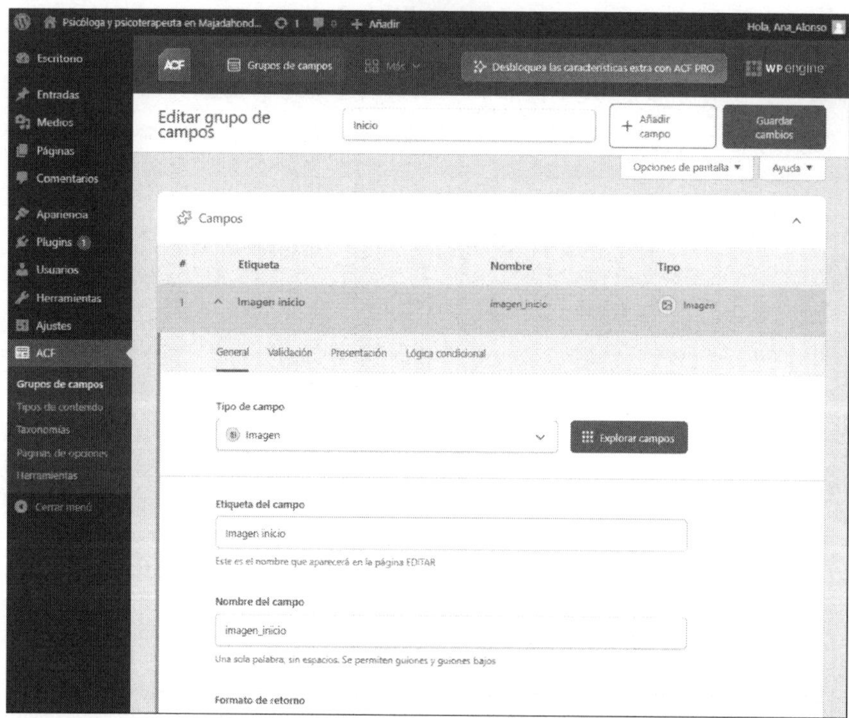

Configuración del campo ***imagen inicio*** *en la pestaña* ***Grupos de campos***

Haga esto para todos los campos de la página de inicio:

- **Título de bienvenida** para el título de la sección **Bienvenida**, con el tipo de campo texto.
- **Texto de bienvenida** para el texto de la sección **Bienvenida**, con el tipo de campo Área de texto.
- **Imagen bienvenida** para la imagen de la sección **Bienvenida**, con el tipo de campo Imagen.
- **Texto a la izquierda del botón** para el texto a la izquierda del botón, con el tipo de campo Texto.
- **Texto del botón** para el texto del botón, con el tipo de campo Texto.
- **Enlace del botón** para el enlace de botón, con el tipo de campo Url.
- **Título sección 4 columnas** para el título de la sección 4 columnas, con el tipo de campo Texto.
- **Título de la columna 1** para el título de la columna 1, con el tipo de campo Texto.
- **Imagen columna 1** para la imagen de la columna 1, con el tipo de campo Imagen.
- **Texto columna 1** para el texto de la columna 1, con el tipo de campo Zona de texto.
- **Texto de enlace de la columna 1** para el enlace de texto de la columna 1, con el tipo de campo Texto.
- **URL de enlace de la columna 1** para la URL del enlace de la columna 1, con el tipo de campo Url.

Haga lo mismo para las columnas 2, 3 y 4, al hacer clic en el enlace duplicado debajo de cada campo a duplicar, el número se incrementará automáticamente.

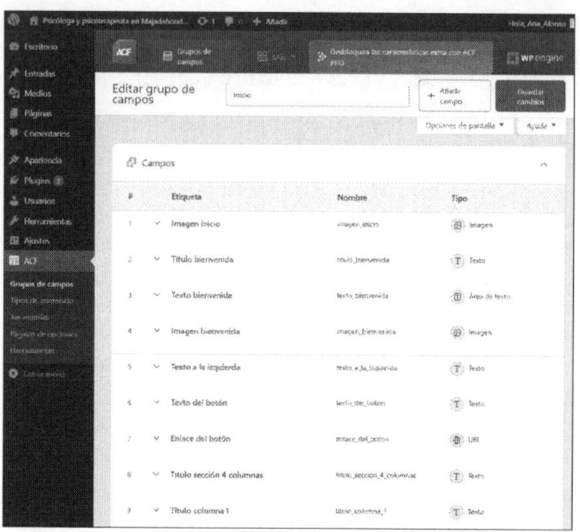
Editar grupo de campos
Campos
Etiqueta
Nombre
Tipo
Imagen inicio
Título bienvenida
Texto bienvenida
Imagen bienvenida
Texto a la izquierda
Texto del botón
Enlace del botón
Título sección 4 columnas
Título columna 1

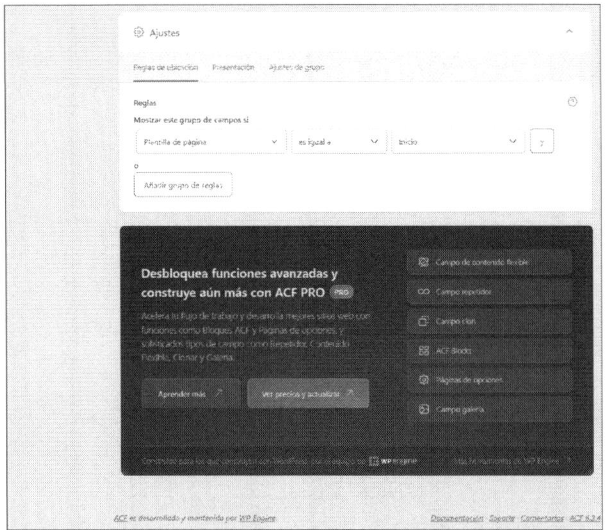

*Página **Inicio** con **ACF** y todos los campos añadidos*

Luego, actualice la página para guardar sus campos. Compruebe que aparecen en la página **Inicio**, de la administración.

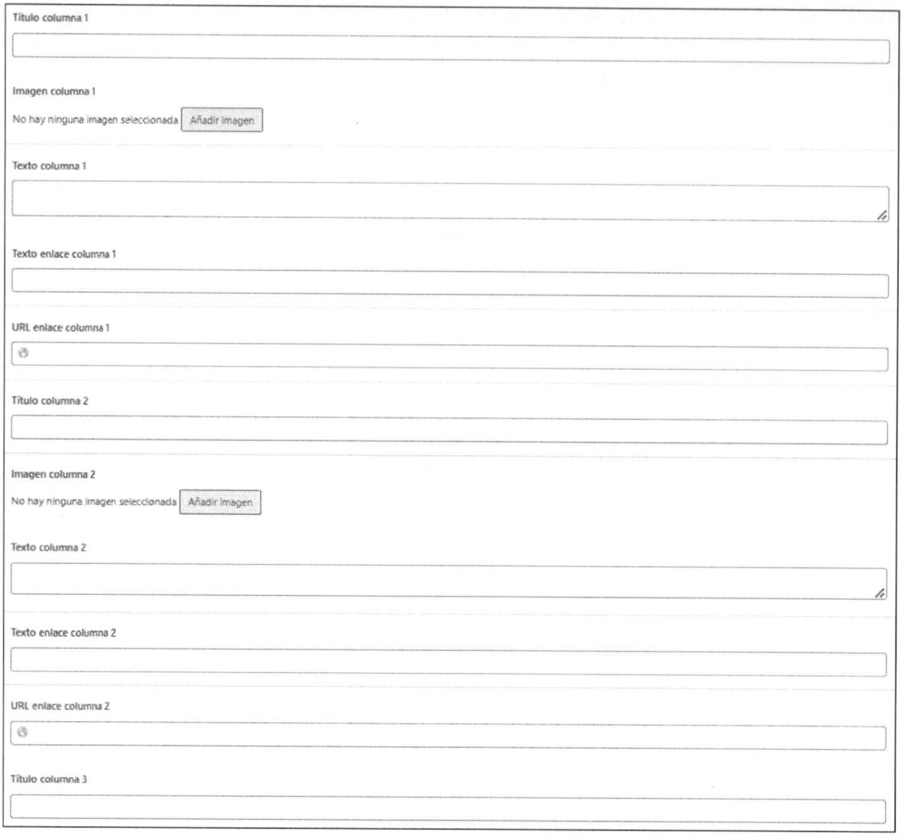

Título columna 1

Imagen columna 1

No hay ninguna imagen seleccionada Añadir imagen

Texto columna 1

Texto enlace columna 1

URL enlace columna 1

Título columna 2

Imagen columna 2

No hay ninguna imagen seleccionada Añadir imagen

Texto columna 2

Texto enlace columna 2

URL enlace columna 2

Título columna 3

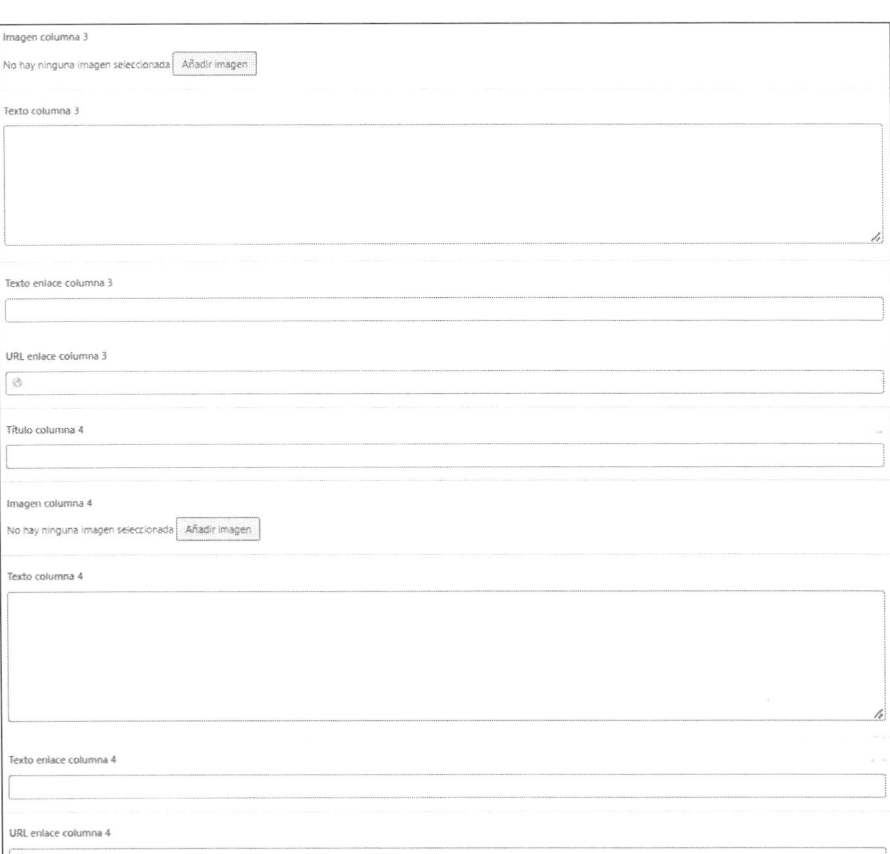

*Página **Inicio** de la administración*

El archivo acf-export-inicio.json le permite importar campos en la pestaña **ACF - Herramientas**. En el bloque **Importar grupos de campos**, seleccione el archivo con el botón **Examinar**, luego haga clic en el botón **Importar el archivo**.

Ahora complete los diferentes campos con textos, URL e imágenes idénticas a la maqueta HTML.

Luego, en el archivo inicio.php, reemplace los textos, URL e imágenes con las funciones ACF, correspondientes a los diferentes campos creados en la administración, con el fin de recuperar su contenido.

Para la imagen de inicio, reemplace la imagen con:

```
<?php
$image = get_field('imagen_inicio');
if( !empty($image) ): ?>

   <img src="<?php echo $image['url']; ?>" alt="<?php echo
$image['alt']; ?>" />

<?php endif; ?>
```

Para el título de la sección Bienvenida, sustituya el texto por la función:

```
<?php the_field('título_bienvenida'); ?>
```

Para el texto de la sección Bienvenido, sustituya el texto por la función:

```
<?php the_field('texto_bienvenida'); ?>
```

Para la imagen de la sección Bienvenido, sustituya la imagen por:

```
<?php
$image = get_field('imagen_bienvenida');
if( !empty($image) ): ?>

   <img src="<?php echo $image['url']; ?>" alt="<?php echo
$image['alt']; ?>" />

<?php endif; ?>
```

Para el texto a la izquierda del botón, sustituya el texto por la función:

```
<?php the_field('texto_a_la_izquierda'); ?>
```

Para el texto del botón y el enlace del botón, sustituya el enlace y el botón de esta manera:

```
<?php $link = get_field('link'); ?>
<a href="<?php echo $link; ?>">
 <button>
   <?php the_field('texto_del_botón'); ?>
 </button>
</a>
```

Para el título de la sección 4 columnas, sustituya el texto por la función:

```
<?php the_field('titulo_seccion_4_columnas'); ?>
```

Para el título de la columna 1, sustituya el texto por la función:

```
<?php the_field('titulo_columna_1'); ?>
```

Para la imagen de la columna 1, sustituya la imagen por:

```
<?php
$image = get_field('imagen_columna_1');
if( !empty($image) ): ?>

   <img src="<?php echo $image['url']; ?>" alt="<?php echo
$image['alt']; ?>" />

<?php endif; ?>
```

Para el texto de la columna 1, sustituya el texto por la función:

```
<?php the_field('texto_columna_1'); ?>
```

Para el enlace y la URL de la columna 1, sustituya por:

```
<?php $link = get_field('url_enlace_columna_1'); ?>
<a href="<?php echo $link; ?>">
<?php the_field('texto_enlace_columna_1'); ?></a>
```

Haga lo mismo para las columnas 2, 3 y 4 cambiando el número.

Ahora puede eliminar la carpeta img (y por lo tanto todas las imágenes contenidas en esta carpeta del tema), porque todas las fotos se guardan en los medios de WordPress.

12. Añadir campos al footer del tema

Para agregar campos al footer o pie de página del sitio web, agregará una nueva pestaña en **Apariencias** - **Personalizar**. Para hacer esto, cree una función, luego inyéctela en el hook `custom_register`. Esto le permitirá agregar secciones (una pestaña al menú **Personalizar**), así como campos y parámetros.

```
function mytheme_customize_register( $wp_customize ) {
 //Todas nuestras secciones, argumentos y controles se añadirán aquí
}
add_action( 'customize_register', 'mytheme_customize_register' );
```

Para el tema personalizado, modifique el código anterior de esta manera:

```
function paget_customize_register( $wp_customize ) {
 // Todas nuestras secciones, argumentos y controles se añadirán aquí
}
add_action( 'customize_register', 'paget_customize_register' );
```

Para crear la pestaña **Footer**, utilice el método `add_section()` del objeto `$wp_customize` siguiente, que va a permitir añadir una sección al menú:

```
   $wp_customize->add_section('$id_section', array(
    'title'  => __('mi titulo', 'themename'),
  ));
```

- `$id_section`: acepta el id en forma de texto para la sección.
- `title`: acepta el título de la sección.

Observación

Referencia al códex: https://codex.WordPress.org/Class_Reference/WP_Customize_Manager/add_section

En nuestro caso, esto se convierte en:

```
   $wp_customize->add_section('paget_footer', array(
    'title'  => __('Footer', 'paget'),
    'priority' => 120,
  ));
```

Luego, agregue diferentes campos de texto y parámetros para las diferentes partes del footer, con el método `add_setting()`:

```
$wp_customize->add_setting($id_setting, array(
    'capability'    => 'edit_theme_options',
  ));
```

- `$id_setting`: acepta el id en forma de texto para el campo.
- `capability`: opcional. Puede definir la capacidad que un usuario debe tener para modificar este parámetro. Por defecto: edit_theme_options.

Observación

Referencia al códex: https://codex.WordPress.org/Class_Reference/WP_Customize_Manager/add_setting

Añada a continuación diferentes parámetros a sus campos, por ejemplo el título del campo, con el método `add_control()`.

```
$wp_customize->add_control('$id_setting', array(
   'label'    => __('Titulo del campo', 'themename'),
   'section'  => $id_section,
));
```

- `$id_setting`: acepta el identificador en forma de texto para el campo.
- `label`: opcional. Acepta el título del campo.
- `section`: define la sección a la que pertenece el campo con el id de la sección.

Observación

Referencia al códex: https://codex.WordPress.org/Class_Reference%5CWP_Customize_Manager%5Cadd_control

En nuestro caso, añada los campos Dirección, Código postal, Ciudad, Teléfono, E-mail y Copyright.

Esto es lo que debe tener en el archivo functions.php:

```
function paget_customize_register( $wp_customize ){

 $wp_customize->add_section('paget_footer', array(
   'title'  => __('Footer', 'paget'),
 ));

 $wp_customize->add_setting('paget_direccion', array(
   'capability'   => 'edit_theme_options',
 ));

 $wp_customize->add_control('paget_direccion', array(
   'label'   => __('Dirección', 'paget'),
   'section'  => 'paget_footer',
 ));

 $wp_customize->add_setting('paget_postal', array(
```

```
    'capability'   => 'edit_theme_options',
  ));

  $wp_customize->add_control('paget_postal', array(
    'label'   => __('Código postal', 'paget'),
    'section'  => 'paget_footer',
  ));

  $wp_customize->add_setting('paget_ciudad', array(
    'capability'   => 'edit_theme_options',
  ));

  $wp_customize->add_control('paget_ciudad', array(
    'label'   => __('Ciudad', 'paget'),
    'section'  => 'paget_footer',
  ));

  $wp_customize->add_setting('paget_tel', array(
    'capability'   => 'edit_theme_options',
  ));

  $wp_customize->add_control('paget_tel', array(
    'label'   => __('Teléfono', 'paget'),
    'section'  => 'paget_footer',
  ));

  $wp_customize->add_setting('paget_mail', array(
    'capability'   => 'edit_theme_options',
  ));

  $wp_customize->add_control('paget_mail', array(
    'label'   => __('E-mail', 'paget'),
    'section'  => 'paget_footer',
  ));

  $wp_customize->add_setting('paget_copy', array(
    'capability'   => 'edit_theme_options',
  ));

  $wp_customize->add_control('paget_copy', array(
    'label'   => __('Copyright', 'paget'),
    'section'  => 'paget_footer',
  ));
}
add_action( 'customize_register', 'paget_customize_register' );
```

Complete los campos de la columna personalización (a la izquierda), para poder mostrar este contenido en la plantilla de página (a la derecha).

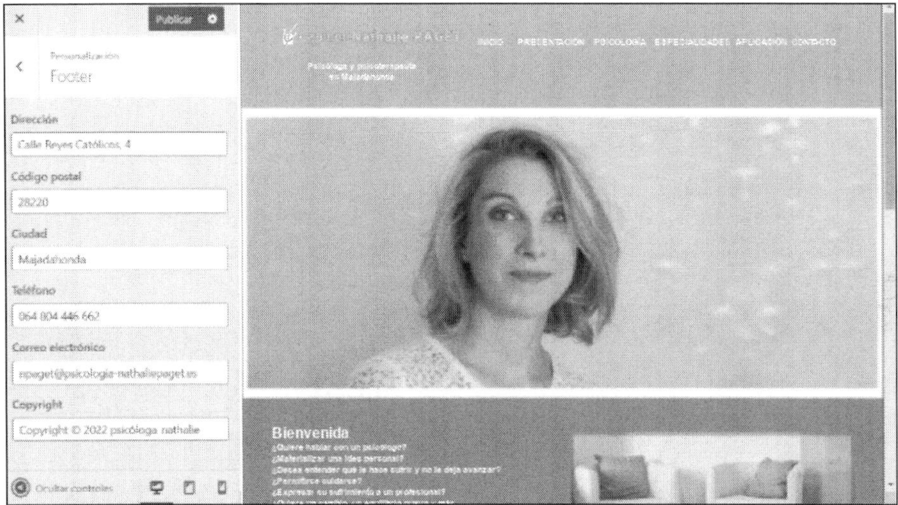

Página ***Apariencia*** *-* ***Personalizar*** *-* ***Footer*** *después de la adición de los campos*

Para mostrar el contenido de los campos en la plantilla de página, debe utilizar la función de WordPress `get_theme_mod()`.

```
get_theme_mod($id_setting);
```

– `$id_setting`: acepta el id en forma de texto para el campo de opción.

Observación

Referencia al códex:
https://developer.wordpress.org/reference/functions/get_theme_mod

Para los diferentes campos, aquí está el código que debe tener:

```
        <footer class="row">
         <div class="col-12 col-sm-4 col-md-4">
           <?php
             $custom_logo_id = get_theme_mod( 'custom_logo' );
             $image = wp_get_attachment_image_src( $custom_logo_id ,
'full' );
           ?>
           <img src="<?php echo $image[0]; ?>" alt="<?php bloginfo('title');
```

```
?>" />
       </div>
       <div class="col-12 col-sm-4 col-md-4">
         <p><?php echo get_theme_mod('paget_direccion'); ?><br />
         <?php echo get_theme_mod('paget_postal'); ?> <?php echo
get_theme_mod('paget_ciudad'); ?></p>
       </div>
       <div class="col-12 col-sm-4 col-md-4">
           <p>Teléfono: <?php echo get_theme_mod('paget_tel'); ?><br />
           Mail: <a href="mailto:<?php echo get_theme_mod('paget_mail'); ?>">
<?php echo get_theme_mod('paget_mail'); ?></a></p>
       </div>
       <div id="copyright" class="col-12 col-sm-12 col-md-12">
           <p><?php echo get_theme_mod('paget_copy'); ?></p>
       </div>
     </footer>
```

Ahora puede administrar completamente su sitio web a través del back office.

Puede ir más allá usando Ajax para la página **Apariencia** - **Personalizar** y evitar la recarga manual de la página.

13. Conclusión

Ahora sabe cómo crear su propio tema a partir de una maqueta HTML. Normalmente, lo crearía directamente en los archivos de WordPress, pero el ejercicio le habrá permitido ver la relación entre el front office y el back office.

Ha puesto en práctica diferentes formas de personalizar el back office, añadiendo nuevos campos a sus páginas. Ahora puede crear temas personalizados.

En los archivos anexos, capítulo 10.13, encontrará una copia de seguridad de los archivos de WordPress, el tema y la base de datos SQL. Tendrá que cambiar los parámetros del archivo wp-config.php, si es necesario. Consulte el capítulo Poner en línea o migrar su sitio web para reinstalar la copia de seguridad del sitio.

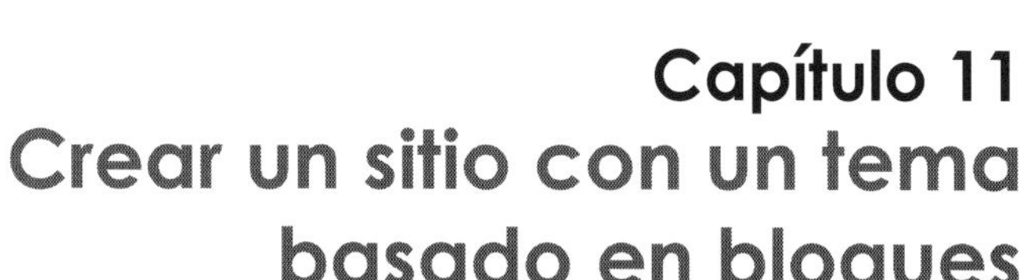

Capítulo 11
Crear un sitio con un tema basado en bloques

1. Introducción

Hay muchas maneras de crear un sitio web con WordPress. WordPress es muy flexible y esto ha aumentado con la llegada de los temas basados en bloques. En este capítulo, vamos a diseñar un sitio web con el tema basado en bloques que aparece instalado originalmente con WordPress: el tema Twenty Twenty-Three.

El objetivo es mostrar las distintas formas de crear un sitio web y la flexibilidad que ofrece WordPress con la aparición de los temas basados en bloques.

Ahora vamos a crear el sitio web de Nathalie Paget como en el capítulo Crear un tema clásico a partir de una maqueta, pero esta vez con bloques.

Esta es la maqueta:

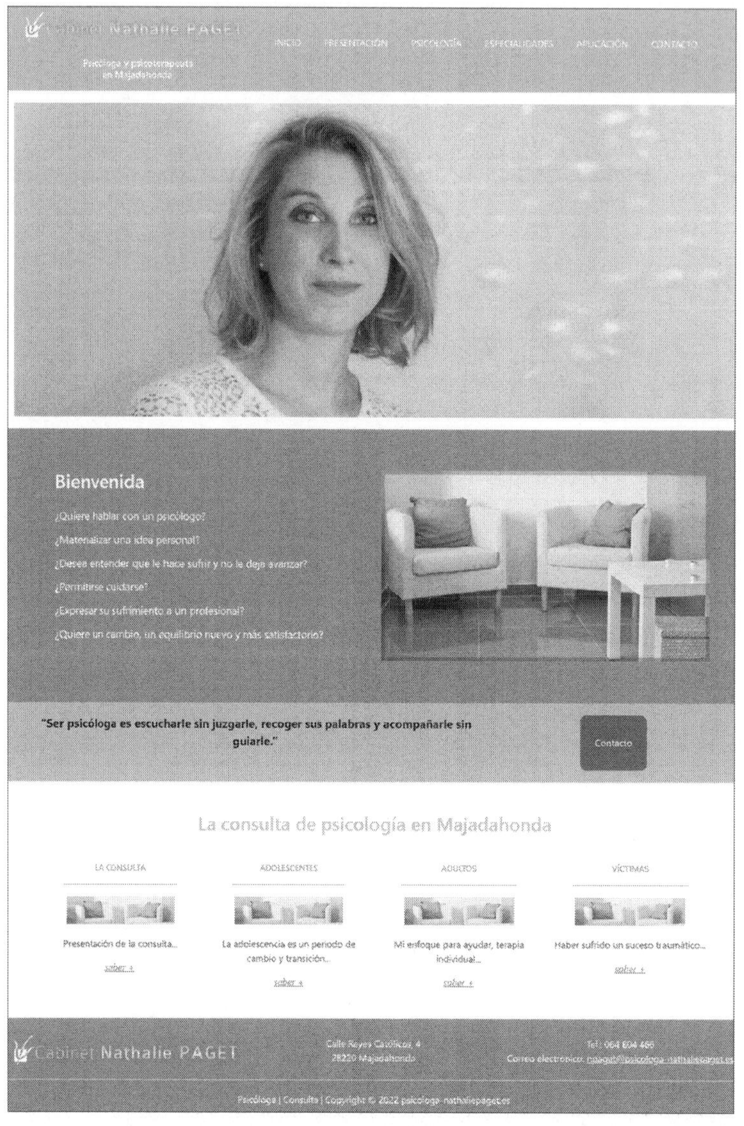

Maqueta del sitio web de Nathalie Paget

2. Instalación del tema y configuraciones

- Twenty Twenty-three es uno de los temas predeterminados en la instalación de WordPress. Actívelo en el menú **Apariencia - Temas**.
- En el menú **Páginas**, cree todas las páginas del sitio web de Nathalie Paget y una página **Inicio**.
- En el menú **Ajustes - Lectura**, defina la página **Inicio** como **Página de inicio**.
- En el menú **Ajustes**, defina el título del sitio web: **Psicóloga y psicoterapeuta en Majadahonda**, como en la maqueta.

Vamos a configurar el diseño global del sitio. Para ello, proceda de la siguiente manera:

- Haga clic en el menú **Editor**, luego en el botón **Estilos** (segundo de la lista situada a la izquierda de la pantalla), después en **Editar estilos** y, después, seleccione **Estructura** en el menú lateral que aparece a la derecha.
- Para utilizar el ancho completo del sitio, defina dicho parámetro de la zona de contenido principal al 100 %.
- Para eliminar los márgenes del sitio, defina los márgenes internos superior, inferior, derecho e izquierdo a 0 píxeles.

*Menú **Estilos - Estructura** para definir el ancho del contenido y los márgenes globales del sitio web*

3. Configuración del encabezado

- Para crear el encabezado del sitio, haga clic en el bloque **Cabecera**.
- El título del sitio aparece en el bloque **Título del sitio**. Deseleccione **Hacer que el título enlace a la página de inicio** y defina el blanco como color de texto.
- Añada un bloque **Logo del sitio** a la izquierda del título e inserte la imagen. Respete las dimensiones 444 px x 59 px.

Se añade el bloque Logo del sitio

- Arrastre el bloque **Título del sitio** y colóquelo debajo del bloque **Logo del sitio**. A continuación, haga clic en **Pila**. Los bloques se colocan unos debajo de otros.
- Haga clic en el bloque **Navegación** y añada las páginas del sitio. Defina el blanco como color de texto.
- Luego haga clic en el bloque **Cabecera** y defina un color de fondo: #D7C9AF en el menú de la derecha.

▶ Dentro del menú flotante situado encima del bloque, defina la alineación: **Ancho completo** y, en el menú de la derecha, ajuste los márgenes internos.

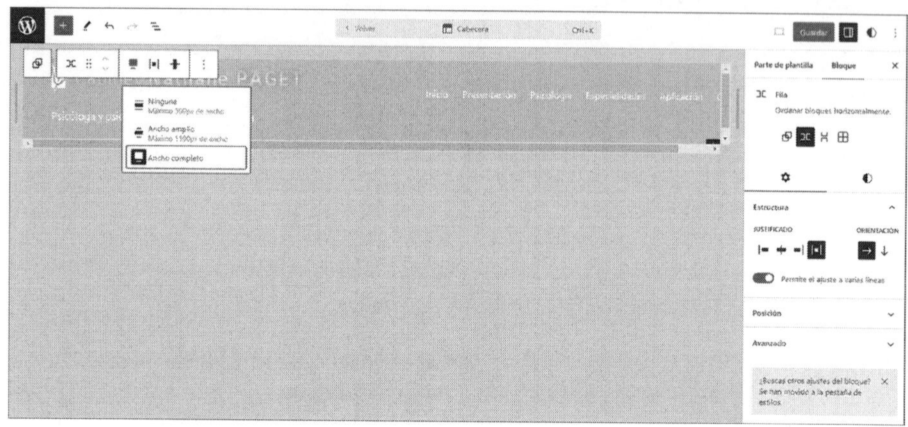

*Menú flotante del bloque **Cabecera** para alinear con ancho completo*

Recuerde guardar los cambios en el documento a medida que vaya realizando los ajustes para no perder ninguno.

4. Configuración del pie de página

▶ Haga clic en el bloque **Pie de página**. Como en el bloque **Cabecera**, defina una alineación **Ancho total**, el color de fondo #B1A17F y márgenes internos.

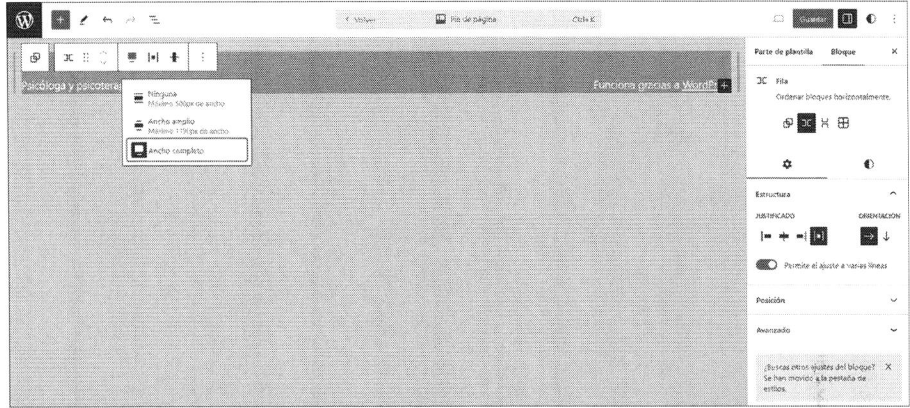

Configuración del bloque ***Pie de página***

- Elimine el bloque **Título del sitio**, que no nos va a servir. Luego, en el bloque **Párrafo**, sustituya el texto por los derechos de autor del sitio. Justifíquelo en el centro usando el menú **Alinear texto** y añádale el color de texto blanco.
- Ahora, añada un bloque **Columnas** y elija tres columnas. En la primera columna, inserte el bloque **Logo del sitio**; en la segunda, bloques **Párrafo** con la dirección y, en la tercera, el teléfono y el correo electrónico con bloques **Párrafo**.
- Defina el color de los textos, alinéelos en el centro y ajuste los márgenes.
- Utilice la **Vista de lista** para encontrar un bloque con más facilidad y tener acceso a sus ajustes. Se trata del icono situado más a la derecha en el menú superior izquierdo.

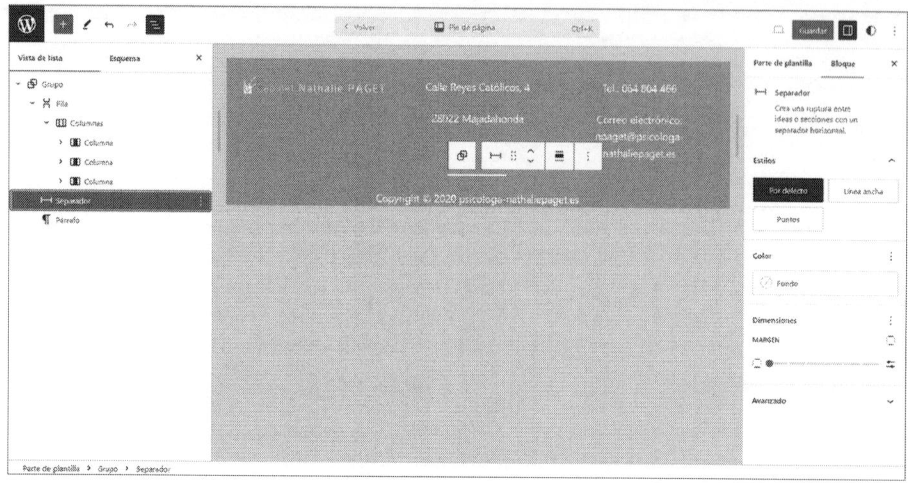

*Pestaña **Vista de lista** que muestra una lista de los bloques que componen el diseño de página*

▶ Añada un bloque **Separador** entre el bloque **Columnas** y el bloque **Párrafo**. Después, seleccione el color blanco para el fondo.

Las opciones propuestas por el tema no permiten trazar una línea horizontal de un lado hasta el otro lado del sitio, por lo que es necesario añadir código CSS personalizado. Sin embargo, no es posible añadir código CSS personalizado con el tema Twenty Twenty-Three porque el editor de CSS no está disponible para este tema. Teniendo esto en cuenta, para añadir el código CSS personalizado puede instalar una extensión o añadir un archivo functions.php que llamará al archivo style.css del tema para escribir código CSS dentro del archivo. Sin embargo, debe tener en cuenta que los archivos functions.php y style.css se reinicializarán al actualizar el tema. Por ello, la mejor solución sería crear un tema hijo (consulte el capítulo Los temas hijo).

Para añadir la llamada al archivo style.css en el archivo functions.php, debe utilizar el siguiente código:

```
<?php

if ( ! function_exists( 'twentytwentythree_styles' ) ) :

     /**
     * Enqueue styles.
     *
     * @since Twenty Twenty-Two 1.0
     *
     * @return void
     */
    function twentytwentythree_styles() {
          // Register theme stylesheet.
          $theme_version = wp_get_theme()->get( 'Version' );

          $version_string = is_string( $theme_version )
? $theme_version : false;
          wp_register_style(
                 'twentytwentythree-style',
                 get_template_directory_uri() . '/style.css',
                 array(),
                 $version_string
          );

          // Enqueue theme stylesheet.
          wp_enqueue_style( 'twentytwentythree-style' );

     }

endif;

add_action( 'wp_enqueue_scripts', 'twentytwentythree_styles' );
```

Ahora puede añadir código CSS en el archivo style.css.

En el archivo CSS, añadimos el siguiente código:

```
.wp-block-separator{width:100%;}
```

Ahora el separador ocupa todo el ancho del sitio.

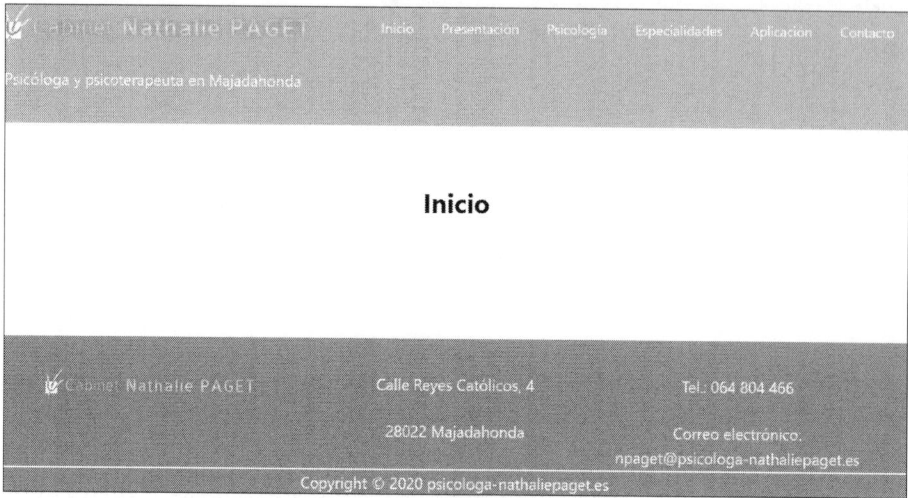

*El bloque **Separador** ocupa todo el ancho del sitio después de añadir el estilo CSS*

5. Crear el contenido de la página de inicio

- Primero, configure el estilo de página global en **Editor - Páginas** y elimine el bloque **Título de la publicación** y el bloque **Comentarios**.
- Después, para crear el contenido de la página de inicio, vaya al menú **Páginas** y modifique la página de inicio.

Vamos a crear cada una de las secciones con bloques según el tipo de contenido. Para ello, proceda de la siguiente manera:

- Empiece poniendo el bloque **Imagen** con una dimensión del 100 %.
- En la segunda sección, inserte un bloque **Columnas** con un bloque **Párrafo** y un bloque **Imagen**. Después, ajuste los márgenes internos, el color y el tamaño.

▶Añada un color de fondo #B3A07F para el bloque **Columnas**.

Página del sitio web con las dos secciones

- Para la tercera sección, vuelva a añadir un bloque **Columnas**. En la primera columna inserte un bloque **Cita** y en la segunda, un bloque **Botones**.
- Para el botón, añada el texto y aplíquele el color blanco, el color de fondo #7D7666, las esquinas redondeadas de 24 px y los márgenes internos.
- Añada un fondo #D7C9AF al bloque **Columnas**.

Observará que los bloques de columnas no se pegan. Utilice el inspector de código para analizar el código CSS que provoca este margen, y añada un código en el archivo style.css para eliminar el margen:

```
body .is-layout-constrained > * + * {
 margin-block-start: 0rem;
}
```

El bloque **Imagen** se pega en la segunda sección, por lo que es necesario añadir un bloque **Espaciador** de 20 px entre las dos secciones.

- Para la última sección, añada un bloque **Título**, seguido de un bloque **Columnas** con cuatro columnas.
- Añada el color de texto #D7C9AF al bloque **Título** y céntrelo. Añádale un tamaño L y márgenes externos.
- Para cada columna, añada un bloque **Título**, un bloque **Separador**, un bloque **Imagen** y un bloque **Clásico**. Añada una imagen interna para cada columna. Por último, centre los bloques y modifique los colores y los márgenes.
- Para ir más rápido, duplique el bloque **Columnas**, seleccionándolo en el menú **Vista de lista**. Luego reduzca la cantidad de columnas para que solo haya cuatro.
- A continuación, modifique el contenido. De esta manera, puede conservar los mismos ajustes para todos los bloques en lugar de modificarlos uno por uno.

Diseño de la página de inicio con el tema Twenty Twenty-Three

En el anexo, encontrará una copia de seguridad del sitio web junto con la base de datos y una exportación del tema con las plantillas actualizadas.

6. Conclusión

En este capítulo, hemos visto cómo crear un sitio con los temas basados en bloques y sus límites. No olvide que se trata de un sistema nuevo. El editor mejorará sin cesar en las próximas versiones.

En cuanto al CSS personalizado, faltan mejoras importantes como la posibilidad de añadir un favicon, ajustar todos los márgenes, etc. A pesar de ello, hemos visto que es muy fácil crear un diseño con rapidez. El sistema sigue siendo muy intuitivo y fácil de utilizar.

Si aún no domina el Full Site Editing de WordPress, puede elegir un tema híbrido como Twenty Twenty-Two, que es un tema de transición, ya que mezcla los bloques y el editor clásico.

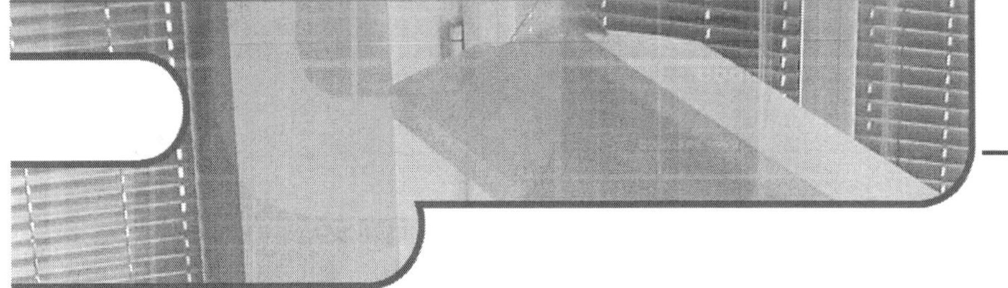

Capítulo 12
Las extensiones y los widgets

1. Introducción

Las extensiones de WordPress, también llamadas plugins, complementos, módulos o add-ons, son carpetas o algunas veces, archivos formados por archivos PHP. Los puede importar en la carpeta de complementos de WordPress, ya sea por FTP o por la administración. Las extensiones permiten agregar funcionalidades a un sitio de WordPress, para la administración o para la parte de los usuarios web.

Archivos originales de la carpeta de plugins, que contienen las extensiones Akismet y Hello Dolly. El archivo index.php es un archivo vacío, por seguridad.

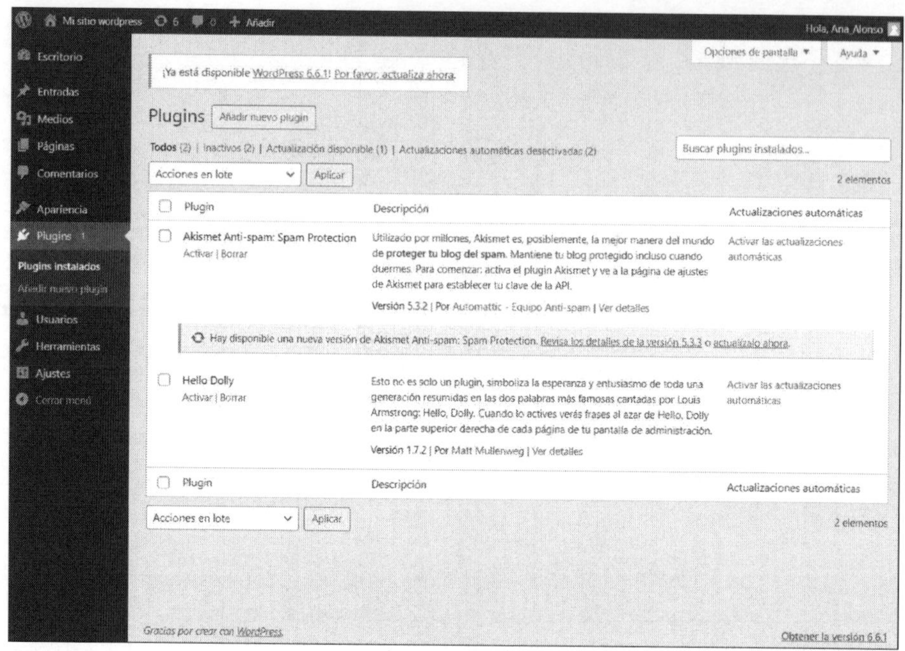

Visualización de estas dos extensiones en la administración, en la página ***Plugins***

Las extensiones pueden ser muy diferentes entre sí. Algunas agregan widgets (exclusivamente para las sidebars), otras funcionalidades como un rastro de migas, una red social o un foro. Algunas ofrecen herramientas para la administración y le permiten optimizar o hacer una copia de seguridad de la base de datos o mejorar el rendimiento de WordPress.

Para instalar extensiones, consulte el capítulo Introducción a WordPress. En este capítulo, encontrará una lista de extensiones, pero puede buscarlas directamente en el sitio web oficial (https://es.wordpress.org/plugins) o mediante la administración en la pestaña **Plugins** - **Añadir nuevo plugin**. Estos dos métodos son equivalentes y devolverán los mismos resultados de búsqueda.

El sitio oficial le permite descargar extensiones al escritorio e instalarlas manualmente a través de FTP. También puede evaluar las extensiones, ver las evaluaciones dejadas por los usuarios, averiguar la compatibilidad con versiones de WordPress, conocer a los autores, acceder a los foros, etc.

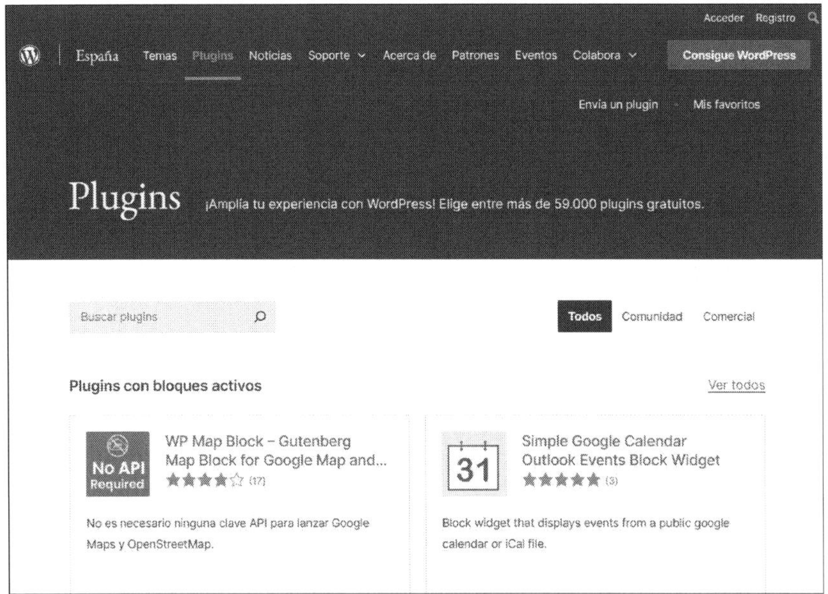

*Página de los **Plugins** en el sitio web oficial: https://es.wordpress.org/plugins*

La mejor práctica es instalar extensiones manualmente; lo mismo ocurre con todas las actualizaciones, esto evita errores.

Debe eliminar los plugins no utilizados, para evitar sobrecargar el cuerpo de WordPress y así evitar ralentizaciones del sitio web.

Antes de embarcarse en el desarrollo de extensiones, a menudo largas, asegúrese de que no existan "ya". Más de 59 000 extensiones están disponibles para usted de forma gratuita, este número varía según los participantes.

Algunas extensiones no están necesariamente actualizadas, mientras que otras son de pago para poder beneficiarse de todas las funcionalidades. Pagar puede ser inteligente y ahorrar mucho tiempo.

En este capítulo verá algunas extensiones útiles.

2. Los widgets

En esta sección, la lista de widgets presentada es corta, pero en las siguientes secciones encontrará extensiones que también ofrecen widgets.

Después de instalar una extensión de widget, la encontrará en la pestaña **Widgets** del menú **Apariencia**. Solo debe arrastrarla a la *sidebar* para activarla.

PHP Code Widget

Por Otto

Permite ejecutar código PHP en un widget.

Enlace a la extensión: https://wordpress.org/plugins/php-code-widget

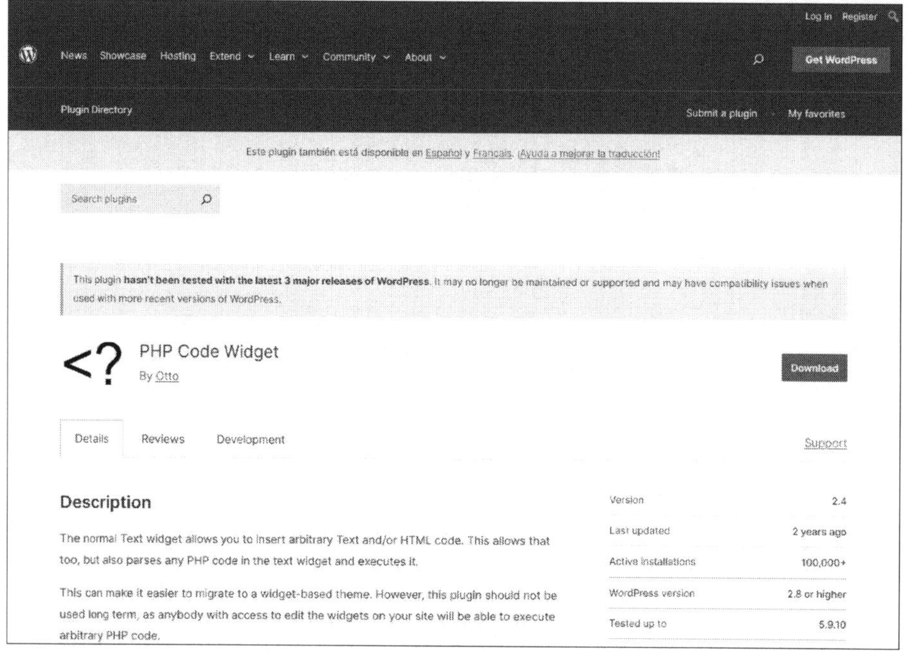

*Página de la extensión **PHP Code Widget***

Black Studio TinyMCE Widget

Por Black Studio

Permite usar un editor WYSIWIG para diseñar texto en un widget Texto.

Enlace a la extensión:
https://es.wordpress.org/plugins/black-studio-tinymce-widget

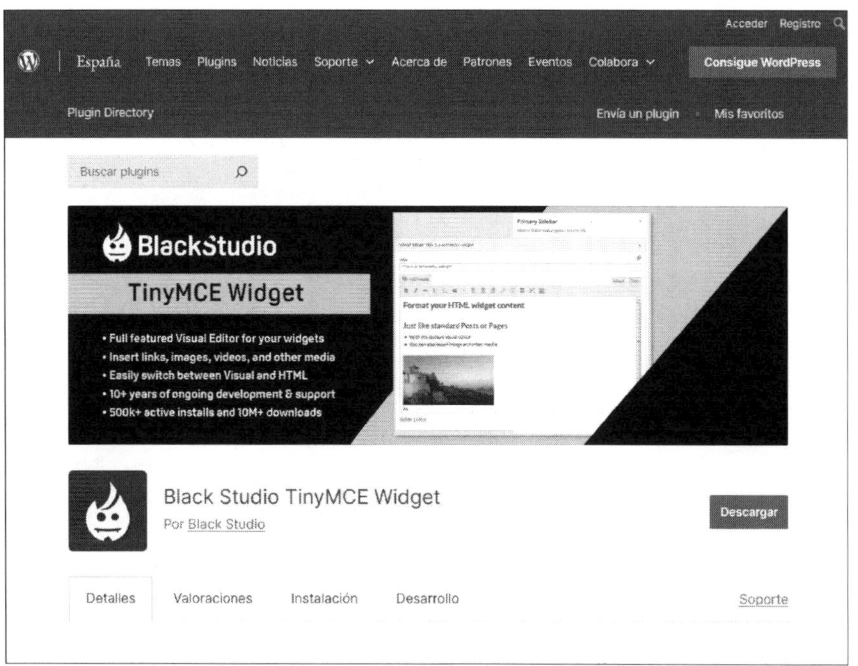

Página de la extensión ***Black Studio TinyMCE Widget***

MailPoet - E-mails y newsletters en WordPress (Wysija)

Por MailPoet

Permitir enviar una newsletter al sitio web. Gratuita hasta dos mil inscritos.

MailPoet envía newsletters directamente, a través de la administración de WordPress. Puede personalizarlas a través de la administración, crear listas de suscriptores, enviar un correo electrónico cada vez que se crea un nuevo artículo, etc.

Muy completo, este complemento es líder en su campo.

Se agrega al widget un formulario de registro configurable.

Sitio oficial: https://www.mailpoet.com

Enlace a la extensión: https://es.wordpress.org/plugins/mailpoet

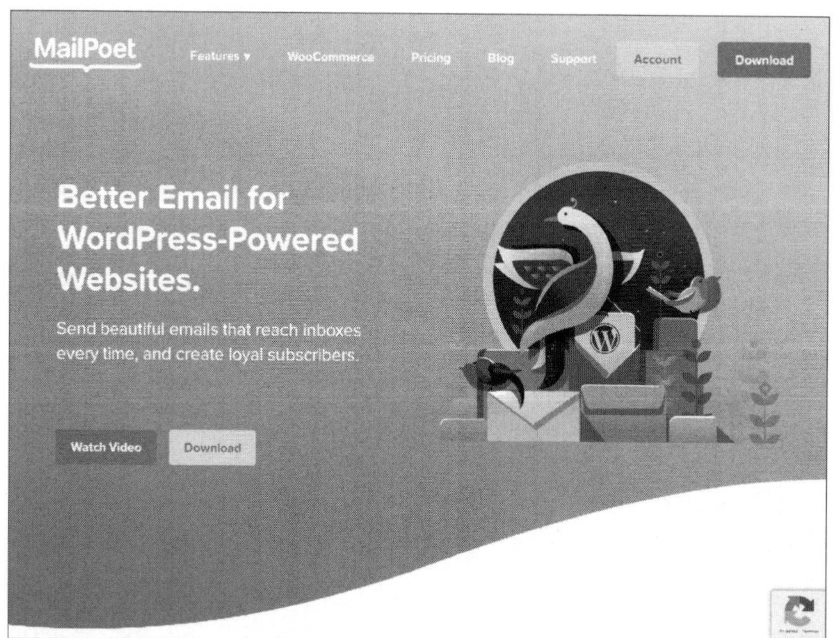

Página del sitio web oficial ***MailPoet Newsletter***

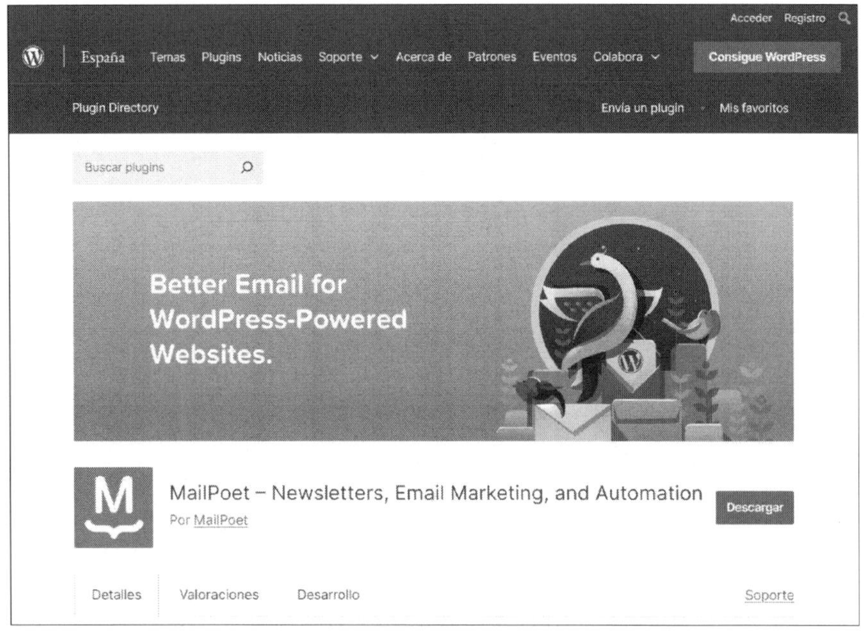

*Página de la extensión **MailPoet Newsletter***

MailChimp for WordPress

Por ibericode

Permite añadir una newsletter al sitio web. Funciona con su cuenta de MailChimp y es compatible con muchos complementos de WordPress.

Enlace a la extensión: https://wordpress.org/plugins/mailchimp-for-wp

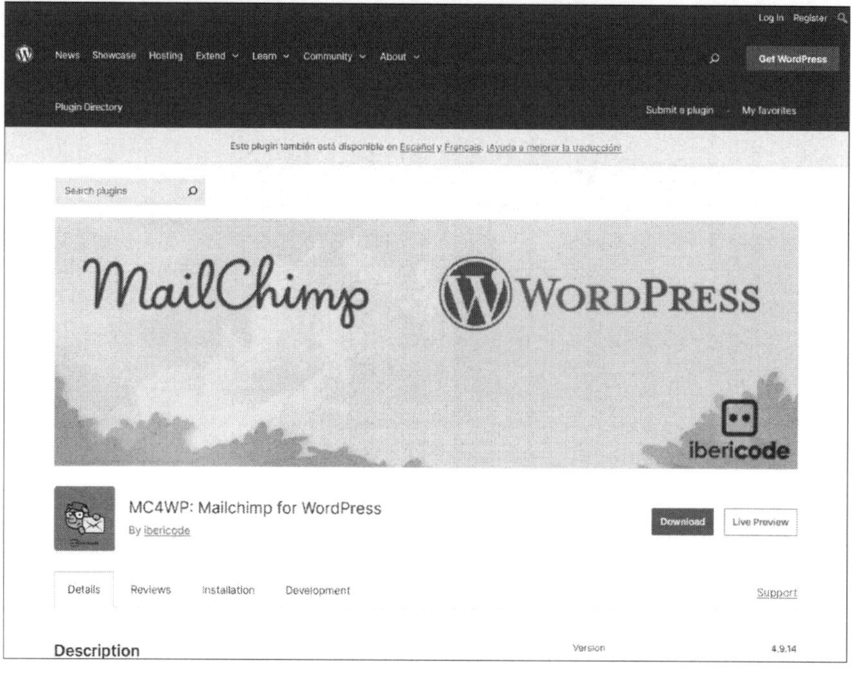

Página de la extensión ***MailChimp for WordPress***

SiteOrigin Widgets Bundle

Por SiteOrigin

Permite tener un paquete de widgets como: Google maps, Botones, Imágenes, Diapositivas, Tabla de precios, Carrusel, Vídeo, Botón a redes sociales, Acordeón, Formulario de contacto, Taxonomía, Testimonio, etc.

Enlace a la extensión: https://es.wordpress.org/plugins/so-widgets-bundle

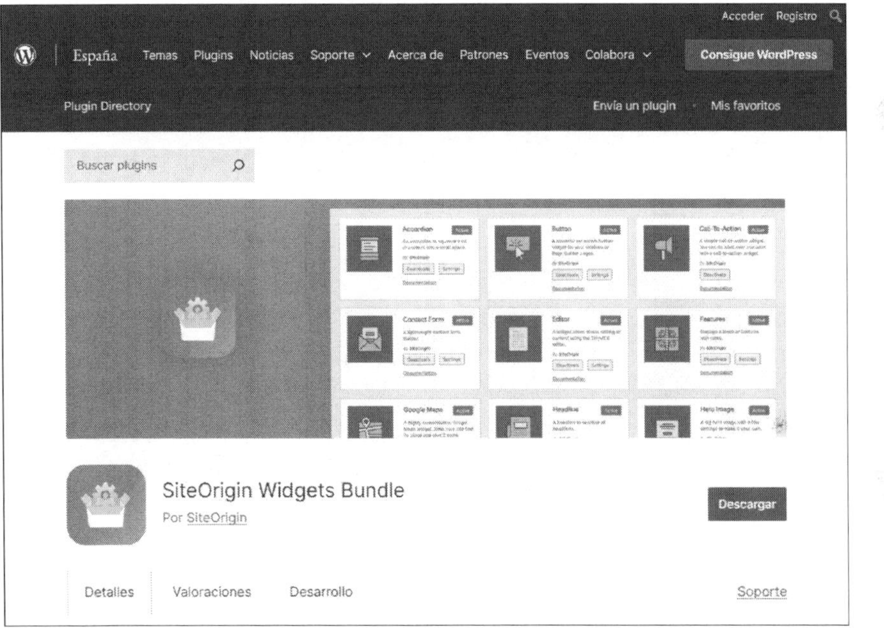

Página de la extensión ***SiteOrigin Widgets Bundle***

Content Aware Sidebars

Por Joachim Jensen - DEV Institute

Permite crear sidebars personalizadas según la página en la que se esté, ya sean páginas, artículos, páginas personalizadas, taxonomías, etc. Es compatible con bbPress, BuddyPress, WPML, Polylang, Qtranslate, Transposh, WooCommerce, Easy Digital Downloads, etc.

Enlace a la extensión: https://wordpress.org/plugins/content-aware-sidebars

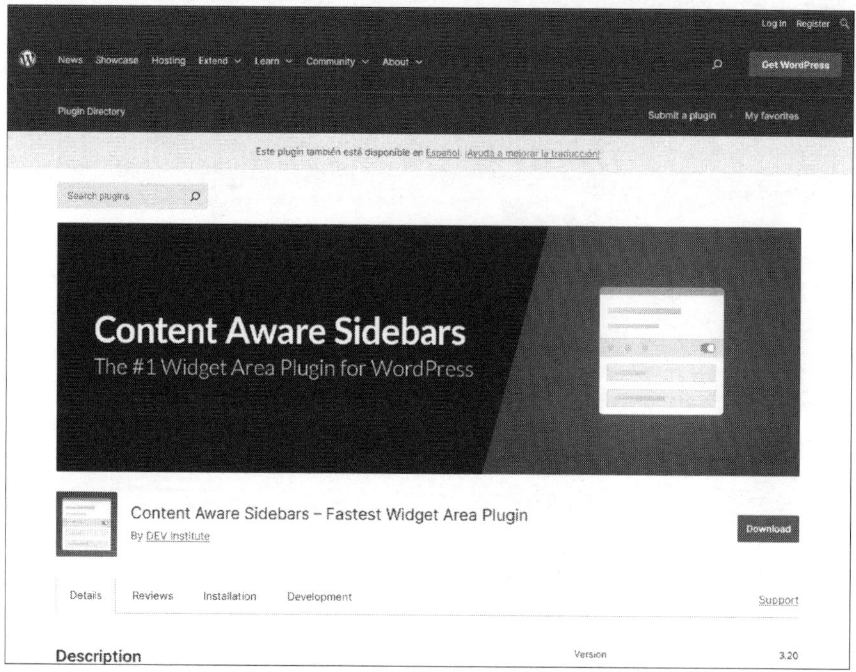

Página de la extensión ***Content Aware Sidebars***

Widget Options

Por Widget Options Team

Le permite controlar mejor la barra lateral y asignar contenido diferente según la página en la que se encuentre. También puede agregar Clases e Id, alinear el contenido, usar condiciones, configurar una pantalla responsiva, etc. Es compatible con los Page Builder de Siteorigin, Elementor, Beaver, así como con ACF Advanced custom field.

Enlace a la extensión: https://wordpress.org/plugins/widget-options

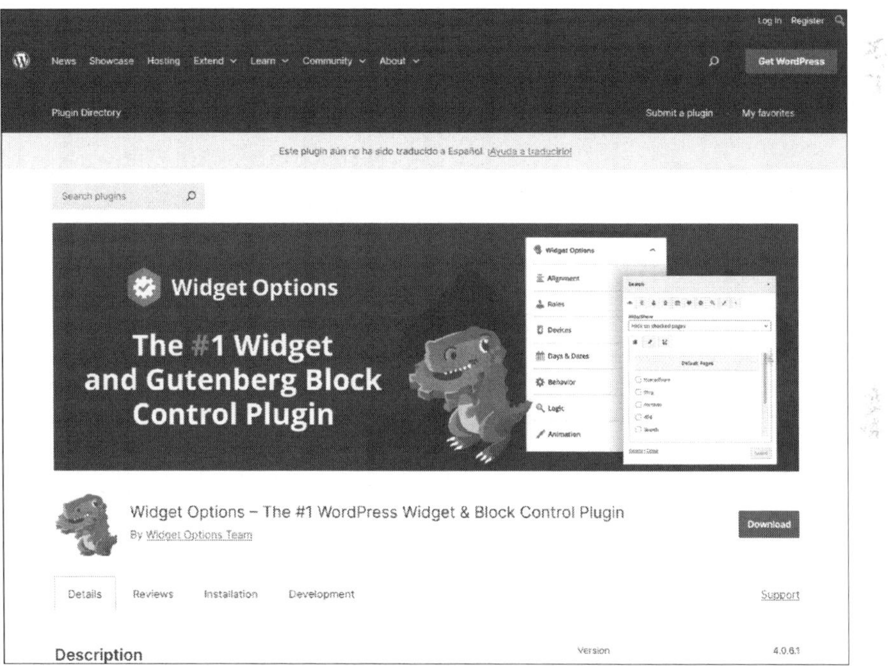

Página de la extensión ***Widgets Options***

3. Las extensiones útiles

Aquí hay una lista de extensiones útiles Hay muchas más y algunos plugins de la competencia equivalentes. Quizás encuentre algunas mejores, más completas, prácticas o estéticas. A veces, puede llevar mucho tiempo encontrar la extensión que desea.

Jetpack por WordPress.com

Por Automattic

Esta extensión está desarrollada por los creadores de WordPress.

Permite garantizar la seguridad de su sitio, protegiéndolo contra ataques por fuerza bruta y conexiones no autorizadas. La protección básica siempre es gratuita. Los planes premium también ofrecen además copias de seguridad extendidas y correcciones automáticas. El conjunto completo de herramientas de protección del sitio web de Jetpack, incluye:

- protección contra ataques por fuerza bruta, filtros anti spam y monitorización del tiempo de inactividad;
- copias de seguridad de todo su sitio web, diarias o en tiempo real;
- conexión segura con autenticación de dos factores opcional;
- búsqueda de malware, análisis de código y resolución automática de amenazas;
- registro de cada modificación en su sitio para simplificar la resolución de los problemas;
- asistencia rápida y prioritaria de expertos en WordPress.

Enlace a la extensión: https://es.wordpress.org/plugins/jetpack

Página de la extensión ***Jetpack***

Contact Form 7

Por Takayuki Miyoshi

Contact Form 7 le permite crear tantos formularios como desee. El formulario se implementa en la ubicación elegida mediante un shortcode. Simple y completo, Contact Form 7 también se puede insertar en un widget.

Contact Form 7 integra la funcionalidad captcha con Google recaptcha V3.

Enlace a la extensión Contact Form 7:
https://es.wordpress.org/plugins/contact-form-7

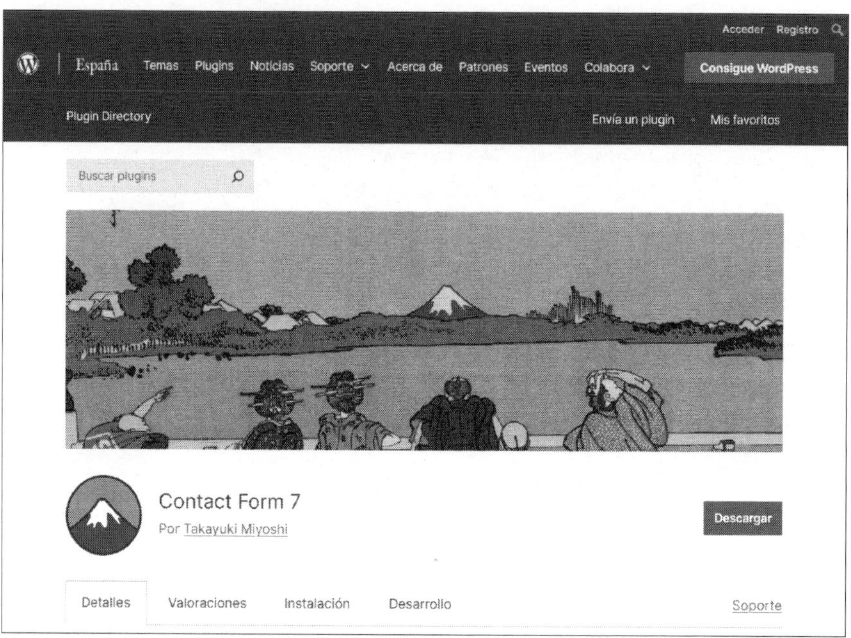

Página de la extensión ***Contact Form 7***

Gravity Forms

Por Rocketgenius, Inc

Le permite crear cualquier formulario e integrarlo fácilmente. Esta extensión de pago es muy poderosa y compatible con muchas aplicaciones como MailChimp, PayPal, etc.

Enlace a la extensión: https://www.gravityforms.com

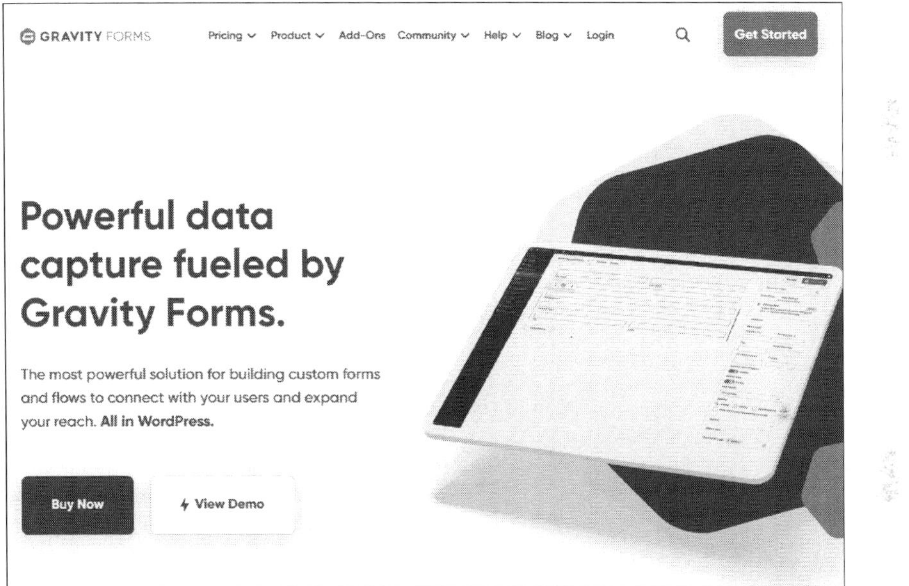

Página de la extensión ***Gravity Forms***

WP-PageNavi

Por Lester 'GaMerZ' Chan

Permite agregar una paginación cuando está en presencia de una lista de artículos. Inserte una función en los archivos implicados, en lugar de la paginación de Word-Press.

Enlace a la extensión: https://es.wordpress.org/plugins/wp-pagenavi

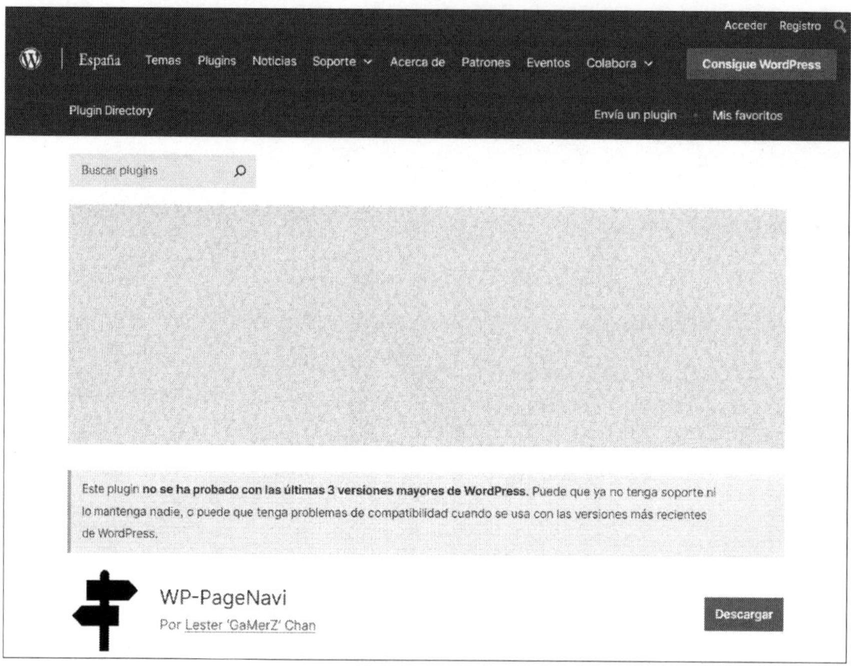

*Página de la extensión **WP-PageNavi***

DHVC Form - Wordpress Form for WPBakery Page Builder

Por SiteSao

Le permite crear cualquier formulario e integrarlo fácilmente. Esta extensión de pago por 29 $ es muy potente. Primero debe instalar WPBakery Page Builder para usarla. Esta extensión es compatible con muchas aplicaciones como MailChimp, PayPal, etc.

Enlace a la extensión: https://codecanyon.net/item/dhvc-form-wordpress-form-for-visual-composer/8326593

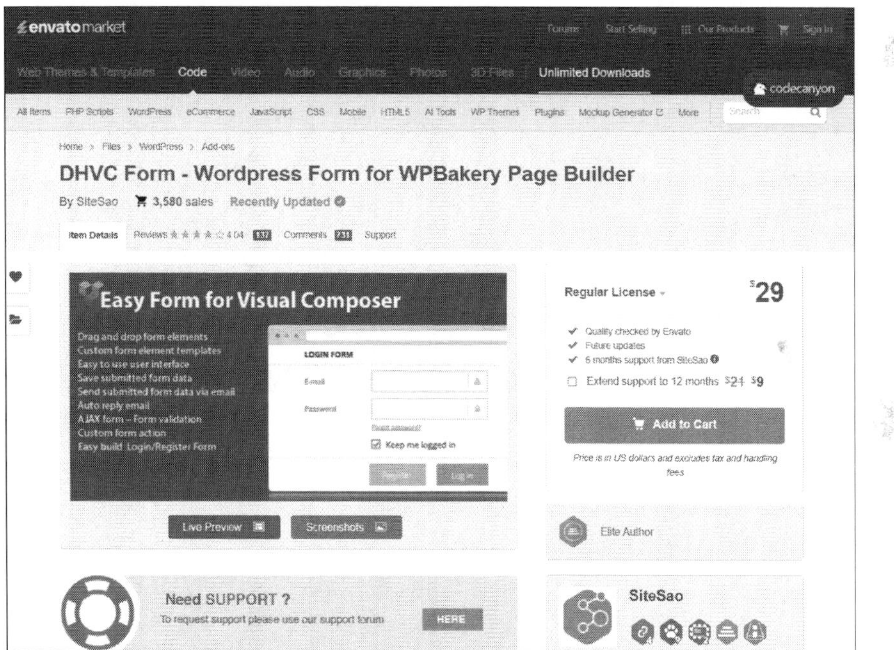

*Página de la extensión **DHVC Form***

Relevanssi

Por Mikko Saari

Le permite sustituir la búsqueda estándar de WordPress, con un motor de búsqueda más eficiente y opciones configurables.

También se puede utilizar en widgets.

Enlace a la extensión: https://es.wordpress.org/plugins/relevanssi

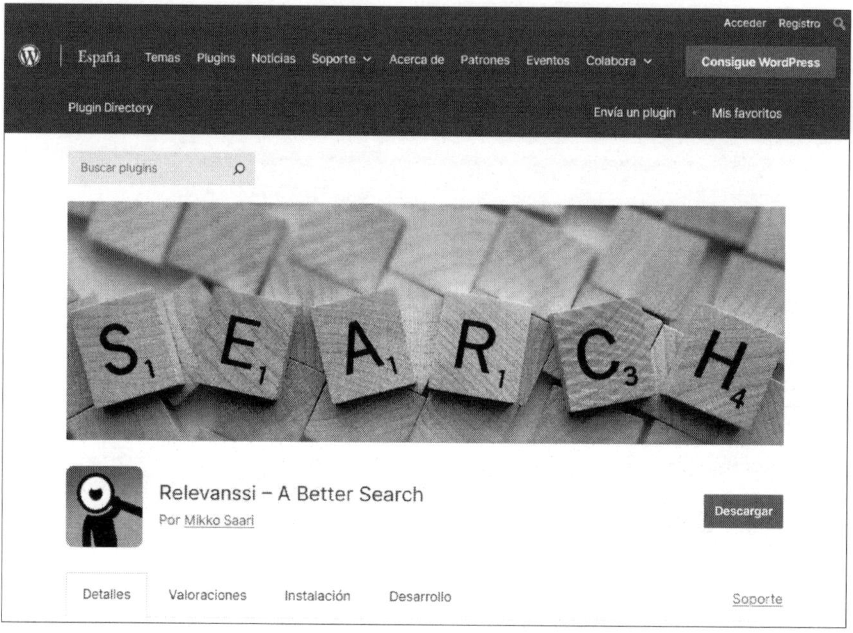

*Página de la extensión **Relevanssi***

Easy FancyBox

Por RavanH

Le permite agregar una lightbox haciendo clic en las fotos o en un mapa.

Esta lightbox es responsiva: se redimensiona automáticamente según el tamaño de la pantalla (para tabletas y teléfonos móviles). Hay muchos complementos de lightbox, este es sencillo y eficiente.

Enlace a la extensión: https://es.wordpress.org/plugins/easy-fancybox

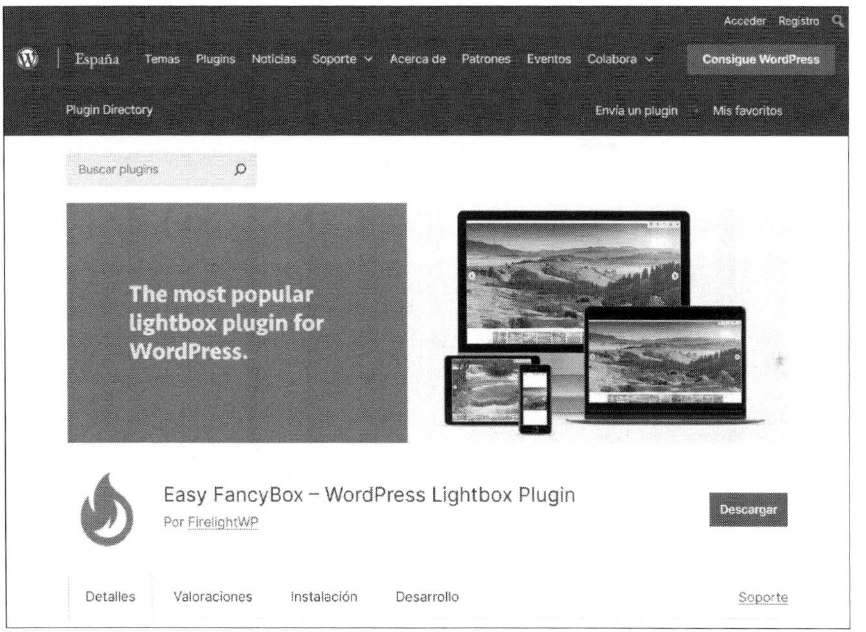

Página de la extensión ***Easy FancyBox***

WPtouch

Por WPtouch

Permite añadir y personalizar un tema para que su sitio sea compatible con teléfonos móviles. Útil si el sitio no es responsivo. Además, esta extensión deshabilita los scripts y complementos innecesarios, para permitir una carga más rápida en teléfonos móviles.

Una versión de pago le permite añadir publicidad.

Enlace a la extensión: https://wordpress.org/plugins/wptouch

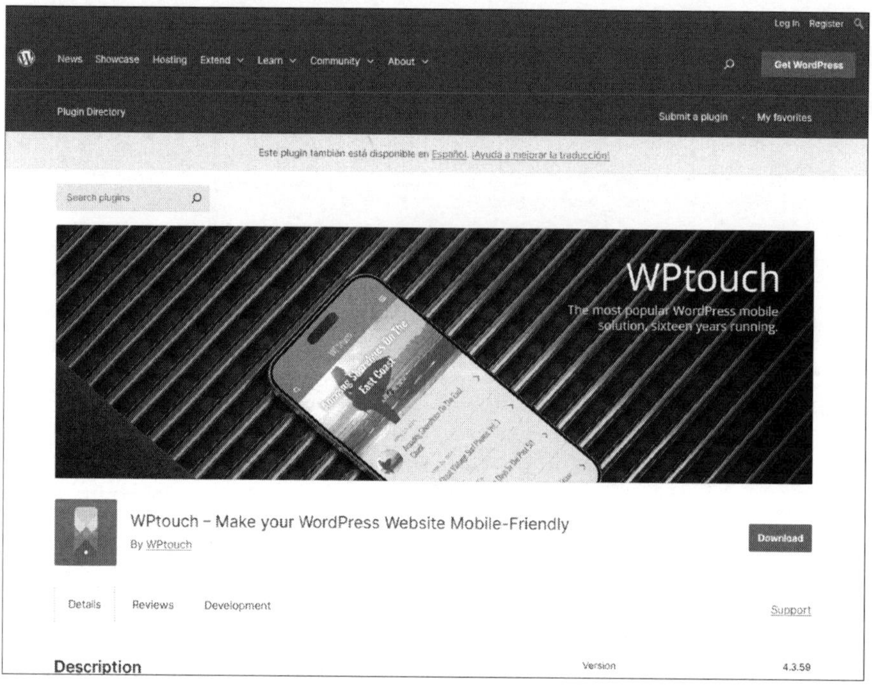

Página de la extensión ***WPtouch***

WP Go Maps

Por WP Go Maps

Permite añadir, crear y configurar un mapa Google Maps. Extensión muy completa.

Enlace a la extensión: https://wordpress.org/plugins/wp-google-maps

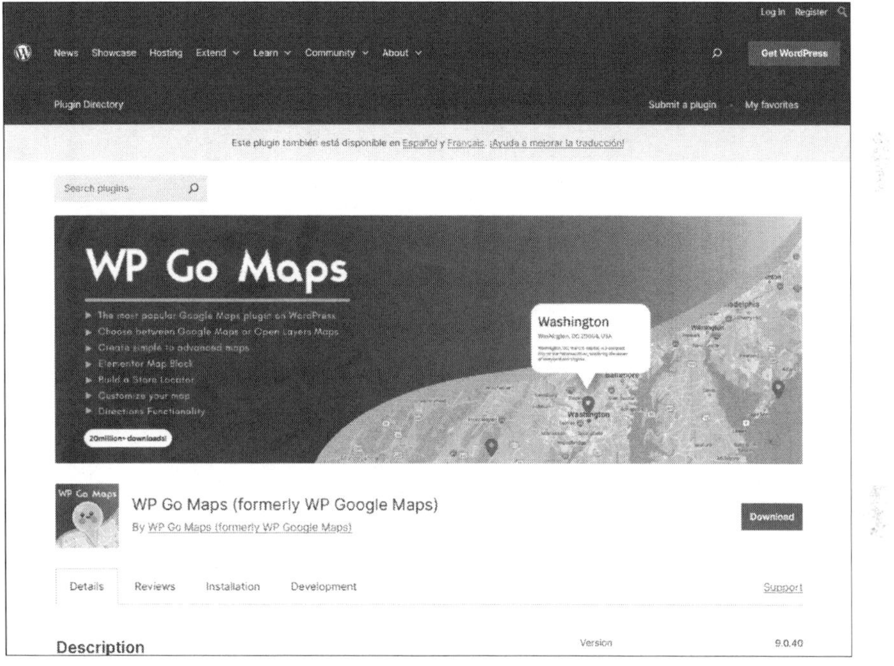

*Página de la extensión **WP Go Maps***

TablePress

Por Tobias Bäthge

Permite crear tablas, administrarlas, ordenarlas, etc.

Enlace a la extensión: https://es.wordpress.org/plugins/tablepress

Sitio oficial: https://tablepress.org

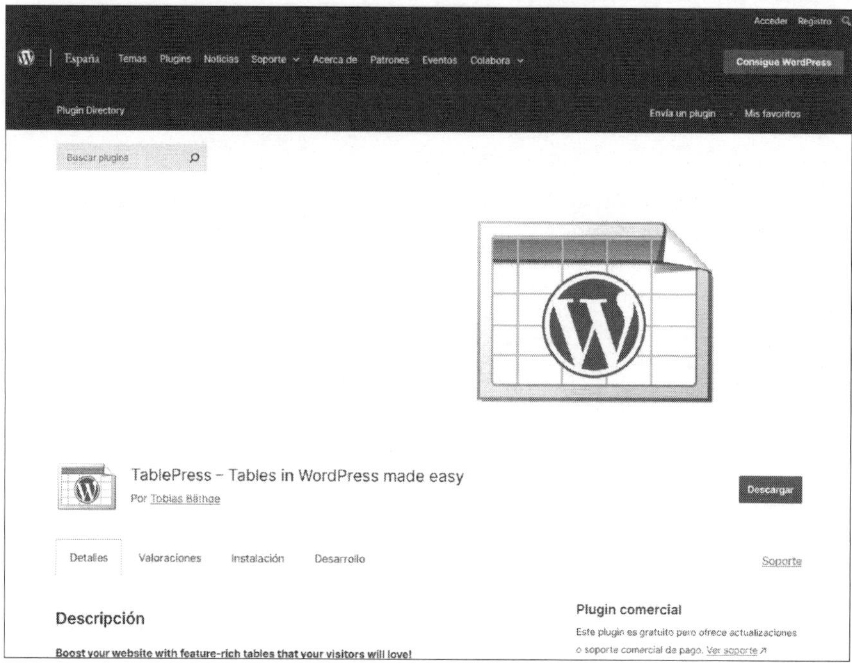

*Página de la extensión **TablePress***

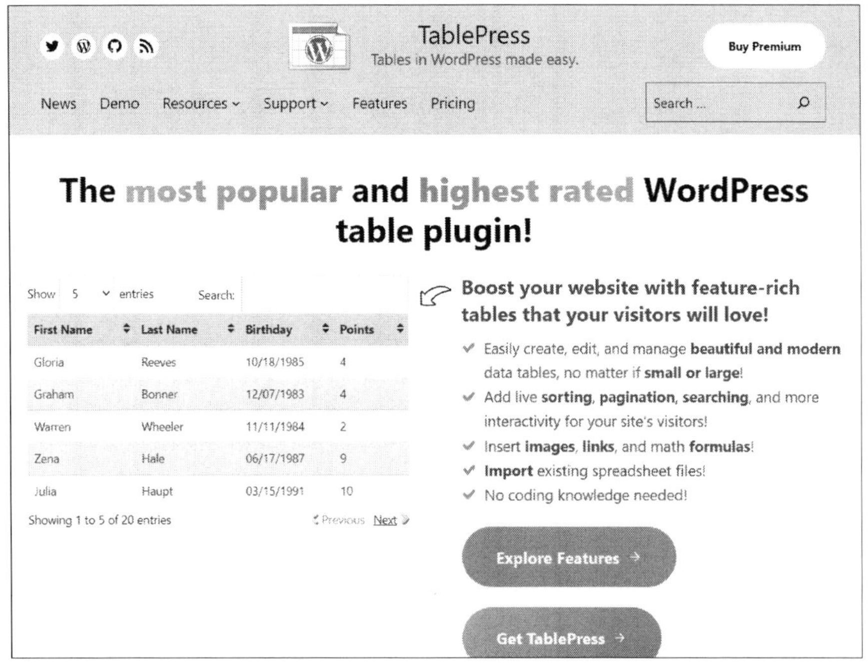

Sitio oficial de ***TablePress***

The Events Calendar

Por Modern Tribe, Inc.

Le permite agregar eventos a un calendario, ya sea en una página o en un widget. Una referencia en términos de organización de eventos, varias otras extensiones permiten extender su funcionalidad.

Además, lo integran muchos temas sobre el tema forest.

Enlaces de la extensión: https://es.wordpress.org/plugins/the-events-calendar

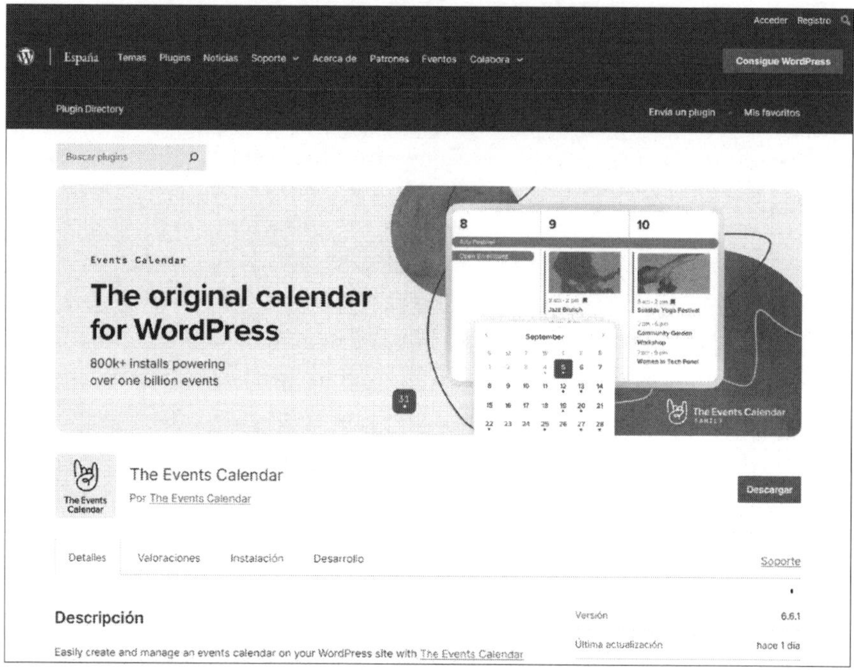

Página de la extensión ***The Events Calendar***

Timely All-in-One Events Calendar

Por Time.ly Network Inc.

Al igual que The Events Calendar, esta extensión le permite crear y organizar eventos.

Enlace de la extensión:
https://es.wordpress.org/plugins/all-in-one-event-calendar

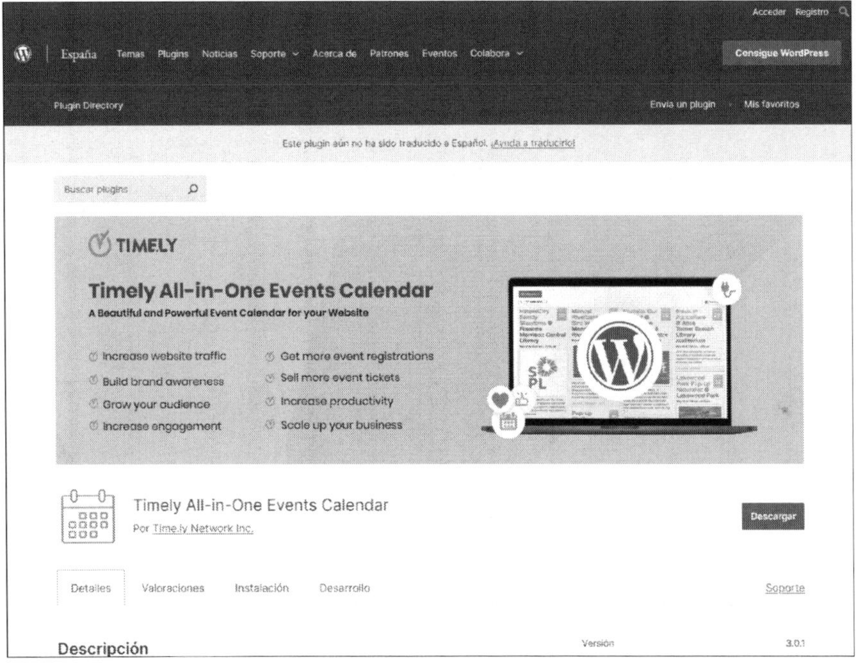

Página de la extensión ***Timely All-in-One Events Calendar***

Smush

Por WPMU DEV

Le permite optimizar sus imágenes sin perder calidad. Cada vez que suba una imagen a su sitio de WordPress, Smush la optimizará para usted.

Enlace a la extensión: https://wordpress.org/plugins/wp-smushit

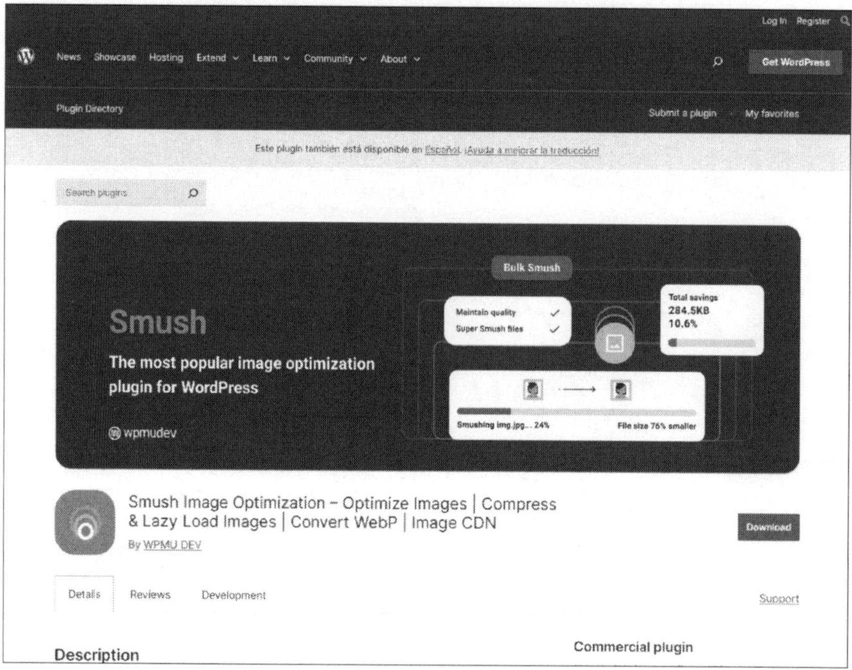

*Página de la extensión **Smush***

Editor clásico

Por WordPress Contributors

Classic Editor es una extensión oficial mantenida por el equipo de WordPress, que reemplaza al editor de WordPress anterior y su pantalla de redacción, en lugar del editor Gutenberg.

Enlace a la extensión: https://es.wordpress.org/plugins/classic-editor

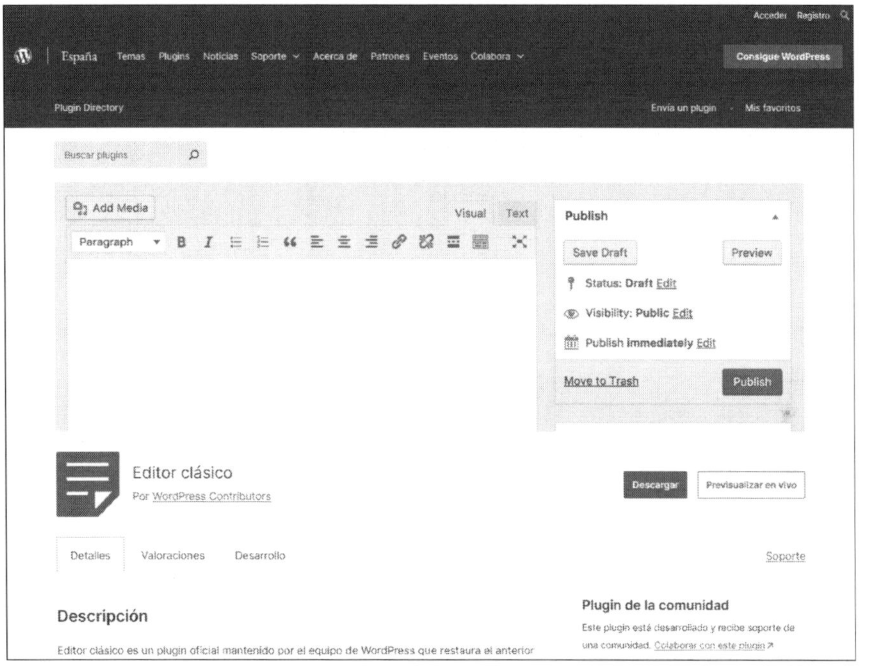

Página de la extensión ***Editor clásico***

4. Extensiones para bloques

Las extensiones para bloques son imprescindibles desde que WordPress implementó los temas y el funcionamiento nuevos. Muchas extensiones de otras secciones también propondrán bloques, como las extensiones widget, los boletines, los formularios, etc.

En este caso, vamos a ver las extensiones desarrolladas expresamente para mejorar los bloques proponiendo funciones nuevas a los bloques existentes o a los nuevos.

CoBlocks - Page Builder Gutenberg Blocks

Por GoDaddy

CoBlocks es la colección de bloques de WordPress más innovadora para el nuevo editor de bloques Wordpress Gutenberg. Se presenta como un *page builder* y ofrece 33 bloques nuevos.

La creadora es GoDaddy, una empresa registradora de dominios de Internet y de alojamiento web conocida en el sector.

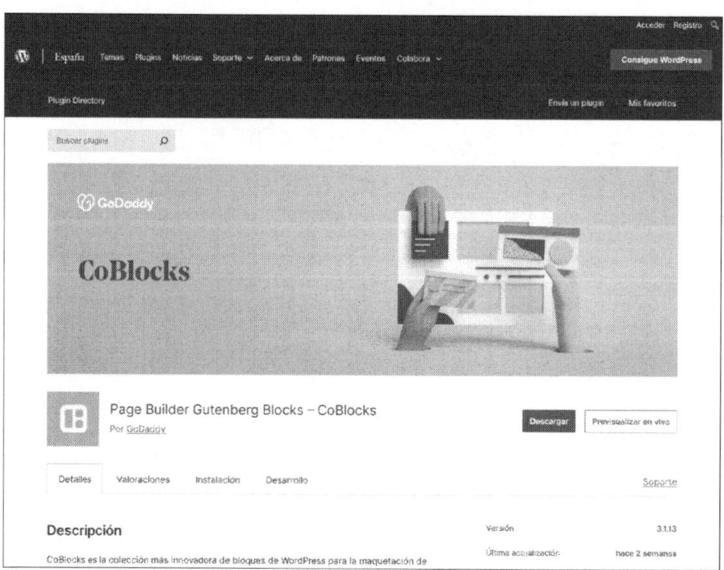

Página de la extensión ***CoBlocks***

Stackable - Page Builder Gutenberg Blocks

Por Gambit Technologies, Inc

Stackable también hace posible transformar Gutenberg en un auténtico *page builder* y además ofrece 39 bloques nuevos.

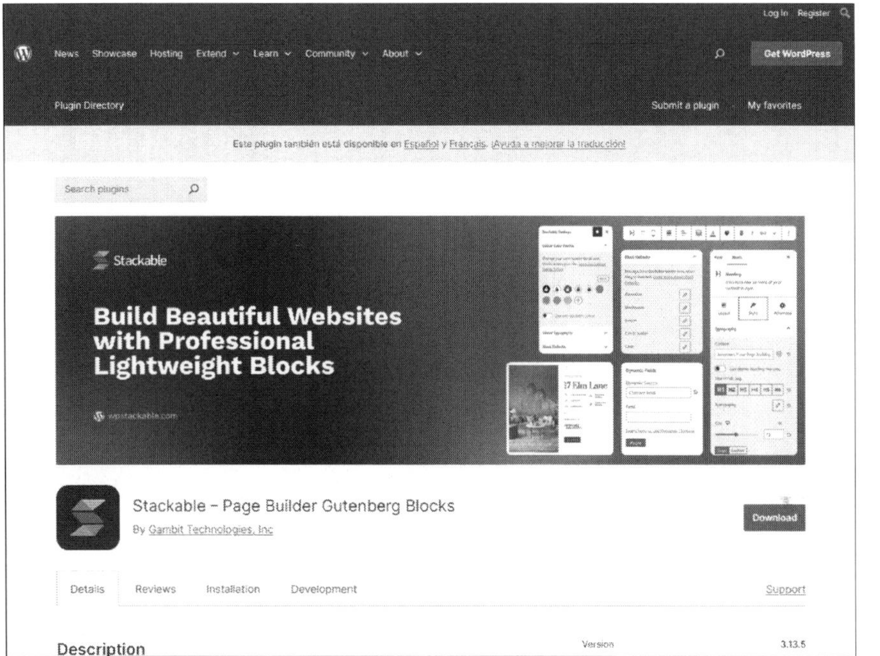

*Página de la extensión **Stackable***

Ultimate Blocks - Gutenberg Blocks Plugin

Por Ultimate Blocks

Ultimate Blocks es un *plugin* de bloques Gutenberg para los blogueros y los especialistas del marketing. Su objetivo es permitir crear contenido de mejor calidad y atractivo con Gutenberg. Para ello, ofrece 47 bloques.

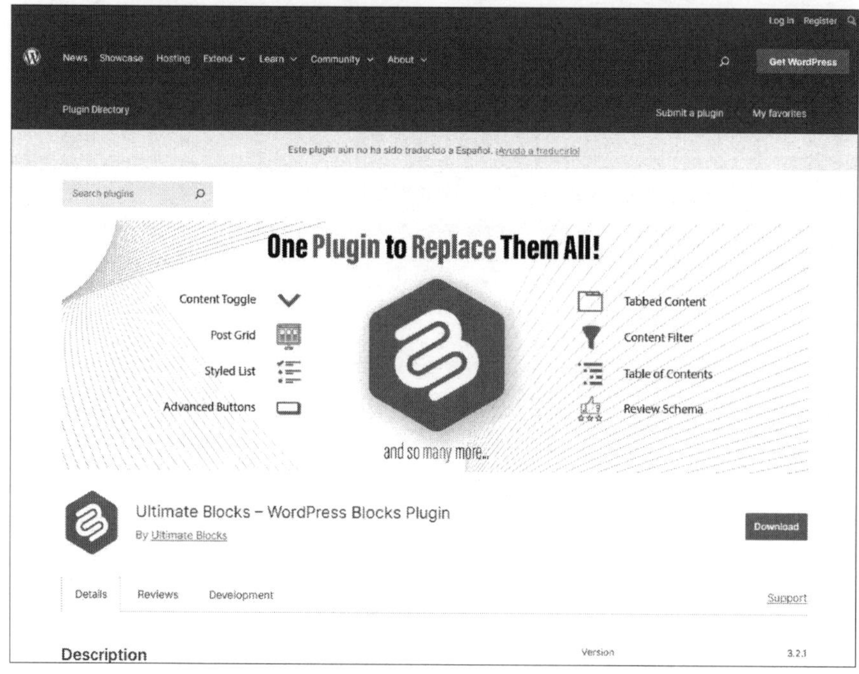

*Página de la extensión **Ultimate Blocks***

5. Las extensiones Page builder

Las extensiones Page builder se han vuelto esenciales para la integración y el diseño del contenido de las páginas y los artículos. Incluso WordPress se mantiene al día con la integración de Gutenberg. Gutenberg es un Page builder realmente ligero, en comparación con lo que se hace en este campo. De hecho, las extensiones Page builder que se presentan a continuación son muy completas. Puede crear sitios web completos, solo con una de estas extensiones. También puede administrar el diseño directamente en una pantalla de vista previa de la página.

Funcionan mediante un sistema de filas y bloques, permitiendo la inserción de diferentes widgets haciendo clic y soltando. También administran el comportamiento responsivo, integran extensos parámetros de configuración, permiten la adición de Class, Id, código CSS personalizado o JavaScript.

Los temas del tema forest hacen un gran uso de este sistema que permite a las personas sin conocimientos de programación crear diseños complejos.

Visual Composer

Por visualcomposer.com / WPBakery

El primero de su especie, está desarrollado por los creadores de WPBakery, uno de los creadores de páginas más populares vendidos en CodeCanyon.

Enlaces de la extensión: https://wordpress.org/plugins/visualcomposer

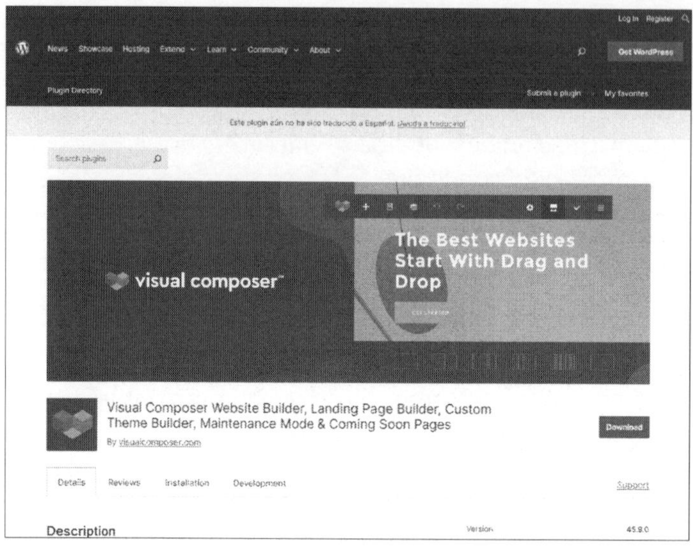

*Página de la extensión **Visual Composer***

Sitio web oficial Visualcomposer: https://visualcomposer.com

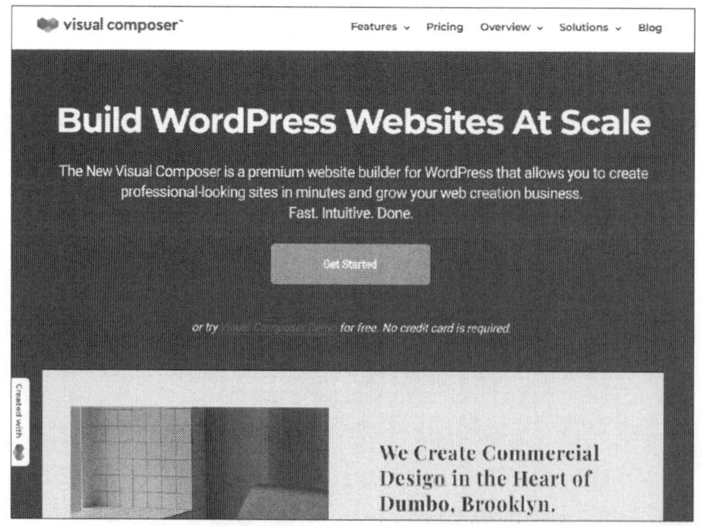

*Página oficial de **Visual Composer***

Sitio oficial WPBakery: https://wpbakery.com/

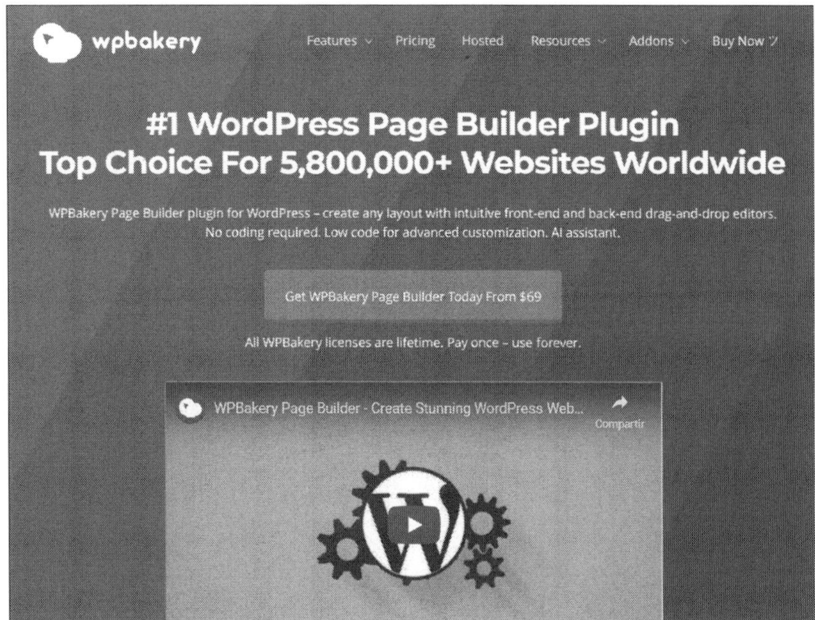

*Página oficial de **WPBakery***

Elementor

Por Elementor.com

Elementor ofrece un generador de páginas de WordPress, simple pero poderoso, con una de las interfaces más rápidas que puede encontrar. Todo es instantáneo, desde el montaje en vivo hasta la carga instantánea de la página.

Enlaces de la extensión: https://es.wordpress.org/plugins/elementor

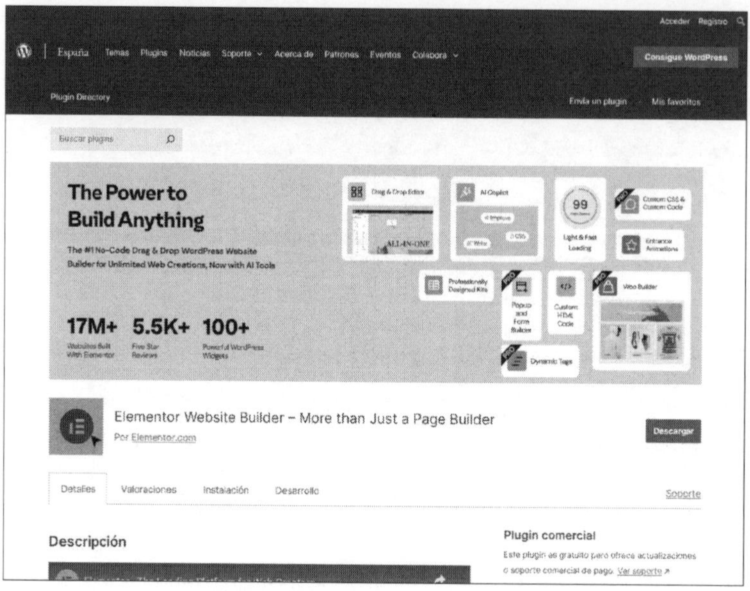

Página de la extensión ***Elementor***

Sitio oficial: https://elementor.com

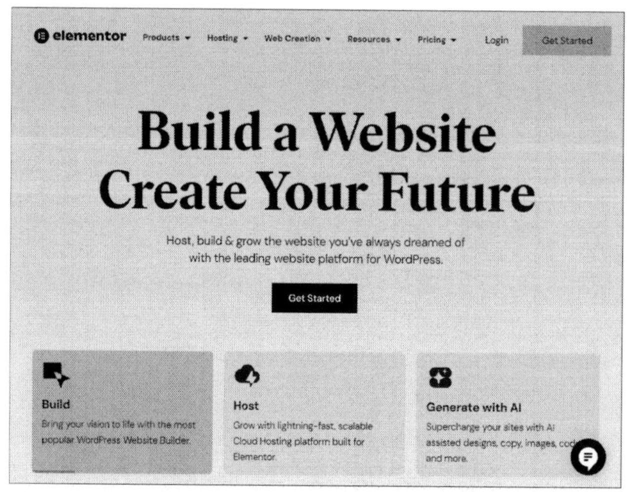

Página oficial de ***Elementor***

Page Builder por SiteOrigin

Por SiteOrigin

El Page Builder de SiteOrigin tiene una versión gratuita y una premium. También puede descargar un paquete de widgets de SiteOrigin, que complementará sus diseños.

Enlaces de la extensión: https://es.wordpress.org/plugins/siteorigin-panels

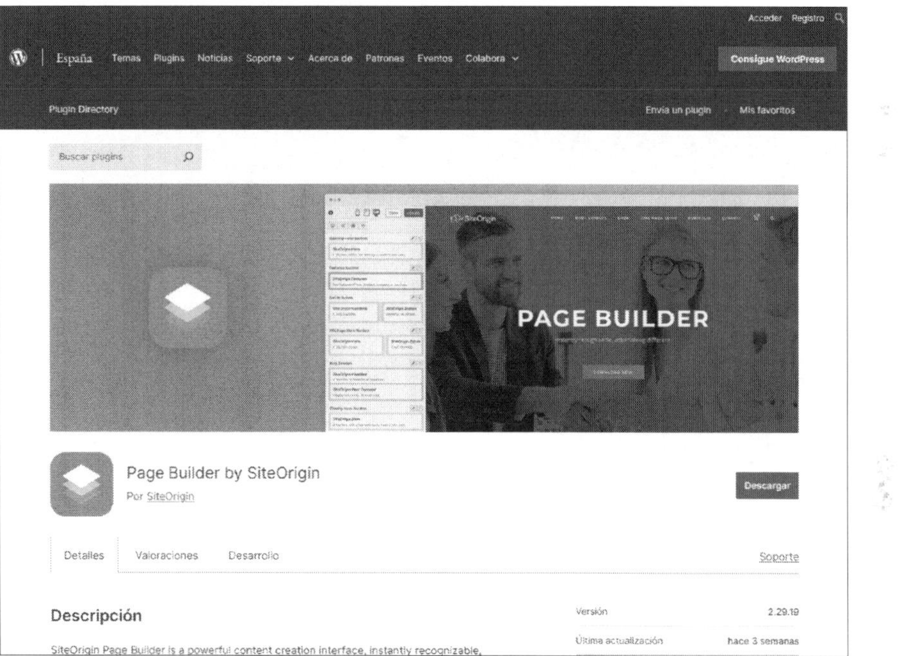

*Página de la extensión **Page Builder** por SiteOrigin*

Sitio oficial: https://siteorigin.com/page-builder

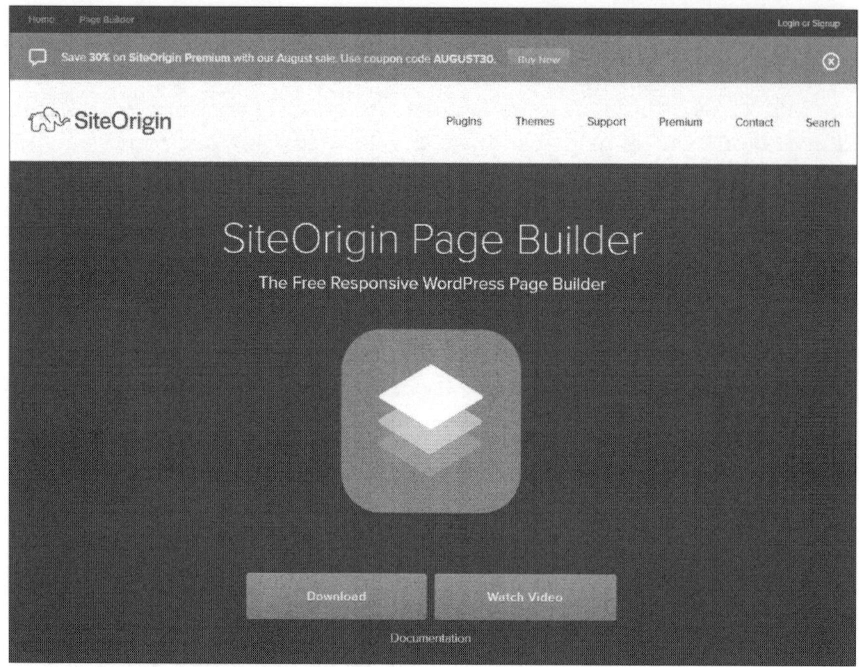

*Página oficial de **SiteOrigin***

Beaver

Por The Beaver Builder Team

Esta extensión page builder ofrece un robusto constructor de páginas de WordPress, para creativos que buscan algo más.

Enlaces de la extensión:
https://wordpress.org/plugins/beaver-builder-lite-version

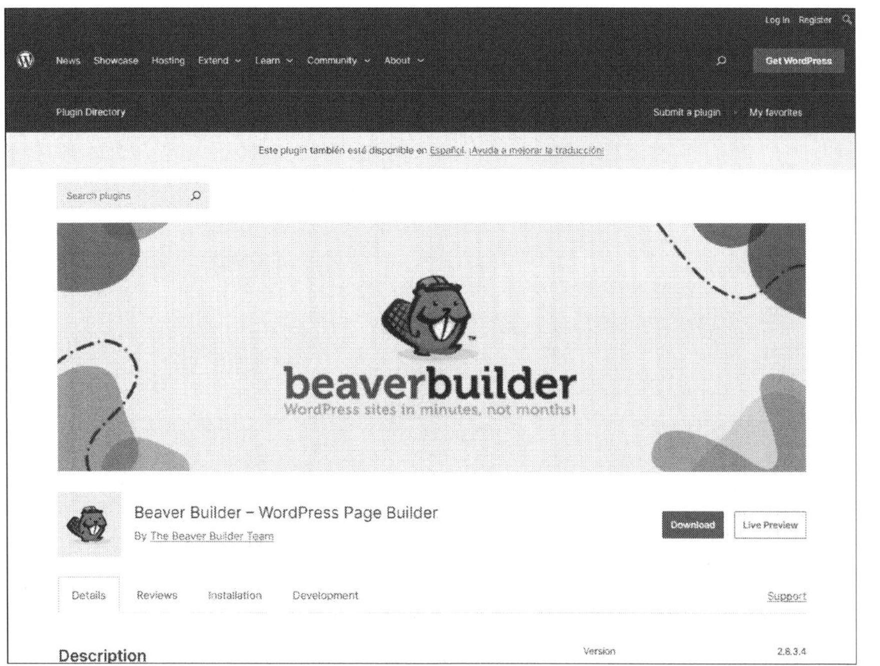

Página de la extensión ***Beaver Builder***

Sitio oficial: https://www.wpbeaverbuilder.com

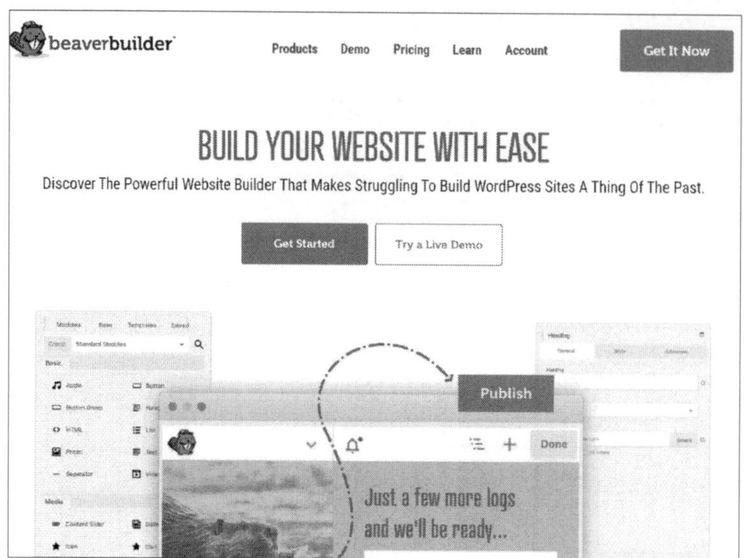

Página oficial de ***Beaver Builder***

6. Las extensiones de presentaciones de diapositivas

Muchos plugins ofrecen presentaciones de diapositivas. Encontrará de todo. Por tanto, a veces es difícil tener suerte.

Aquí hay una selección personal de diferentes presentaciones de diapositivas. Muchos blogs enumeran sus presentaciones de diapositivas favoritas. Simplemente busque en Internet "la mejor presentación de diapositivas de WordPress" o el "mejor slider de WordPress".

Slider Revolution Responsive WordPress Plugin

Por themepunch

Slider Revolution es una nueva forma de crear contenido rico y dinámico para sus sitios web. Con un potente editor visual, puede crear diseños modernos en poco tiempo y sin conocer ningún lenguaje de programación.

Más de 200 modelos están incluidos en una biblioteca en línea.

Muchos temas relacionados con el tema forest incluyen este control deslizante.

Slider revolución cuesta 109 USD en Envato market.

Enlace a la extensión: https://codecanyon.net/item/slider-revolution-responsive-wordpress-plugin/2751380

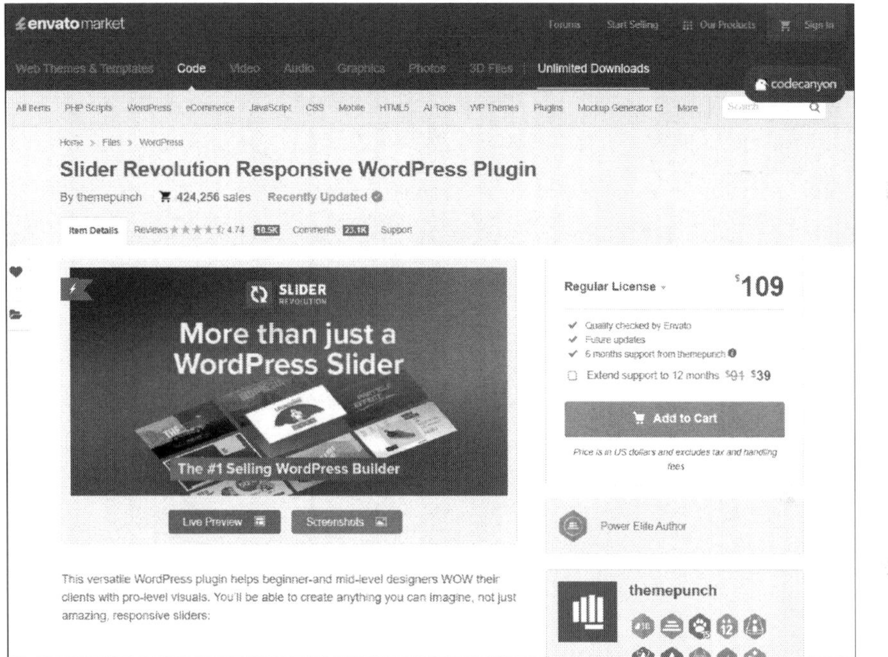

*Página de la extensión **Slider Revolution***

Soliloquy

Por Soliloquy Team

Soliloquy es un plugin que funciona con un sencillo y potente sistema de arrastrar y soltar. Puede crear muy rápidamente presentaciones de diapositivas con imágenes y vídeos responsivos.

Enlace a la extensión: https://es.wordpress.org/plugins/soliloquy-lite

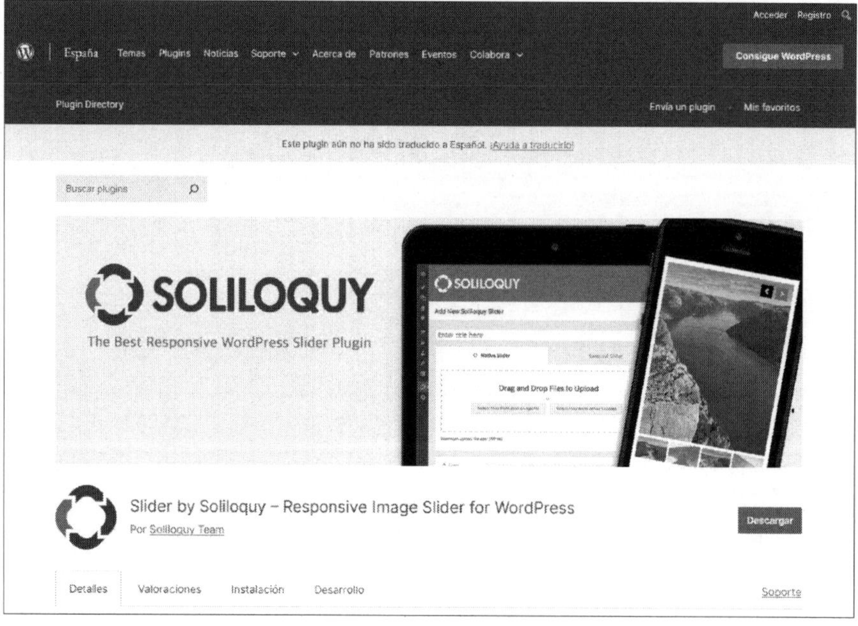

*Página de la extensión **Soliloquy***

Enlace al sitio web oficial: https://soliloquywp.com

Página del sitio web oficial de ***Soliloquy***

Smart Slider 3

Por Nextend

Esta presentación de diapositivas tiene una hermosa interfaz, que hace que la creación sea rápida y eficiente. Tiene total libertad para construir lo que quiera gracias a un sistema de capas.

Enlace a la extensión: https://es.wordpress.org/plugins/smart-slider-3

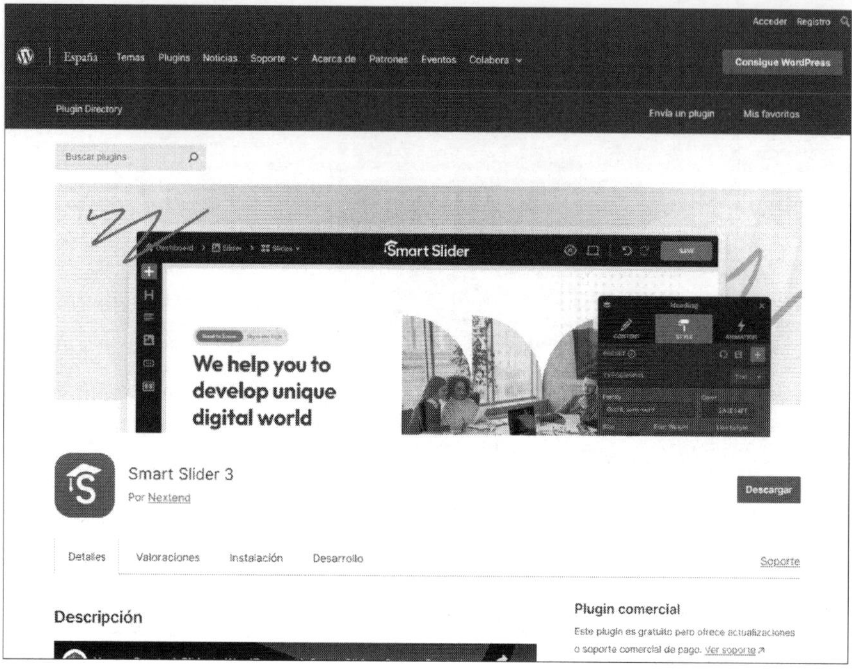

Página de la extensión ***Smart Slider 3***

Enlace al sitio web oficial: https://smartslider3.com

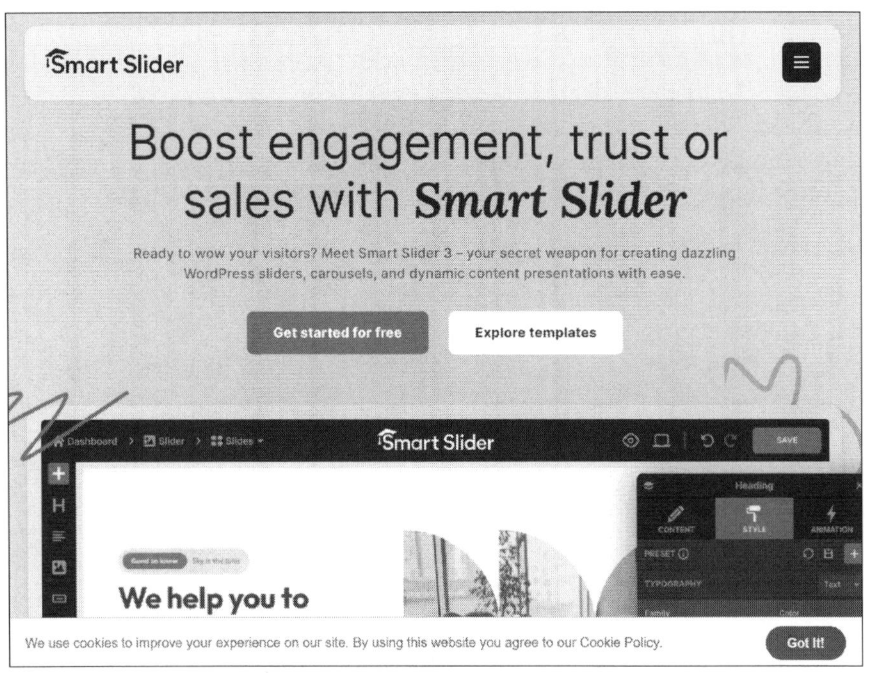

Página del sitio web oficial de ***Smart Slider 3***

NextGEN Gallery

Por Imagely

Un plugin muy completo. Le permite crear galerías o presentaciones de diapositivas. Tiene un widget para fotos. Puede componer un verdadero álbum de fotos, con carpetas y subcarpetas. Visualización estética de fotos en una presentación de diapositivas a pantalla completa responsiva. Para los amantes de la fotografía.

Enlace a la extensión: https://es.wordpress.org/plugins/nextgen-gallery

Demostraciones en el sitio web oficial:
https://www.imagely.com/wordpress-gallery-plugin

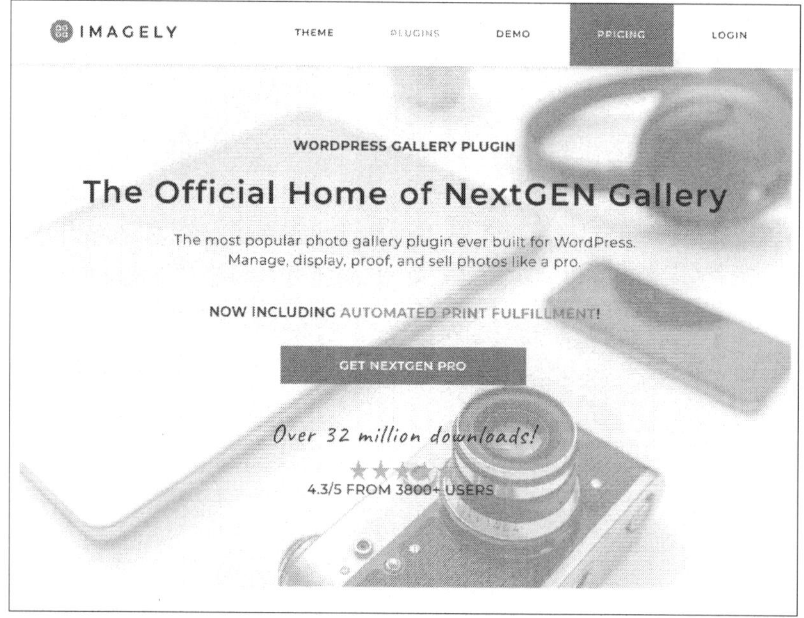

Página de la extensión ***NextGEN Gallery***

7. Las extensiones para la administración

Aquí está la lista de extensiones para la administración, con plugins que agregan funcionalidad a la administración. Le ayudan a referenciar su sitio, hacer copia de seguridad u optimizar su base de datos, poner su sitio en mantenimiento o analizarlo, etc.

Akismet

Por Automattic

Permite evitar el spam. Creada por los creadores de WordPress. Se debe utilizar obligatoriamente el plugin básico durante la instalación de WordPress. Al registrarse en su sitio, se le da una clave. Solo tiene que copiarla y pegarla en la administración de WordPress, pestaña **Akismet**. Esta clave se puede reutilizar para todos sus sitios de WordPress.

Enlace a la extensión: https://es.wordpress.org/plugins/akismet

Sitio oficial: https://akismet.com/wordpress

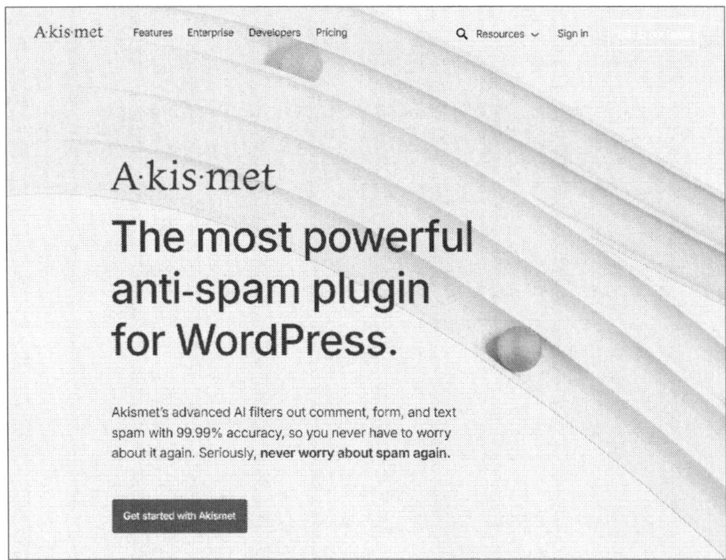

Página de la extensión ***Akismet***

Woody code snippets - Insert Header Footer Code, AdSense Ads

Por Will Bontrager Software, LLC, Webcraftic

Permite añadir código PHP en sus páginas o artículos, en widgets.

Enlace a la extensión: https://wordpress.org/plugins/insert-php

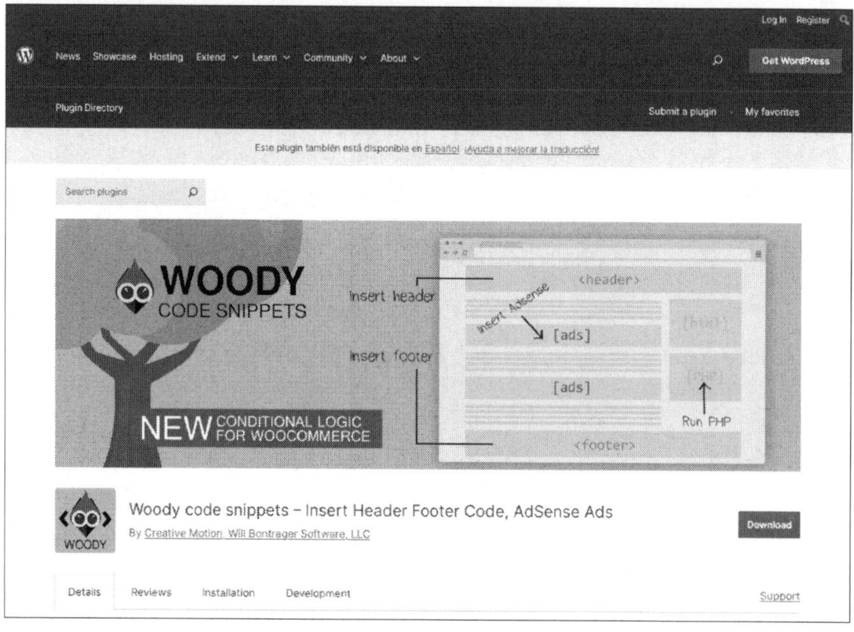

Página de la extensión PHP Woody code snippets

WordPress Yoast SEO

Por Team Yoast

o

All in One SEO

Por Michael Torbert

Estas dos extensiones permiten optimizar el SEO del sitio, al complementar las metaetiquetas, permitiéndole agregar su código de Google Analytics, optimizar las etiquetas OpenGraph para redes sociales, permitirle anunciar un mapa del sitio web, etc. También se puede añadir una imagen específica para redes sociales, que en ocasiones toman la primera imagen de la página, sin que necesariamente sea coherente con el asunto. Tanto un indicador como un consejo, le permiten optimizar perfectamente su SEO natural. Elija una u otra de estas extensiones. Muy recomendable.

Para obtener más información, puede consultar el capítulo El SEO.

Aquí hay un enlace a la guía de la extensión de Yoast:
https://yoast.com/wordpress-seo

Enlaces de la extensión: https://es.wordpress.org/plugins/Wordpress-seo,
https://es.wordpress.org/plugins/all-in-one-seo-pack

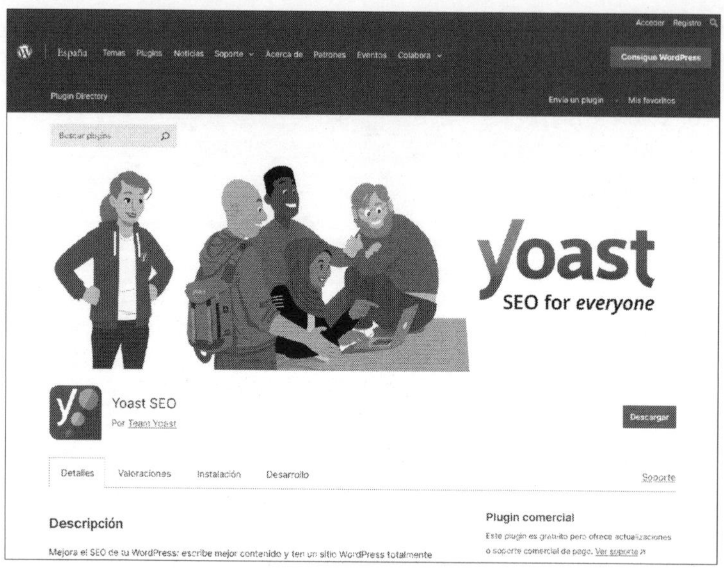

Página de la extensión ***Yoast SEO***

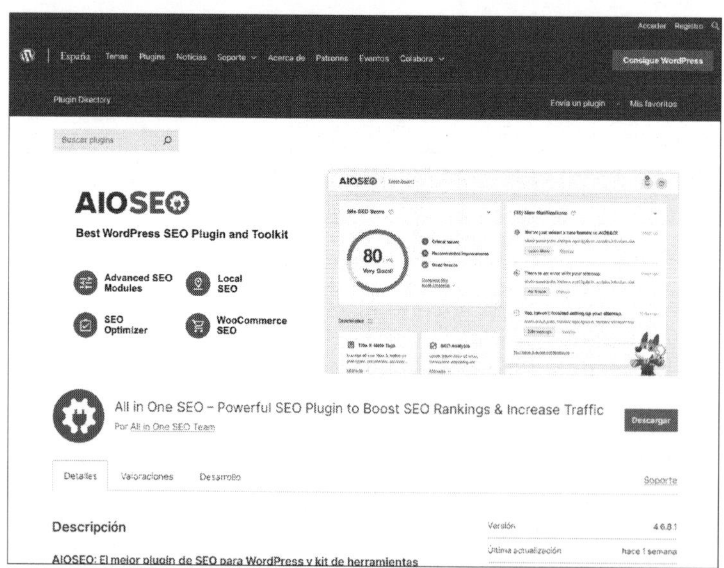

Página de la extensión ***All in One SEO***

All In One Schema Rich Snippets

Por Brainstorm Force

Le permite generar textos enriquecidos. El plugin gestiona los diferentes tipos de artículos: comentarios, eventos, personas, productos, recetas, aplicaciones de software, vídeos o artículos. Muy útil para SEO, esencial para sitios culinarios, de eventos y productos.

Enlace a la extensión:
https://es.wordpress.org/plugins/all-in-one-schemaorg-rich-snippets

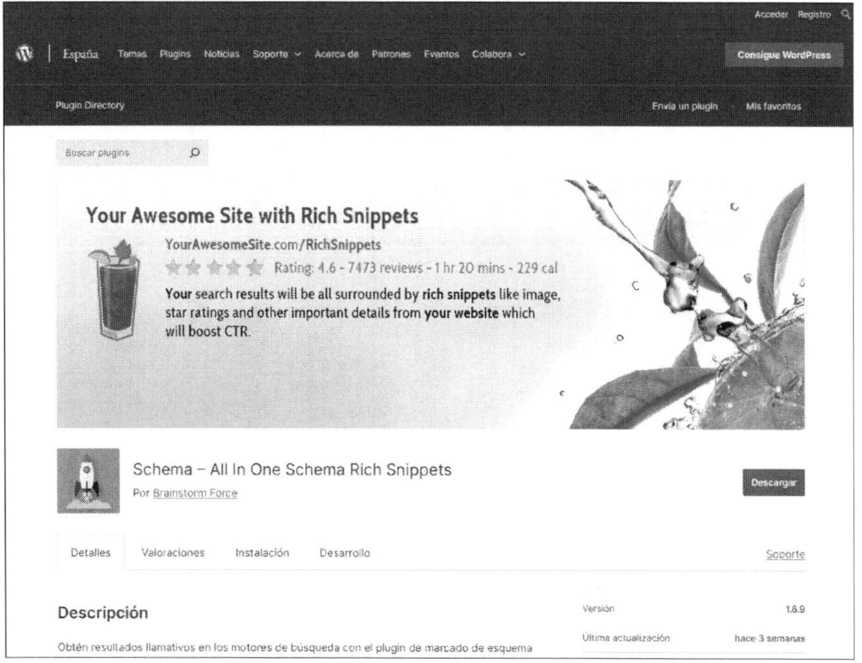

Página de la extensión ***All In One Schema Rich Snippets***

Redirection

Por John Godley

Permite redireccionamientos 404, 301, con URLs o regex (expresiones regulares, que permiten el procesamiento por lotes del mismo tipo de URL) directamente en la administración. Evitar errores 404 y tener buenas URL es una de las claves del SEO natural.

Deshabilite los logs, de lo contrario puede sobrecargar su base de datos innecesariamente, en poco tiempo, y puede recibir un correo electrónico de su host informándole de que su base de datos está llena. Entonces debe vaciar la tabla de logs, que se ha vuelto demasiado grande.

Enlace a la extensión: https://es.wordpress.org/plugins/redirection

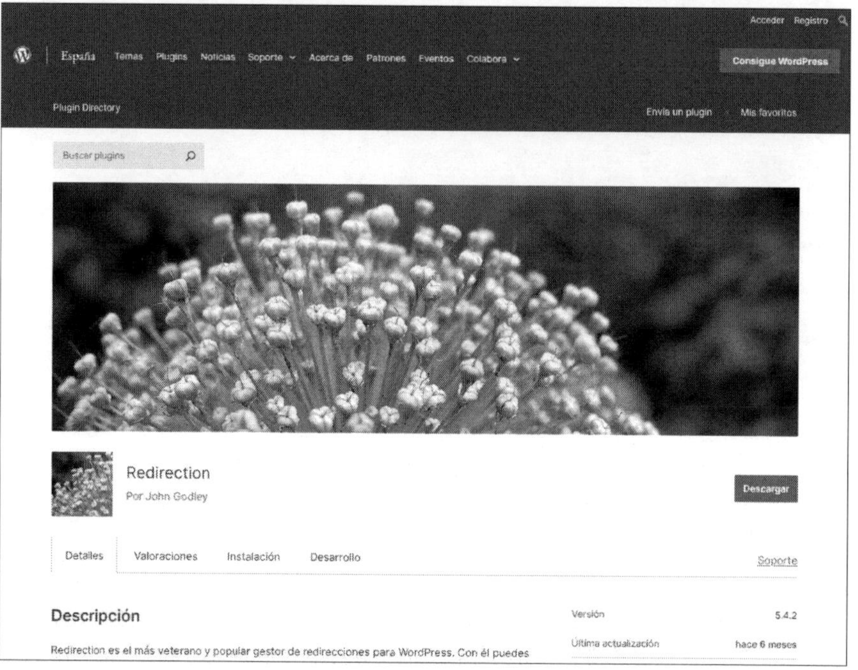

Página de la extensión ***Redirection***

BackWPup

Por Inpsyde GmbH

Permite hacer copia de seguridad, reparar y optimizar la base de datos, enviarla por Mail, FTP o en servidores remotos como S3, Dropbox, etc. en varios formatos de compresión. Posibilidad de programar una copia de seguridad periódica.

Enlace a la extensión: https://es.wordpress.org/plugins/backwpup

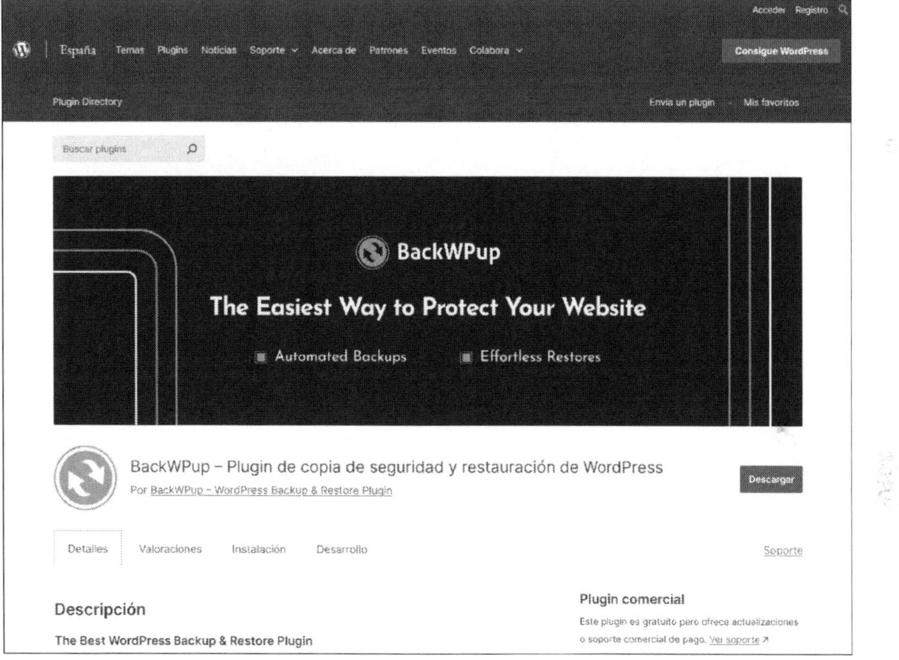

Página de la extensión ***BackWPup***

WP Super Cache

Por Automattic

Extensión de almacenamiento en caché desarrollada por los creadores de WordPress. Le permite almacenar en caché su sitio web y comprimir archivos, para mejorar el rendimiento.

Enlace a la extensión: https://es.wordpress.org/plugins/wp-super-cache

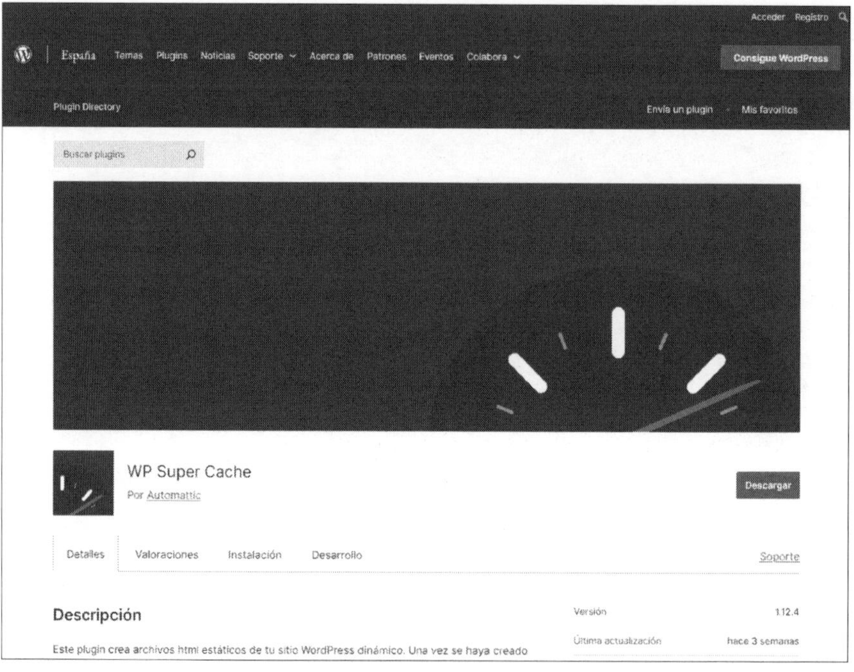

Página de la extensión ***WP Super Cache***

W3 Total Cache

Por BoldGrid

Le permite almacenar en caché su sitio web y comprimir archivos, para mejorar el rendimiento.

Enlace a la extensión: https://es.wordpress.org/plugins/w3-total-cache

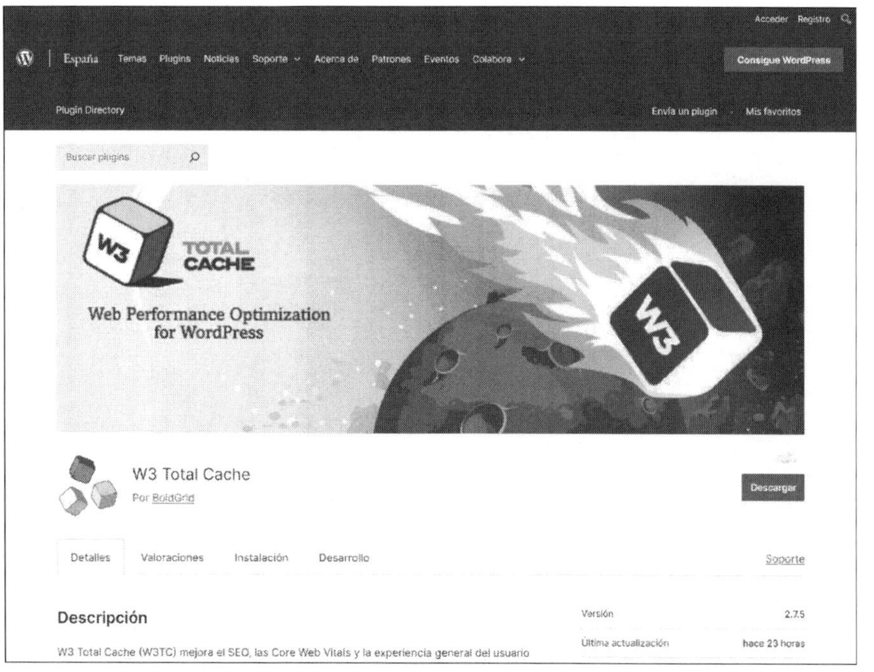

Página de la extensión ***W3 Total Cache***

WP Rocket

Por Wp Rocket

Extensión de pago que le permite almacenar en caché su sitio web y comprimir archivos para mejorar el rendimiento. Reconocido como el plugin de caché más potente por los expertos de WordPress. Esta extensión solo es de pago desde 49 USD.

Enlace a la extensión: https://wp-rocket.me/es

*Página de la extensión **WP Rocket***

Health Check & Troubleshooting

Por The WordPress.org community

Este complemento creado por la comunidad oficial de WordPress, realiza una serie de comprobaciones en su instalación de WordPress, para detectar errores de configuración comunes y problemas conocidos También permite que los complementos y temas realicen sus propias comprobaciones.

Enlace a la extensión: https://es.wordpress.org/plugins/health-check

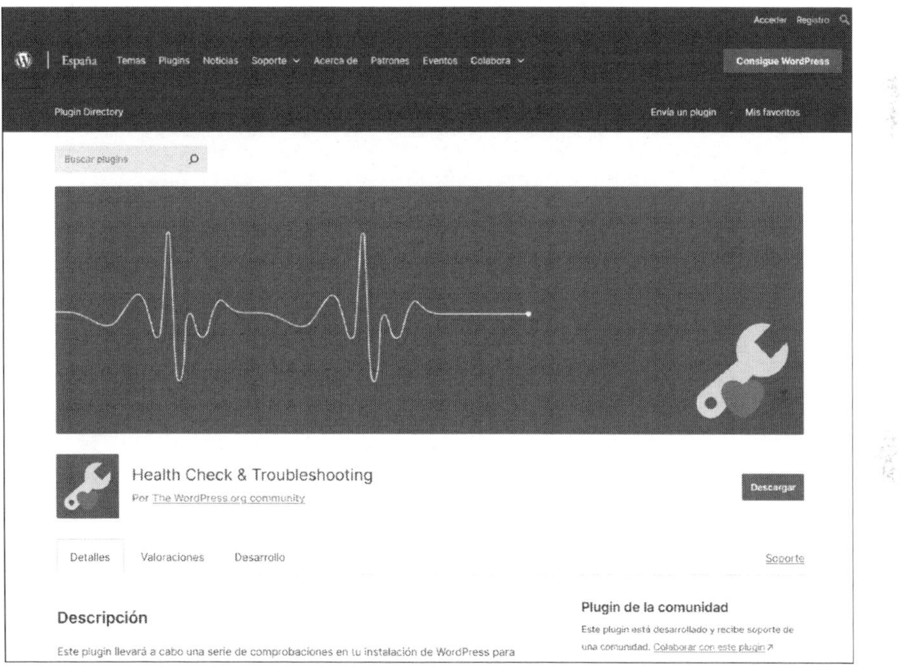

Página de la extensión ***Health Check & Troubleshooting***

WP-Optimize

Por David Anderson, Ruhani Rabin y Team Updraft

Permite optimizar su base de datos y eliminar las entradas inútiles.

Enlace a la extensión: https://es.wordpress.org/plugins/wp-optimize

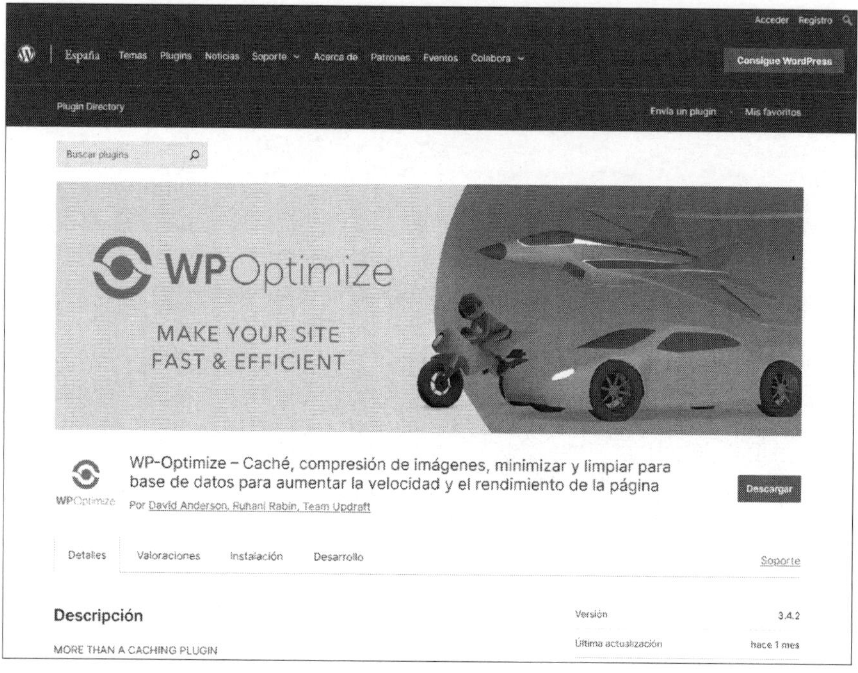

Página de la extensión ***WP-Optimize***

LightStart

Por Themeisle

Permitir añadir una página **Sitio web en construcción** o **En mantenimiento**. Incluso puede agregar un temporizador de cuenta regresiva y personalizar completamente la página en HTML/CSS.

Enlace a la extensión: https://es.wordpress.org/plugins/wp-maintenance-mode

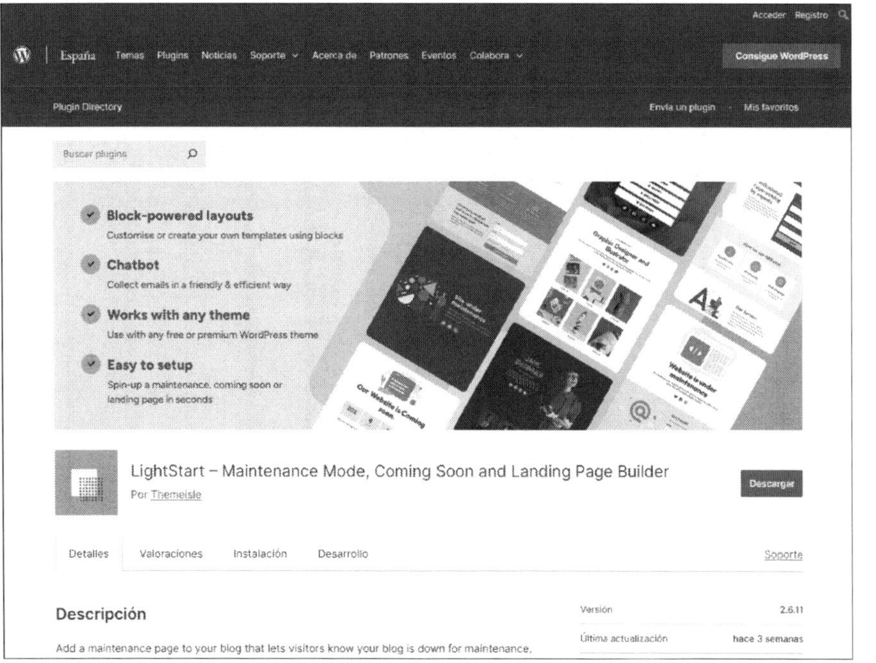

*Página de la extensión **LightStart***

Google Analytics Dashboard Plugin for WordPress by MonsterInsights

Por MonsterInsights

Permite configurar y conectar el sitio web con Google Analytics, para las estadísticas.

Enlace a la extensión:
https://es.wordpress.org/plugins/google-analytics-for-Wordpress

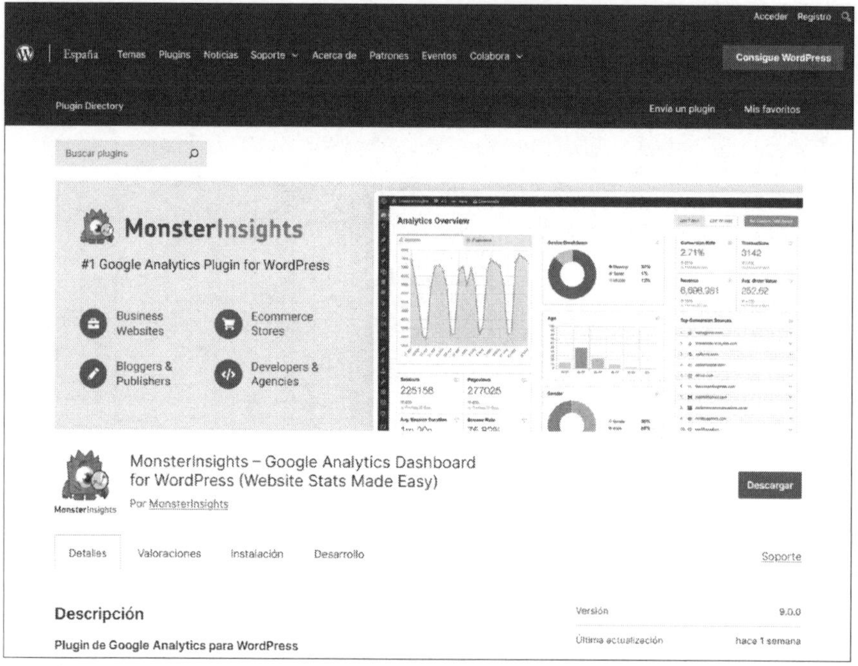

Página de la extensión ***Google Analytics Dashboard Plugin for WordPress***

Wordfence

Por Wordfence

Le permite proteger su sitio escaneándolo y detectando virus y archivos contaminados. También le permite activar un firewall, recibir notificaciones por correo electrónico, monitorizar direcciones IP y ataques por fuerza bruta, etc.

Enlace a la extensión: https://es.wordpress.org/plugins/wordfence

Página de la extensión ***Wordfence***

Really Simple SSL

Por Rogier Lankhorst y Mark Wolters

Really Simple SSL detecta automáticamente su configuración y configura su sitio web para operar en HTTPS.

Enlace a la extensión: https://es.wordpress.org/plugins/really-simple-ssl

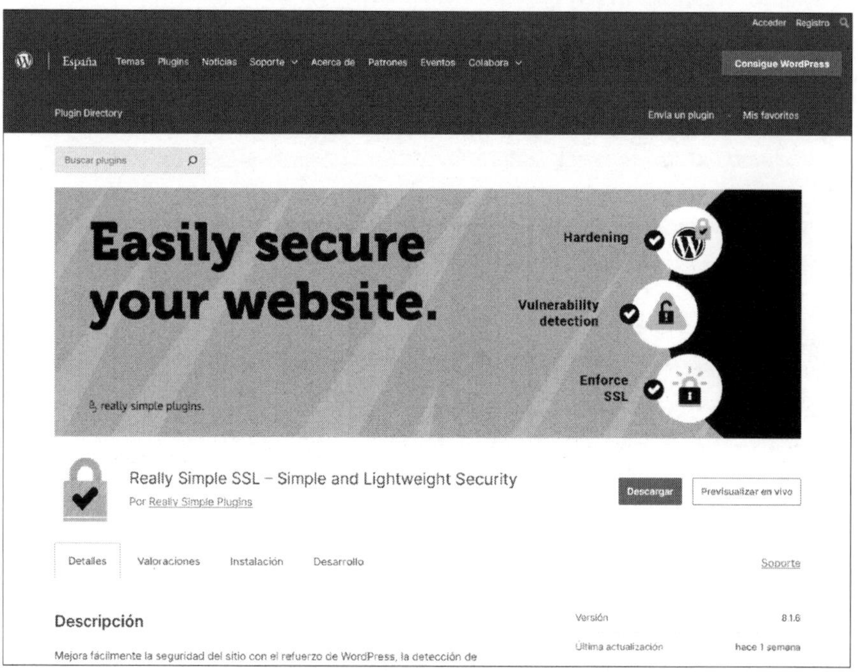

*Página de la extensión **Really Simple SSL***

SSL Insecure Content Fixer

Por WebAware

La instalación del plugin SSL Insecure Content Fixer resolverá la mayoría de las advertencias de contenido inseguro con poco o ningún esfuerzo.

Enlace a la extensión:
https://es.wordpress.org/plugins/ssl-insecure-content-fixer

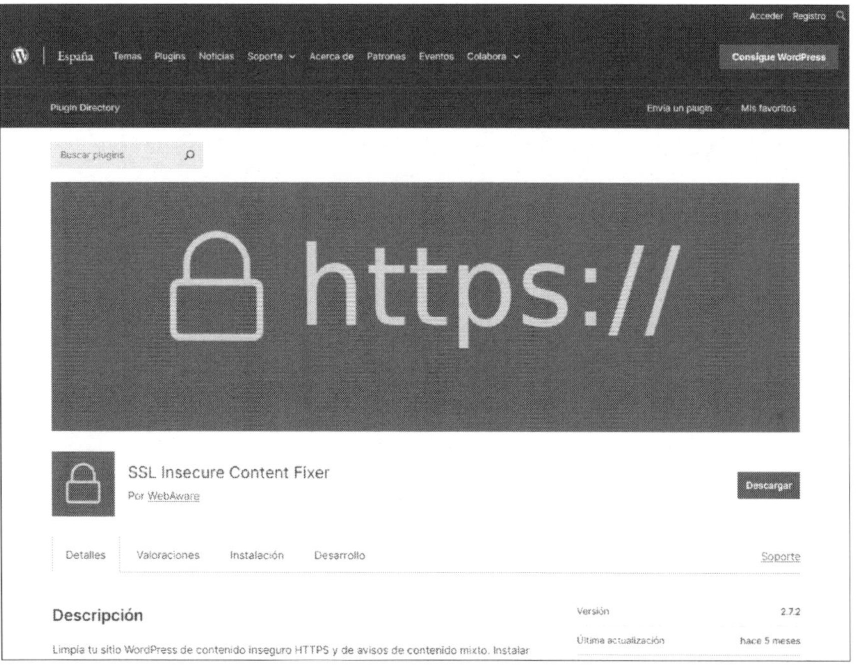

*Página de la extensión **SSL Insecure Content Fixer***

Cookie Notice & Compliance for GDPR / CCPA

Por dFactory

Cookie Notice le permite informar a los usuarios de que su sitio utiliza cookies y le ayuda a cumplir con las regulaciones europeas RGPD sobre las cookies y CCPA.

Enlace a la extensión: https://es.wordpress.org/plugins/cookie-notice

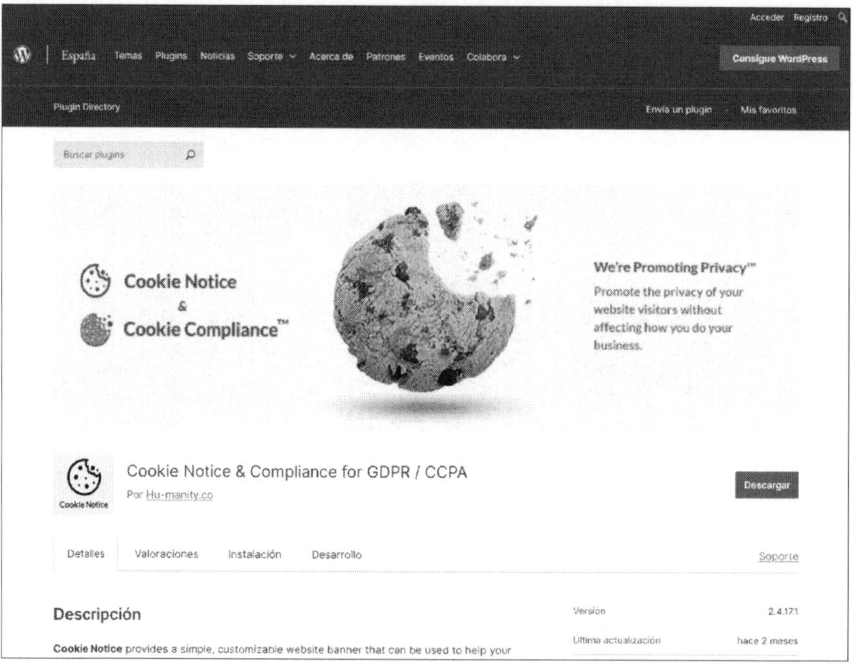

Página de la extensión ***Cookie Notice***

8. Las grandes extensiones

Aquí están las grandes extensiones que son famosas en la comunidad de WordPress. BuddyPress y WooCommerce tienen una gran comunidad detrás de ellas, con grupos de desarrolladores especializados.

WP Multilingüe

Por WPML

Este complemento de pago, anteriormente gratuito, es un gran complemento multiidioma, el mejor en su campo. Por 99 USD al año, le permite traducir íntegramente su web: textos, comentarios, extensiones, etc. También cuenta con servicio de traducción.

Los complementos adicionales que se agregan a WPML permiten traducir y volver a buscar todas las cadenas de los archivos para los idiomas (.po/.mo) con la extensión wpml-string-translation. Existe la extensión WooCommerce Multilingual para traducir WooCommerce, la extensión de comercio electrónico para WordPress. La extensión WPML Translation Management, por otro lado, permite a los administradores del sitio determinar qué usuarios traducirán qué contenido.

Sitio web de la extensión: https://wpml.org/es

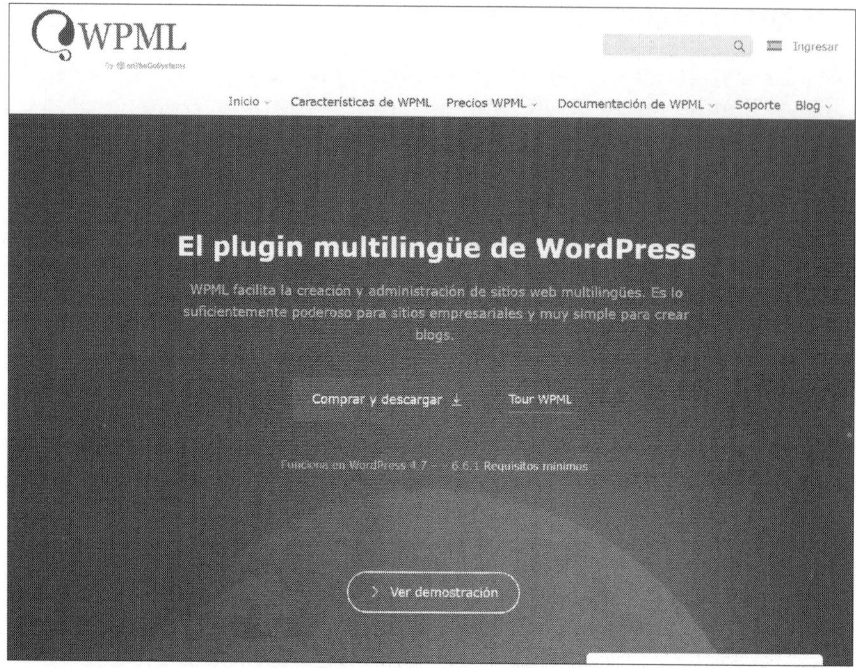

*Página de la extensión **WP Multilingue***

Existen otras extensiones plurilingües como Polylang, TranslatePress, Weglot, Gtranslate. Usted decide.

En el siguiente sitio web hay una comparación entre las diferentes extensiones multilingües: https://wpml.org/es/pagina-principal/comparar-wpml-con-alternativas-con-y-sin-costo/

Enlace de la extensión: https://es.wordpress.org/plugins/polylang

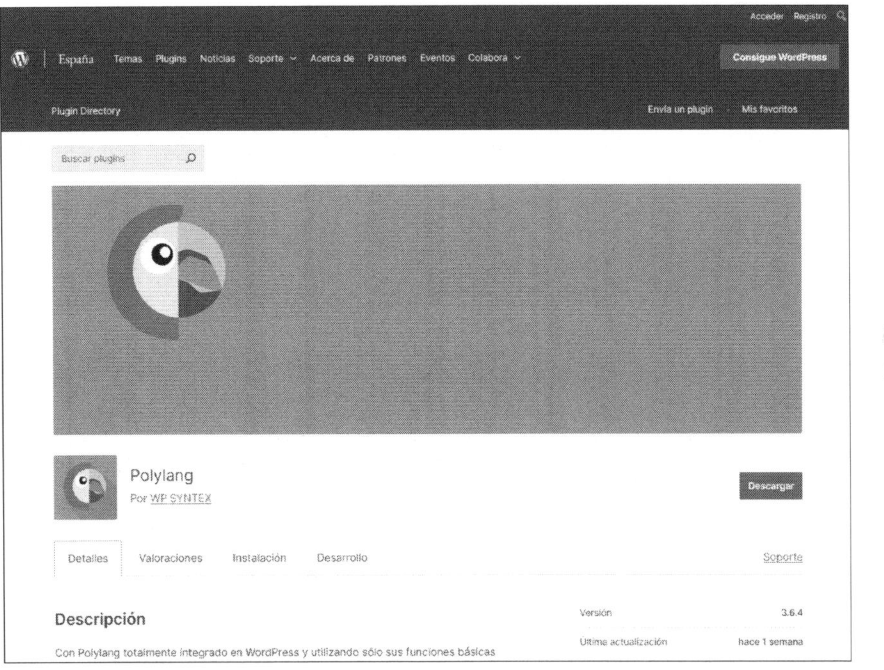

Página de la extensión ***Polylang***

bbPress

Por The bbPress Contributors

Le permite crear foros. Muchos complementos adicionales permiten agregar funcionalidades a esta extensión.

Enlace a la extensión: https://es.wordpress.org/plugins/bbpress

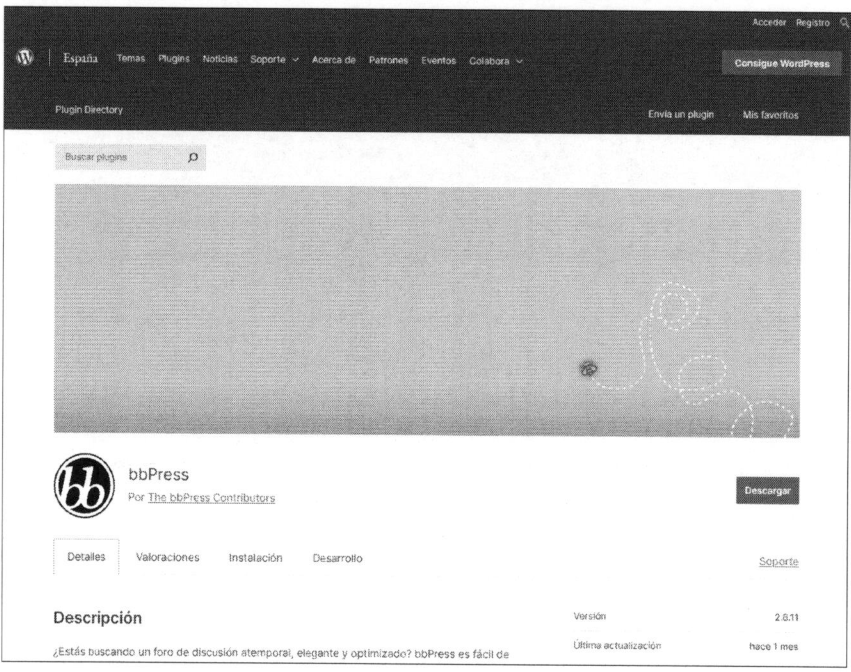

*Página de la extensión **bbPress***

BuddyPress

Por The BuddyPress Community

Permite transformar el sitio en una red social (sistema de muro, envío de mensajes, configuración de perfiles, creación de grupos, etc.). Es una de las extensiones de WordPress más famosas. Existen muchos temas dedicados. Este complemento tiene una traducción completa al español.

Muchas extensiones adicionales permiten agregar funcionalidades a esta extensión.

Enlace a la extensión: https://es.wordpress.org/plugins/buddypress

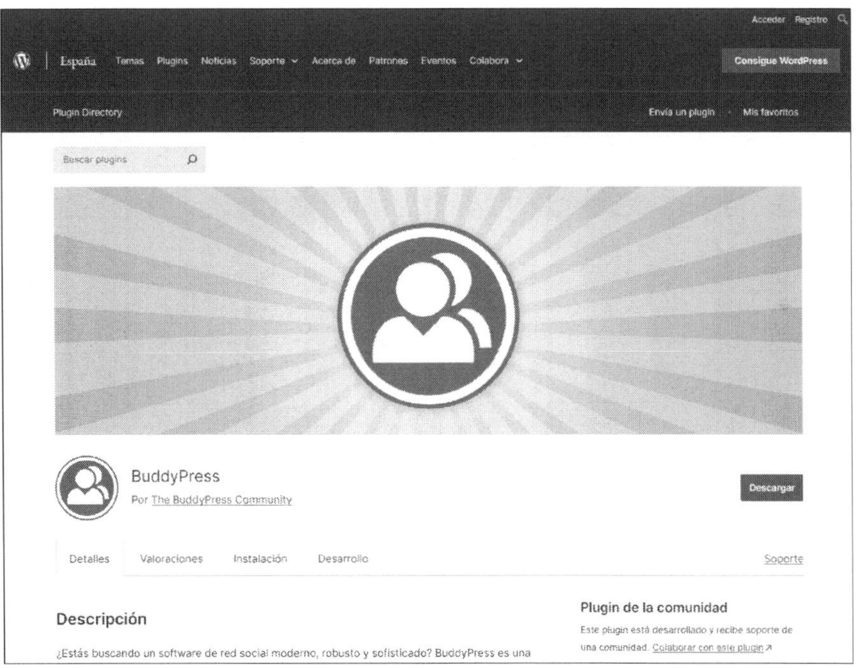

*Página de la extensión **BuddyPress***

WooCommerce

Por Automattic

Permite transformar el sitio en un verdadero sitio de comercio electrónico o en un catálogo de productos. Una de las extensiones más completas que hay en la materia, pero por supuesto existen otras extensiones de comercio electrónico.

El complemento tiene una traducción completa al español. Este complemento está desarrollado por Automattic, los creadores de WordPress.

También encontrará muchas extensiones complementarias, especialmente en el sitio wootheme (http://woocommerce.com), que ofrece extensiones y temas de pago, de una gran calidad, así como documentación completa.

Enlace a la extensión: https://es.wordpress.org/plugins/woocommerce/

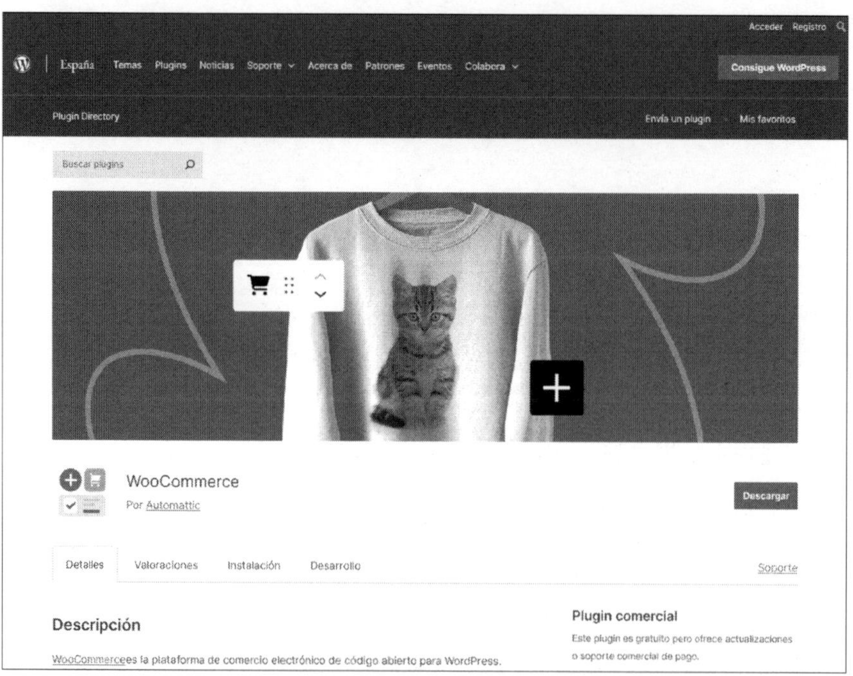

*Página de la extensión **WooCommerce***

9. Las extensiones para los desarrolladores

Estas extensiones le ayudarán a agregar funcionalidades personalizadas. Permiten al desarrollador ahorrar tiempo de desarrollo, en lugar de crear todo en PHP/Mysql, pueden gestionar todo desde la administración y utilizar funciones PHP predefinidas por estas extensiones en sus plantillas de página.

WP User Frontend

Por Tareq Hasan

Permite crear formularios, guardar información directamente en artículos o escribir artículos, modificarlos, personalizar formularios de registro, editar perfiles de usuario a través de las páginas del sitio y no de la administración y restringir el acceso a la administración, así como cobrar el registro al sitio.

Enlace a la extensión: https://es.wordpress.org/plugins/wp-user-frontend

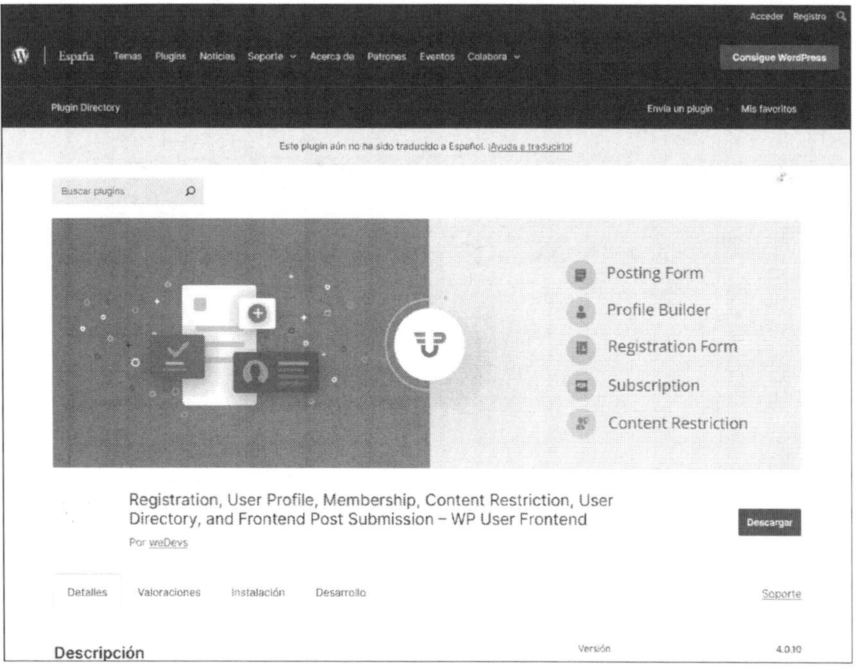

*Página de la extensión **WP User Frontend***

Advanced Custom Fields

Por Elliot Condon

Permite agregar formularios a artículos/páginas o eliminar opciones en artículos/páginas y recuperar información a través de una API sencilla y eficiente.

También se adapta a tipos de artículos personalizados. Consulte el capítulo Personalizar el sitio con el archivo functions.php, sección Añadir otros tipos de artículos.

Hay un capítulo dedicado a esta extensión: capítulo Los campos personalizados, sección El plugin ACF (Advanced Custom Fields).

Enlace a la extensión: https://es.wordpress.org/plugins/advanced-custom-fields

Sitio oficial y documentación: https://www.advancedcustomfields.com

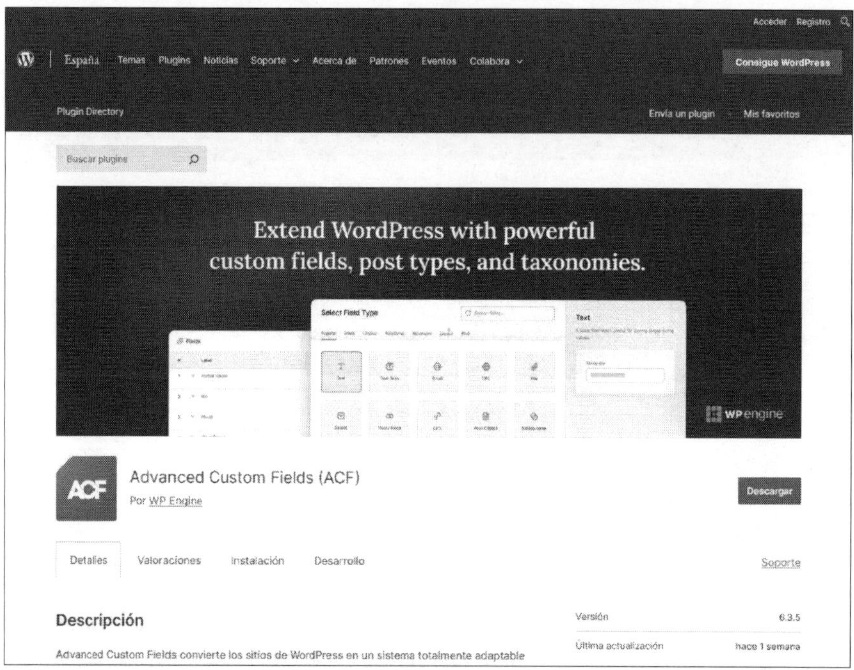

Página de la extensión ***Advanced Custom Fields***

Capítulo 13
La ley RGPD

1. ¿Qué es la ley RGPD?

El Reglamento 2016/679, conocido como el Reglamento General de Protección de Datos (RGPD, o GDPR, de *General Data Protection Regulation* en inglés), es un reglamento de la Unión Europea, que constituye el texto de referencia en materia de protección de datos personales.

Estas disposiciones son directamente aplicables en los 27 estados miembros de la Unión Europea, desde el 25 de mayo de 2018.

Los principales objetivos del RGPD son proteger a las personas cuando se procesan sus datos personales y responsabilizar a los actores involucrados en este procesamiento.

Encontrará todas las explicaciones detalladas en el sitio web del BOE.

Sitio web oficial del BOE: https://www.boe.es/buscar/act.php?id=BOE-A-2018-16673

En este capítulo veremos cómo cumplir con la ley y qué debe hacer en su sitio web.

2. WordPress y la ley RGPD

Desde la aplicación de la ley RGPD, WordPress ha implementado herramientas que le permiten cumplir con esta ley. Por lo tanto, puede exportar y eliminar datos personales muy fácilmente. Hay una página básica de **política deconfidencialidad** durante la instalación, con recomendaciones de WordPress. Estas herramientas son esenciales y la página de **política de confidencialidad es obligatoria**.

3. Exportación y eliminación de los datos

En el menú principal de la izquierda, en la pestaña **Herramientas**, encontrará dos subpestañas: **Exportar los datos personales** y **Borrar los datos personales**. Le permiten exportar o eliminar los datos personales de una persona, a partir de su nombre de usuario/usuaria o dirección de correo electrónico.

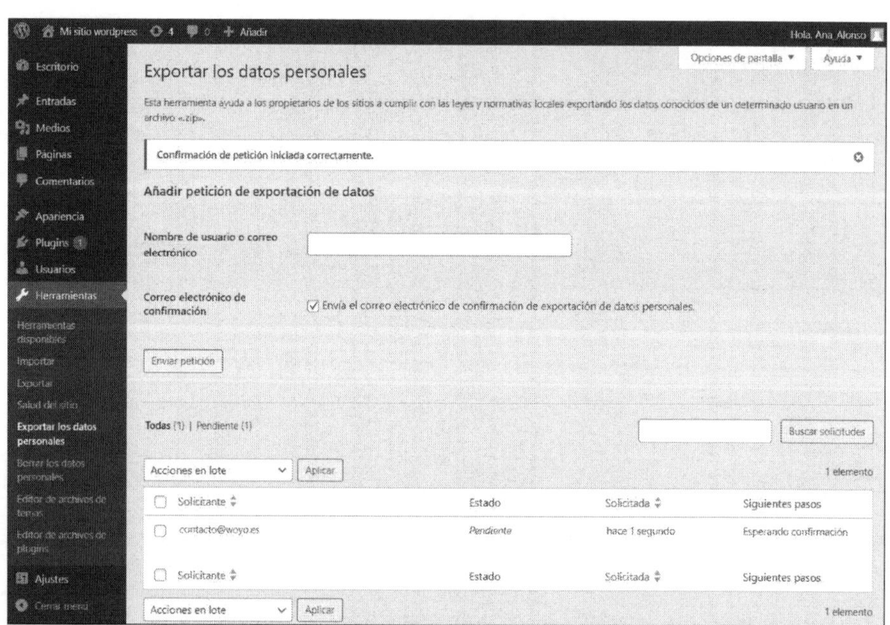

*Página **Herramientas - Exportar los datos personales***

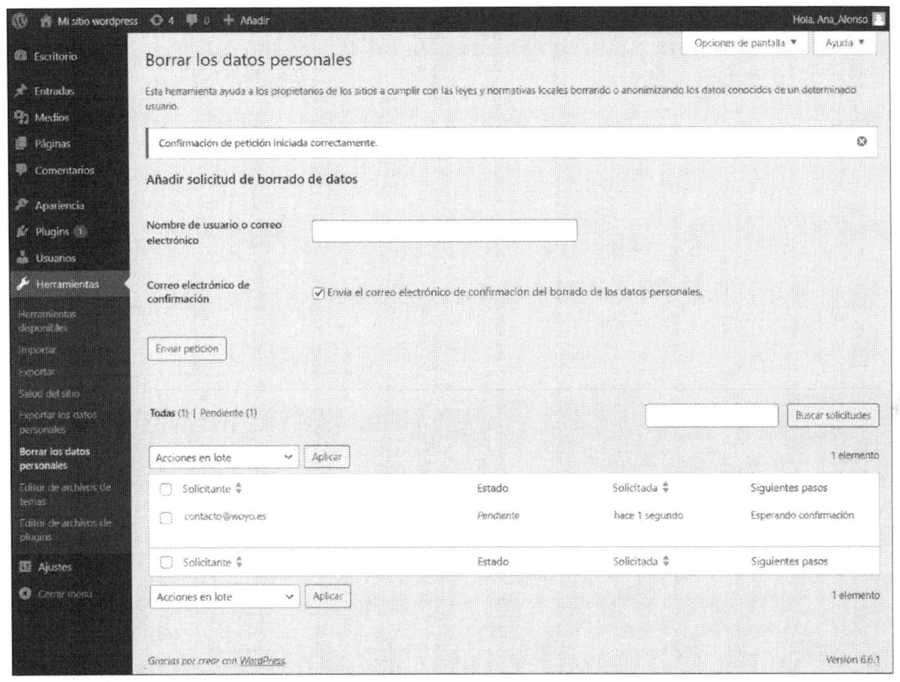

Página ***Herramientas - Borrar los datos personales***

Para ello, debe completar el formulario: **Nombre de usuario o correo electrónico** y enviar una solicitud. A continuación, se envía un correo electrónico a la persona interesada. Posteriormente esta persona debe confirmar la solicitud, haciendo clic en un enlace de confirmación en el cuerpo del correo electrónico. Recordatorio: los correos electrónicos no funcionan en un servidor local.

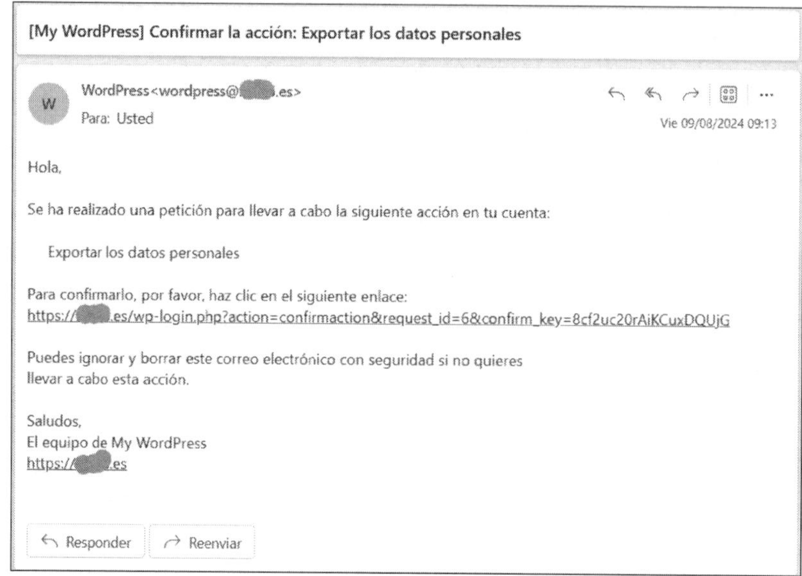

[My WordPress] Confirmar la acción: Exportar los datos personales

W WordPress<wordpress@[illegible].es>
Para: Usted
Vie 09/08/2024 09:13

Hola,

Se ha realizado una petición para llevar a cabo la siguiente acción en tu cuenta:

Exportar los datos personales

Para confirmarlo, por favor, haz clic en el siguiente enlace:
https://[illegible].es/wp-login.php?action=confirmaction&request_id=6&confirm_key=8cf2uc20rAiKCuxDQUjG

Puedes ignorar y borrar este correo electrónico con seguridad si no quieres
llevar a cabo esta acción.

Saludos,
El equipo de My WordPress
https://[illegible].es

Responder Reenviar

Ejemplo de correo electrónico enviado

En la administración aparece el interesado y se encuentra en estado: **Pendiente**.

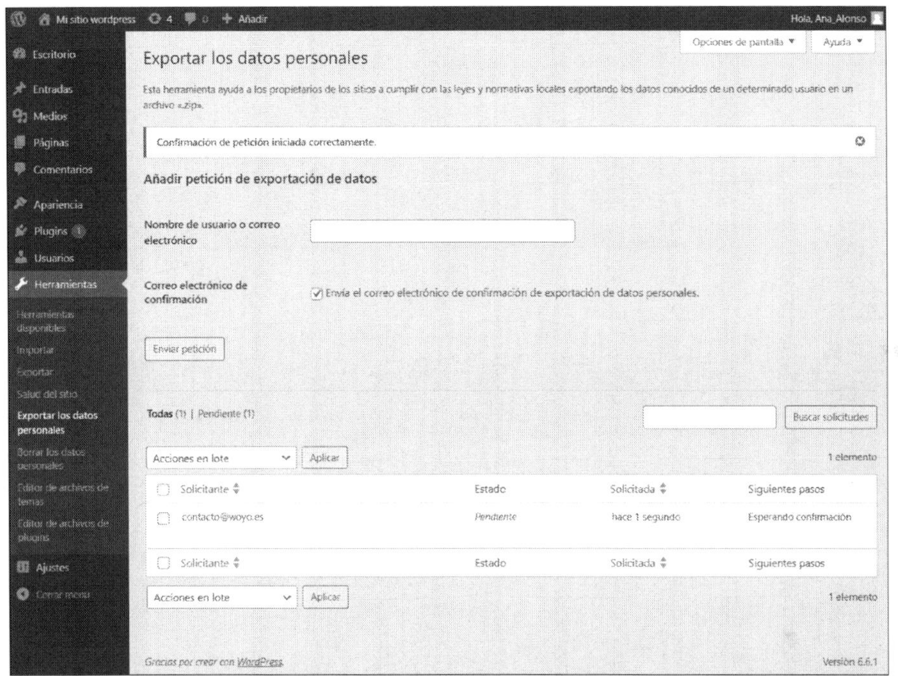

Página ***Herramientas*** *-* ***Borrar los datos personales****, estado* ***Pendiente***

Una vez confirmada la solicitud, el administrador del sitio es notificado por correo electrónico y puede hacer clic en el botón **Enviar enlace de exportación** que permitirá a la persona recibir sus datos por correo electrónico o en el botón **Borrar los datos personales**, que permitirá borrar los datos y notificar a la persona. Luego, el administrador puede hacer clic en el botón **Eliminar petición**. Si la persona no puede descargar sus datos o no recibe los correos electrónicos, como administrador puede descargar o eliminar los datos.

4. La página de política de confidencialidad

La **Página de política de privacidad** es obligatoria; puede usar la recomendada por WordPress o crear su página personal yendo a la página dedicada en el menú **Ajustes** - **Privacidad**.

Agregar una página de política de privacidad, no le exime de utilizar la página **Política de privacidad**, que siempre es obligatoria en su sitio web.

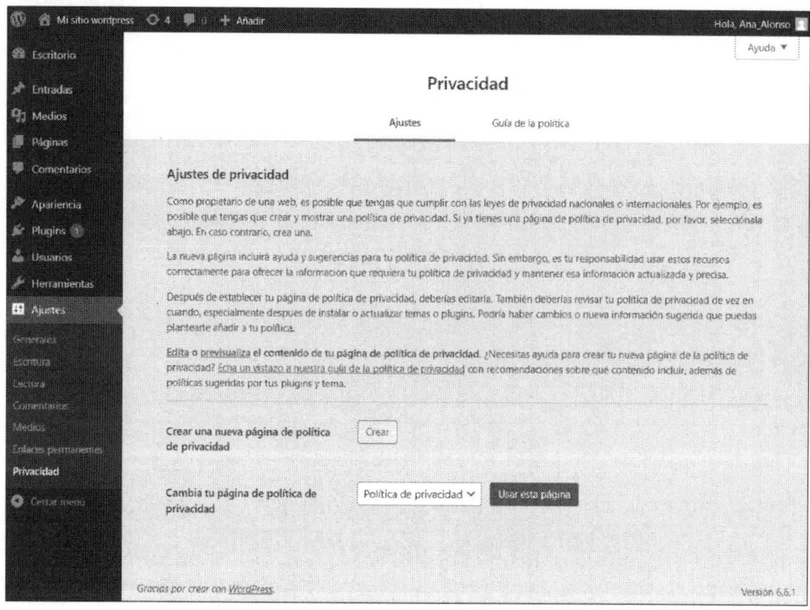

*Página **Ajustes** - **Privacidad***

Si no está seguro de qué incluir en la página de su política de privacidad, haga clic en el enlace: **Echa un vistazo a nuestra guía**. Este enlace es un ejemplo de una página, con las instrucciones a seguir. Por supuesto, este ejemplo se debe adaptar a su sitio web: es su responsabilidad utilizar estos recursos correctamente para proporcionar la información necesaria, mantener esta información actualizada y garantizar su relevancia.

El Reglamento General de Protección de Datos también estipula que una determinada cantidad de información, debe ser puesta en conocimiento del usuario cuando se requieran sus datos personales. El artículo 13 del RGPD enumera esta información esencial que necesariamente se debe poner en conocimiento del usuario de Internet:

- La identidad del responsable del tratamiento de datos personales.
- Los datos del Delegado de Protección de Datos.
- La finalidad precisa de cada tratamiento.
- El tipo de datos personales recopilados.
- Las personas autorizadas a acceder a estos datos.
- La duración de su conservación.
- La posibilidad de solicitar el acceso a sus datos personales, así como su rectificación o borrado definitivo.
- El procedimiento a seguir para ejercer este derecho de acceso, modificación y eliminación de datos personales.

A continuación, se muestra un ejemplo que tiene en cuenta estas recomendaciones:

¿Quiénes somos?

En esta sección, indique la URL de su sitio, su nombre o el de su empresa u organización y su información de contacto.

La cantidad de información que debe mostrar depende de las regulaciones locales o nacionales a las que está sujeto. Por ejemplo, es posible que deba mostrar una dirección física, una dirección pública o el número de registro de su empresa.

Texto sugerido: *La dirección de nuestro sitio es: http://misitioweb.com.*

Uso de los datos personales recogidos

En esta sección, indique los datos personales que recopila sobre los usuarios/usuarias y personas de su sitio web. Esto podría incluir datos personales como nombre, dirección de correo electrónico, preferencias de la cuenta personal; datos transaccionales como información de pedidos y datos técnicos, como información sobre cookies.

También debe registrar cualquier recopilación o retención de datos personales sensibles, como datos médicos.

Además de enumerar los datos personales que recopila, debe indicar por qué lo está haciendo. Estas explicaciones deben contener las bases legales para la recogida y almacenamiento de datos, o el consentimiento activo otorgado por el usuario o la usuaria.

Los datos personales no se crean por las interacciones de sus usuarios con su sitio web. Se generan mediante un proceso técnico, como un formulario de contacto, comentarios, cookies o la integración de servicios de terceros.

Por defecto, WordPress no recopila ningún dato personal de los visitantes y solo recopila datos presentes en la pantalla "Su perfil" de las cuentas inscritas. Sin embargo, algunas de sus extensiones pueden recopilar datos personales. En este caso, indique la información apropiada a continuación.

Comentarios

En esta subsección, indique la información que se recupera a través de los comentarios. Hemos indicado los datos recopilados de forma nativa por WordPress.

Texto sugerido: *Cuando deja un comentario en nuestro sitio web, los datos introducidos en el formulario de comentarios, así como su dirección IP y el tipo de su navegador, se recopilan para ayudarnos a detectar comentarios no deseados.*

Se puede enviar una cadena anonimizada creada a partir de su dirección de correo electrónico (también conocida como hash) al servicio Gravatar para verificar si lo está utilizando. Las cláusulas de confidencialidad del servicio Gravatar están disponibles aquí: https://automattic.com/privacy/. Después de la validación de su comentario, su foto de perfil será visible públicamente junto a su comentario.

Medios

En esta subsección, indique la información que podrían divulgar los usuarios y usuarias que pueden cargar archivos en su librería de medios. Los archivos cargados generalmente son de acceso público.

Texto sugerido: *Si es un usuario registrado y carga imágenes en el sitio web, le recomendamos que evite cargar imágenes que contengan datos EXIF de coordenadas GPS. Los visitantes de su sitio web pueden descargar y extraer datos de ubicación de estas imágenes.*

Formularios de contacto

Por defecto, WordPress no incluye un formulario de contacto. Si está utilizando una extensión de formulario de contacto, utilice esta subsección para indicar qué datos personales se guardan al enviar el formulario y durante cuánto tiempo se conservan. Por ejemplo, puede indicar que conserva los envíos de formularios de contacto durante un período de tiempo específico, para asuntos relacionados con el servicio al cliente, pero que no los utilizará con fines comerciales.

Cookies

En esta subsección, enumere las cookies utilizadas por su sitio, incluidas las registradas por sus extensiones, redes sociales y sus estadísticas de visitas. Hemos indicado las cookies que WordPress instala por defecto.

Texto sugerido: *Si deja un comentario en nuestro sitio, se le ofrecerá guardar su nombre, dirección de correo electrónico y sitio web en cookies. Esto es solo para su comodidad, para que no tenga que indicar esta información si publica otro comentario más tarde. Estas cookies caducan después de un año.*

Si va a la página de inicio de sesión, se creará una cookie temporal para determinar si su navegador acepta cookies. No contiene ningún dato personal y se eliminará automáticamente cuando cierre su navegador.

Cuando inicie sesión, configuraremos una serie de cookies para guardar su información de inicio de sesión y sus preferencias de pantalla. La vida útil de una cookie de inicio de sesión es de dos días, la de una cookie de opción de pantalla es de un año. Si marca "Recordarme", su cookie de conexión se conservará durante dos semanas. Si cierra sesión en su cuenta, la cookie de inicio de sesión se eliminará.

Al modificar o publicar una publicación, se guardará una cookie adicional en su navegador. Esta cookie no incluye ningún dato personal. Solo muestra el ID de la publicación que acaba de editar. Caduca al cabo de un día.

Contenido incorporado desde otros sitios web

Texto sugerido: *Los artículos de este sitio pueden incluir contenido incrustado (por ejemplo, videos, imágenes, artículos, etc.). El contenido incrustado de otros sitios se comporta de la misma manera que si el visitante estuviera en ese otro sitio.*

Estos sitios web podrían recopilar datos sobre usted, utilizar cookies, incorporar herramientas de seguimiento de terceros o rastrear sus interacciones con este contenido incrustado, si tiene una cuenta conectada en su sitio web.

Estadísticas y medidas de audiencia

En esta subsección, indique las herramientas estadísticas que utiliza para medir su audiencia y, si corresponde, el enlace a la política de privacidad de su proveedor.

De forma predeterminada, WordPress no recopila estadísticas de visitas. Sin embargo, muchos hosts recopilan datos estadísticos anónimos. También puede haber instalado un complemento de WordPress que proporciona servicios de estadísticas. En este caso, indique aquí la información sobre esta extensión.

Utilización y transmisión de sus datos personales

En esta sección, enumere y nombre todos los proveedores externos con los que comparte los datos de su sitio web, incluidos socios, servicios en la nube, pasarelas de pago y cualquier otro servicio de terceros. Indique qué datos está compartiendo y por qué lo está haciendo. Añada un enlace a su política de privacidad si es posible.

Por defecto, WordPress no comparte su información personal con nadie.

Texto sugerido: *Si solicita el restablecimiento de su contraseña, su dirección IP se incluirá en el correo electrónico de restablecimiento.*

Duración de almacenamiento de sus datos

En esta sección, indique el período de conservación de los datos personales recopilados y procesados por su sitio web. Si bien es su responsabilidad proporcionar un programa de conservación para cada conjunto de datos que tenga, no es necesario que esta información se publique aquí. Por ejemplo, podría indicar que conserva los datos recibidos a través de sus formularios de contacto durante seis meses, las estadísticas de visitas durante un año y los registros relacionados con las ventas en línea durante diez años.

Texto sugerido: *Si deja un comentario, ese comentario y sus metadatos se conservan indefinidamente. Esto permite reconocer y aprobar automáticamente los comentarios posteriores, en lugar de dejarlos en la cola de moderación.*

Para los usuarios que se registran en nuestro sitio (si esto es posible), también almacenamos los datos personales indicados en su perfil. Todos los usuarios pueden ver, editar o eliminar su información personal en cualquier momento (excepto su nombre de usuario). Los administradores del sitio web también pueden ver y modificar esta información.

Los derechos que tiene sobre sus datos

En este apartado, indique los derechos de sus usuarios y usuarias con respecto a sus datos y cómo se pueden ejercer estos derechos.

Texto sugerido: *Si tiene una cuenta o si ha dejado comentarios en el sitio, puede solicitar recibir un archivo que contenga todos los datos personales que tenemos sobre usted, incluidos los que nos ha proporcionado. También puede solicitar la eliminación de los datos personales que le conciernen. Esto no tiene en cuenta los datos almacenados por razones administrativas, legales o de seguridad.*

A dónde se envían sus datos

Enumere en esta sección todas las transferencias de datos desde su sitio web fuera de la Unión Europea y describa cómo estos datos están protegidos, según los estándares europeos para la protección de datos privados. Esto puede incluir su host, almacenamiento "en la nube" u otros servicios de terceros.

La ley europea de protección de datos exige que los datos de los residentes europeos transferidos fuera de la Unión Europea, estén protegidos en las mismas condiciones como si estuvieran en Europa. Además de enumerar los lugares a los que van los datos, debe describir cómo garantiza, por su parte o de sus proveedores, el cumplimiento de estos estándares, ya sea mediante un acuerdo como el Privacy Shield (Escudo de Protección de Datos UE/EE. UU.), cláusulas en sus contratos o normas corporativas vinculantes.

Texto sugerido: *Los comentarios de los visitantes pueden comprobarse mediante un servicio automatizado de detección de comentarios no deseados.*

Información de contacto

En esta sección, indique el método de contacto disponible para consultas sobre privacidad. Si debe tener un Delegado de Protección de Datos, indique también su nombre y datos de contacto detallados.

Información adicional

Si utiliza su sitio web con fines comerciales y se dedica a la recopilación y procesamiento de datos personales más complejos, debe indicar la siguiente información en su declaración de protección de privacidad, además de la información detallada anteriormente.

Cómo protegemos sus datos

En esta sección, indique las medidas que ha tomado para proteger los datos de sus usuarios. Esto puede incluir medidas técnicas como el cifrado, medidas de seguridad como la autenticación de dos factores o medidas humanas como la creación de un equipo formado en la protección de datos. Si ha realizado un análisis de impacto relacionado con la violación de datos privados, también puede indicarlo aquí.

Procedimientos de implantación en caso de violación de privacidad

En esta sección, indique los procedimientos que tiene implementados en caso de filtraciones de datos, ya sean potenciales o reales, como sistemas de notificación internos, mecanismos de contacto o cualquier recompensa eventualmente prevista para los "cazadores de errores".

Los servicios de terceros que nos transmiten datos

Si su sitio web recibe datos de usuarios de fuentes de terceros, esto incluye fuentes publicitarias– esta información se debe incluir en la sección de datos que provienen de fuentes de terceros de su declaración de protección de privacidad.

Operaciones de marketing automatizado y/o de elaboración de perfiles, realizadas con ayuda de datos personales

Si su sitio web ofrece un servicio que incluye la toma de decisiones automatizada –por ejemplo, permitir que sus clientes obtengan crédito o agreguen sus datos en un perfil publicitario– debe ser explícito sobre lo que existe e incluir información sobre cómo se usa la información, qué decisiones se toman con estos datos agregados y cuáles son los derechos que tienen los usuarios sobre las decisiones tomadas sin intervención humana.

Visualización de la información relacionada con sectores sometidos a regulaciones específicas

Si usted es miembro de una industria regulada, o si está sujeto a regulaciones específicas, probablemente sea necesario publicar esta información aquí.

5. Akismet y los comentarios

Akismet es una extensión anti-spam presente durante la instalación de WordPress y creada por Automattic, los creadores de WordPress. Consulte el capítulo Las extensiones y los widgets para configurar la extensión.

Akismet también le permite mostrar un mensaje de información de privacidad en sus formularios de comentarios. Para activar esta función, simplemente haga clic en el botón correspondiente, en la sección de privacidad.

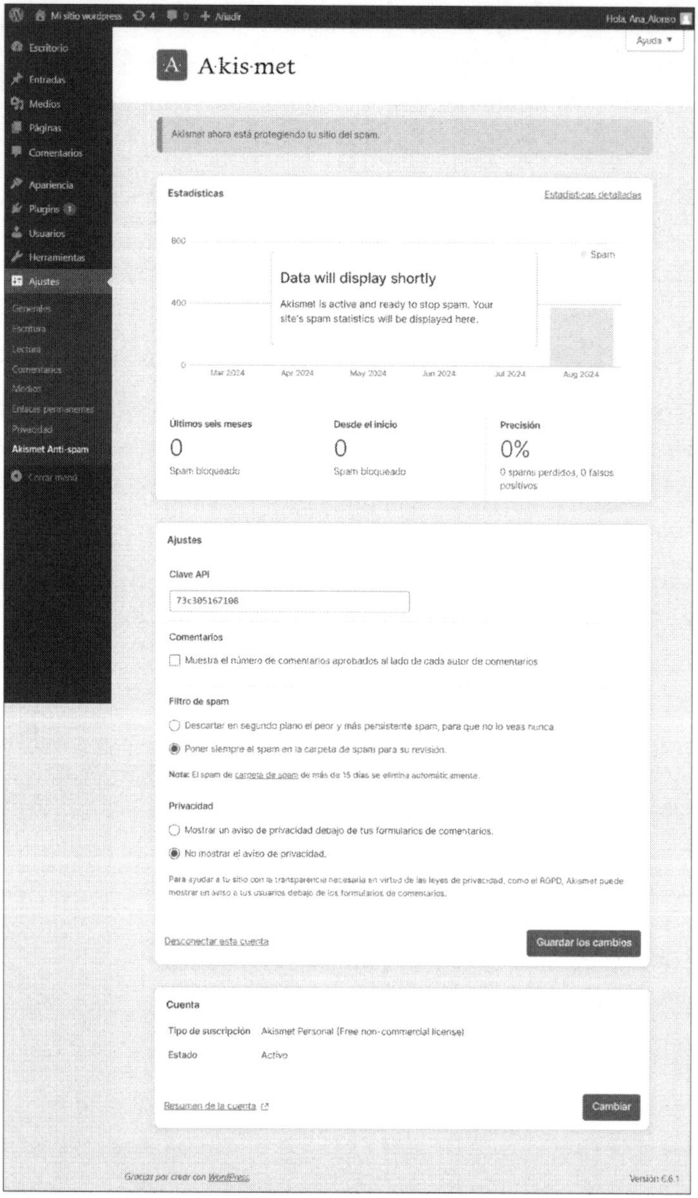

Ajustes - Akismet Anti-Spam

También puede filtrar los spams con Akismet y contactform 7, extensión para los formularios.

Ver: https://contactform7.com/spam-filtering-with-akismet

En el menú **Ajustes** - **Privacidad**, al hacer clic en el enlace **Echa un vistazo a nuestra guía**, aparece una nueva sección sobre Akismet.

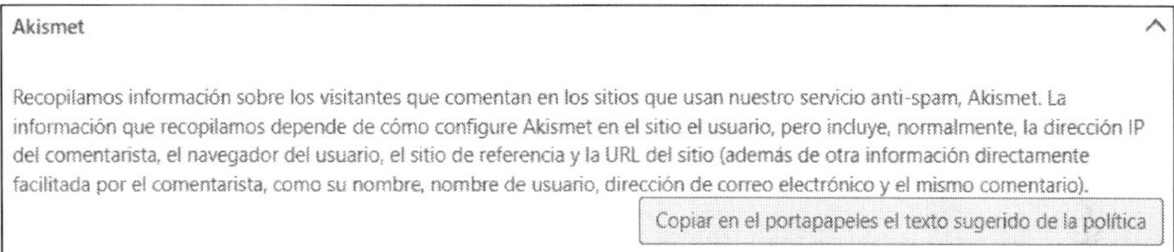

Parte Akismet de la guía de la política de privacidad

6. Las cookies

Una cookie es un archivo que el navegador deja en su ordenador cuando navega por Internet. La cookie es un pequeño archivo de texto que se almacena en el ordenador del usuario de Internet.

El uso más conocido de la cookie es que permite reconocer a un usuario, cuando vuelve a un sitio web. Por lo tanto, su objetivo principal era facilitar la navegación por un sitio web en las nuevas visitas de un usuario de Internet. Pero existen diferentes cookies que se utilizan para comentarios, opciones de visualización, estadísticas o carritos de la compra. Por tanto, las cookies son útiles para el uso de un sitio web y no son necesariamente maliciosas.

Todo suscriptor o usuario de un servicio de comunicación electrónica debe ser informado de los medios de que dispone para oponerse a la implementación de una cookie y debe ser informado de su finalidad, salvo que haya sido previamente, por parte del responsable del tratamiento o su representante.

Por lo tanto, cualquier sitio web debe solicitar permiso al usuario de Internet, antes de dejar cookies en su ordenador.

Debe escribir y enumerar todas las cookies en su página de política de privacidad, como hemos visto anteriormente. Pero también mostrar en su sitio web una frase y un botón de aprobación.

Para esto puede utilizar muchas extensiones, como la extensión Cookie Notice &Compliance for GDPR / CCPA, como vimos en el capítulo Las extensiones y los widgets. Cookie Notice le permite informar elegantemente a los usuarios de que su sitio utiliza cookies y le ayuda a cumplir con la legislación europea RGPD y CCPA sobre las cookies.

Su instalación y configuración son muy sencillas. Aparecerá un banner en el sitio tan pronto como se active la extensión, que dice: "Usamos cookies para asegurarnos de que tenga la mejor experiencia en nuestro sitio web. Si continúa utilizando este sitio, asumiremos que está satisfecho con él", seguido un botón **Aceptar**.

Ajuste de la extensión Cookie Notice en la página ***Ajustes*** *-* ***Ajustes del aviso***

Usamos cookies para asegurar que te damos la mejor experiencia en nuestra web. Si continúas usando este sitio, asumiremos que estás de acuerdo con ello. Aceptar

Banner de aceptación de las cookies de la extensión Cookie Notice en frontpage

7. Las newsletters

El envío de newsletters tiene reglas estrictas y requiere la aprobación de todos los contactos de su lista de envío. Este consentimiento debe ser claro y preciso. La ausencia de acción por parte del interesado no constituye un acto de acuerdo, por lo que ya no se trata de recurrir a casillas previamente marcadas. Si el consentimiento es mediante el envío de un formulario con una casilla de verificación, debe realizar un seguimiento de este envío, su fecha y el contenido del consentimiento.

Por lo tanto, se le solicita que pueda demostrar el consentimiento de sus contactos para el uso que hace de sus datos personales. Esto equivale a asociar a cada persona registrada en su base de datos, con el contenido de su consentimiento para el uso de sus datos personales. Según el sentido común, la prueba del consentimiento requiere tres elementos: a qué consintió la persona, cuándo consintió y a quién consintió.

Habrá entendido que por tanto ya no es posible comprar listas de contactos para enviar newsletters publicitarios. La Ley RGPD busca proteger al internauta y frenar el envío abusivo de correos electrónicos considerados como spam.

El suscriptor también debe poder darse de baja en cualquier momento de una o todas las listas de emailing. Por tanto, es necesario que en cada newsletter aparezca un enlace funcional para darse de baja. Después de haber recibido una de sus comunicaciones, los destinatarios deben poder hacer valer sus derechos. Se puede tratar, por ejemplo, de su derecho de acceso, derecho de portabilidad, derecho de rectificación, derecho de borrado de los datos que le afectan, etc.

La mayoría de las extensiones para newsletters, como MailChimp o MailPoet, cumplen con las regulaciones de la RGPD, aun así tenga cuidado de respetar todas estas reglas.

Parte MailPoet de la guía de la política de privacidad, una vez que se activa la extensión

8. El resto de formularios

Como comprenderá, cada dato recopilado debe ser mencionado al usuario, en el propio formulario y en una página de política de privacidad. Lo hemos visto para comentarios, newsletters, etc. Lo mismo ocurre con todos los formularios, porque es una forma directa de recuperar información del usuario.

Por lo tanto, deberá agregar una casilla de verificación para sus formularios de registro, contacto, presupuesto, etc.

9. Conclusión

En resumen, la ley RGPD tiene como objetivo proteger la información personal de los usuarios de Internet y responsabilizar a los propietarios del sitio web.

Para cumplir con la ley, ahora se deben tomar cuatro acciones importantes para cumplir con el Reglamento General de Protección de Datos:

- El consentimiento de la persona se debe obtener de manera clara.
- Se debe conservar la prueba de este consentimiento.
- El internauta interesado debe ser informado de sus derechos.
- La transferencia de los datos personales debe ser segura.

Se pueden imponer sanciones penales a cualquier persona que no cumpla con esta ley.

Capítulo 14
Crear una extensión sencilla en PHP

1. Introducción

Si no encontró lo que buscaba entre las extensiones del capítulo anterior. En este capítulo verá cómo crear una extensión. Comience por crear una extensión sencilla y sin clases, para comprender completamente cómo funciona.

En este capítulo, creará paso a paso una extensión de rastro de migas de pan. Esta extensión es similar a la función creada en el capítulo Personalizar el sitio con el archivo functions.php, sección Crear una función rastro de migas simple.

Observación

Referencia al códex: https://developer.wordpress.org/plugins

2. Preparar los elementos

Para crear una extensión, cree una subcarpeta en la carpeta plugins, que se encuentra en la carpeta wp-content. Luego, asígnele el nombre "my-breadcrumb" (breadcrumb significa rastro de migas de pan en inglés).

Dentro de la carpeta my-breadcrumb, cree un archivo mybreadcrumb.php.

En la mayoría de temas, en la raíz de la extensión, hay un archivo licence.txt con la licencia de la que depende la extensión y un archivo readme.txt, con el detalle de la extensión (el nombre, descripción, instrucciones de instalación, revisiones, etc.). Estos dos archivos son necesarios para enviar su extensión al directorio de WordPress para que esté disponible para otros usuarios.

Algunas veces hay un archivo index.php vacío, que se usa para proteger la carpeta, si una persona malintencionada logra entrar en su directorio, a través del navegador. El archivo index.php, leído en primer lugar, muestra una página vacía. Esto evita que los usuarios de Internet tengan acceso a sus archivos de origen.

En WordPress es habitual que los archivos index.php vacíos se encuentran en directorios, con un comentario humorístico:

```
<?php
# Silence is golden.
```

En ocasiones, en la carpeta se encuentran imágenes (screenshots) que ofrecen una descripción general de la extensión, lo que permite a los usuarios de Internet hacerse una idea de la extensión. También se utilizan para obtener una vista previa de la página de la extensión, si envía su extensión al sitio de WordPress.

Coloque estos archivos en su directorio si lo desea, pero son opcionales, no interfieren con el correcto funcionamiento de la extensión. Solo es obligatorio el nombre de la extensión (Plugin Name), que permite que el nombre se muestre en la administración. Verá esto en la siguiente sección.

3. Mostrar la extensión en la administración

Para mostrar la información relacionada con el tema, al crear un tema avanzado (ver el capítulo Crear un tema clásico y funcionalidades), usó un comentario en el encabezado del archivo style.css, reconocido directamente por WordPress. Para las extensiones, es el mismo principio, pero esta vez en el archivo PHP.

Así que agregue un comentario de encabezado en el archivo mybreadcrumb.php.

El comentario es el siguiente:

```
<?php
/*
Plugin Name: My breadcrumb
Description: Rastro de migas de pan para los artículos y las páginas
Version: 1.0
License: GPLv2

This program is free software; you can redistribute it and/or
modify it under the terms of the GNU General Public License
as published by the Free Software Foundation; either version 2
of the License, or(at your option) any later version.

This program is distributed in the hope that it will be useful,
but WITHOUT ANY WARRANTY; without even the implied warranty of
MERCHANTABILITY or FITNESS FOR A PARTICULAR PURPOSE.  See the
GNU General Public License for more details.

You should have received a copy of the GNU General Public License
along with this program; if not, write to the Free Software
Foundation, Inc., 51 Franklin Street, Fifth Floor, Boston, MA  02110-1301, USA.

Copyright {ano} {mi_nombre}(email: {mi_email})
*/
?>
```

Está compuesto por el nombre de la extensión, una descripción, la versión y la licencia, y los términos de la licencia. Reemplace el año `{ano}`, el nombre `{mi_nombre}` y la dirección de correo electrónico `{mi_email}`, con su información personal.

Las líneas de licencia son obligatorias si envía su extensión al directorio oficial de WordPress.

El comentario puede contener otra información:

```
<?php
/**
 * Plugin Name: Nombre de la extensión(obligatorio)
 * Plugin URI: http://URL_de_la_extensión
 * Description: Descripción de la extensión.
 * Version: Versión de la extensión
 * Author: Nombre del autor
 * Author URI: http://URI_del_autor
 * License: Enlace de la licencia
 */
?>
```

Mire el encabezado del archivo akismet.php de la extensión Akismet, desarrollada por Automattic, los creadores de WordPress. También especifica la licencia GNU GPL:

```
<?php
/**
 * @package Akismet
 */
/*
Plugin Name: Akismet Anti-Spam
Plugin URI: https://akismet.com/

Description: Used by millions, Akismet is quite possibly the best
way in the world to <strong>protect your blog from spam</strong>.
Akismet Anti-spam keeps your site protected even while you sleep. To get started:
activate the Akismet plugin and then go to your Akismet Settings
page to set up your API key.
Version: 5.3.2
Requires at least: 5.8
Requires PHP: 5.6.20
Author: Automattic - Anti-spam Team
Author URI: https://automattic.com/wordpress-plugins/
License: GPLv2 or later
Text Domain: akismet
*/

/*
This program is free software; you can redistribute it and/or
modify it under the terms of the GNU General Public License
as published by the Free Software Foundation; either version 2
of the License, or(at your option) any later version.

This program is distributed in the hope that it will be useful,
but WITHOUT ANY WARRANTY; without even the implied warranty of
MERCHANTABILITY or FITNESS FOR A PARTICULAR PURPOSE.  See the
GNU General Public License for more details.

You should have received a copy of the GNU General Public License
along with this program; if not, write to the Free Software
Foundation, Inc., 51 Franklin Street, Fifth Floor, Boston, MA
02110-1301, USA.

Copyright 2005-2023 Automattic, Inc.
*/

?>
```

En la administración **Plugins** - **Plugins instalados**, aparece My breadcrumb, con la información en el encabezado del archivo mybreadcrumb.php. También puede ver que la extensión Akismet muestra el enlace del autor y la URL de la extensión.

Ahora, active la extensión My breadcrumb. Puede aparecer un error durante la activación. Ignórelo y actualice la página. Este error puede ocurrir porque hay espacios antes y después de las etiquetas PHP.

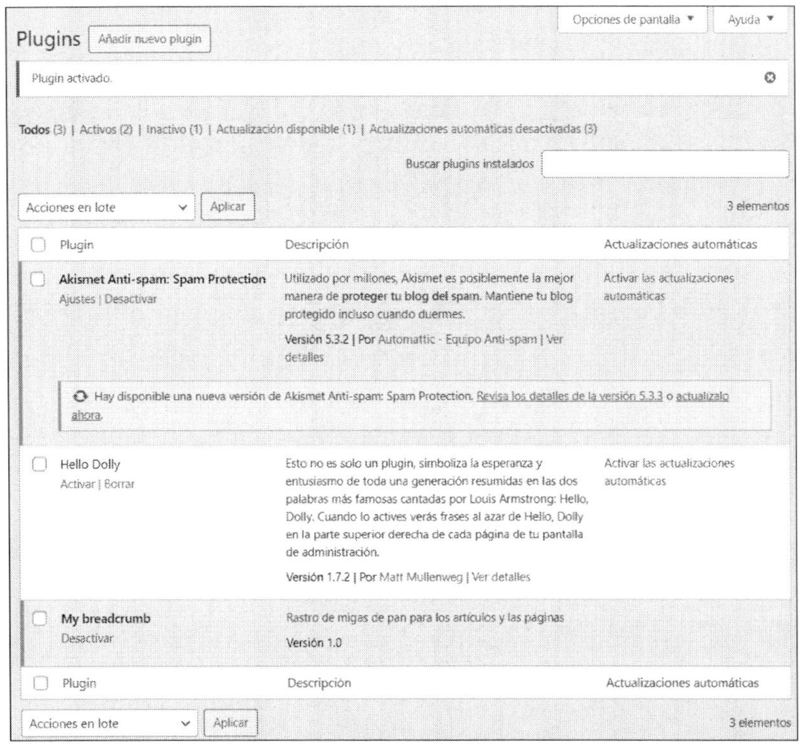

*Página **Plugins** - **Plugins instalados**, con la extensión My breadcrumb*

4. Crear el código PHP de base

En este punto, WordPress se comunica con el archivo mybreadcrumb.php. Si agrega código PHP, se comporta como el archivo functions.php.

Agregue al archivo mybreadcrumb.php la función `rastro_migas()`, creada en el capítulo Personalizar el sitio con el archivo functions.php, sección Crear una función rastro de migas simple. Pero tenga cuidado, si ha agregado esta función al archivo functions.php, debe eliminarla, porque se duplicará y creará un error o cambiará el nombre de la función.

```
<?php
function rastro_migas(){
    global $post;

    if(!is-front_page()) {

$rastro = '<div id="rastro">Está aquí: ';
$rastro.= '<a href="'.get_bloginfo('wpurl').'">';
$rastro.= get_bloginfo('name');
$rastro.= '</a> > ';

 $parents = array_reverse(get_ancestors($post->ID,'page'));
 foreach($parents as $parent){
 $rastro.='<a href="'.get_permalink($parent).'">';
 $rastro.= get_the_title($parent);
 $rastro.= '</a> > ';
 }
   $rastro.= $post->post_title;

   $rastro.='</div>';
   }
   return $rastro;
}
?>
```

Para usar la función, llámela en una plantilla de página utilizada para mostrar el tema. Muéstrela debajo del menú principal, por ejemplo en el archivo header.php. Por lo tanto, la función se encuentra en todas las páginas del sitio.

```
<?php if(function_exists('rastro_migas')){ echo rastro_migas(); } ?>
```

Ejemplo con el archivo header.php del tema Twenty Twenty:

```
[...]
    </header><!-- #site-header -->
    <?php
        if(function_exists('rastro_migas')){
            echo rastro_migas();
        }
        // Output the menu modal.
        get_template_part( 'template-parts/modal-menu' );
```

Ejemplo con el archivo header.php del tema Twenty Twenty-One:

```
[...]
   <main id="main" class="site-main">
   <?php
     if(function_exists('rastro_migas')){
         echo rastro_migas();
     }
   ?>
```

En este punto, la función se usa de la misma manera que cuando la creó en el capítulo Personalizar el sitio con el archivo functions.php, sección Crear una función rastro de migas simple.

Informe al usuario de su uso, rellenando el archivo readme.txt:

```
=== My breadcrumb ===

Licencia: GPLv2

== Descripción ==

Rastro de migas de pan para los artículos y las páginas

== Instalación ==

1 / Descargue la carpeta de extensión en el directorio
wp-content / plugins.
2 / Active la extensión.
3 / Inserte la función <?php if(function_exists('rastro_migas'))
{ echo rastro_migas(); } ?> en el archivo header.php de su tema.
```

También puede poner las instrucciones en la descripción de la extensión o crear un código corto para simplificar el uso de la función, especialmente para los temas basados en bloques con el widget **Shortcode**. Puede ayudar a las personas que tienen pocos conocimientos de PHP.

5. Añadir una hoja de estilo a su extensión

Como se ve en el capítulo Personalizar el sitio con el archivo functions.php, sección Crear una función rastro de migas simple, puede agregar código CSS para hacer que su rastro de migas sea más estético, en el archivo style.css o en la administración **Apariencia - Personalizar - CSS adicional**. Sin embargo, cuando vaya a desactivar la extensión, el código CSS seguirá siendo efectivo. No causará ningún problema, pero no es una forma limpia de programar.

Por lo tanto, agregaremos una hoja de estilo y la llamaremos con las funciones de WordPress `wp_register_style` y `wp_enqueue_style` (ver Personalizar el sitio con el archivo functions.php - Las funciones de adición).

Para esto, cree un archivo style.css en la raíz de la extensión con el siguiente código:

```
#rastro{
   margin:10px 20px 10px 10px;
}
#rastro a{
   color:#58b8f4;
}
#rastro a:hover{
   color:#ccc;
}
```

Después, añada la siguiente función PHP al archivo mybreadcrumb.php:

```
function add_css(){
   wp_register_style('my_breadcrumb',
   plugins_url('style.css',
__FILE__));
   wp_enqueue_style('my_breadcrumb');
}
```

Utilice un hook de acción para llamar al archivo CSS (ver el capítulo Personalizar el sitio con el archivo functions.php - Incluir los estilos y los scripts con los hooks).

```
add_action( 'wp_enqueue_scripts', 'add_css' );
```

Cuando visualiza el código fuente de su página, podemos ver que aparece la hoja de estilo.

6. Crear un shortcode

Usar la función directamente no es práctico para los principiantes. Ponga a disposición de los usuarios un shortcode, además de la función.

Aplique lo que aprendió en el capítulo WordPress y PHP, sección Los shortcodes.

Añada el siguiente código:

```
add_shortcode('mybreadcrumb', 'rastro_migas');
```

Ahora puede usar el shortcode `[mybreadcrumb]` en las páginas y artículos del sitio.

Llamar a un shortcode directamente en un archivo PHP es imposible. Debe usar la función `do_shortcode()` (si desea agregar el shortcode en el archivo header.php, por ejemplo):

```
<?php
if( shortcode_exists(mybreadcrumb)){
   echo do_shortcode('[mybreadcrumb]');
}
?>
```

Actualice las instrucciones de uso en el archivo readme.txt o en la descripción.

Puede añadir un bloque **Shortcode** con el código `[mybreadcrumb]`.

*Adición de un bloque **Shortcode** en la plantilla **header** del tema **Twenty Twenty-Two***

*Página de ejemplo del tema **Twenty Twenty-Two** después de añadir el bloque **Shortcode** en la plantilla header*

7. Crear una pestaña en el menú de administración

El archivo readme.txt no es necesariamente ideal para dar información sobre el método de utilización. Un usuario sin conocimientos de programación puede no leer necesariamente el archivo readme.txt, y el proceso puede resultar desagradable, especialmente si hay muchas extensiones instaladas.

Para mejorar la comunicación en relación a la utilización, cree una pestaña en la administración que conducirá a una página, con las explicaciones de uso.

Muchas extensiones no siempre explican cómo funcionan. A menudo debe consultar la página de la extensión en el sitio web de WordPress o la página oficial de la extensión, si existe. En general, los autores colocan estos enlaces en la página que enumera todas las extensiones.

7.1 Mostrar una pestaña principal

Cree una pestaña principal en la administración con la función:

```
<?php add_menu_page( $page_title, $menu_title, $capability,
$menu_slug, $function, $icon_url, $position ); ?>
```

- `$page_title`: nombre de la página inscrita en la etiqueta `<title>`.
- `$menu_title`: nombre que aparece en el menú.
- `$capability`: acepta los permisos ofrecidos al usuario, según su rol. Ver la lista completa:
  https://wordpress.org/support/article/roles-and-capabilities/
- `$menu_slug`: enlace de la URL.
  Ejemplo: /wp-admin/themes.php?page=**$menu_slug**.
- `$function`: nombre de la función que muestra el contenido de la pestaña.
- `$icon_url`: ruta de la imagen.
- `$position`: acepta una cifra para determinar dónde se ubica la pestaña en el menú de administración principal. Estos son los números predeterminados para las pestañas existentes, de arriba a abajo:
  - 2: el cuadro de mandos o tablero
  - 5: los artículos

- 10: los medios
- 15: los enlaces
- 20: las páginas
- 25: los comentarios
- 60: la apariencia
- 65: las extensiones
- 70: los usuarios
- 75: las herramientas
- 80: los ajustes

Ejemplo: si desea que la pestaña se ubique justo después del tablero, deberá asignar el número 3 a `$position`.

Esta lista se corresponde con el antiguo menú de WordPress. Es posible que deba realizar algunos cambios. Pruebe los diferentes números y vea dónde aparecen los menús.

7.2 Añadir funciones para los submenús de una pestaña principal de WordPress

Existen funciones equivalentes a `add_theme_pages()`, que vio en el capítulo Crear un tema clásico y funcionalidades, sección Añadir una pestaña Opciones del tema, para cada tipo de submenú. Le permiten agregar submenús a una pestaña principal de WordPress y todas se usan de la misma manera.

- `add_dashboard_page()`: submenú de la pestaña **Escritorio**.
- `add_posts_page()`: submenú de la pestaña **Entradas**.
- `add_media_page()`: submenú de la pestaña **Medios**.
- `add_pages_page()`: submenú de la pestaña **Páginas**.
- `add_comments_page()`: submenú de la pestaña **Comentarios**.
- `add_theme_page()`: submenú de la pestaña **Apariencia**.
- `add_plugins_page()`: submenú de la pestaña **Plugins**.
- `add_users_page()`: submenú de la pestaña **Usuarios**.
- `add_management_page()`: submenú de la pestaña **Herramientas**.

- add_options_page() : submenú de la pestaña **Ajustes**.

Ejemplo con la función add_options_page(), que utilizará más adelante:

```
add_options_page($page_title,$menu_title,$capability,$menu_slug,
$function);
```

7.3 Añadir funciones para los submenús de una pestaña principal personalizada

Para agregar submenús a una pestaña principal, use la siguiente función:

```
add_submenú_page( $parent_slug, $page_title, $menu_title,
$capability, $menu_slug, $function );
```

La función se usa de la misma manera que las funciones anteriores.

- $parent_slug: nombre clave del menú padre, que también figura en la URL.

  Ejemplo: /wp-admin/themes.php?page=**$parent_slug**

7.4 Crear la pestaña

Cree una pestaña en el submenú **Ajustes** de la administración, gracias a la función add_options_page(), en el archivo breadcrumb.php:

```
function breadcrumb_menu() {
   if(function_exists('add_options_page')) {
       add_options_page('breadcrumb', 'my breadcrumb',
       'administrator','breadcrumb', 'breadcrumb_page_content');
   }
}
```

La función add_options_page() llama a una segunda función, breadcrumb_page_content(), para mostrar el contenido de la página. Escriba código HTML dentro de la función y especifique el uso de la extensión.

Cierre y abra las etiquetas PHP, esto le evita usar demasiadas veces la función PHP echo.

```
[...]
function breadcrumb_page_content(){
 ?>
 <div class="wrap">

 <h2>My breadcrumb(rastro de migas de pan)</h2>
      <h3>Instalación y uso</h3>

      <div>

 Para utilizar la extensión:
    <ul>
         <li>1/ Descargue la carpeta de la extensión en
el directorio wp-content/plugins.</li>
         <li>2/ Active la extensión.</li>
         <li>3/ Inserte la función PHP:
            <input type="text"
value="if(function_exists('rastro_migas')){ echo rastro_migas(); }"
size="40" readonly="readonly" />
            en los archivos PHP de su tema,
            <br />
            o use el shortcode:
            <input type="text" value="[mybreadcrumb]"
readonly="readonly" />
         </li>
    </ul>

      </div>

</div>
<? php
}
[ ... ]
```

Para mostrar la pestaña y la página en la administración de WordPress, agregue un hook de acción a la carga del menú de administración admin_menu:

```
add_action('admin_menu', 'breadcrumb_menu');
```

8. Crear la misma extensión en objeto

Codificar en programación orientada a objetos en este ejemplo o en el ejemplo donde creamos esta extensión con funciones PHP, no es muy interesante aquí, pero hay que acostumbrarse a la sintaxis, que es recurrente en la programación. El uso de clases es el mismo que en PHP.

Esto le permite especialmente ver tres formas diferentes de usar y codificar la misma funcionalidad: en el archivo functions.php interno del tema, en una extensión PHP de procedimiento (código PHP que no sea un objeto, el archivo functions.php también está codificado en PHP procedimental) y en una extensión PHP orientada a objetos.

Para crear su objeto, cree una clase y asígnele el nombre `My_Breadcrumb`:

```
if(!class_exists("My_Breadcrumb")) {
 class My_Breadcrumb{

 }
}
```

Dentro de la clase, inserte las funciones del rastro de migas de pan con el contenido de cada función.

Las funciones de primer nivel en el interior de una clase (de un objeto) se denominan métodos. Para designar estas funciones en una clase, usaremos el término "método":

```
if(!class_exists("My_Breadcrumb")) {
  class My_Breadcrumb{
    public static function rastro_migas(){
    //contenido de la función
    }
    public static function add_css(){
    // contenido de la función
    }
    public static function breadcrumb_page_content(){
    // contenido de la función
    }
    public static function breadcrumb_menu(){
    // contenido de la función
    }
  }
}
```

Un método también puede contener funciones PHP o WordPress; el término "método" solo se utiliza para las funciones dentro de la clase, que se encuentran en el primer nivel. Tenga cuidado, cuando llame a un método dentro de una función de WordPress, de un hook, etc., debe llamar a la función en una tabla recuperando la clase (ver capítulo Crear un tema clásico y funcionalidades).

La función `add_options_page()` del método `breadcrumb_menu ()` se convierte en:

```
add_options_page('breadcrumb', 'my breadcrumb', 'administrator',
'breadcrumb', array('My_Breadcrumb','breadcrumb_page_content'));
```

Cuando llama a un método dentro de otro método, se hace de la misma manera que en PHP con `$this`.

Ahora debemos llamar a los hooks fuera de la clase, para inyectar el objeto en el núcleo de WordPress.

```
if(class_exists("My_Breadcrumb")){
 $inst_My_Breadcrumb = new My_Breadcrumb();
}

if(isset($inst_My_Breadcrumb)){
  add_action('admin_menu', array($inst_My_Breadcrumb,
'breadcrumb_menu'));
  add_action( 'wp_enqueue_scripts', array($inst_My_Breadcrumb,'add_css') );
}
if(function_exists('add_shortcode')){
  add_shortcode('mybreadcrumb',array('My_Breadcrumb','rastro_migas'));
}
```

Llamar al rastro de migas de pan con el shortcode sigue funcionando, así como llamar a shortcodes con la función `do_shortcode()`. Por otro lado, la llamada directa de la función `rastro_migas()` ya no funciona. Ahora debemos llamar al objeto instanciando la clase, luego llamar al método como en PHP, de la siguiente manera:

```
<?php echo My_Breadcrumb::rastro_migas(); ?>
```

o:

```
<?php
$My_Breadcrumb=new My_Breadcrumb;
echo $My_Breadcrumb->rastro_migas();
?>
```

También puede probar si la clase existe, antes de llamarla en su tema, con la función PHP `class_exists()`:

```
if(class_exists('MyClass')) {
    $My_Breadcrumb=new My_Breadcrumb;
}
```

9. La carpeta mu-plugins

La carpeta mu-plugins se encuentra en la carpeta wp-content. Es una carpeta opcional, por lo que no siempre está presente en este directorio. Si no existe, puede crearla, WordPress lo reconoce automáticamente.

Ha visto que puede agregar funciones de varias formas: en el archivo functions.php, en un archivo PHP externo (llamado por el archivo functions.php) o creando una extensión, que hay que activar en la administración.

Otra forma es agregar archivos PHP a la carpeta mu-plugins.

La carpeta mu-plugins no se debe confundir con el multisitio; mu significa "must-use" (debes usar). Esta carpeta se usa para listar archivos PHP que se ejecutarán de la misma manera que el archivo functions.php. Es una especie de extensión del archivo functions.php.

Las ventajas son que, en lugar de apilar código en el archivo functions.php, puede organizar en varios archivos PHP funciones u objetos que usa todo el tiempo. También puede transferir la carpeta a otro sitio, sin tener que ordenar en el archivo functions.php.

No es necesario crear encabezados para que WordPress reconozca archivos en la carpeta mu-plugins. Puede nombrar sus archivos dándoles el nombre que desee, WordPress los reconocerá y leerá automáticamente.

Por lo tanto, con los archivos must-use puede crear extensiones must-use, que ejecutan el código automáticamente. Por ejemplo, puede crear un archivo breadcrumb.php en la carpeta mu-plugins y agregar las funciones o la clase del rastro de migas de pan (sin el encabezado), para después usar las funciones, el objeto o el shortcode, directamente en sus plantillas de página.

También puede descargar e instalar extensiones must-use, mediante una búsqueda de extensiones clásica. Aparecen en la pestaña **Plugins** de la administración.

Observación

Para más información, consulte el códex: https://developer.wordpress.org/advanced-administration/plugins/mu-plugins/

10. Conclusión

Ha creado la extensión rastro de migas de pan. Muy bien podría haber escrito todo este código en el archivo functions.php y mejorado el ejemplo que se da en el capítulo Personalizar el sitio con el archivo functions.php, sección Crear una función rastro de migas simple, usando un shortcode o agregando un botón al menú de administración.

También podría haber llamado a un archivo externo en el archivo functions.php, como en el capítulo Crear un tema clásico y funcionalidades, y haber llamado a las funciones o a un objeto.

La creación de una extensión sirve para externalizar funcionalidades independientes, mientras que el archivo functions.php se usa para añadir funciones directamente a un tema o para mejorar un tema existente.

La ventaja de functions.php es el uso inmediato de las funciones, a diferencia de una extensión, que se debe activar antes de poder beneficiarse de sus funciones. Además, el archivo functions.php está directamente vinculado al tema y se puede eliminar durante las actualizaciones. Una solución es utilizar la carpeta mu-plugins, que es muy práctica por su portabilidad.

Ha visto todas las formas de incrustar código PHP personalizado en WordPress, los pros y los contras. No existe un método mejor que otro, y siempre puede cambiarlo si es necesario.

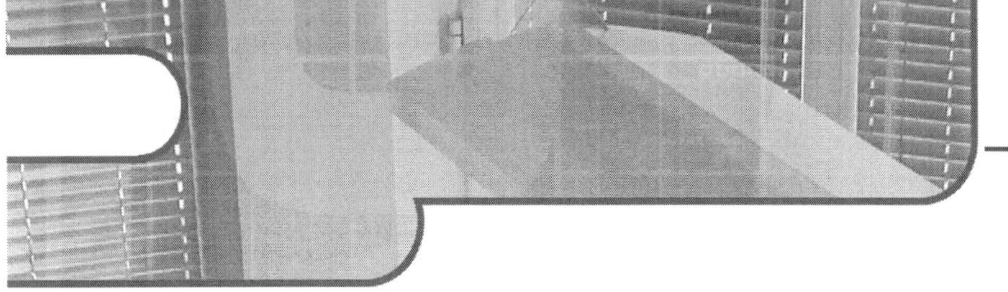

Capítulo 15
Traducir el tema y las extensiones

1. Introducción

La traducción es importante si desea que su sitio web, sus temas o sus extensiones sean multiidioma, para llegar a un público más amplio.

Si ha encontrado un tema o extensión que se ajusta exactamente a su búsqueda, pero está completamente en inglés, la traducción puede ser muy útil y ahorrarle mucho tiempo. Este suele ser el caso de ciertos temas gratuitos o de pago, en particular los del famoso sitio web: tema forest, que permite comprar temas muy potentes, pero la mayoría de las veces en inglés. En su mayoría, son compatibles con extensiones de traducción como WPML y sobre todo, están listos para ser traducidos.

Para poder traducir un tema o una extensión, es necesario que lo permita. Para ello, debe utilizar absolutamente las funciones de WordPress para textos. Si no están presentes, se deberán agregar.

Si modifica los archivos de origen, deberá reflejar esta modificación durante la actualización (a veces, durante las actualizaciones, el desarrollador puede agregar la traducción). Pero es mejor comenzar directamente con un tema que se pueda traducir.

También puede, en algunos casos, usar hooks para modificar una función o hacerlo a través de un tema hijo.

Las extensiones también pueden ayudarle a traducir sus otras extensiones y temas. No todos funcionan de la misma manera, por lo que deberá probarlos para encontrar el adecuado para usted. Una extensión muy completa y una de las de mejor rendimiento es WPML.

2. WordPress y los idiomas

La traducción en WordPress se realiza mediante dos archivos: un archivo .po o .pot que contiene el catálogo de términos a traducir, leídos por el software Poedit, y un archivo .mo que es un archivo compilado, generado a partir del archivo .po o .pot, leído por WordPress.

2.1 La carpeta wp-content/languages

La traducción de los archivos principales de WordPress se puede encontrar en la carpeta wp-content/languages.

Dentro de esta carpeta hay varios archivos: admin-es_ES.mo, admin-es_ES.po, es_ES.mo, es_ES.po, admin-network-es_ES.mo, admin-network-es_ES.po, continents-cities-es_ES.mo, continents-cities-es_ES.po y varios .json que sirven para traducir las cadenas que contienen los archivos JavaScript.

Dentro de este directorio hay varias carpetas. La carpeta plugins contiene traducciones para extensiones cuando estas existen. La carpeta de temas contiene traducciones para temas cuando estos existen. Por lo tanto, cada vez que descargue un tema o extensión y según su idioma predeterminado (y siempre que exista la traducción), WordPress agregará el archivo de idioma correspondiente. De lo contrario, solo tiene que agregarlo en la carpeta plugins para las extensiones y themes para los temas.

A veces, los archivos proporcionados o que se encuentran en Internet no tienen este formato. Deberá cambiar el nombre de los archivos de la siguiente manera: nombredelacarpetademiplugin-es_ES.po y nombredelacarpetademiplugin-es_ES.mo para un plugin, teniendo cuidado de reemplazar el nombredelacarpetademiplugin, con el nombre del plugin correspondiente.

Lo mismo ocurre con los temas.

WordPress detectará automáticamente la traducción.

2.2 Los archivos de idioma de la carpeta wp-content/languages

En el caso de una instalación de WordPress en español, todos los archivos de idioma tienen una base común, por ejemplo es_ES si ha instalado la versión en español.

La base es_ES significa que el archivo está en español. Para archivos en francés fr_FR, para Italia it_IT, etc. Cada idioma tiene su propio código y WordPress lo reconoce automáticamente.

En las versiones anteriores

En versiones anteriores, para que WordPress detecte esta base y muestre automáticamente el sitio en el idioma definido, utilizaba la información introducida al instalar WordPress. Se agregaba en el archivo wp-config.php situado en la raíz del sitio, el idioma del sitio gracias a esta línea de código PHP:

```
define('WPLANG', 'es_ES');
```

Si quería cambiar el idioma de WordPress, tenía que modificar la información de este código.

Por ejemplo, si deseaba que su sitio estuviera en francés, tenía que descargar los archivos .po y .mo de la versión en francés de WordPress: fr_FR.mo, fr_FR.po, etc. en la carpeta wp-content/languages y cambiar el código del archivo wp-config.php: `define('WPLANG', 'fr_FR');`

Para que WordPress estuviera en inglés a partir de una instalación en español, debía cambiar el código: `define('WPLANG', 'es_ES');`

por

```
define('WPLANG', '');
```

Comprobará que el campo está vacío porque el idioma de base para WordPress es el inglés. Esta información puede serle útil si tiene que trabajar en versiones antiguas de WordPress, en el caso de comenzar con un sitio antiguo, por ejemplo.

En la versión actual

Hoy en día, el idioma se define tan pronto como instala WordPress, como se ve en el capítulo Introducción a WordPress, sección Configurar el sitio web.

Ahora encontrará esta opción en la administración de WordPress **Ajustes** - **General** - **Idioma del sitio web**. Por lo tanto, puede cambiar el idioma predeterminado del sitio en cualquier momento. Ahora esta información se almacena en la base de datos.

También puede definir un idioma específico para cada cuenta usuario, por lo que un usuario inglés puede ver la administración en inglés y un usuario francés una administración en francés, por ejemplo.

Si está usando una versión actualizada de WordPress y, a pesar de todo, encuentra en el archivo wp-config.php: `define('WPLANG', 'es_ES')`, tenga en cuenta que esta línea no se tendrá en cuenta. Por lo tanto, puede eliminarla.

Por defecto, todos los sitios de WordPress están en inglés, si no definimos un idioma. Por lo tanto, la versión en inglés de WordPress no necesita un archivo de idioma. Las funciones de texto de WordPress `__()`, `e_()`, etc. utilizan dos argumentos y el primer término está en inglés (ver capítulo WordPress y PHP, sección Las funciones para los textos en los archivos PHP). Si no hay un archivo de traducción, WordPress muestra el primer argumento.

WordPress garantiza que los textos en las claves del archivo theme.json están listas para ser traducidas. Por eso no es necesario usar las funciones para los tex-tos como por ejemplo `__()`.

Consulte:
https://developer.wordpress.org/themes/block-themes/internationalization/

Ejemplo

```
<? php _e('Nothing found', ' twentytwenty'); ?>
```

Los prefijos de los archivos de idioma en los directorios de idioma de wp-content son admin- (que designa la administración), continents-cities- (las ciudades), admin-network- (las opciones para el modo multisitio), etc. Para los temas, es el nombre del tema y para los complementos, es el nombre de la extensión. El archivo sin prefijo designa el cuerpo de WordPress.

2.3 Otras carpetas languages

También existen otras carpetas languages o lang, para temas, así como para extensiones. Por otro lado, muchos temas y extensiones no ofrecen una y, por lo tanto, no tienen archivos de traducción. Pero que no cunda el pánico, aprenderá a traducirlos.

Si la traducción existe, encontrará en la raíz de los temas y extensiones una carpeta languages o lang, que contiene los archivos .mo y .po. Algunas veces, se especifica un procedimiento en el sitio del tema o de la extensión. También puede encontrar estos archivos en wp-content/languages/themes y wp-content/languages/plugins.

Para los temas nativos de WordPress, cada tema tiene un archivo .po o .pot, para que usted mismo pueda traducir el tema, si usa estos temas como temas en blanco para crear sus propios temas. Puede encontrar estos archivos en wp-content/languages/themes.

La cadena y la ruta se deberán especificar en WordPress. Hay varias maneras de definirlas:

- Con el comentario `Text Domain:` dentro del comentario de configuración de un tema (style.css) o de un plugin (miplugin.php). El comentario `Domain Path:` deberá especificarse si el archivo se coloca en un lugar distinto a la carpeta languages.
- Como argumento en las funciones PHP para el texto.
- Agregando una función, ya sea en el archivo PHP de la extensión con la función `load_plugin_textdomain()` de WordPress o en el archivo functions.php del tema con la función de WordPress `load_theme_textdomain()` o en el caso de un tema hijo `load_child_theme_textdomain()`.

2.4 El funcionamiento

WordPress establece el idioma del sitio durante la instalación. Esto le dice qué archivo .mo, en las carpetas de idiomas, debe usar (para el cuerpo de WordPress, para la administración, para los temas predeterminados y las extensiones, etc.).

Luego instalará en la carpeta wp-content/languages los idiomas en español cuando existan, durante la instalación de WordPress, así como durante la instalación de temas y extensiones. WordPress intenta agrupar archivos de idioma en un solo lugar tanto como sea posible.

Para instalar un idioma si no existe, todo lo que tiene que hacer es descargar el archivo .mo de su tema o extensión en la carpeta correcta. Incluso puede crear este archivo.

Una vez que haya encontrado los archivos de idioma, WordPress traducirá las funciones de WordPress para textos en archivos PHP (consulte el capítulo de WordPress y PHP, sección Las funciones para los textos en los archivos PHP).

Ejemplo para un tema nativo de base con el primer método

La función para los textos siguientes se traduce por: “Nada encontrado”:

```
<?php _e('Nothing Found', 'twentytwentyone' ); ?>
```

WordPress detecta el idioma establecido durante la instalación.

Verifica que el idioma está configurado en español. También detecta en la función de textos que la carpeta se corresponde con twentytwentyone.

A continuación, busca en la carpeta wp-content/languages/themes el archivo twentytwenty-es_ES.mo y encuentra la cadena correspondiente, luego la reemplaza en la plantilla de página.

Es exactamente el mismo principio en el caso de una extensión.

En el caso de un tema personalizado con el segundo método:

A continuación, la función para los textos del tema The mobility, se traducirá como: "Nada encontrado":

```
<?php _e('Nothing Found', 'themobility' ); ?>
```

WordPress detecta el idioma establecido durante la instalación.

Verifica que el idioma es el español. También detecta en la función de textos que la carpeta se corresponde con themobility.

Si no encuentra la traducción relacionada con este tema en la carpeta wp-content/languages, comprobará si encuentra la función `load_theme_textdomain()`, que le indicará la ruta a la carpeta en la que se encuentran los archivos de traducción o el comentario de configuración.

Luego busca en la carpeta wp-content/themes/themobility/languages (ruta especificada en la función `load_theme_textdomain()` o en el comentario de configuración) el archivo es_ES.mo, y encuentra la cadena correspondiente, luego la reemplaza en la plantilla de página. Puede indicar la ruta que desee.

3. Utilizar el software Poedit

Poedit es un software para traducir temas y extensiones manualmente. Puede buscar las diferentes funciones de traducción `__()`, `_e()`, etc. de un tema o extensión, lo cual es muy práctico.

Si realiza actualizaciones con nuevas traducciones, Poedit solo necesita un clic para buscar los nuevos textos. También puede traducir archivos .po o .mo directamente en la administración de WordPress, gracias a las extensiones WPML y WPML String Translation (consulte el capítulo Las extensiones y los widgets).

3.1 Descargar e instalar el software

Poedit es un software libre de código abierto. La versión actual es 3.4.4.

Descargue el software Poedit del sitio web oficial, en esta dirección: https://poedit.net/download

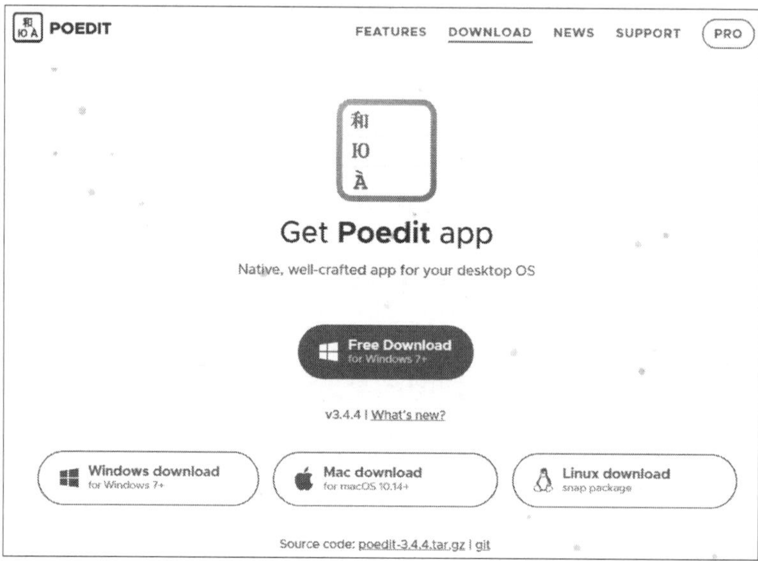

Página de descarga del sitio ***Poedit***

Después, instale el software siguiendo las instrucciones.

3.2 Crear el archivo de idioma

Pulse en **Archivo** - **Nuevo**.

Se abre una ventana donde debe elegir el idioma.

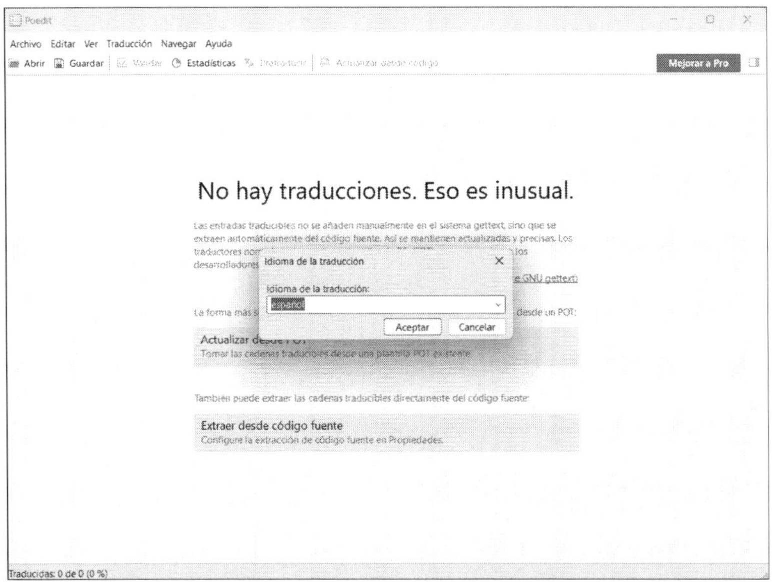

Ventana del software Poedit para elegir el idioma

Luego vaya al menú **Traducción** - **Propiedades**

En la pestaña **Propiedades de traducción**, complete los campos **Nombre del proyecto y versión**, y **Equipo de traductores**.

Algunos consejos para completar los campos:

- Para **Idioma**, elija **es_ES** o **español** (si la traducción es español, normalmente ya eligió el idioma al abrir la ventana que permite elegir el idioma de traducción).
- Para el **Conjunto de caracteres**: **UTF-8**.
- Para el **Conjunto de caracteres del código fuente**, el encoding de sus archivos.

- Para **Formas de plural**, use las reglas predeterminadas para ese idioma que se corresponden con `nplurals=2; plural=(n> 1);` para traducciones al español; de lo contrario, consulte la documentación para las formas plurales: https://poedit.net/trac/wiki/Doc/PluralForms

  Enlace a formas plurales para cada país: http://docs.translatehouse.org/projects/localization-guide/en/latest/l10n/pluralforms.html?id=l10n/pluralforms

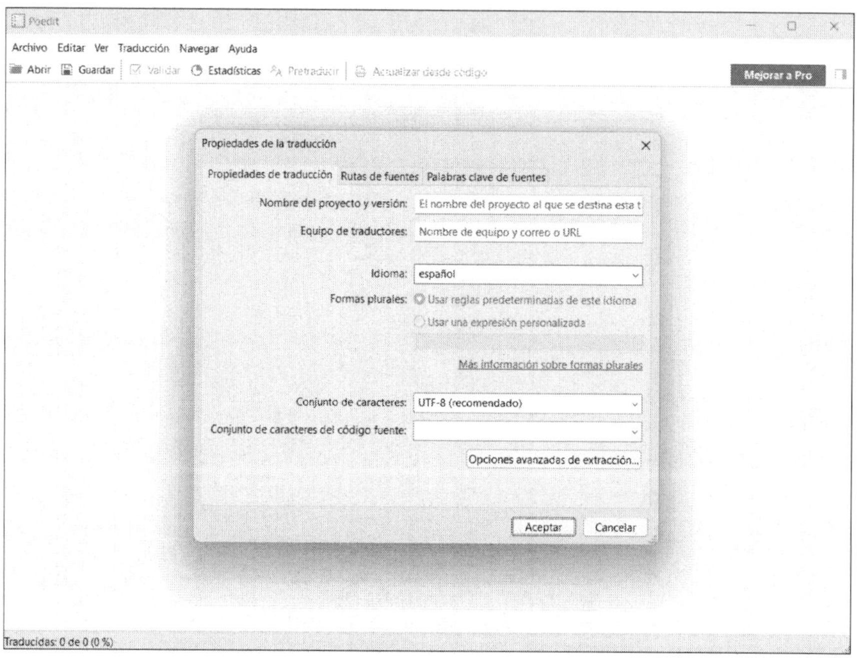

Ventana ***Propiedades de la traducción*** *- pestaña* ***Propiedades de traducción*** *de Poedit. Adapte la información a su caso.*

En la pestaña **Rutas de fuentes**, especifique el **Directorio raíz** de la carpeta origen a traducir. Primero debe guardar el archivo en la carpeta languages de su tema. Para un archivo español, llámelo es_ES.

Descargue la extensión o el tema para traducir en el escritorio o en una carpeta dedicada. Si está utilizando Wamp, puede apuntar la dirección directamente a la carpeta languages de su tema. Luego guarde el archivo.

Luego, en el área **Rutas**, seleccione su tema. Por ejemplo, si el tema Themobility está en el escritorio, la ruta de la carpeta tiene el formato C:/Usuarios/Nombre_de_usuario/Escritorio/themobility. Sustituya Nombre_de_usuario con el nombre que coincida con la carpeta en su ordenador. El campo **Rutas excluidas** se corresponde con la ruta de los archivos que no desea traducir.

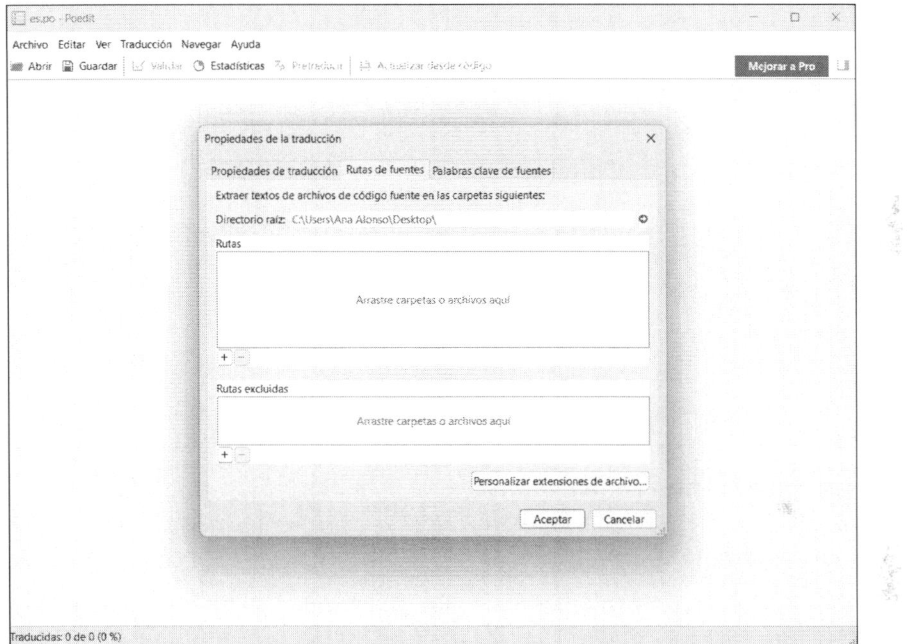

*Ventana **Propiedades de la traducción** - pestaña **Rutas de fuentes** de Poedit. La ruta se debe adaptar a su caso.*

En la pestaña **Palabras clave de fuentes**, añada las funciones que contienen los campos a traducir: __, _e, _n. Si utiliza las funciones _x, _ex, _nx, añádalas.

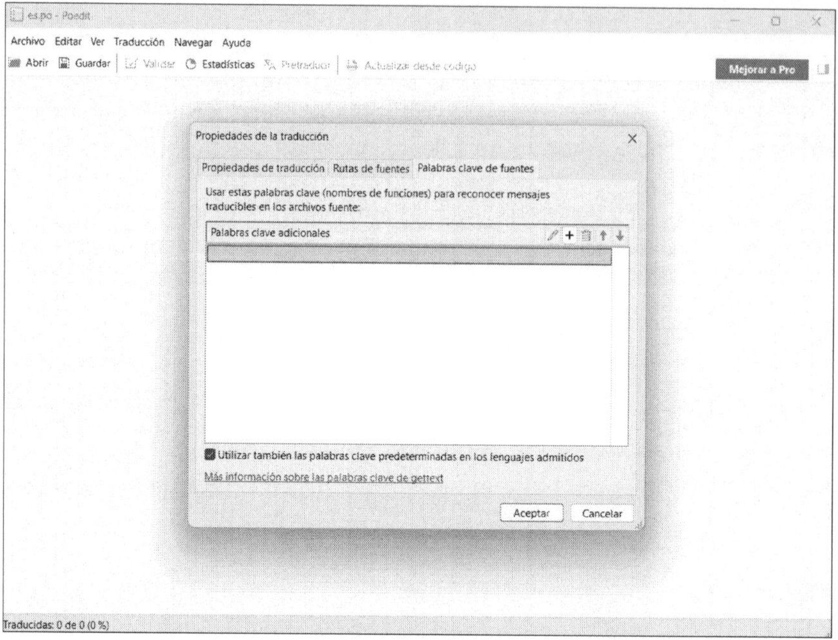

*Ventana **Propiedades de la traducción** - pestaña **Palabras clave de fuentes** de Poedit. Las funciones se deben adaptar a su caso, agregue las funciones que ha utilizado en sus archivos.*

Después pulse en **Aceptar**, y para terminar en **Actualizar**.

3.3 Traducir

La ventana se cierra y, si todo va bien, Poedit muestra una lista de términos para traducir.

Si ocurre un problema, si Poedit no puede encontrar la ruta de la carpeta o las funciones del archivo, compruebe la configuración. Para que vuelva a aparecer la ventana de propiedades del catálogo, vaya al menú **Traducción - Propiedades**.

En la ventana de Poedit, tiene dos columnas, el texto original y la traducción, que brindan una descripción general rápida de todos los campos para traducir.

A continuación, tiene dos ventanas más:

- **Texto de origen**: se corresponde con el texto dentro de sus funciones en sus temas o extensiones.
- **Traducción**: le permite introducir el texto traducido.

En la columna de la derecha:

- **Sugerencias**: Poedit le ofrece sugerencias de traducción.
- **Terminología (versión Pro)**: permite buscar las traducciones y los glosarios aplicados a traducciones anteriores para garantizar la coherencia. Se consulta el archivo actual y nuestra memoria de traducción.
- El botón **Añadir comentario**: si están trabajando varias personas juntas en el archivo, esto le permite dejar un comentario para otros colaboradores.

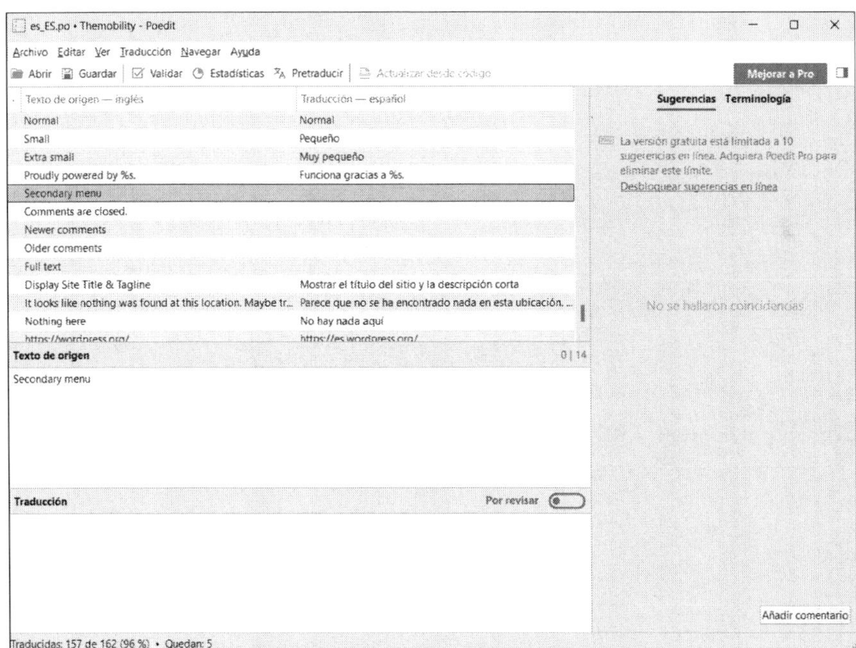

Ventana de Poedit que contiene las cadenas para traducir

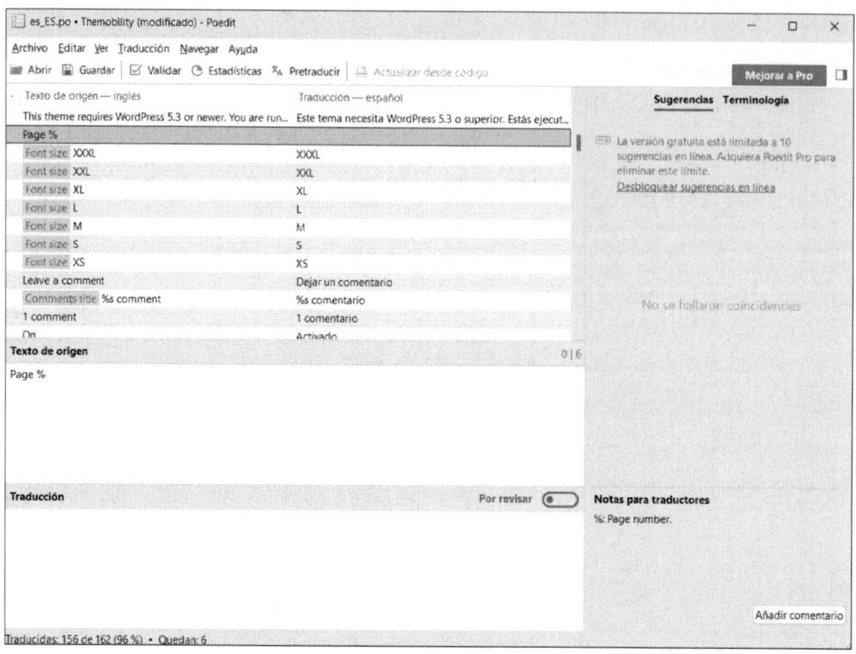

Traducción de una cadena utilizando códigos ASCII para caracteres especiales y una variable, así como las formas Singular y Plural.

Para traducir los textos, debe:

- Mantener las variables con los porcentajes `%` y los dólares `$`, adaptando el texto a traducir.
- Utilizar caracteres ASCII cuando haya caracteres especiales. Este sistema permite certificar la correcta visualización de caracteres especiales y evitar errores.

Algunos códigos ASCII recurrentes en español:

- é: `é`
- &: `&`
- ->: `→`
- ': `’`

Encontrará una lista completa en este sitio:
http://www.web-source.net/symbols.htm#.VBA9wxZc9TM

A medida que traduce los textos, la columna de la derecha se llena.

Puede verificar el archivo haciendo clic en el botón **Validar**, esto le indica si hay algún error de sintaxis en el archivo.

Al final, haga clic en el botón **Guardar**.

Se crean dos archivos, es_ES.po y es_ES.mo.

Algunas extensiones o temas usan un prefijo como los temas predeterminados. Para aplicar un prefijo a sus archivos de idioma, debe usar la función `load_textdomain()` y la global `$l10n`. Para obtener más información, visite:
https://developer.wordpress.org/reference/functions/load_textdomain

4. Utilizar los archivos en un tema o una extensión

Se presentan varias soluciones.

Primer método

Con el comentario `Text Domain:` en el comentario de configuración de un tema (style.css) o de un plugin (miplugin.php).

Deberá especificarse el comentario `Domain Path:` si el archivo está en una carpeta distinta a la carpeta languages.

Ejemplo para el archivo CSS del tema The mobility

```
/*
Theme Name: The mobility
Author: Laurent Dumoulin
Description: Tema mobility
Version: 1.0
Text Domain: themobility
Domain Path: /languages
*/
```

Eso significa que la cadena de las funciones de los textos es **themobility**.

```
<?php _e( 'Nothing Found', 'themobility' ); ?>
```

y que el archivo de traducción se encuentra en la carpeta **languages** del tema.

Para el plugin **My breadcrump** de capítulo Crear una extensión sencilla en PHP, hay que añadir el siguiente código en el encabezado del archivo **mybreadcrumb.php**:

```
/*
Plugin Name: My breadcrumb
Description: Rastro de migas de pan para los artículos y las páginas
Version: 1.0
Text Domain: mybreadcrumb
Domain Path: /languages
[...]
*/
```

La cadena para buscar tendrá la siguiente forma:

```
<?php _e( 'Nothing Found', 'mybreadcrumb' ); ?>
```

Segundo método

Debe descargar los archivos .mo o .po en la carpeta wp-content/languages/themes, en el caso de un tema y wp-content/languages/plugin en el caso de una extensión, con el nombre de archivo nombredelacarpetadelplugin: ES_es.mo y nombredelacarpetadelplugin-ES_es.po, y de manera similar en el caso de un tema con el nombre de la carpeta del tema.

WordPress interpreta las traducciones directamente.

Tercer método

Cree una carpeta languages o lang en el tema o la extensión y transfiera ahí los archivos.

Para que WordPress lo entienda, use la función `load_theme_textdomain()` en el archivo functions.php, en el caso de un tema.

Para una extensión, use la función `load_plugin_textdomain()` en el archivo PHP principal de la extensión (por ejemplo, mybreadcrumb.php para la extensión del capítulo Crear una extensión sencilla en PHP).

Estas dos funciones funcionan igual:

```
<?php load_theme_textdomain($domain, $path ) ?>
<?php load_plugin_textdomain($domain, $path ) ?>
```

- `$domain`: acepta el identificador único que encuentra al utilizar las funciones de traducción. Suele corresponderse con el nombre de la extensión o del tema.

  Ejemplo: `__('mi cadena para traducir', $domain)`
- `$path` (opcional): acepta la ruta de la carpeta que contiene el archivo .mo.

  Ejemplo para el tema The mobility, en el archivo functions.php:

```
load_theme_textdomain('themobility');
```

Ejemplo de un tema personal usando el segundo método (el archivo functions.php):

```
load_theme_textdomain('mitema', get_template_directory() .
'/languages');
```

5. Traducir las nuevas cadenas

Para traducir las nuevas cadenas en los temas o extensiones, actualice los archivos que descargó en el escritorio o en una carpeta específica.

Luego, edite el archivo .po o .pot y haga clic en **Actualizar desde código fuente** del menú de Poedit. Entonces Poedit busca automáticamente nuevas cadenas para traducir.

Solo necesita guardar y transferir los nuevos archivos.

Si ciertas traducciones no le convienen en ciertos temas o extensiones, puede editar los archivos .po o .pot de la misma manera.

6. Traducir las páginas y los artículos

WordPress no le permite traducir el contenido de artículos y páginas, debe pasar por una extensión. Hay muchos complementos de traducción excelentes disponibles para WordPress. Consulte el capítulo Las extensiones y los widgets - sección Las grandes extensiones.

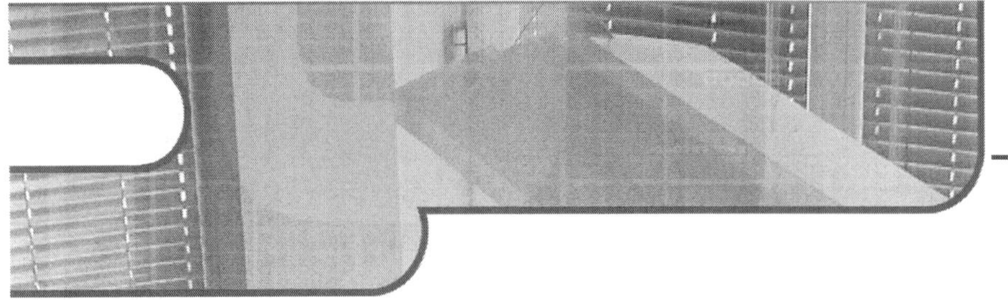

Capítulo 16
Optimizar y proteger un sitio web

1. Introducción

Optimizar y proteger su sitio de WordPress al 100 % es imposible, a menos que cree un sitio personalizado y desarrolle sus propias funcionalidades. De hecho, WordPress es una cáscara vacía donde los temas y extensiones se desarrollan por diferentes desarrolladores, que codifican de una manera diferente. A veces se producen conflictos entre extensiones.

Las diversas extensiones tienen archivos CSS y JavaScript independientes, a veces no es posible combinarlos en un solo archivo, como sería una buena práctica.

No todos los desarrolladores establecen una fecha para hacer al mismo tiempo las actualizaciones de WordPress, los temas y extensiones. A veces, algunas extensiones ya no se desarrollan o no se actualizan. Todo esto crea muchos fallos potenciales en el sistema WordPress.

Es absolutamente necesario hacer copia de seguridad de su sitio y su base de datos, para evitar cualquier posible problema (caída de la base de datos, virus o pirateo, operaciones malintencionadas, etc.).

Si tiene una copia de seguridad del sitio web, puede restaurarla en poco tiempo. Si se pierde la base de datos, se pierde toda la información de su sitio: artículos, páginas, configuraciones, etc.

Por tanto, es fundamental realizar una copia de seguridad periódica de su sitio web. Estos consejos se aplican a todos los sitios web y no solo a WordPress.

Siga los consejos dados en la administración del sitio web, pestaña **Herramientas** - **Salud del sitio**. El estado del sitio web le dice cómo mejorar su sitio antes de mejorar el rendimiento, pero también analiza la seguridad. Los problemas críticos se deben corregir sin falta.

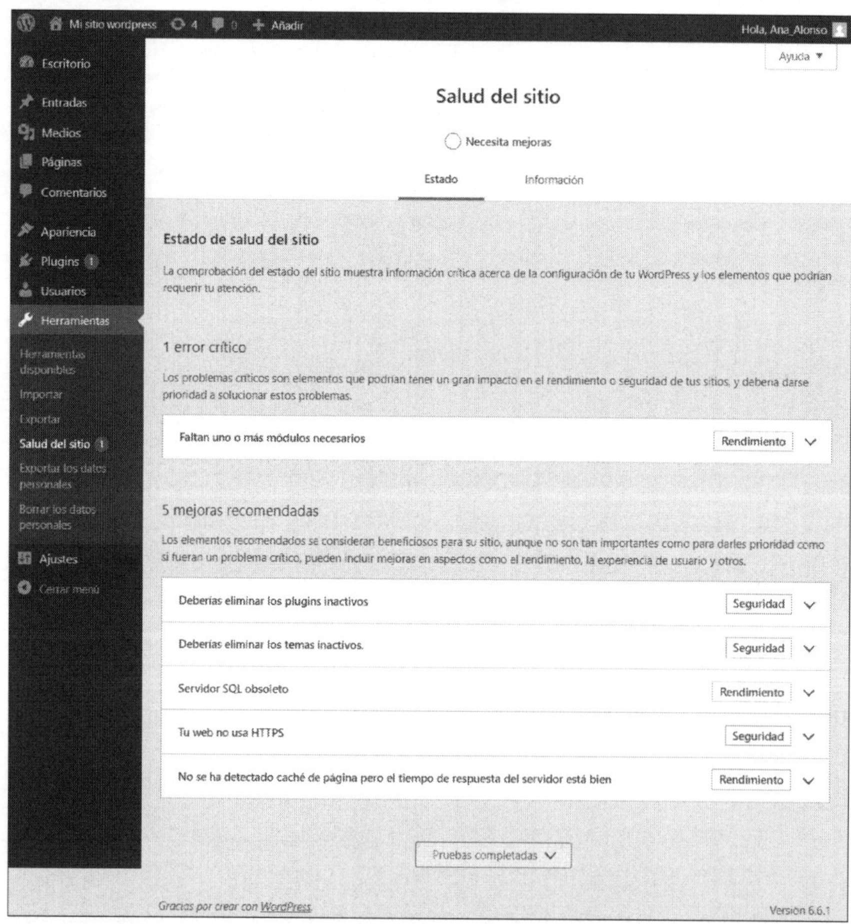

Página salud del sitio web, pestaña ***Herramientas*** *-* ***Salud del sitio***

2. Optimizar un sitio web

Algunos consejos y mejores prácticas pueden optimizar WordPress. Aquí hay algunos, que a veces requieren el uso de consultas SQL. Entonces, antes de hacer estas operaciones, haga una copia de seguridad de su base de datos, debido a que cualquier manipulación en la base de datos puede provocar un mal funcionamiento del sitio, o incluso una pérdida de datos.

No olvide cambiar el prefijo de la consulta por el prefijo de su tabla, o indicar el nombre correcto de la tabla en algunos casos.

Muchos plugins también le permiten optimizar la base de datos de WordPress y algunos incluyen acciones que se utilizan a continuación.

Aquí hay algunas manipulaciones de optimización:

- En la medida de lo posible, incluya los scripts JavaScript en el pie de página, antes de la etiqueta de cierre `</body>`.
- Combine los archivos CSS en uno solo y haga lo mismo con los archivos JavaScript, si es posible. La cantidad de extensiones a menudo hace que la manipulación sea imposible.
- Compacte los CSS y los JavaScript con gzip, si es posible (algunas extensiones de caché ofrecen esto).
- Optimice sus imágenes para la Web antes de importarlas a WordPress, utilizando software de edición de imágenes como Fireworks, GIMP o Photoshop y guárdelas para la Web.
- Utilice un sistema de almacenamiento en caché, si tiene un sitio voluminoso.
- Evite instalar demasiadas extensiones. Verifique la fiabilidad de las extensiones antes de instalarlas. Elimine las extensiones y los temas que no está usando (consumen recursos y pueden ser posibles agujeros de seguridad).
- Elimine las funciones PHP que realizan consultas a la base de datos y coloque el código en duro (es decir, inserte el código HTML directamente en los archivos del tema, sin utilizar funciones PHP que generan el código HTML), como las rutas URL o la información del blog, etc. cuando usa la función `blog_info()`, por ejemplo.

- Vacíe la papelera de reciclaje automáticamente para no sobrecargar la base de datos con entradas innecesarias. Para vaciar la papelera automáticamente, use esta línea de código en el archivo wp-config.php:

```
define ('EMPTY_TRASH_DAYS', 5);
```

  En este ejemplo, la papelera de reciclaje se vacía automáticamente cada cinco días.

- Limitar y eliminar revisiones de artículos o páginas. Siempre que guarda artículos o páginas o durante la redacción, WordPress realiza copias de seguridad automáticas, almacenadas en la base de datos. Con el tiempo, esto sobrecarga la base de datos innecesariamente.

  Para evitar esto, inserte el siguiente código en el archivo wp-config.php y limite el número de revisiones.

  Deteniéndolas:

```
define ('WP_POST_REVISIONS', false);
```

  O limitándolas, aquí a 5:

```
define ('WP_POST_REVISIONS', 5);
```

  También puede limitar el tiempo entre copias de seguridad automáticas, aquí 1 hora:

```
define ('AUTOSAVE_INTERVAL', 3600);
```

  Para eliminar todas las revisiones de la base de datos, utilice la siguiente consulta SQL:

```
DELETE FROM wp_posts WHERE post_type = 'revision';
```

- Elimine el "guardado automático" (auto-draft) de artículos o páginas. Puede suprimir el "guardado automático" al escribir artículos o páginas, con la siguiente consulta SQL:

```
DELETE FROM wp_posts WHERE post_status = 'auto-draft';
```

- Limpie la tabla wp_commentmeta. Si usa la extensión Akismet, sobrecarga de manera importante la tabla wp_commentmeta. Utilice estas consultas SQL para limpiar la base de datos:

```
DELETE FROM wp_commentmeta
WHERE comment_id NOT IN (
SELECT comment_id
FROM wp_comments);
```

  y:

```
DELETE FROM wp_commentmeta
WHERE meta_key LIKE '%akismet%';
```

- Utilice esta consulta SQL para eliminar todos los pingbacks:

```
DELETE FROM wp_comments WHERE comment_type = 'pingback';
```

- Utilice esta consulta SQL para eliminar comentarios de spam:

```
DELETE FROM wp_comments WHERE comment_approved = 'spam';
```

  Estos son los valores posibles para la columna `comment_approved`:

  0 = comentario en curso de validación.

  1 = comentario aprobado.

  `spam` = comentario clasificado como spam.

- Borre los datos temporales de la tabla de opciones. La tabla wp_options acumula una gran cantidad de datos, a veces innecesarios, especialmente si ha probado o usado muchas extensiones. Al eliminar extensiones, los desarrolladores no necesariamente eliminan las entradas o algunas tablas... Si desea eliminar tablas, asegúrese de que sean las correctas, de lo contrario perderá la información que contienen y la extensión asociada ya no funcionará.

  Para limpiar la tabla de opciones, use esta consulta SQL:

```
DELETE FROM wp_options WHERE option_name LIKE '% transient%'
```

- Optimice las tablas de la base de datos. Las bases de datos tienen una función de optimización original. En caso de limpieza, utilice esta consulta SQL, recuperará el espacio utilizado y desfragmentará la base de datos.

```
OPTIMIZE TABLE nombre_de_la_tabla
```

Puede optimizar la tabla directamente a través de la interfaz de su base de datos:

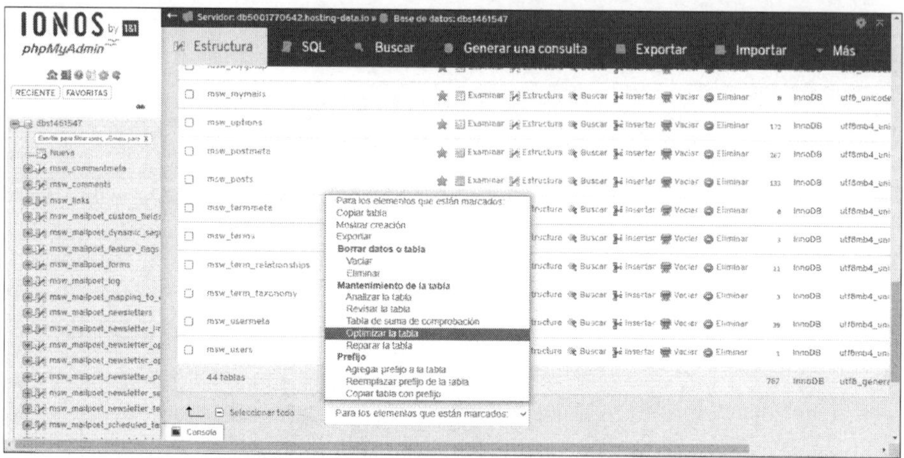

*En el panel phpMyAdmin, puede optimizar la(s) tabla(s), marcando las tablas implicadas y luego seleccionando **Optimizar la tabla**, en la lista desplegable*

Las extensiones también le permiten realizar acciones directamente mediante la administración del sitio.

3. Proteger un sitio

Para proteger WordPress, se necesitan algunas buenas prácticas. Recuerde realizar copias de seguridad periódicas, lo que permite, en caso de un hackeo, restaurar el sitio web rápidamente y no perder todo el trabajo realizado en el sitio web. Sin una copia de seguridad, corre el riesgo de empezar desde cero y perderlo todo.

Nadie está a salvo de un ataque, pero para evitar ser pirateado, siga estos consejos:

- Verifique su oferta de alojamiento. Su oferta puede incluir copias de seguridad automáticas de su sitio.
- Su alojamiento también puede ofrecer herramientas de seguridad, según su oferta.
- Compruebe que su versión de PHP sea la recomendada para su versión de WordPress, así como la versión de PhpMyAdmin.
- Compruebe que los módulos de Apache y PHP recomendados por WordPress estén activados.
- Active el certificado SSL (*Secure Sockets Layer*), para tener una URL que comience con https:// y de esta manera, establecer una conexión segura (encriptada y protegida) entre un servidor web que aloja un sitio y un usuario de Internet, que se conecta o utiliza este sitio web. También es una buena práctica para todos los sitios y Google la recomienda encarecidamente.
- Mantenga WordPress actualizado tanto como sea posible. Puede ser difícil y lento actualizar WordPress, especialmente cuando numerosas extensiones corren el riesgo de no ser compatibles, o cuando tiene que esperar a que los desarrolladores de una extensión carguen la versión actualizada. Sin embargo, es importante realizar estas actualizaciones para proteger WordPress. De hecho, una actualización de WordPress, de las extensiones o de los temas a menudo corrige problemas relacionados con la seguridad, problemas de los que han informado otros desarrolladores.
- Utilice contraseñas complejas con letras mayúsculas y minúsculas, números y caracteres especiales, para sus conexiones a FTP, a las bases de datos, a la cuenta de su anfitrión y a la administración. Varíe las contraseñas y tenga cuidado de no olvidarlas. Evite guardar estas contraseñas en su ordenador.
- Evite usar un nombre sencillo cuando se conecte a la administración, como: admin.
- Utilice la extensión Akismet y una extensión captcha para los formularios. Esto evitará los correos electrónicos no deseados. Lo mismo ocurre con los comentarios, el formulario de contacto o el registro en el sitio.

– No llame a su base de datos "WordPress". Es demasiado común para los sitios de WordPress: es la primera opción que usaría un hacker, sobre todo porque es el nombre que se le da por defecto.

– Oculte errores de inicio de sesión a la administración de WordPress. Al iniciar sesión en la administración, WordPress indica si la contraseña o el nombre es incorrecto, una información potencial que no se debe indicar al hacker.

– Añada este hook al archivo functions.php:

```
add_filter('login_errors',create_function('$error', "return
'Error de conexión';"));
```

– Cambie los prefijos de las tablas. Al instalar su sitio web, el prefijo de tabla predeterminado es wp_. Entonces, es fácil para un pirata informático conocer la estructura de su base de datos. Por tanto, es necesario cambiar los prefijos de las tablas. Si no lo hizo durante la instalación, puede modificarlos gracias a las consultas SQL.

Primero, cambie el prefijo en el archivo wp-config.php:

```
$table_prefix = 'wp_';
```

Para el ejemplo, utilice el prefijo: msw_.

En wp-config.php, debe escribir:

```
$table_prefix = 'msw_';
```

Después, en su base de datos, ejecute la siguiente consulta SQL, cambiando el prefijo anterior por el nuevo, usando la consulta SQL `RENAME`:

```
Rename table antiguoprefijo_commentmeta to
nuevoprefijo_commentmeta;
```

Lo que genera, con el prefijo msw_:

```
Rename table wp_commentmeta to msw_commentmeta;
Rename table wp_comments to msw_comments;
Rename table wp_links to msw_links;
Rename table wp_options to msw_options;
Rename table wp_postmeta to msw_postmeta;
Rename table wp_posts to msw_posts;

Rename table wp_termmeta to msw_termmeta;
Rename table wp_terms to msw_terms;
```

```
Rename table wp_term_relationships to msw_term_relationships;
Rename table wp_term_taxonomy to msw_term_taxonomy;
Rename table wp_usermeta to msw_usermeta;
Rename table wp_users to msw_users;
```

Si ha instalado extensiones y estas han instalado tablas, también debe cambiarles el nombre de la misma manera.

Ahora debemos cambiar el prefijo en la tabla de opciones recién renombrada y en la tabla usermeta, con las siguientes consultas SQL:

```
UPDATE `msw_options`
SET `option_name` = REPLACE(option_name, 'wp_', 'msw_')
WHERE `option_name` LIKE 'wp_%';
```

```
UPDATE `msw_usermeta`
SET `meta_key` = REPLACE(meta_key, 'wp_', 'msw_')
WHERE `meta_key` LIKE 'wp_%';
```

Además, debe buscar dentro de las tablas de extensiones el prefijo antiguo, para cambiarles el nombre también.

- Utilice claves de seguridad. Estas claves de seguridad se utilizan para cifrar las cookies. Se encuentran en el archivo wp-config.php. Si no están presentes, puede generarlas en https://api.wordpress.org/secret-key/1.1/salt y reemplazarlas en el archivo wp-config.php.

  Ejemplo:

```
define('AUTH_KEY', '{G[#QqvW/QlM<qyw{gCYtK$_+f+%gc-8fT)~%6kbJ(5.NL=puMZp_jJ@J7T]7}B&');

define('SECURE_AUTH_KEY', 'Z^3YSKDb}o)wjD-x$}4-PEyz_E/a0h@*;W}w.<*/(<Z5to;8+@!_TS-SZr.eie}z');

define('LOGGED_IN_KEY', '~t^cVs6sJ3 NJ5M+q3O5Tte%q54Qj(>4V7pV]wUTZhK;gf_M8zw|BS[+hyrrD9pd');

define('NONCE_KEY', ':hR!9p{/5M&`{Cr<1e_fQKtt;4i-$G[|ZxhC9Hs}DQUJ4nW+UT7KcY]j1/]DEABR');

define('AUTH_SALT', 'ELp{=w5l>|xK%AK3bOm:fatR96E`XL|(j*7Vuxw&V]+;#W];V*%P6g)5ED%%E|H');

define('SECURE_AUTH_SALT', '~f$njS.MyQ)EG,Q1JjeHPN!C-RK@C=3o7w-bWf|b|Oh=g$`z^C?pP2^&1Y*dzs[1');

define('LOGGED_IN_SALT', '%iG-p4/R8CZ~hQ?Ux8xk*HPToKCNFkoJtKC9@F_,0;wlWN[&=hrz[Bp4F0p2oF+K');

define('NONCE_SALT', ' Bm+38t,T~|606.4$CjzL-SST(I$[aK9%3,Ejb0~=K;.yXOAI|b454f8O~`biZL');
```

- Utilice un archivo index.php vacío. Si un pirata informático accede a sus archivos o si ocurre un problema en el sitio web, esto impide la visualización de su arborescencia en la pantalla de los usuarios de Internet, quienes verán una página en blanco.

– Oculte la versión de WordPress. Esto permite que un pirata informático explote los fallos conocidos relacionados con esta versión de WordPress. La versión de WordPress aparece en su sitio web, ya sea al pie de página (en cuyo caso, elimine esta línea en el archivo footer.php) o en las meta-etiquetas.

  Si en el archivo header.php aparece esta línea, elimínela:

```
<meta name="generator" content="Wordpress <?php bloginfo
('version'); ?>" />
```

  Si la versión aún aparece en el código fuente de su sitio web, agregue esta acción al archivo functions.php:

```
<?php remove_action('wp_head', 'wp_generator'); ?>
```

También elimine el archivo readme.html en la raíz del sitio de WordPress, ya que contiene la versión de WordPress.

Para eliminar la versión del sitio en el feed RSS de WordPress, agregue este código al archivo functions.php:

```
add_filter('get_the_generator_rss2', '__return_false');
add_filter('get_the_generator_atom', '__return_false');
```

– Evite el acceso a ciertos directorios o archivos con el archivo .htaccess.

  Proteja el acceso al archivo wp-config.php agregando el siguiente código al archivo .htaccess:

```
<FilesMatch ^wp-config.php$>
 order allow,deny
 deny from all
</FilesMatch>
```

  Proteja el acceso al archivo .htaccess añadiéndole el siguiente código:

```
<Files .htaccess>
order allow,deny
deny from all
</Files>
```

  Proteja el acceso a los directorios añadiendo al archivo .htaccess el siguiente código:

```
Options All -Indexes
```

- Si realiza consultas SQL en sus temas o extensiones, no olvide proteger sus consultas SQL y sus campos de formulario, para evitar cualquier inserción de código.

  Utilice el método `prepare ()` del objeto `wpdb` para consultas SQL o funciones clásicas de PHP, que permiten proteger la inserción en la base de datos.
- En caso de un ataque a su sitio, es necesario que realice estas acciones lo antes posible:
  - Limpiar el sitio eliminando los archivos corruptos o restaurar el sitio con una copia de seguridad (archivos y base de datos).
  - Cambiar la contraseña de su base de datos usando la interfaz de administración de su host; no olvide reemplazarla en el archivo wp-config.php.
  - Cambiar la contraseña de su cuenta FTP usando la interfaz de administración de su host; no olvide actualizar la contraseña en su software FTP y su editor de texto.
  - Cambiar la contraseña de acceso a la interfaz de administración de su host.
  - Cambiar la contraseña de todos los administradores del sitio web.
- Si tiene varios sitios en el mismo servidor, es preferible comprobar todos los sitios presentes en el servidor, porque un virus se puede propagar e infectar todo el servidor.
- Para identificar archivos contaminados, puede descargar los archivos de su sitio a su ordenador, asegurándose de que su antivirus esté activado y actualizado. Mientras descarga archivos, el antivirus detectará archivos maliciosos y le mostrará la ruta hacia ellos. Luego tendrá que eliminarlos o ponerlos en cuarentena, para después eliminarlos en el servidor. También puede utilizar la extensión Wordfence (consulte el capítulo Las extensiones y los widgets, sección Las extensiones para la administración).
- Utilice la extensión WordFence que le permitirá escanear su sitio y comparar los archivos. Puede recibir alertas por correo electrónico si surgen problemas de seguridad. Esta extensión es muy completa y ofrece muchas herramientas de seguridad como: un firewall, un sistema de escaneo, estadísticas del número de ataques, un sistema de listas negras, etc.
  https://www.wordfence.com/

Capítulo 17
Copia de seguridad de un sitio web

1. Introducción

Es fundamental hacer una copia de seguridad de su sitio web, con regularidad. Nunca se sabe lo que puede pasar (pirateo del sitio, del servidor, virus, spam, inyecciones de SQL, etc.). Un problema surge rápidamente y solo se necesita una vez para perderlo todo.

Tampoco es necesario hacer demasiadas copias de seguridad, sino a medida que evoluciona el sitio de Internet. No tiene sentido hacer una copia de seguridad de un sitio con poco contenido nuevo cada semana. Por el contrario, un sitio con muchos colaboradores y que publican diez artículos por día debe ser respaldado regularmente.

Se recomienda hacer una copia de seguridad antes de cualquier intervención en la base de datos, al actualizar WordPress, extensiones o temas. Pero también al optimizar la base de datos, etc.

Para guardar un sitio web, debe:

- Descargar los archivos WordPress que están en el FTP.
- Guardar la base de datos SQL.

2. Descargar los archivos por FTP

Para descargar los archivos del servidor, conéctese con su software FTP (FileZilla, Cyberduck, etc.) y transfiera los archivos de su sitio a su ordenador. Tenga cuidado de comprobar que se hayan descargado todos los archivos.

Cree una carpeta y almacene diferentes versiones en varias carpetas, dependiendo de la evolución del sitio. Nombrar la carpeta con el título de su sitio web y la fecha le ayudará a orientarse más adelante.

Copie estos archivos con cuidado en un disco duro externo o CD-ROM o transfiera estos datos a un servidor en la nube como Dropbox o Google Drive.

La transferencia puede llevar mucho tiempo, comprima los archivos si tiene muchas fotos o archivos multimedia de audio y vídeo. Asegúrese de tener una buena conexión a Internet.

3. Hacer copia de seguridad de la base de datos

Para hacer una copia de seguridad de la base de datos, conéctese a la interfaz de su base de datos (phpMyAdmin, MySQL Workbench, etc.), haga clic en la pestaña **Exportar** y exporte la base de datos. Puede exportar la base de datos seleccionando **Rápido**. **Personalizado** le permite mostrar todas las opciones, incluida la exportación en varios formatos: .sql, .zip, .gzip, etc.

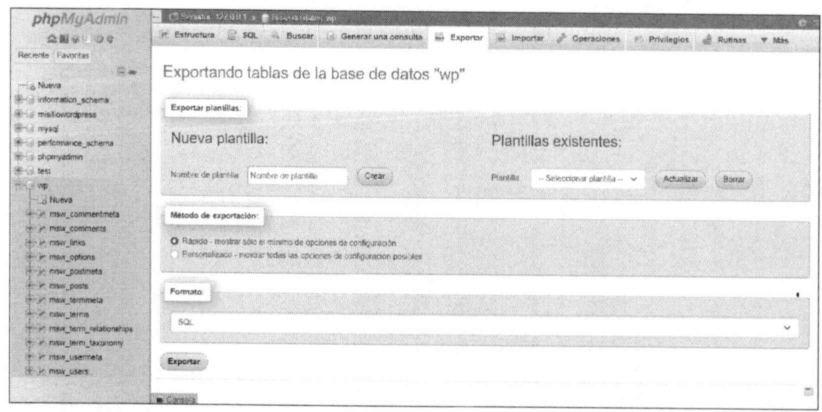

*Exportación rápida en formato **.sql** usando **phpMyAdmin***

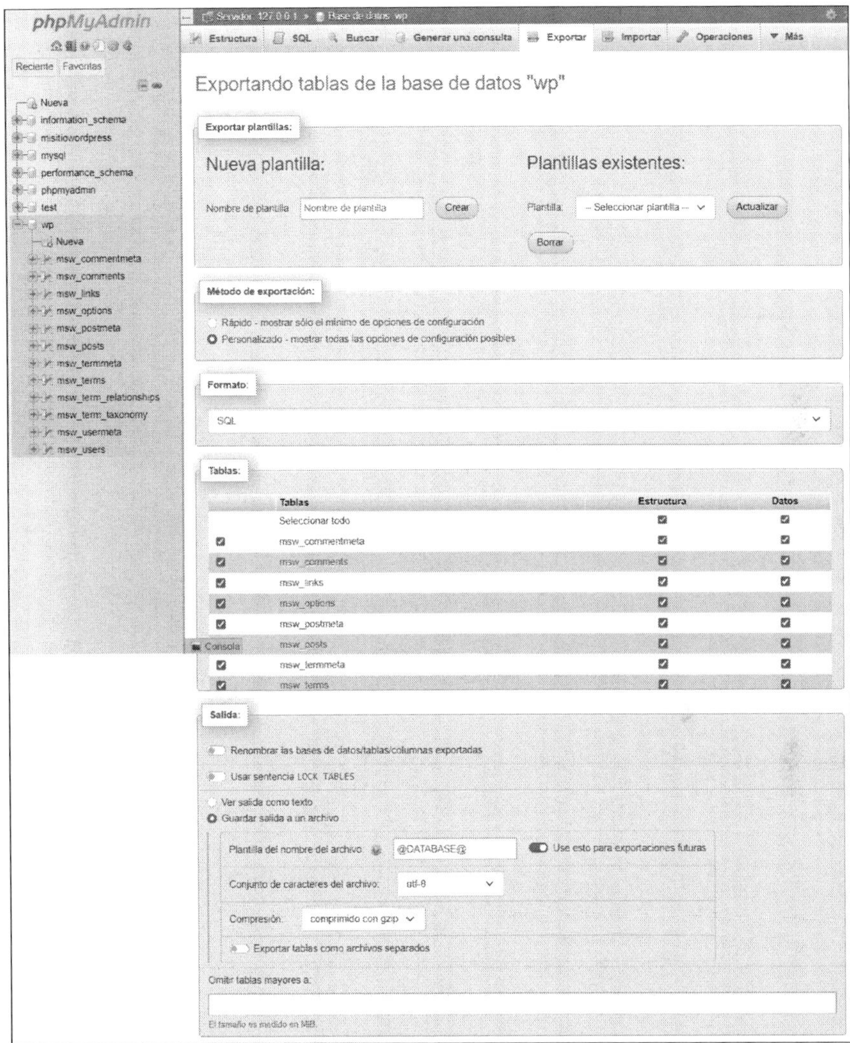

*Exportación **Personalizada** en formato comprimido **.gzip** usando **phpMyAdmin***

Una vez conectado a la interfaz, seleccione la base de datos que desea exportar, luego haga clic en el botón **Exportar**. Elija el formato y valide. El archivo se descarga en su ordenador.

Puede guardarlo varias veces, una vez comprimido y otra descomprimido. Después coloque los archivos de copia de seguridad de la base de datos en la misma carpeta que los archivos del sitio web.

Dependiendo de su interfaz, el manejo puede ser diferente, pero encontrará fácilmente en Internet el procedimiento para exportar correctamente su base de datos.

Observación

Enlace al códex WordPress:
https://developer.wordpress.org/advanced-administration/security/backup/database/

También puede utilizar una extensión que realiza la manipulación a través de la administración de WordPress, por ejemplo All in one wp migration, BackWPup o Duplicator. BackWPup también puede hacer copias de seguridad automáticas a través de FTP o enviarle la base de datos por correo electrónico o a un servidor en línea, como Dropbox.

Como último recurso, la mayoría de los proveedores de alojamiento realizan copias de seguridad periódicas. Consulta los términos de tu oferta de alojamiento para obtener más información. Sin embargo, siempre es mejor tener una copia en casa.

4. Restablecer el sitio en caso de fallo importante

Si su sitio web deja de funcionar (por ejemplo, actualizó WordPress y ya no se muestra nada), si ha realizado una copia de seguridad de sus archivos y de su base de datos, puede restaurar su sitio rápidamente al estado en que estaba en la fecha de la copia de seguridad.

Cambie el nombre del directorio en el FTP (generalmente www, para cambiar el nombre a www_last), luego cree un nuevo directorio con el mismo nombre (www) y transfiérale los archivos de su copia de seguridad.

La creación de dos directorios le permite cambiar rápidamente entre ellos, renombrándolos sin tener que volver a transferir todos los archivos cada vez. Al final de la operación, puede eliminar fácilmente la carpeta anterior.

Seguidamente, en su base de datos importe el archivo SQL o el archivo comprimido.

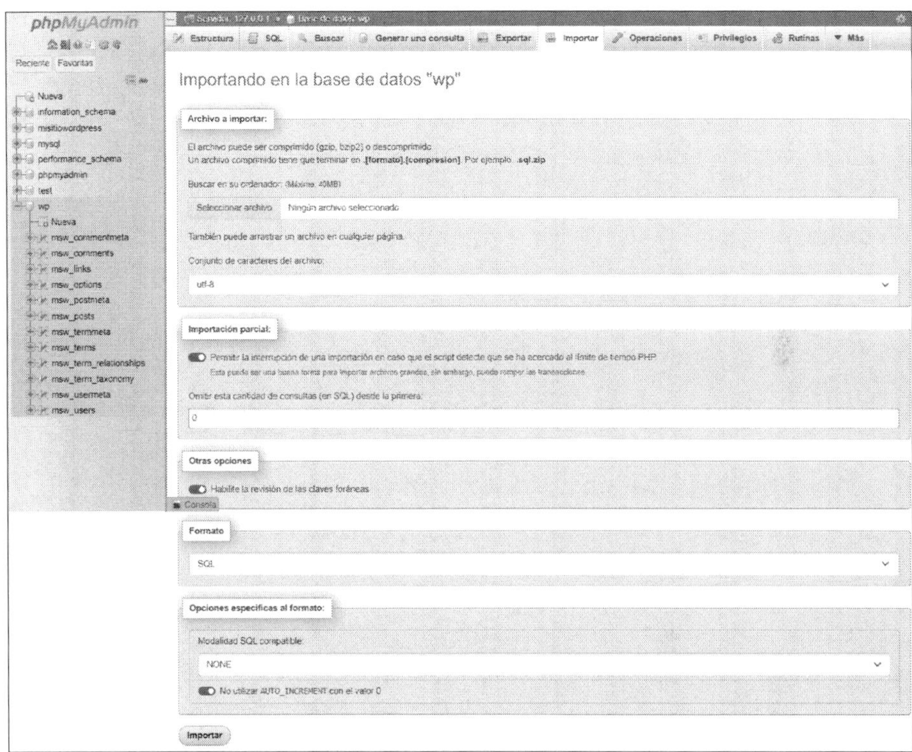

Página de importación de ***phpMyAdmin***

Espere a que la interfaz de la base de datos termine de leer el archivo. Esto puede llevar algún tiempo dependiendo del tamaño de su archivo y de las capacidades del servidor.

Sin embargo, tenga cuidado con el peso de los archivos SQL. A veces los hosts imponen un límite de tamaño. Para solucionar el problema, puede importar la base de datos utilizando archivos PHP, en particular gracias al script BigDump: https://www.ozerov.de/bigdump/

Hay varios tutoriales en español que detallan las operaciones que se deben realizar, por ejemplo: http://q-interactiva.com/2012/09/importar-ficheros-sql-de-gran-tamano-en-mysql/

En caso de problema, y como último recurso, durante la importación de la base de datos inserte manualmente mediante una consulta SQL, el contenido del archivo de copia de seguridad de la base de datos. Algunas veces el archivo tiene un error y no hay otra forma de restaurar la base de datos que hacer este laborioso trabajo, evitando la línea que presenta el error.

A menudo, son las tablas de los complementos las que presentan el problema. Puede importar solo las tablas nativas de WordPress y después reinstalar y volver a configurar los complementos.

Aquí están las comprobaciones básicas en caso de problemas:

- Verifique que el archivo wp-config.php tenga la información correcta sobre la base de datos.
- Verifique que la URL apunte al directorio correcto para su alojamiento.
- Compruebe que su software FTP haya transferido todos los archivos correctamente.
- Limpie la caché de su navegador.

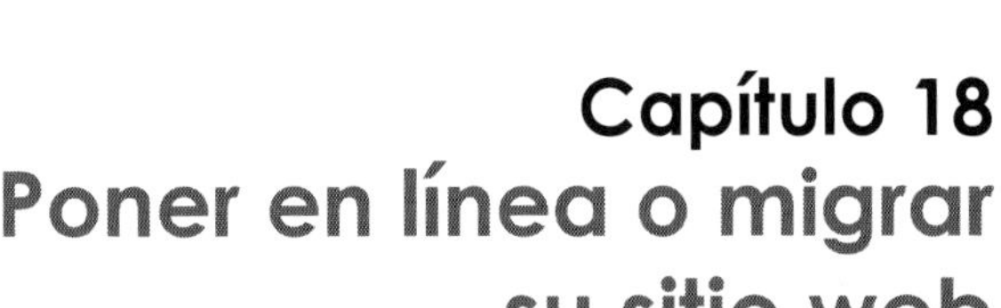

Capítulo 18
Poner en línea o migrar su sitio web

1. Introducción

Ha creado su sitio web en local y desea ponerlo en línea, o simplemente cambiar su host y la URL. En este capítulo, le explicamos las operaciones que debe realizar.

Estas operaciones no son fáciles de realizar y requieren ciertos conocimientos. Por eso es recomendable crear el sitio directamente en línea y utilizar una página de espera como **Sitio en construcción** (para la extensión de la página de espera, consulte el capítulo Las extensiones y los widgets).

Si ha realizado una copia de seguridad adecuada de sus archivos y su base de datos, será muy fácil encontrar un proveedor de servicios para realizar la migración. También puede utilizar una extensión como Duplicator o All in one wp migration.

Para los experimentados, hay algunas cosas que deben saber sobre WordPress, y puede realizar estas operaciones fácilmente.

Para poner el sitio en línea o cambiar de host, haga una copia de seguridad de sus archivos y su base de datos.

Puede hacer varias copias de seguridad, una manual y otra con una extensión como Duplicator. Dos precauciones son mejores que una. Recuerde: si no tiene una copia de seguridad, será imposible restaurar un sitio si los archivos o la base de datos desaparecieran.

Su host ofrece o incorpora un servicio de copia de seguridad gratuito o de pago según la suscripción.

2. Importar la base de datos

Cree una base de datos en su host, luego vaya a su interfaz de administración, por ejemplo phpMyAdmin. Elija el mismo cotejamiento que la copia de seguridad; de lo contrario, puede encontrar problemas de codificación de caracteres. Asigne un nombre a la nueva base de datos y luego selecciónela.

Asegúrese de tener una buena conexión a Internet. Seguidamente, importe la copia de seguridad de su base de datos a la nueva base de datos, generalmente haciendo clic en la pestaña **Importar** y luego en **Examinar**. Espere hasta que su interfaz haya terminado de leer el archivo. Esto se puede demorar un tiempo, dependiendo del tamaño de su archivo.

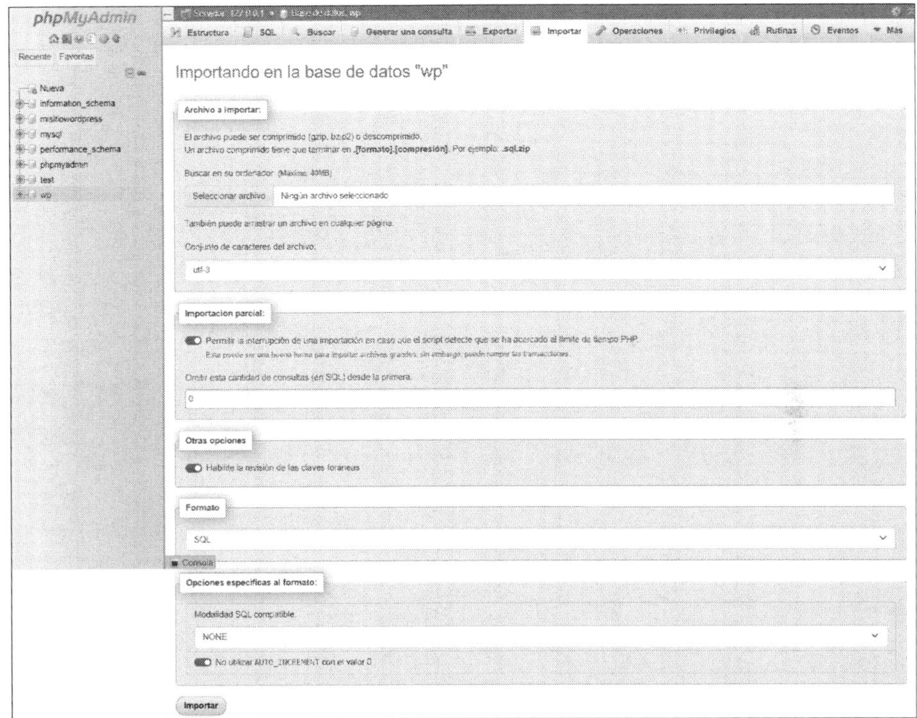

Página de ***Importación*** *de* ***phpMyAdmin***

Si su archivo .sql es demasiado grande, intente importar un archivo comprimido o utilice un script PHP de importación de base de datos voluminosa, como Big-Dump: https://www.ozerov.de/bigdump

Un tutorial en español detalla las operaciones que se deben realizar: http://q-interactiva.com/2012/09/importar-ficheros-sql-de-gran-tamano-en-mysql/

En caso de que tenga problemas, y como último recurso, al importar la base de datos inserte manualmente mediante una consulta SQL el contenido del archivo de respaldo de la base de datos. Algunas veces el archivo tiene un error, y para restaurar la base de datos no queda otra opción que realizar este laborioso trabajo, evitando la línea que presenta el error.

A menudo, las tablas de las extensiones son el problema. Puede importar solo las tablas nativas de WordPress, luego reinstalar y volver a configurar los complementos usando la administración.

3. Modificar las URL con consultas SQL

Para que la base de datos funcione en su nuevo alojamiento, cambie las URL correspondientes. De hecho, si estuviera localmente en un servidor virtual, las URL tienen el formato http://localhost y, en el caso de una migración, las URL tienen la dirección del sitio web anterior. Si es la misma URL, este paso no es útil para usted. De lo contrario, reemplace la URL anterior por la nueva en toda la base de datos.

Utilice esta consulta SQL para modificar las URL principales en las tablas nativas de WordPress:

```
# Cambiar la URL del sitio
UPDATE wp_options
SET option_value = REPLACE(option_value,
'http://www.viejositio.es', 'http://www.nuevositio.es')
WHERE option_name = 'home'
OR option_name = 'siteurl';

# Cambiar las URL de los GUID (enlaces a los artículos)
UPDATE wp_posts
SET guid = REPLACE(guid, 'http://www.viejositio.es',
'http://www.nuevositio.es');

# Cambiar las URL de los contenidos de los artículos (enlaces, medios, etc.)
UPDATE wp_posts
SET post_content = REPLACE(post_content,
'http://www.viejositio.es', 'http://www.nuevositio.es');

# Cambiar las URL de los datos meta de los posts
UPDATE wp_postmeta
SET meta_value = REPLACE(meta_value,
'http://www.viejositio.es','http://www.nuevositio.es');
```

Reemplace los prefijos de las tablas en las consultas SQL, en este ejemplo: wp_. El prefijo de sus tablas puede ser diferente en su caso. Recuerde que utilizó el prefijom sw_ en varios ejemplos de capítulos anteriores.

Reemplace las URL en la consulta SQL, es decir, http://www.viejositio.es por la URL anterior, por ejemplo: http://localhost/misitio y http://www.nuevo-sitio.es, por su nueva URL.

No coloque una barra "/" al final de las URL. Una vez realizados los cambios, pegue este código en el campo SQL de la interfaz de su base de datos.

Si comete un error en el código, el sitio no funcionará, tendrá que eliminar la base de datos y comenzar de nuevo la operación.

Algunas extensiones guardan las URL en la base de datos, también se deben modificar. Esto se puede encontrar en varios lugares, en las propias tablas de la extensión, en las tablas wp_options o wp_postmeta.

En general, las extensiones evitan guardar las URL en una base de datos. En su lugar utilizan una función que recupera las URL. Pero tiene que comprobarlo para cada tabla. Para eso, haga una búsqueda usando `like%...%`. `like% ...%` le permite tener en cuenta los caracteres antes y después del término de búsqueda en sus consultas SQL.

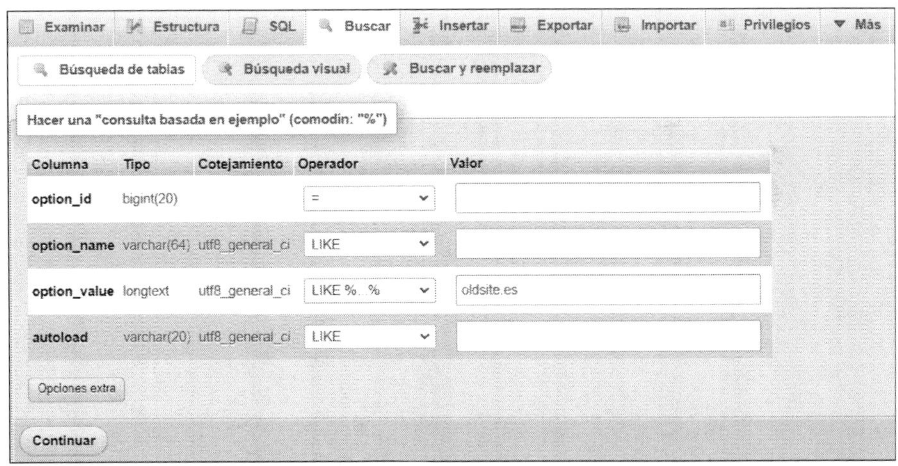

Página de ***phpMyAdmin****, pestaña* ***Buscar***

En phpMyAdmin, seleccione la tabla de opciones (wp_options si su prefijo es wp_), luego ejecute una búsqueda de todas las cadenas que contienen viejositio.es, para el campo `option_value`. Si no se devuelve ninguna fila, la URL ya no existe; de lo contrario, modifique las filas con la URL correcta. viejositio.es es un ejemplo, tiene que adaptar la búsqueda a su caso.

También puede editar el archivo SQL en un editor de texto y buscar y reemplazar con el objetivo de cambiar la URL anterior, en todo el archivo SQL.

4. Transferir los archivos y modificar el archivo wp-config.php

Transfiera los archivos de su copia de seguridad al nuevo host utilizando un software FTP, excepto el archivo .htaccess, si existe. Si creó un archivo robots.txt, no olvide editarlo o eliminarlo también.

Modifique el archivo wp-config.php, en la raíz de su sitio, porque la información ya no es correcta.

Busque las siguientes líneas de código: nombre de la base de datos, nombre de usuario, contraseña, URL del servidor de la base de datos y prefijos de tablas.

Reemplace la información anterior por la nueva.

Ejemplo

```
/** Nombre de la base de datos de WordPress. */
define('DB_NAME', 'su_nombre_de_bdd');

/** Usuario de la base de datos MySQL. */
define('DB_USER', 'su_usuario_de_bdd');

/** Contraseña de la base de datos MySQL. */
define('DB_PASSWORD', 'su_mdp_de_bdd');

/** Dirección del host MySQL. */
define('DB_HOST', 'localhost');
$table_prefix = 'wp_';
```

Compruebe que no haya archivos que utilicen direcciones URL en duro en los archivos PHP de su tema; de lo contrario, deberá actualizar la información de los archivos implicados.

Recuerde apuntar la URL de su nuevo sitio a la carpeta correcta, si tiene varios sitios web en su alojamiento.

No olvide desmarcar la casilla de la administración que permite no indexar el sitio web, en **Ajustes** - **Lectura**, si desea indexar su sitio en los motores de búsqueda.

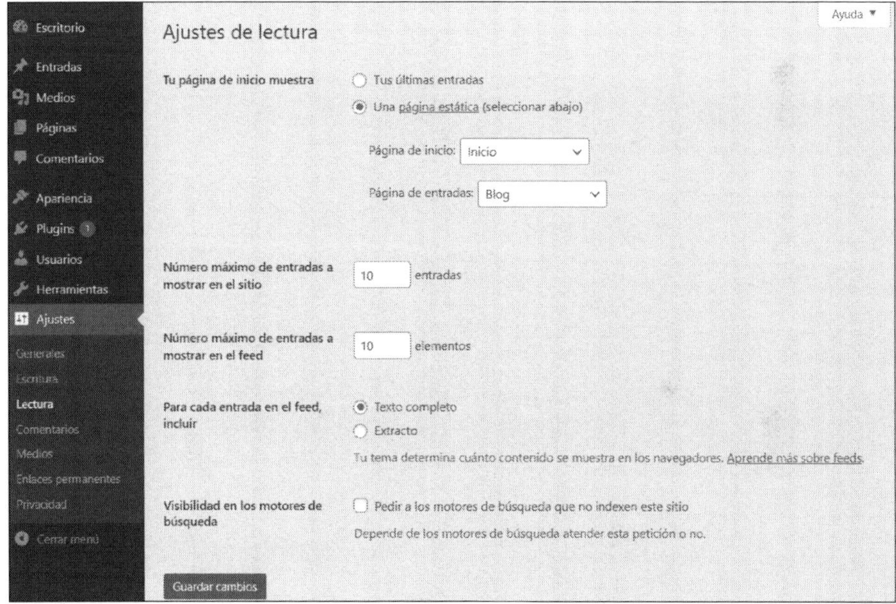

*Página **Ajustes** - **Lectura** de la administración de WordPress*

Capítulo 19
El SEO

1. ¿Qué es el SEO?

El SEO permitirá que su sitio sea visible en Internet. Para ello debe respetar algunas reglas. Estas reglas son establecidas por los motores de búsqueda para aumentar la visibilidad. Hay robots que analizan constantemente las páginas nuevas en la web y desencriptan el código de las páginas para saber si el contenido es relevante para el internauta. Por ello, es primordial saber qué hay que hacer para que los robots indexen su sitio correctamente en los motores de búsqueda.

WordPress incluye características básicas que ayudarán a que su sitio se clasifique bien. Existen muchas extensiones o plugins para ayudarle. La más utilizada es Yoast SEO, que es gratuita e incluye herramientas para mejorar el SEO de las páginas. Asimismo, propone herramientas de análisis, rastro de migas de pan, mapas del sitio, optimización de las etiquetas meta, etc.

2. El SEO natural y WordPress

El SEO natural cumple las mismas reglas para todos los sitios web. Si ya está acostumbrado a estas prácticas, le resultará muy fácil aplicarlas en su sitio web de WordPress. Aquí veremos qué herramientas ofrece WordPress para mejorar su SEO natural y qué problemas puede encontrar con ciertos temas.

2.1 Las etiquetas H

Las etiquetas H (o título de nivel en HTML), son esenciales para el SEO natural. Se corresponden con un título que tiene más o menos valor según su nivel. Las etiquetas H van del nivel 1 al 6, siendo 1 el valor más alto. Cada página web debe contener una etiqueta H1. La etiqueta H1 define el título principal de la página.

Google sabrá entonces cuál es el título principal de la página. Podrá definir el tema principal de la página y conocer cuál es la temática general de esta página. Por lo tanto, las palabras presentes en la etiqueta H1 son una pista para Google, en cuanto al tema de la página. Le da un peso fuerte a estas palabras en su algoritmo de relevancia.

WordPress usa la etiqueta H1 para el título de las páginas y los artículos en la mayoría de los temas. Por tanto, será necesario elegir bien este título para poder referenciar correctamente sus páginas y artículos. Esto es bastante sencillo para las páginas internas del sitio web, pero también tendrá que comprobarlo en la página de inicio.

Dependiendo del tema, la página de inicio no está necesariamente optimizada en términos de la etiqueta H1. Debe asegurarse de esto analizando el código de su sitio, ya sea mostrando la fuente o analizando el código con el inspector de código del navegador. Luego se debe adaptar en consecuencia; algunas veces tendrá que modificar el código en los archivos del tema.

Hay que prestar atención al contenido y no utilizar etiquetas H1 en función del aspecto gráfico, sino pensar bien en términos de SEO y en algunos casos, recomendar una etiqueta H2 en lugar de una etiqueta H1. Si esto no le conviene en términos gráficos, entonces podrá asignarle código CSS. Esto vale para cualquier página. Es absolutamente necesario tener en cuenta primero la semántica del código HTML y no el diseño, que se puede mejorar con CSS.

Estas son las principales reglas a seguir para optimizar sus títulos:

- Tener solo una etiqueta H1 por página (la lógica sigue siendo la misma: identificar el tema principal de una página).
- Escribir diferentes títulos H1 para cada página.
- Utilizar los niveles inferiores (de H2 a H6) para estructurar la página siguiendo una jerarquía.
- Insertar la palabra clave principal de la página en el título H1.
- Aunque no existe una regla sobre el límite de tamaño del título H1, le recomendamos que no exceda aproximadamente los 70 caracteres (es decir, de 5 a 8 palabras).
- Utilizar palabras descriptivas para el contenido de la página (sin secuencia de palabras clave). La prueba es simple: con solo leer el H1, cualquiera debería poder comprender de qué trata la página. Si este no es el caso, seguramente su H1 no es lo suficientemente descriptivo o explícito.

2.2 Los enlaces permanentes

En el menú de WordPress **Ajustes - Enlaces permanentes**, tiene la posibilidad de definir la estructura de sus URL. Esto se corresponde con la URL rewriting o reescritura de URL. Se trata de tener buenas URL, es decir, en lugar de tener variables en la URL de las páginas de su sitio web, como con la estructura **simple**, tendrá palabras clave. Esto tiene como objetivo mejorar la estética, la usabilidad y la durabilidad de sus enlaces, pero también el SEO.

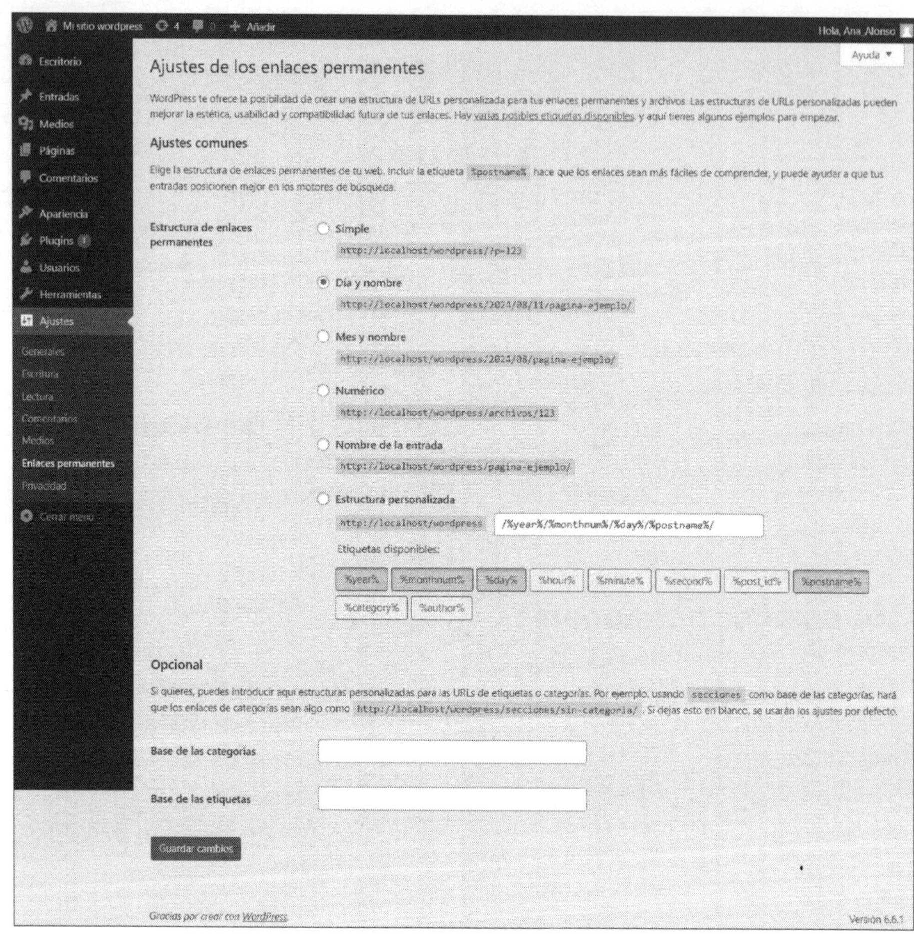

Página ***Ajustes - Enlaces permanentes*** *que permiten la configuración de los enlaces permanentes en WordPress*

Por lo tanto, debe utilizar la estructura adecuada para sus enlaces permanentes. En el caso de un sitio de exhibición, el título de la publicación /%postname%/ sería la estructura más adecuada. En el caso de un blog, la estructura /blog/%year%/% monthnum%/%day%/%postname%/ sería la más adecuada, identificando claramente el contenido de actualidad. El objetivo es facilitar la lectura a visitantes o robots.

La taxonomía no es una excepción a esta regla y tiene la posibilidad de definir el prefijo de las categorías y la base de las etiquetas. En el caso de un sitio web de cocina, por ejemplo, el prefijo de categoría podría ser: Recetas y para las etiquetas sería: Ingredientes. En el caso de un sitio web tipo periódico, el prefijo de categoría podría ser: Noticias y para las etiquetas sería: Palabras clave.

Tiene la posibilidad de escribir manualmente sus enlaces permanentes y así optimizarlos para cada página y cada artículo.

Debe saber que, cuando edite el título de una página o un artículo, el enlace permanente correspondiente a esta página o artículo tendrá la forma del título, si este se ha definido previamente en el menú **Ajustes** - **Enlaces permanentes**, en una estructura que no sea la estructura simple. Si cambia el título más tarde, ya sea por un error o por alguna otra razón, el enlace permanente no cambiará.

Por consiguiente, tendrá que cambiarlo usted mismo, haciendo clic en los ajustes de la página en **Enlace**, situado en el menú lateral derecho, y luego en la URL. Entonces puede volver a escribir la URL, ya sea introduciendo las palabras clave usted mismo (usando guiones entre las palabras) o dejando el campo en blanco. Esta última solución usará el título para volver a crear el enlace permanente.

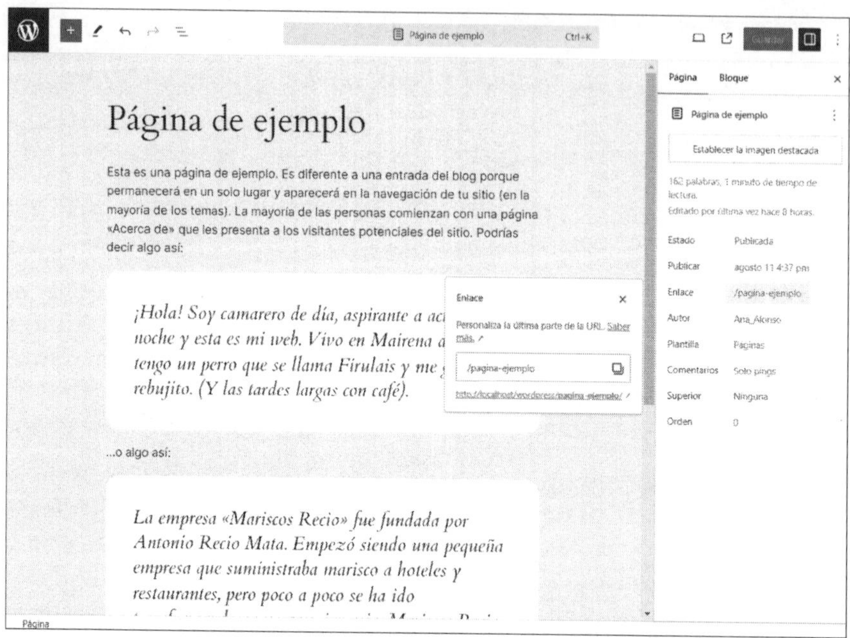

*Modificación del enlace permanente en el campo **Enlace** visible en el resumen para una página*

Para saber más sobre los enlaces permanentes:
https://wordpress.org/documentation/article/page-post-settings-sidebar/#permalink

Para optimizar sus enlaces permanentes, se recomienda:

- concéntrese solo en el tema: sin palabras o artículos innecesarios que lastren su enlace permanente. /blog/consejos-para-un-buen-permalink-en-wordpress se puede convertir en /blog/consejos-optimizacion-permalink-wordpress;
- limite la cantidad de palabras para mantener solo palabras clave;
- use un formato comprensible: use los guiones "-" , y sobre todo evite los guiones bajos "_" para separar cada palabra, porque los motores de búsqueda los interpretan peor.

2.3 Las imágenes

Para optimizar su sitio web también es importante optimizar las imágenes. Comience con el nombre de la foto. Es preferible un formato como `logo-wordpress.jpg` en lugar de `IMG001.jpg`. También es imprescindible no utilizar caracteres acentuados o especiales en el nombre de las imágenes, también se prohíbe el guion bajo; utilice el guion en su lugar.

Para hacer referencia a sus imágenes, es absolutamente necesario agregar un atributo `alt`. En HTML, este atributo está escrito en la etiqueta `img`. Este atributo se debe rellenar con un texto descriptivo de la imagen, conteniendo las palabras clave que permitan el SEO de esta. Al editar una imagen desde la administración de WordPress, el atributo `alt` se corresponde al campo **Texto alternativo**. Si la imagen es para fines decorativos (para el diseño), no es necesario completar este campo. El texto alternativo también permite que se describa la imagen para personas con discapacidad visual.

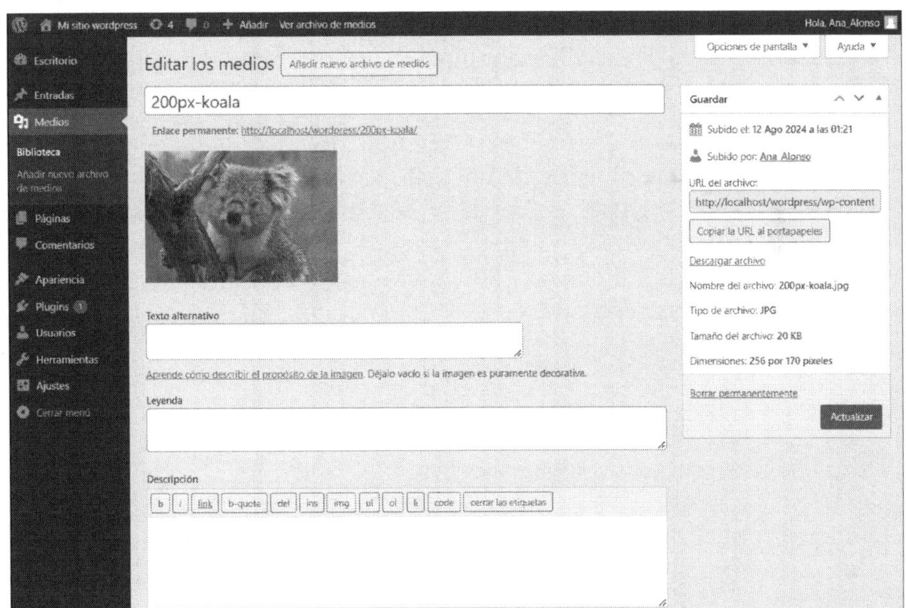

Página de edición de una imagen con el campo ***Texto alternativo***

Para ir más allá en el SEO de imágenes, puede aplicar consejos adicionales:

- Optimizar el tamaño de las imágenes y su carga, utilizando herramientas como Photoshop o Fireworks.
- Ofrecer una imagen única que no existe en Internet. Hoy en día, Google puede identificar fácilmente imágenes similares gracias a la IA (Inteligencia Artificial).
- Agregar un título con palabras clave cercanas a las consultas objetivo. Esto ayudará a Google a entender de qué se trata la imagen y su contexto.

3. Optimizar su sitio durante la carga

Es recomendable optimizar el tiempo de carga de su sitio web para optimizar su SEO. Esto entra dentro de los criterios de un buen SEO.

Una de las reglas de un buen SEO incluye la optimización de imágenes, que deben tener el tamaño adecuado y estar optimizadas para la web, a fin de aumentar su tiempo de carga. Esto se puede hacer con software como Photoshop o Fireworks.

También es necesario optimizar el tiempo de carga de archivos CSS y JavaScript. Muchos complementos ofrecen las herramientas adecuadas como vimos en el capítulo Las extensiones y los widgets, en particular con extensiones para la caché como Wp Super Cache, W3 Total Cache o Wp-rocket, que le permiten comprimir archivos CSS y JavaScript, pero también almacenar en caché las páginas, con el fin de reducir el tiempo de carga del sitio web.

4. Generar más tráfico

Ahora que ha optimizado su sitio web para SEO natural, le gustaría generar más tráfico a su sitio web y aumentarlo con determinadas palabras clave. Algunos son muy competitivos y es difícil llegar a la primera página, a veces incluso será imposible. De hecho, Google clasifica los sitios según notoriedad, antigüedad, relevancia, etc.

Aquí hay otras vías a utilizar para mejorar el SEO de su sitio.

4.1 Google My Business

Google My Business se ha vuelto imprescindible en términos de SEO. De hecho, esto permite a los propietarios de empresas verificar los datos relacionados con su establecimiento, creando un nuevo archivo o reclamando uno existente. La ficha de Google My Business aparece en el servicio Google Maps, así como en los resultados de búsqueda de Google, y todo de forma gratuita.

Enlace de Google My Business:

https://www.google.com/intl/es_es/business/

Página principal para Google ***My Business***

Es muy sencillo registrarse. Simplemente cree una cuenta en el sitio de Google My Business. Una vez hecho esto, se le enviará una carta de Google con un código, luego deberá iniciar sesión en su cuenta y enviarla a la ficha de su establecimiento.

Entonces tendrá la posibilidad de actualizar su ficha con sus datos personales, agregar su dirección, su sitio web, agregar fotos, publicar artículos, promocionar sus productos y servicios, recibir opiniones y comentarios, tener estadísticas sobre la visibilidad de su ficha, etc. Algunas plataformas se pueden agregar a su ficha como votos en Facebook, Tripadvisor, El Tenedor, La guía Michelín, etc. para empresas de turismo y restauración.

De este modo, puede dirigirse a sus clientes geográficamente y atraer nuevos clientes.

También aparecerá en las búsquedas de Google Maps, lo que puede generar un tráfico adicional considerable.

Cabe señalar que una vez creada la ficha My Business, ya no es posible eliminarla, a menos que marque el establecimiento como ya no existente. También debe tenerse en cuenta que Google no verifica la veracidad de las reseñas ni la identidad de las personas que dejan una reseña. Además, Google solo tiene un número limitado de opciones para eliminar reseñas negativas o maliciosas, que no incluyen la difamación.

4.2 Los backlinks y anclas

El sistema de backlinks permite aumentar la popularidad de su sitio web y, por lo tanto, mejorar el SEO. Google considera los enlaces que otros sitios web hacen a su sitio web y, por lo tanto, determina si su sitio es popular. Esto se conoce como Google juice (zumo de Google), por lo que cuanto más "zumo" reciba mejor clasificará su sitio.

Google tiene en cuenta la popularidad y la calidad de los sitios que hacen un enlace hacia el suyo, el objetivo del juego es obtener un número importante de backlinks de calidad hacia una de sus páginas web, lo que tiene el efecto de incrementar su popularidad y visibilidad.

Una página web con buenos backlinks se clasificará mejor en los motores de búsqueda que una página similar sin vínculos entrantes. Por ello, y desde los inicios de la Web, conseguir backlinks ha sido a menudo un pilar de muchas estrategias de SEO.

Pero cuidado, no todos los enlaces son iguales. Algunos incluso pueden ser peligrosos y penalizar su SEO. El objetivo del algoritmo Penguin de Google es precisamente penalizar a los sitios que utilizan técnicas abusivas, para mejorar sus posiciones.

Para crear buenos enlaces, debe seguir algunas reglas:

- Un enlace tiene más peso si está presente en el contenido del artículo o de la página. Por tanto, los enlaces en el pie de página o la sidebar tienen menos peso.
- El enlace debe estar relacionado con el contenido de la página de destino.
- El contenido de la página en la que se coloca el enlace, se debe relacionar con la página de destino o al menos estar en la misma temática.
- Cuanta más notoriedad tenga el sitio en el que se encuentra el enlace, más eficaz será el enlace. Priorice siempre la calidad sobre la cantidad.
- Es mejor tener enlaces de varios sitios web diferentes, en lugar de todos los enlaces procedentes de un solo sitio web. Debemos diversificar las fuentes.

Un enlace entrante en HTML se escribe de la siguiente manera:

```
<a href="http://mienlace.com">texto del enlace</a>
```

Para que un enlace se considere backlink, en ningún caso debe contener el atributo nofollow: `rel="nofollow"`. nofollow significa no seguir, por lo que el enlace no será visto por los motores de búsqueda.

Un ancla consiste en colocar palabras clave sobre las que desea que se haga referencia en el texto del enlace, en nuestro ejemplo en lugar de: `texto del enlace`, debe poner palabras clave. Tenga cuidado de no sobre-optimizar sus enlaces. Google lo detectará con bastante rapidez y corre el riesgo de ser penalizado. Para ello se recomienda utilizar alrededor del 30 % de los enlaces con el nombre del sitio, el 20 % de los enlaces con "pulse aquí", el 10 % de los enlaces con su URL y el 40 % de los enlaces variando las palabras clave de los enlaces anclados.

Un método de intercambio de enlaces llamado triangulación de enlaces, implica el intercambio de enlaces entre tres sitios. En lugar de que cada sitio intercambie enlaces mutuamente con los demás, es decir, que el sitio A intercambie enlaces con el sitio B y viceversa, que el sitio B intercambie enlaces con el sitio C y viceversa, y que el sitio C intercambie enlaces con el sitio A y viceversa. Por el contrario, la técnica consiste en crear un enlace del sitio A al sitio B, del sitio B al sitio C y del sitio C al sitio A. Esta técnica permite un mejor impacto y un mejor resultado en SEO.

Para averiguar la cantidad de backlinks a su sitio, puede realizar una búsqueda en Google introduciendo la URL de su sitio. También puede encontrar herramientas gratuitas para webmasters en Google Search Console, que le dan una idea de qué dominios y páginas le envían enlaces.

4.3 El SEO de pago Google Ads

El SEO de pago o SEA (*Search Engine Advertising*), es un método rápido para aparecer en los primeros resultados en los motores de búsqueda y en Google en particular. El principio del SEA es simple: simplemente consiste en comprar palabras clave del motor de búsqueda de Google, a través el departamento de publicadad Google Ads.

Enlace de la plataforma Google Ads:
https://ads.google.com/intl/es_es/home

Por tanto, el SEO pagado permite, con algunos medios económicos, posicionarse muy rápidamente en la primera página de los resultados de Google y tener visibilidad.

Consiste en la compra de palabras clave: cada vez que un usuario de Internet escribe sus palabras clave en el motor de búsqueda de Google, es probable que aparezca su anuncio, si el usuario de Internet hace clic en su anuncio, se le apunta en su cuenta. Usted define un presupuesto diario para determinadas palabras clave y, cuando se agota su crédito, su publicidad ya no aparece. Las palabras clave tienen un costo por clic basado en la importancia de la palabra clave.

Hay diferentes opciones en los anuncios. También tiene la posibilidad de crear banners o banners animados, que funcionan con el mismo principio de pago por clic.

Google Ads le permite aumentar las ventas, las reservas o las inscripciones en línea gracias a anuncios en línea que redirigen a los usuarios de Internet a su sitio web, recibir más llamadas de clientes a través de anuncios que incluyen su número de teléfono y un botón de llamada directa, atraer a más clientes con anuncios profesionales que ayudan los usuarios a localizar su negocio.

Con Google Ads, se muestran anuncios:

- en las páginas de búsqueda de Google (si escribe la palabra clave "automóvil", aparecen anuncios dirigidos a automóviles);
- en las páginas de búsqueda Google shopping, si vende en línea;
- en Gmail (con AdSense, le dice a un amigo por correo electrónico que está buscando un automóvil, aparecen anuncios de automóviles específicos. El targeting se realiza automáticamente y ningún ser humano lee tu correo electrónico);
- en el buscador de los socios de Google (AOL, Free, Amazon, etc.);
- en la red Display (sitios personales o de terceros que utilizan Google AdSense);
- en aplicaciones para teléfonos inteligentes (a través de su filial AdMob).

Google Ads tiene un sistema de seguimiento y estadísticas que mejora el rendimiento de cada anuncio, para un mejor retorno de la inversión. Un asesor también está disponible por teléfono para guiarlo durante la implementación de sus campañas.

La ventaja es que los anuncios están orientados y aparecen de acuerdo con los resultados de búsqueda de los usuarios de Internet. Más que visitantes, esta es una audiencia que está potencialmente interesada en sus productos o servicios.

5. Otras recomendaciones

Utilice el servicio **Google Analytics** para analizar su sitio web y mejorar su estrategia de marketing en internet. Puede crear informes y segmentos para analizar el tráfico, las búsquedas, etc. Utilizar esta herramienta es fundamental.

Utilice el servicio **Google Trends** para saber qué buscan los internautas de todo el mundo y conocer las palabras clave que son tendencia.

Utilice las **redes sociales** porque son herramientas potentes. Tiene un servicio de publicidad de pago para la plataforma **Facebook**, que permite dirigirse a los internautas según su sexo, edad y otras características. Además, hay otras plataformas que ofrecen servicios similares como Instagram, TikTok... No desaproveche el poder de las redes sociales. Además, crear una comunidad en las redes sociales relacionada con su objetivo es una manera eficaz de fidelizar a futuros clientes. Las páginas como Facebook, Instagram y otras plataformas ofrecen la posibilidad de añadir botones de WhatsApp, correo electrónico, tienda... y proponen herramientas estadísticas eficaces.

Para los contenidos de vídeo, no dude en utilizar **YouTube**, porque así podrá optimizar el SEO de sus vídeos de manera gratuita. Tampoco sobrecargará el servidor y tiene la posibilidad de integrar el vídeo con facilidad dentro de sus páginas web. Además, YouTube optimizará el vídeo por usted.

Es muy recomendable establecer una estrategia de marketing antes de crear su sitio web y durante la redacción del pliego de condiciones para optimizar la visibilidad para los internautas y llegar al público objetivo con más rapidez.

Capítulo 20
WordPress MU

1. Introducción

Este capítulo está dedicado al uso del modo multisitio. Solo explicaremos cómo activarlo. Existen libros dedicados, si desea profundizar en el uso de este modo en particular.

2. ¿Qué es WordPress MU?

WordPress MU o multisitio hace posible convertir WordPress en una red multisitio, es decir, puede crear múltiples sitios web de WordPress desde una única plataforma principal.

El sitio web principal de WordPress gestiona las descargas de extensiones y temas. Estas extensiones y temas se ponen a disposición de otros sitios, que pueden activarlos o no.

Gracias al multisitio, puede ofrecer a los usuarios de Internet crear su propio sitio web desde el suyo, administrar varios de sus sitios web desde un solo sitio de WordPress, crear sitios temporales para administrar ofertas promocionales o eventos, etc.

WordPress es compatible de origen con esta funcionalidad y por lo tanto, no necesita ninguna extensión, es parte del núcleo de WordPress.

La desventaja del multisitio es que, si surge un problema, es probable que los sitios web de la red en su conjunto, dejen de funcionar. Pero también el mantenimiento y la gestión de las diferentes versiones de los sitios web instalados pueden volverse rápidamente inmanejables. La base de datos puede crecer rápidamente, dependiendo de la cantidad de sitios instalados.

En algunos sitios de WordPress, una carpeta mu-plugins se encuentra en la carpeta wp-content. "mu" no significa aquí "multisitio", sino "must-use", por lo que este carpeta no tiene nada que ver con multisitio. Para obtener más información, consulte: https://developer.wordpress.org/advanced-administration/plugins/mu-plugins/. Consulte también el capítulo Crear una extensión sencilla en PHP.

3. Transformar un sitio en WordPress MU

Antes de configurar WordPress MU (antes de cualquier instalación), no olvide hacer una copia de seguridad de los archivos y la base de datos, y desactivar todas las extensiones. Active el módulo `mod_rewrite` de Apache, ya que se utilizará al final de la instalación.

En Wamp, haga clic con el botón derecho del ratón en el ícono de Wamp en la barra de tareas. Luego vaya al menú **Apache** - **Apache modules** y haga clic en **rewrite_module**.

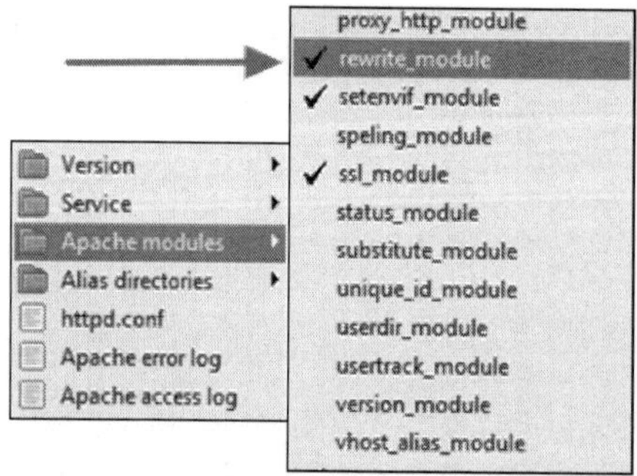

Etapas 1 y 2 para la activación del módulo rewrite de Apache en Wamp

3.1 Activar el multisitio

En el archivo wp-config.php en la raíz del sitio web, agregue la siguiente línea de código que habilita el multisitio web:

```
define('WP_ALLOW_MULTISITE', true);
```

3.2 Configurar y elegir las URL

En el panel de administración, se agrega una nueva pestaña al menú. En la pestaña **Herramientas**, haga clic en el submenú **Configuración de la red**.

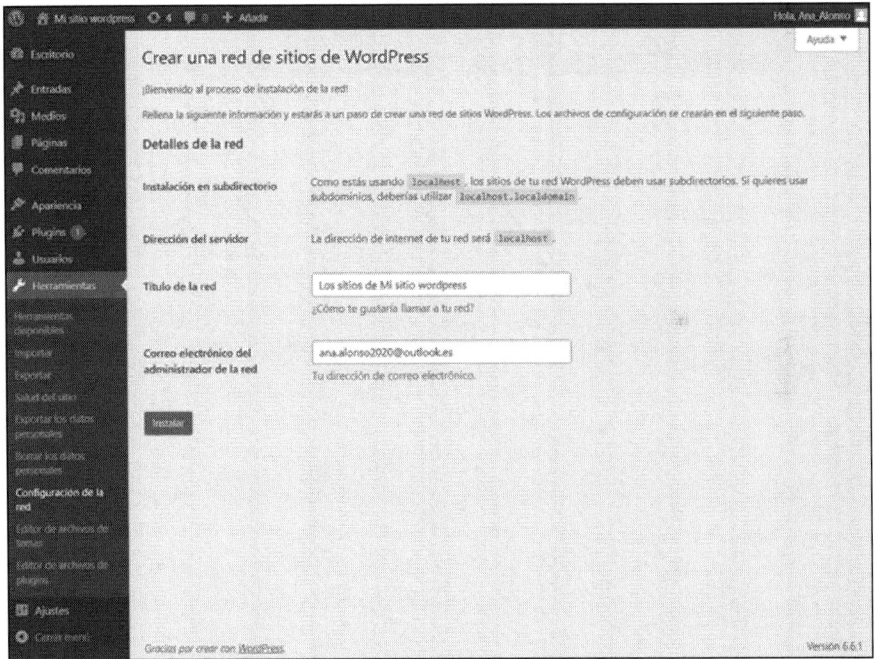

Aquí, la página muestra la URL del host local porque la instalación se realiza en un servidor virtual; de lo contrario, se muestra el nombre de dominio

Nombre su red e introduzca una dirección de correo electrónico. Elija una configuración de URL si desea que los sitios utilicen subdominios o subcarpetas.

Lo ideal es utilizar dominios o subdominios, pero esto requiere configurar el DNS.

También puede elegir un nombre de dominio específico. En este caso, deberá configurar las DNS y ponerse en contacto con su host para ver si esto es posible, de acuerdo con su oferta. El conocimiento técnico para la configuración de las DNS será esencial y las configuraciones pueden ser diferentes según su host.

Luego haga clic en **Instalar**.

3.3 Modificar los archivos wp-config.php y .htaccess

Una vez que haga clic en el botón **Instalar**, debería ver esto en la pantalla:

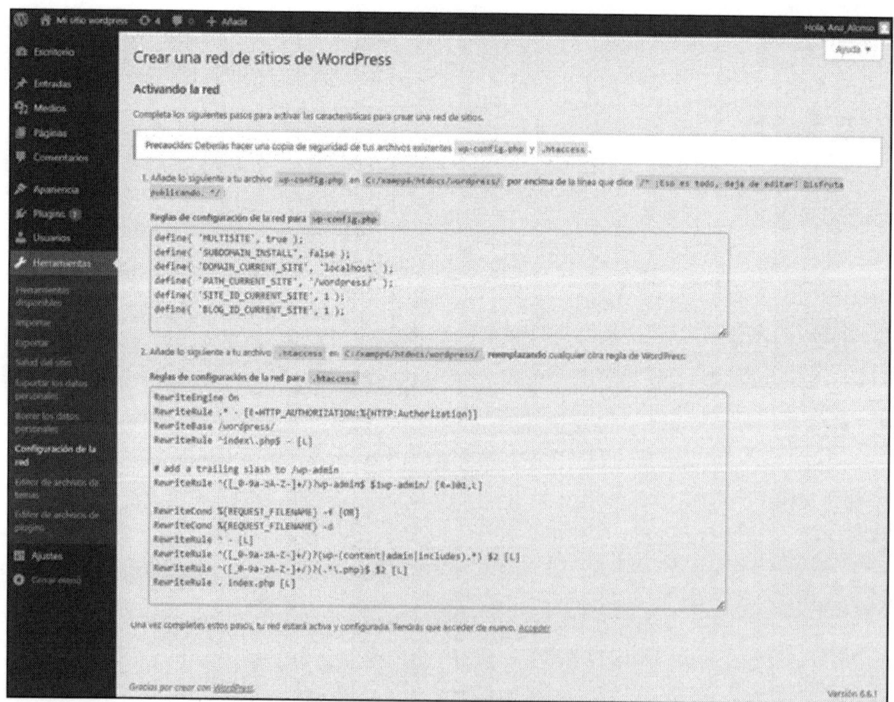

*Página **Herramientas** - **Configuración de la red***

Siga las etapas indicadas:

- Guarde el archivo wp-config.php y el archivo .htaccess.
- Agregue las líneas de código al archivo wp-config.php, para copiar y pegar.
- Agregue las líneas de código indicadas al archivo .htaccess, para copiar y pegar, en lugar de las líneas iniciales de código.

Una vez que haya completado las etapas, su red está activada y configurada. Debe volver a conectarse.

4. Administrar una red

En la administración, han aparecido dos nuevas pestañas.

Ahora tiene dos administraciones diferentes: el panel de administración de la red y el panel de administración del sitio actual; cada vez que se crea un sitio, habrá un nuevo panel de administración.

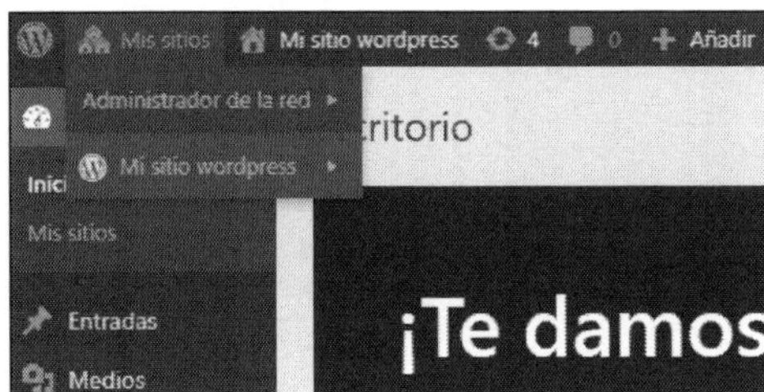

*Menú **Mis sitios** con los submenús **Administrador de la red** y **Mi sitio WordPress***

4.1 En el panel de administración de la red

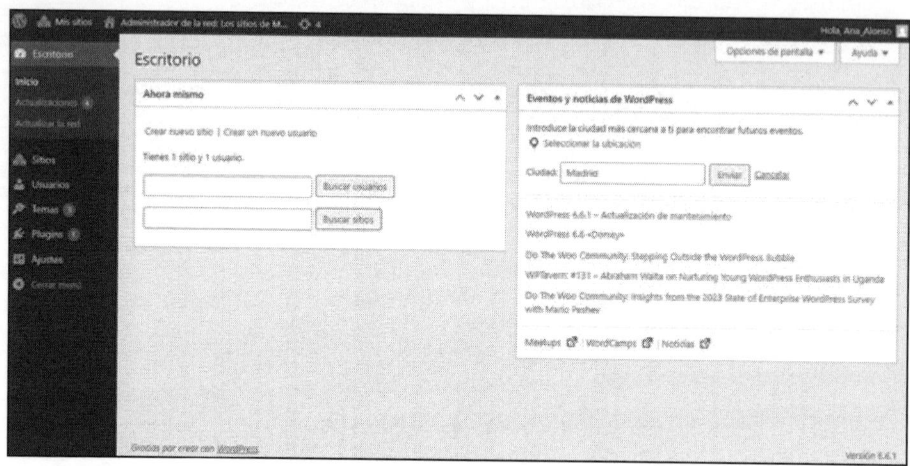

***Escritorio** de la administración de la red*

La pestaña **Escritorio** ofrece la posibilidad de actualizar solo el sitio principal o toda la red.

La pestaña **Sitios** le permite administrar sitios de la red (información, usuarios, temas y configuraciones) y acceder a los paneles de administración de cada sitio web.

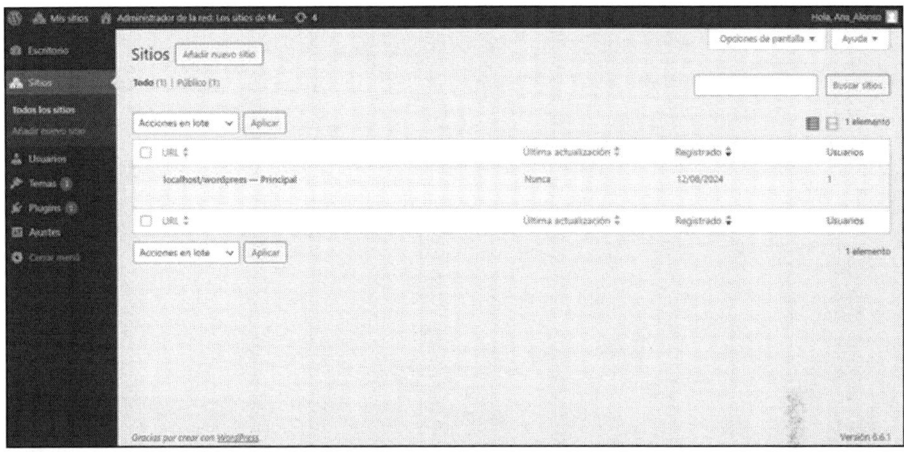

Página ***Sitios***

Una pestaña **Añadir nuevo sitio** permite añadir un sitio web nuevo a la red. Simplemente complete la dirección web, el título, el idioma y el correo electrónico del administrador del sitio.

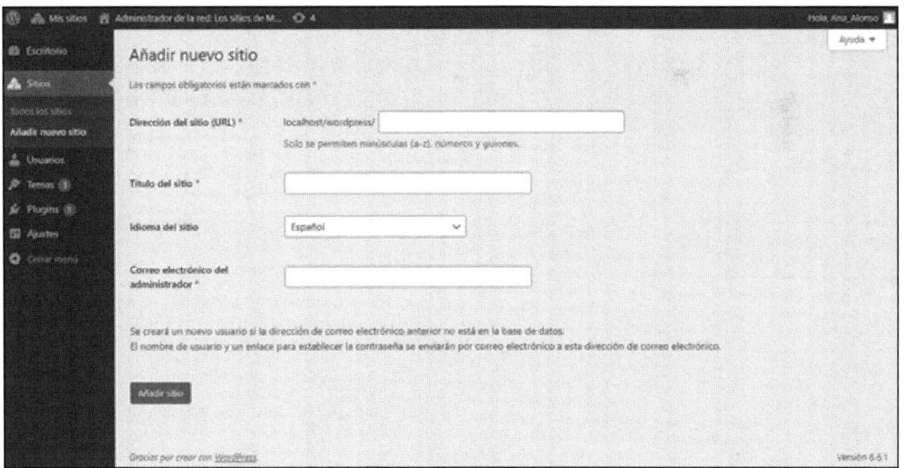

Página ***Añadir nuevo sitio*** *de la pestaña* ***Sitios***

En la pestaña **Usuarios**, hay disponible un nuevo rol de superadministrador. Este rol permite administrar la red y todos sus sitios web. El estatus admin permite administrar el sitio o los sitios web, donde el usuario está registrado como administrador.

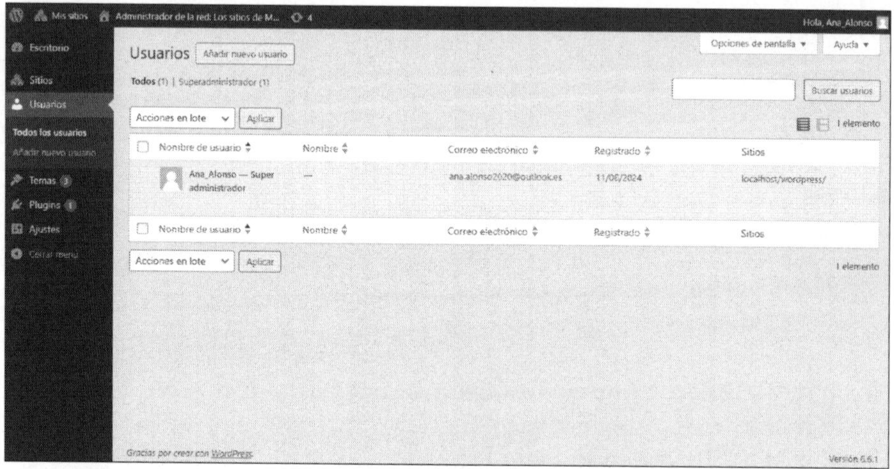

Página ***Usuarios***

En las pestañas **Temas** y **Plugins**, la activación de temas o extensiones ahora se realiza para toda la red, utilizando el enlace **Activar para la red**, y no para un solo sitio. Esto da a los sitios web de la red la posibilidad de usar estos temas y plugins, o no.

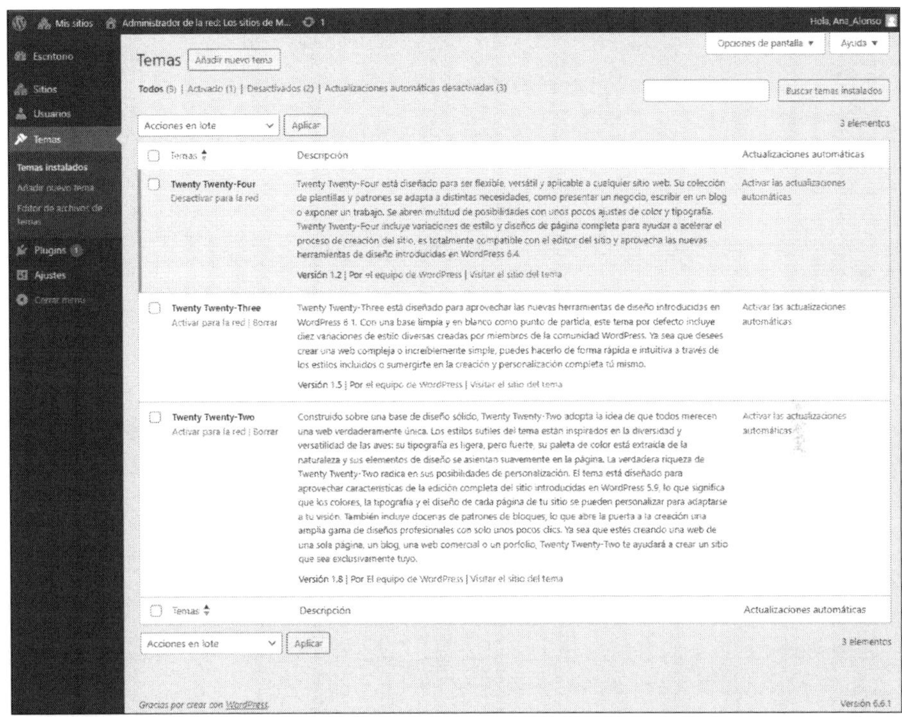

Página **Temas**

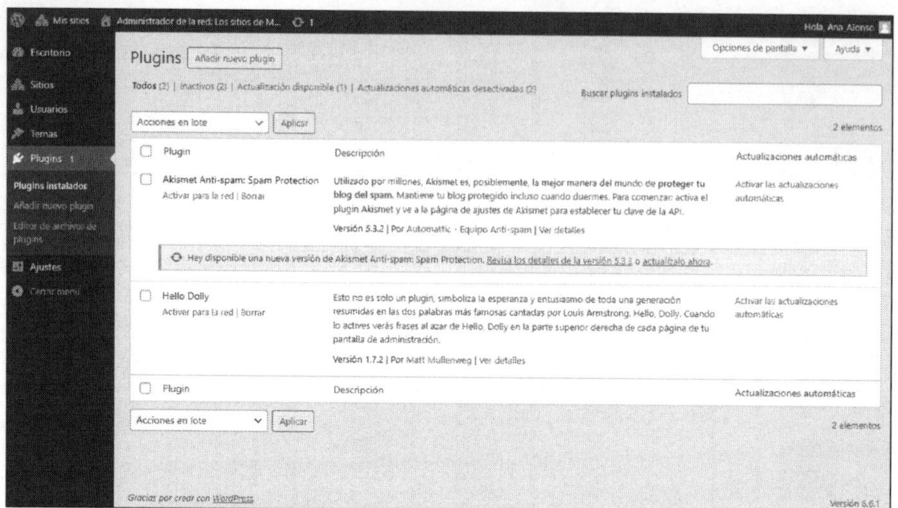

Página ***Plugins***

En la pestaña **Ajustes**, encontrará dos submenús.

- **Ajustes de la red**: le permite cambiar el nombre de la red y la dirección de correo electrónico, autorizar a los usuarios de Internet a crear sitios, configurar mensajes de bienvenida y escribir su contenido, escribir artículos, páginas y comentarios de ejemplo, etc. También puede ajustar los envíos de archivos, el tamaño, el idioma, etc.
- **Configuración de la red**: estas son las instrucciones que dio al configurar la red, que realizó en la sección anterior.

Tenga en cuenta la desaparición de los menús **Entradas**, **Páginas**, **Comentarios**, **Medios** y **Herramientas**.

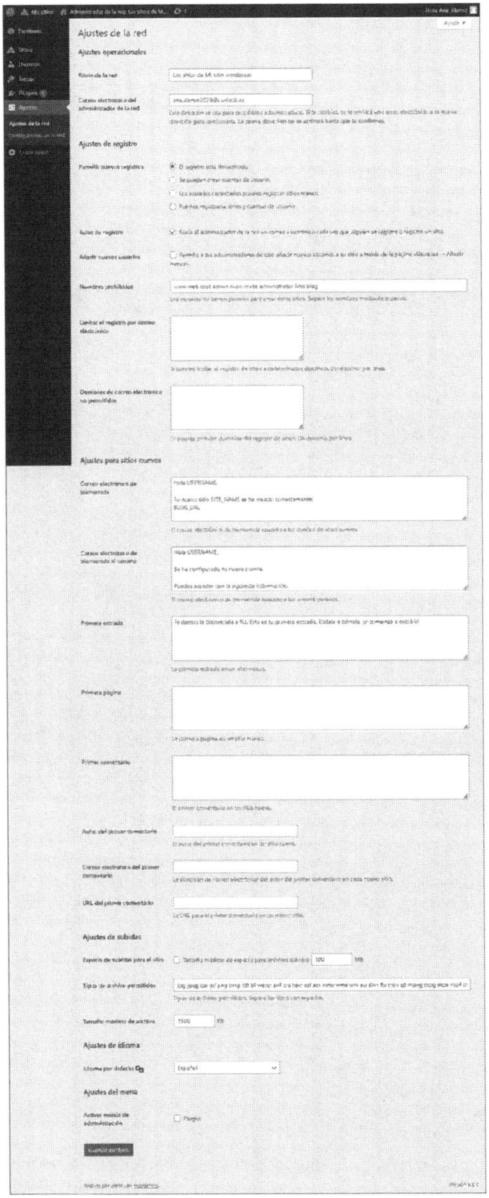

Página ***Ajustes de la red***

4.2 En el panel de administración de cada sitio

En el panel de administración de los sitios web, encontrará el panel de administración clásico de WordPress.

En el escritorio, encontrará el submenú **Mis sitios**, que es el lugar donde administra los sitios y donde accede al panel de administración de cada sitio web, si usted es el administrador de uno o más sitios web.

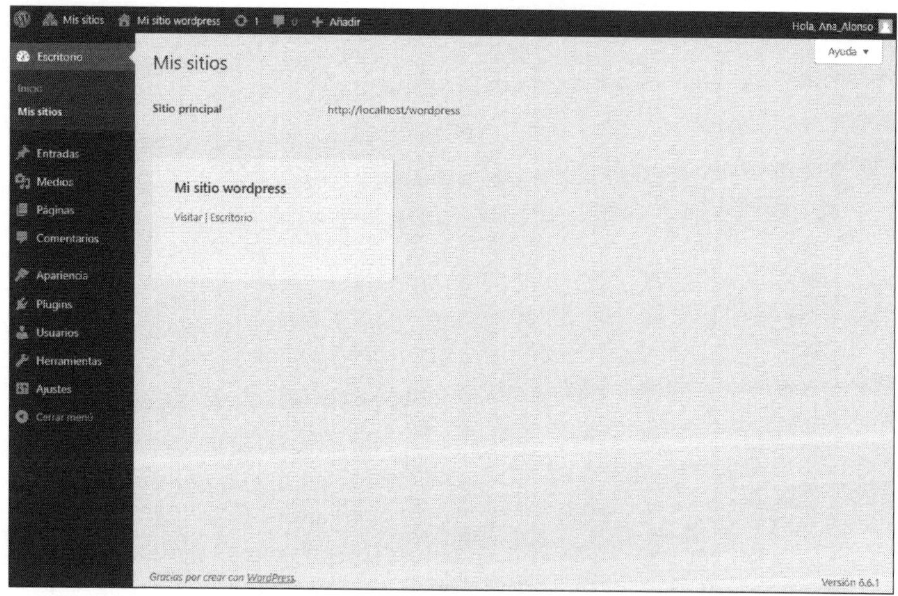

*Pestaña **Mis sitios**, desde donde un administrador puede gestionar sus sitios web si es administrador de varios sitios*

Para las extensiones y temas, tiene la opción de habilitarlos o deshabilitarlos, pero no puede eliminarlos. Por otro lado, si en la administración de la red el superadministrador elimina una extensión, esta desaparece de los sitios de la red.

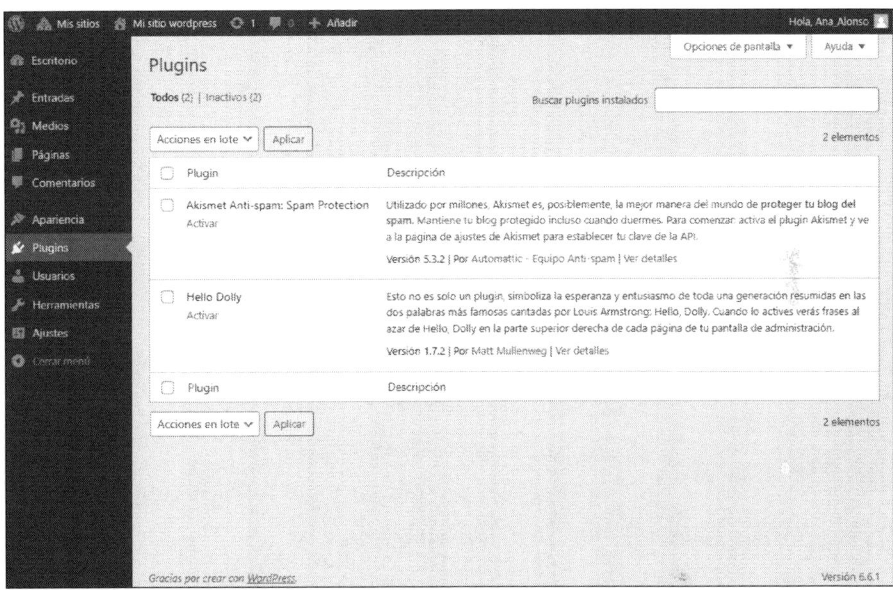

Página de plugins de un sitio perteneciente a la red

En la pestaña **Herramientas**, tiene la opción de borrar el sitio web que creó, si este no es el sitio desde el que se creó la red. Se enviará un correo electrónico al administrador del sitio web y deberá hacer clic en un enlace para eliminarlo.

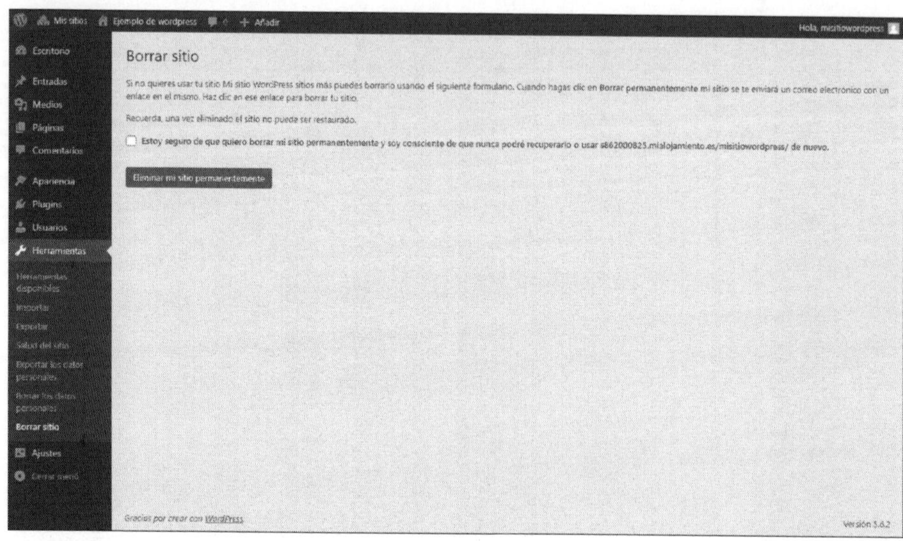

*Página **Borrar sitio** de la pestaña **Herramientas***

Al activar la red se agregaron diez tablas nuevas a la base de datos y al crear un sitio nuevo, se instalaron las tablas nuevas, aumentando el sufijo de la tabla en un dígito, aquí 2:

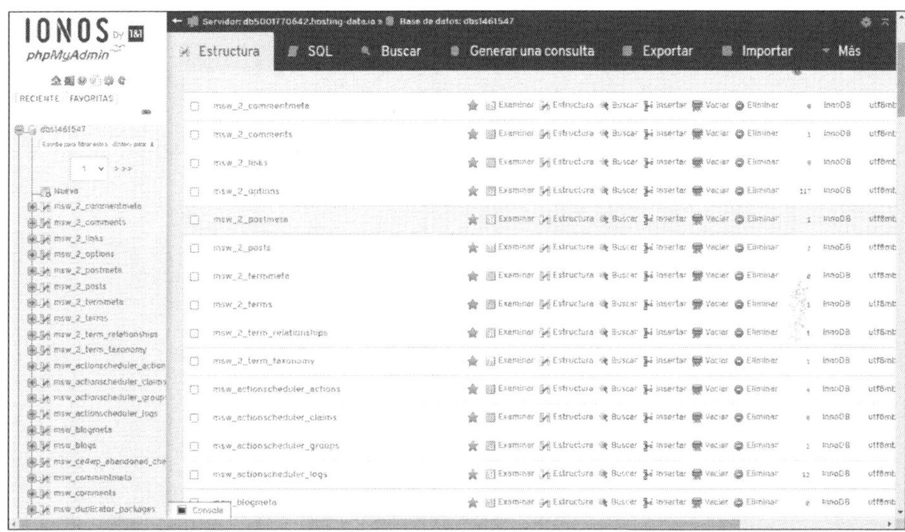

*Página **phpMyAdmin** con las diez nuevas tablas*

Anexos

1. Los enlaces útiles

Esta es una lista de los sitios útiles que le ayudarán a crear su sitio web:

- Sitios oficiales de WordPress:
  - https://es.wordpress.org/
  - https://wordpress.org
- Códex de WordPress:
  - https://codex.wordpress.org/es:Main_Page
  - https://developer.wordpress.org/
- Sitio de Automattic, creador de WordPress:
  - https://automattic.com
- Sitios de referencia para Gutenberg y los bloques:
  - https://kinsta.com/es/blog/gutenberg-wordpress-editor/
  - https://fullsiteediting.com
- Sitio WooCommerce:
  - https://woocommerce.com

- Plugins gratuitos para WordPress:
  - https://wordpress.org/plugins
- Temas gratuitos para WordPress:
  - https://wordpress.org/themes
  - https://es.wordpress.org/themes/
  - https://themeshaper.com
  - https://graphpaperpress.com/themes
  - https://athemes.com
- Temas de pago para WordPress:
  - https://themeforest.net/category/wordpress
  - https://www.woothemes.com
  - https://www.elegantthemes.com
  - https://wpastra.com
  - https://oceanwp.org
  - https://avada.theme-fusion.com
- Sitio web BuddyPress:
  - https://buddypress.org
- Foros de soporte:
  - https://wordpress.org/support
  - https://es.wordpress.org/support/
  - https://es.wordpress.org/team/2016/11/14/foro-en-espanol-de-wordpress/
  - https://wordpress.stackexchange.com
  - https://stackoverflow.com
- Blogs y tutoriales:
  - https://wpchannel.com
  - https://wpformation.com
  - https://capitainewp.io
  - https://www.websitetooltester.com/es/crear-web-con-wordpress/
  - https://romualdfons.com/tutorial-wordpress/

  - https://ernestogbustamante.com/aprender-wordpress-hacer-pagina-web/
- Tutoriales WooCommerce:
  - https://rudrastyh.com
  - https://businessbloomer.com/
- Sitios web sobre el SEO:
  - https://www.webrankinfo.com
- Fotos de pago:
  - https://stock.adobe.com/es/
  - https://www.shutterstock.com/es/
  - https://www.dreamstime.com
  - https://www.shutterstock.com
- Fotos gratuitas:
  - http://www.freedigitalphotos.net
  - https://freepik.com
- Iconos gratuitos:
  - https://fontawesome.com
  - https://icons8.com
  - http://genericons.com
  - https://iconfinder.com
- Generadores de imágenes de carga:
  - https://icons8.com/preloaders/

2. Glosario

2.1 Los lenguajes de programación de WordPress

Ajax (*Asynchronous JavaScript and XML*): designa un tipo de diseño de página web que permite la actualización de ciertos datos de una página, sin recargarla por completo. Ajax utiliza simultáneamente HTML/CSS, JavaScript/DOM, XML y consultas HTTP (PHP, SQL). Por ejemplo: agregar un widget a la sidebar, guardar revisiones automáticamente, etc.

CSS (*Cascading Style Sheets* o Hojas de estilo en cascada): se utiliza para formatear el código HTML (diseño, color, etc.). Hoy es CSS3.

HTML (*Hypertext Markup Language*) o XHTML (*Extensible HyperText Markup Language*): se utiliza para mostrar páginas de Internet mediante etiquetas. El código fuente generado por una página web está solo en HTML. Existen varias evoluciones de HTML, hoy es HTML5.

JavaScript: lenguaje informático utilizado en las páginas web para añadir pequeñas animaciones o efectos. No confundir con Java, que es otro lenguaje de programación. A menudo usamos la abreviatura JS para referirnos a este lenguaje.

jQuery: librería de JavaScript exenta del pago de derechos de autor que cubre la interacción entre JavaScript (incluido Ajax) y HTML. Tiene como objetivo simplificar los comandos. Permite agregar pequeñas animaciones o efectos (simplifica la escritura de código HTML y WordPress lo usa de forma nativa).

JSON (*JavaScript Object Notation*): formato de datos textuales, genérico, derivado de la notación de los objetos del lenguaje JavaScript. Permite que los datos se transmitan en forma de un objeto tabla.

Node.js: plataforma exenta del pago de derechos de autor en JavaScript, orientada a las aplicaciones de red basadas en eventos con un nivel elevado de usos simultáneos y que deben ser escalables.

PHP (*Hypertext Preprocessor*): lenguaje de programación gratuito que permite generar páginas web dinámicas, a través de un servidor HTTP. El servidor interpreta el código PHP y genera código HTML que puede ser interpretado por el navegador.

React: biblioteca de JavaScript exenta del pago de derechos de autor desarrollada por Facebook desde 2013. El objetivo principal de esta biblioteca es facilitar la creación de aplicaciones web monopágina mediante la creación de componentes que dependen de un estado y generan una página HTML con cada cambio de estado.

Redux: biblioteca exenta del pago de derechos de autor JavaScript de gestión de estado para aplicaciones web. Se utiliza más habitualmente con bibliotecas como React o Angular para la construcción de interfaces de usuario.

SQL (*Structured Query Language*): lenguaje utilizado para administrar la base de datos. El código PHP puede ejecutar SQL.

2.2 Los términos WordPress, de la Web y de programación

Administración, **panel de administración**, **backoffice** o **backend**: es un lugar seguro, protegido por contraseña, que le permite administrar el sitio web. En WordPress se accede a través de la URL: http://suurl/wp-admin

API (*Application Programming Interface*): conjunto de clases, métodos y funciones que permiten a los desarrolladores codificar de forma más sencilla.

Argumento o **parámetro**: datos manejados por el código como funciones, métodos, etc.

Artículo o **post**: contenido de noticias, generalmente fechado y perteneciente a una o más categorías.

Avatar de WordPress o **gravatar**: imagen asociada a los comentarios para representar a un usuario. WordPress utiliza Gravatar, servicio de centralización de avatares: https://es.gravatar.com

Barra de administración: barra que se encuentra en la parte superior de un sitio web de WordPress. Proporciona un fácil acceso a las diferentes partes de la administración.

Categoría: permite agrupar y clasificar artículos en una jerarquía, facilitando la navegación del usuario.

Clase (HTML): marcador no único que se utiliza para distinguir una etiqueta HTML para aplicarle código CSS o JavaScript.
Ejemplo: `<div class="miclase"></div>`.

Clase (POO): en programación orientada a objetos, representa todas las características que componen un objeto.

Contenido o **content**: se refiere a todo tipo de información escrita en páginas o artículos, así como a documentos multimedia (fotos, archivos PDF, etc.), insertados en páginas o artículos. Muy a menudo, es la parte central del sitio web.

Dirección IP (*Internet Protocol*): número de identificación que se asigna de forma permanente o temporal a cada dispositivo conectado a una red informática. Cada ordenador, servidor web, servidor de correo o sitio web tiene una dirección IP. Por ejemplo: la IP 208.80.154.224 se corresponde con el sitio wikipedia.org.

Emoticono: icono utilizado en correos electrónicos, comentarios, mensajes de texto, chats, etc. Se utiliza para representar una emoción mediante un símbolo. Por ejemplo: los smileys son emoticonos.

Enlace permanente o **URL rewriting**: le permite tener sus propias URL con el título del artículo o página. Esto mejora el SEO de un sitio web.

Error o **bug**: problema de visualización informático, debido a un error de código. El término depuración, utilizado por los desarrolladores, significa encontrar y corregir el error en el código que crea el problema.

Etiquetas o **palabras clave** o **etiquetas**: palabras que permiten buscar fácilmente en un sitio web y agrupar términos pertenecientes a un mismo campo léxico. WordPress reemplazó el término palabras clave por etiquetas, para evitar confusiones.

Favicon: imagen pequeña, generalmente de 32 x 32 px de tamaño, tipo icono, que simboliza un sitio web. Los navegadores web utilizan faviconos en la barra de direcciones, la barra de título, los marcadores, las pestañas y otros accesos directos. La imagen puede ser un archivo .ico o .png. Para mostrar esta imagen, debe insertar un código HTML entre las etiquetas HTML `<head></head>` del sitio. Ejemplo: `<link rel="icon" type="image/png" href="favicon.png"/>`. Ahora WordPress implementa directamente esta función en la administración en **Apariencia - Personalizar - Identidad del sitio** y recomienda una imagen de 512 x 512 px, que también servirá como icono de una aplicación.

Footer o **pie de página**: parte inferior del sitio web. A menudo, en este lugar hay enlaces, avisos legales, información de contacto, etc. Termina un sitio web y cierra las etiquetas `<body>` y `<html>`. Puede contener archivos JavaScript. En WordPress, esto se refiere al archivo footer.php.

Frontoffice o **frontend**: es la parte visible del sitio, la que consultan los internautas.

FSE: *Full Site Editing* o edición completa del sitio es un conjunto de funcionalidades interdependientes que habilita la posibilidad de modificar todo el sitio con la ayuda de un sistema de bloques.

Función: le permite realizar una tarea específica mediante instrucciones. Por lo general, devuelve un valor de salida. Las funciones permiten realizar una tarea recurrente.

Header o **encabezado del sitio**: parte superior de un sitio web compuesta por el logotipo, el eslogan, el menú, etc. Por lo general, encima del menú, también incluye la parte `<head>`, invisible en la pantalla, compuesta por etiquetas `meta` y llamadas a Archivos CSS o JavaScript. En WordPress, esto se refiere al archivo header.php.

Hook: hay dos tipos de hooks: acciones y filtros. Se utilizan para enganchar o modificar una función al núcleo de WordPress.

ID (HTML): marcador único que se utiliza para distinguir una etiqueta HTML para aplicarle código CSS o JavaScript.
Ejemplo: `<div id = "miid"></div>`.

Imagen destacada: término específico de WordPress. A veces llamada miniatura, es una imagen directamente vinculada a un artículo o una página en los sitios web de WordPress. La imagen destacada está en una página **Entradas** en la administración.

Loop o **bucle**: en WordPress permite recuperar el contenido del sitio según el archivo en el que se encuentra. Este término también designa varias funciones PHP, que permiten hacer bucles (`while()`, `foreach()` o `for()`). El bucle de WordPress usa la función de PHP `while()`.

Malware: archivo informático que se instala en los ordenadores durante la instalación del software o durante una descarga. El malware muestra ventanas publicitarias mediante ventanas emergentes o se visualiza directamente en el navegador. Algunos son difíciles de eliminar y requieren el uso de software como AdwCleaner o Malwarebytes.

Menú o **navegación**: lista de pestañas que conducen al contenido del sitio. El menú forma la arborescencia principal de un sitio web, pero también se puede encontrar en una sidebar o en el footer.

Método (POO): función dentro de una clase. Se pueden asignar diferentes ámbitos a un método (privado, protegido o público).

Microformatos, **datos estructurados**, **textos enriquecidos** o **rich snippets**: permite agregar etiquetas o clases HTML, para poder organizar el contenido del sitio y ser mejor referenciado por Google. Este formato se utiliza, por ejemplo, para mostrar un avatar o una foto o para mostrar anotaciones para los productos en los resultados de una búsqueda en Internet.

Modelo de página o **plantilla**: archivo que compone el tema y que se utiliza para mostrar las páginas del sitio web.

Módulo, **complemento**, **plugin**, **add-on** o **extensión**: archivos descargables que agregan nueva funcionalidad al sitio web. En WordPress, la carpeta plugins se comunica con la administración a través del menú **Extensiones**.

Objeto o **instancia de clase (POO)**: un objeto es una instancia de una clase que contiene datos. Está definido por la clase que lo llama.

Open Graph: conjunto de etiquetas que permite a las principales redes sociales (Facebook, Google+, Twitter, LinkedIn, etc.), proporcionar información precisa sobre las páginas web (imágenes, título, introducción, etc.). Esta información permite a las redes sociales mostrar mejor la información de un enlace en su página.

Página: contenido que cambia raramente. Encontramos información sin fecha. Por ejemplo: página de inicio, contacto, avisos legales, etc. Tenga cuidado de no confundir con los artículos.

Panel de control (Dashboard): página de inicio de la administración en un sitio web de WordPress. Ofrece una descripción general rápida de las diferentes funcionalidades de administración.

Ping WordPress: información enviada de un sitio a otro, para indicar contenido nuevo. Puede agregar servicios de ping en el menú **Ajustes** - **Escritura** de WordPress.

Pingbacks: similar a los trackbacks. Un pingback es solo automático y puede devolver un enlace.

Programación orientada a objetos (POO): se utiliza para organizar el código y agrupar un conjunto de características o información comunes. Prácticamente todos los lenguajes de programación, incluido PHP, utilizan programación orientada a objetos.

Retina o **Retina Display**: es una marca registrada de las pantallas de alta resolución, de la marca Apple. Las pantallas Retina necesitan una imagen que sea el doble de la que se va a mostrar, lo que permite una mejor definición de la imagen, por lo que la pantalla tiene el doble de píxeles y así mejora la comodidad visual del usuario.

Responsivo: se refiere a un sitio, una presentación de diapositivas o cualquier elemento de diseño de un sitio, que se adapta a diferentes tamaños de pantalla, ya sea en teléfonos, tabletas u ordenadores. Hablamos entonces de sitios web o temas responsivos. Hoy en día, estamos hablando de "mobile-first", que es el desarrollo del sitio web responsivo diseñado primero para móviles, porque los usuarios de Internet consultan muchos más sitios en dispositivos móviles o tabletas que en un ordenador.

Retroenlaces o **trackbacks**: enlace creado automáticamente, que vincula el contenido de dos sitios web que tratan del mismo tema. El trackback puede ser una maniobra manual y puede enviar contenido. Por ejemplo, el autor del blog A puede establecer un trackback a un artículo del blog B. Si el blog B gestiona los trackbacks, se indica automáticamente en el artículo del blog B, que el blog A le ha hecho referencia.

RSS (*Really Simple Syndication*) o **feed RSS**: archivos XML que utilizan los sitios de actualidad y blogs para presentar los titulares, o incluso el contenido de los últimos artículos publicados.

SEA: SEA (*Search Engine Advertising* o publicidad en motores de búsqueda) define lo que comúnmente se denomina SEO de "pago". Se trata de publicidad que se muestra en un motor de búsqueda. Google es el mejor ejemplo de esto, con su famosa red publicitaria Google Ads.

SEM: SEM (*Search Engine Marketing* o marketing en los motores de búsqueda) es un término integral que tiene en cuenta todas las técnicas destinadas a mejorar la visibilidad de una entidad (sitio web, empresa, persona, etc.), en los motores de búsqueda. En consecuencia, SEM es una agrupación de técnicas de marketing y no una técnica de marketing en sí misma: SEO + SEA + SMO = SEM.

SEO: el SEO (*Search Engine Optimization* o optimización para los motores de búsqueda), no es otra cosa que el SEO llamado "natural". Es decir, todas las técnicas que tienen como objetivo mejorar el posicionamiento de una web en un buscador como Google, por ejemplo.

Shortcode: pequeño código entre paréntesis que se utiliza para llamar a una función PHP en artículos o páginas. Ejemplo: `[mishortcode]`.

Sidebar o **barra lateral**: generalmente se refiere a la columna lateral de un sitio web de WordPress, pero dependiendo del tema se pueden encontrar en el pie de página, en el encabezado o en una página específica. Se utiliza para contener widgets.

Slug, slug de URL o **nombre clave**: término clave único específico para cada artículo, página, etiqueta o categoría. Los enlaces permanentes lo utilizan para mostrarse en las URL, pero también lo utilizan ciertas funciones para identificar de forma única un artículo, página, etiqueta o categoría. Ejemplo: mi-slug.

SMO: SMO (*Social Media Optimization* u optimización de redes sociales) incluye todas las actividades destinadas a desarrollar la visibilidad de una empresa a través de las redes sociales.

Spam: técnica de publicidad maliciosa, que consiste en buscar automáticamente direcciones de correo electrónico para enviarles publicidad masiva. El envío masivo de newsletters se puede considerar spam y algunos servidores de correo pueden incluir en la lista negra a la persona responsable del envío.

Tabla (array): consiste en ordenar los datos. Existen diferentes tipos de tablas, que pueden ser variables, argumentos, objetos, etc. También pueden tener distintas dimensiones en función de su organización. Se encuentran en diferentes lenguajes de programación.

Taxonomía: término general para hacer referencia a la forma de clasificar y organizar el sitio web por etiquetas o categorías.

Tema: conjunto de archivos para descargar que permiten cambiar la apariencia del sitio web.

Variable: datos que pueden variar durante la ejecución del código. Una variable puede ser el argumento de una función.

Virus o **software malicioso**: término genérico que designa un programa informático malintencionado, que se utiliza para recopilar información, eliminar o modificar archivos, claves de registro, etc. y para perturbar el correcto funcionamiento de un ordenador. La palabra virus a menudo se usa incorrectamente para referirse a todo tipo de software malicioso (malware, gusanos o caballos de Troya).

Widget: módulo cuyo objetivo es mostrarse en la barra lateral de WordPress.

!

A

B

C

E

F

G

I

J

L

M

P

R

S

T

U

Para poder acceder durante un año
a la versión online de este libro,
envíenos su justificante de compra a

librodigital@ediciones-eni.com

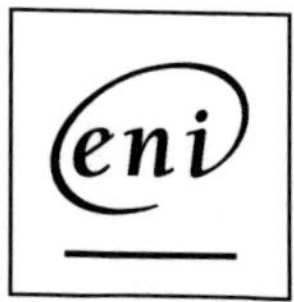